日本德川博物館藏品錄

本圖錄除署名外均由日本德川博物館提供

All unsigned pictures are porvided by
Public Interest Incorporated Foundation The Tokugawa Museum

本書在日本的編輯乃由日本公益財團法人德川博物館塚谷牧可（編輯企劃負責人）、佐宗沙織（照片管理及編輯助理）、脇伸哉、石川成人（調查助理）等人負責。

日本德川博物館藏品録 I

朱舜水文獻釋解

（日）德川眞木　監修
徐興慶　主編

徐興慶　錢明　韓東育
計文淵　（日）鍋島亞朱華　著

上海古籍出版社　日本德川博物館

圖書在版編目(CIP)數據

日本德川博物館藏品錄. I，朱舜水文獻釋解 / （日）德川真木監修；徐興慶主編. ——上海：上海古籍出版社，2013.7
ISBN 978-7-5325-6843-7

Ⅰ. ①日… Ⅱ. ①德… ②徐… Ⅲ. ①文物－日本－江户時代－圖録 ②朱舜水（1600－1682）－人物研究 Ⅳ. ①K883.13 ②B248.99

中國版本圖書館CIP數據核字(2013)第105568號

責任編輯：童力軍
封面設計：嚴克勤　具體
内文設計：嚴克勤　盛美
技術編輯：富　强

日本德川博物馆藏品錄 I
朱舜水文獻釋解
(日)德川真木 監修　徐興慶 主编
徐興慶 錢明　韓東育　計文淵　（日）鍋島亞朱華 著
上 海 古 籍 出 版 社 出 版
（上海瑞金二路272號 郵政編碼200020）
（1）網址：www.guji.com.cn
（2）E-mail：gujil@ guji.com.cn
（3）易文網網址：www.ewen.cc
上海世紀出版股份有限公司發行中心發行經銷
上海界龍藝術印刷有限公司印刷
開本：889×1194　1/16　印張：13.75　插頁：4
2013年7月第1版 2013年7月第1次印刷
印數：1-1,000
ISBN 978-7-5325-6843-7
K · 1730　　定價：298.00元
如發生質量問題，讀者可向工廠調换

德川光圀筆　彰考館扁額

“常山人”為德川光圀之號　17世紀

徳川光圀編 《大日本史》草稿本 17世紀

朱舜水肖像

朱舜水木雕像

日本・東京・小石川後樂園円月橋（照片提供：小石川後樂園）

小石川後樂園是水戶德川家的初代藩主德川賴房（1603–1661）於1629年（寬永六年）從江戶幕府拜領之地，第二代藩主德川光圀將庭園建造完成，並聽取友人、朱舜水的意見，依據北宋文學家范仲淹所作《岳陽樓記》之中的名句“先天下之憂而憂，後天下之樂而樂”，命名而成。庭園中的“円月橋”亦是由朱舜水設計。

朱舜水終焉之地石碑，今東京大學本鄉校區農學部校園中

日本・茨城・朱舜水墓

朱舜水墓位於日本茨城縣水戶德川家的墓園中，是水戶德川家族以外唯一的外國人墓地。

目　錄

序　文 …………………………………………………………（日）德川眞木　1

凡　例 ……………………………………………………………………　1

三百五十年的越境時空
——水戶德川家文物與中日文化交流 ……………………………………徐興慶　1
（一）在日本的孔夫子：朱舜水與東亞文明的發展 ……………………　1
1. 水戶德川家與朱舜水文物 ……………………………………………　1
2. “彰考館”的歷史背景與功能 …………………………………………　2
（二）水戶德川家對史跡、文物保存之貢獻與定位 ……………………　2
1. 文物的內容及其意義 ……………………………………………………　3
2. 歷史真相，如何解讀? ……………………………………………………　3
（三）朱舜水文獻釋解的主題 ……………………………………………　4
1. 人物交流的文獻與墨跡 …………………………………………………　4
2. 書簡與書畫 ………………………………………………………………　4
3. 朱舜水文集及弟子遺著 …………………………………………………　5
4. 禮儀與祭祀 ………………………………………………………………　5
（四）結語 ……………………………………………………………………　5

一、朱舜水與長崎 ……………………………………………………徐興慶　7
（一）《西遊手錄》 …………………………………………………………　7
（二）《泣血餘滴》 …………………………………………………………　13
（三）《耆舊得聞》 …………………………………………………………　19
（四）《小宅氏存笥稿》 ……………………………………………………　25
（五）《舜水先生文集省庵本》 ……………………………………………　32

二、朱舜水與德川光圀 ………………………………………………錢　明　38
（一）《史館事跡》 …………………………………………………………　39

（二）《水府名家墓所一覽》 …… 46
（三）《朱舜水謝狀》 …… 52

三、朱舜水及其弟子遺著 …… 韓東育 68
（一）《朱文恭遺事》 …… 68
（二）《舜水先生外集》 …… 75
（三）《澹泊齋文集》 …… 83
（四）《魯齋稿》 …… 91
（五）《觀瀾文集》 …… 100
（六）《文恭君遺薰》 …… 107
（七）《安積翁筆記》 …… 112

四、朱舜水之書、印與畫 …… 計文淵 118
（一）《小李將軍畫卷》並題跋 …… 118
（二）朱舜水印譜 …… 124
（三）朱舜水畫像並詩題 …… 128
附一：德川齊昭銘文端石抄手硯 …… 130
附二：張斐詩文墨跡卷 …… 132
附三：陳元贇墨跡 …… 146

五、朱舜水與禮儀、祭祀 ……（日）鍋島亞朱華 149
（一）《釋奠習禮儀》 …… 149
（二）《釋奠儀註》 …… 160
（三）《喪禮略私注》 …… 167
（四）《喪祭式》 …… 182
附一：趙孟頫書《大學》對屏 …… 188
附二：新板改正《大學》 …… 191
附三：《大學》 …… 195

作者簡歷 …… 199
"水戶德川家舊藏朱舜水關係史料調查"成員合影 …… 201

序　文

西元1600年德川家康所率領的東軍，在日本東西對峙的關原之戰中取得勝利，為綿延100年的戰亂畫下句號。1603年，德川家康獲日本朝廷任命為征夷大將軍，於江戶（今東京）成立了幕府（武士政權）——即稱江戶時代，這個時代維持260年以上和平而無戰事，直到1867年“大政奉還”（將政治實權歸還天皇）為止，堪稱為武士掌權時代的肇始。江戶時代的首都並不在貴族建立的古都——京都，而是轉移到工商業發達的江戶，近世都市也因此誕生。雖然當時仍是封建時代，但因長期和平沒有戰亂，不僅是工商業，科學、教育、藝術文化也有長足的發展，江戶也一躍成為不遜於巴黎或倫敦的大都市。

水戶德川家就是德川家康最小的兒子德川賴房一門，以常陸國（今茨城縣）為領地。與其他兩位兄長：尾張（今名古屋）德川家、紀州（今和歌山）德川家一起並稱“德川御三家”。和其他諸侯不同，御三家並不在德川幕府下任官，而擁有次於將軍家的待遇。水戶德川家有個特殊之處，即歷代的藩主並不住在領地，而是定居於江戶名為“常府”的地方。尾張與紀州德川家與一般諸侯一樣，需要遵循定期往來江戶的居所與領地之間的“參勤交代”制度，只有水戶德川家得以免除。由於能夠常駐於文化經濟的中心——江戶，歷代的藩主皆熱心修學，特別是耗費250年的《大日本史》編纂事業，更讓水戶德川家成為“學問之家”而廣為世人稱道。

筆者於2010年臺灣大學舉辦的“朱舜水與東亞文明發展”國際學術研討會上，首次向眾多學者介紹“水戶德川家藏史料”之中國明朝儒者——朱舜水的相關未公開史料。朱舜水在明亡後的1665年東渡日本，於居留長崎之際，獲得水戶德川家的招聘前往江戶城，成為第二代藩主德川光圀的學問之師。朱舜水一直居住在水戶德川家的藩邸中，直至1682年過世為止，期間培養了許多學者。眾所周知，朱舜水的存在，對於日本儒學的發展起了莫大的影響，在我演講之後，許多學者前來詢問本人介紹的那些書簡、什寶類文物的內容。我們認為這些藉由東亞共通的文字媒介——漢字所寫成的漢籍文獻，乃是跨越國境的珍貴文化遺產。

德川博物館即將屆滿五十周年，它是由第13代當主德川圀順（1886–1969）恐水戶德川家歷代守護的六萬件文化財產散逸，因而設立的公益財團法人。目前是在日本內閣府管轄之下的民間文化基金會，主要業務爲經營博物館與史跡維護，進行文化財產的修復、保存、公開等活動。遺憾的是，2011年3月11日東日本大地震之後，水戶德川家墓所及朱舜水墓石崩落、石垣遭損，目前正全力修復中。

朱舜水雖身在日本但心繫祖國，然無法歸國而客死異鄉，340年前由德川光圀埋葬在德川家墓所之中。東日本大震災之後，朱舜水的第十四代族孫，以朱育成先生為代表，朱氏子孫和朱舜水的故鄉——浙江省餘姚的人士，於2011年11月3日前來參拜朱舜水墓。朱舜水的後代前來參拜朱舜水墓，已經睽違了105年。在日本與中國相關的人士得知這件事情，遠從日本各地前來，排成了長長的祭拜隊伍，經歷了這個莊嚴肅穆的場景，讓我更加相信朱舜水與德川光圀之間的師生之情衍生至今，兩家子孫對於先祖的崇敬之情依然綿延不絕。

朱舜水所帶來的明朝知識與文化，傳到了德川光圀身上，他想要走出戰亂的年代，建立起由武士組成的和平時代，不僅將朱舜水教誨的學問活用在實際的政策上，也忠實記錄在光圀所設立的“學問所（彰考館）”（具有類似今日政府智庫的機能）的諸多文獻當中。經過東日本大震災之後，公開這些重要史料，並進行研究，更顯迫切且必要。朱舜水不論是身處和平富庶或是動亂年代的各種險境之中，對於真正的學問熱情絲毫不減，不惜跨越言語與國境的障礙，將這種求學精神傳遞給我們。本人認為這種態度正是身處現代多元社會中，因種種問題而煩惱的現代人，在建構嶄新的價值觀當中足以引起共鳴的精神。在進行博物館的相關活動之中，將這些珍貴的文化遺產傳遞給未來的世代，是非常重要且必要的工作。藉由“朱舜水與東亞文明發展”國際學術研討會的聯絡網，獲得東亞文化研究最前沿的諸位學者鼎力襄助，本書得以刊行，使我們跨出重要的第一步。這項文化事業對於德川博物館而言，是從震災當中邁向復興的證明，也是支持我們博物館職員走出震災的最大希望。謹在本書刊行之際，向協助我們的各界人士致以最高的敬意，是為序。（張文聰譯）

公益財團法人　德川博物館
館長　德川眞木
2013年2月

凡　例

一、本書是以日本公益財團法人德川博物館於2012年7月11日–15日進行“水戶德川家舊載朱舜水關係史料調查”的成果為基礎，選編、解釋而成。

二、本書的標注方式，包括作品名稱、作者、大小、數量等，皆依照日本公益財團法人德川博物館藏品編號順序記載。

三、本書作品大小單位為釐米，以長×寬×高順序標注。

四、年代標注以西元為主，若標注中國、日本年號，則在其後以括號加注西元紀年。

五、本書刊載的作品全為日本公益財團法人德川博物館所藏。圖版的照片版權由該館擁有。

六、圖片若無標明所有者，則皆屬日本公益財團法人德川博物館所有。

七、刊載圖版僅為本館藏品的一部分。圖版編號乃依照本書刊載順序標註，並非與該作品（書籍）的頁數一致。

八、為方便閱讀，已將部分作品名稱及作者的原藏名稱稍作更改。

三百五十年的越境時空

——水戶德川家文物與中日文化交流

（一）在日本的孔夫子：朱舜水與東亞文明的發展

近年來"東亞學"各領域的研究成為海內外學術界關注的焦點，國際化更成為二十一世紀學術交流之趨勢，朱舜水的研究具有悠久的歷史背景，可追溯至十七世紀末期，朱舜水文集的稿本《明朱徵君集》（1684）出現在日本加賀藩（今石川縣）但並未刊行，最早的《朱舜水先生文集》（28卷）由水戶藩第二代藩主德川光圀（1628–1700）編輯，其子第三代藩主德川綱條（1656–1718）於1715年（清康熙五十四年、日本正德五年）校刻完成，此後日本學術界開始關注朱舜水研究，朱舜水全集在日本、中國大陸及臺灣發行迄今，版本達十種之多。1986年日本九州歷史博物館柳川古文書館公開朱舜水原始史料之後，朱舜水研究向前邁進了新的里程碑。這些朱舜水的原始史料涉及儒教、思想、歷史、政治、宗教、藝術等多個領域的文化交流，相關研究論文至今已逾三百餘篇，東亞及歐美各大學也陸續出現以朱舜水為研究主題的博士論文。

1982年，日本朱舜水先生紀念會、中日文化交流協會共同紀念朱舜水逝世三百週年，此後中國學術界開始注意朱舜水在日本的事跡，朱舜水出生地浙江餘姚市產官學界曾於1995年、2000年、2008年舉辦過三次"舜水學"國際學術研討會。2010年11月，中國大陸、日本、美國等對朱舜水有專精研究的學者共聚臺灣大學，針對（1）朱舜水思想在日本的傳播及其影響，（2）朱舜水與日本朱子學及陽明學的關係，（3）朱舜水與明遺民、朱舜水史跡研考；（4）朱舜水研究的現代意義等四個主題，以東亞為視野，從明朝異地遺民的越境觀點，深入探討朱舜水在文化傳播及其對東亞文明發展的影響。2012年3月，上海松江舉辦"明朱舜水學術演講會"及"朱舜水書信展"，廣泛介紹了朱舜水昔日遺留在日本九州的文物，引起了世界各國專家學者的熱烈回響。

1. 水戶德川家與朱舜水文物

朱舜水的真跡散處日本各地博物館及鄉土史料館，尤其朱舜水在江戶及水戶傳播其學問與教育理念長達十七年（1666–1682），三十八歲的德川光圀與六十六歲的朱舜水在江戶第一次接觸之後，共同譜寫了膾炙人口的中日文化交流之新曲。朱舜水對德川光圀的第一印象是"立長兄之子為世子，道義優於伯夷、叔齊”。這十七年當中，德川光圀在水戶藩的學問普及與教育發展、人事、祭祀、禮儀等藩政的推動過程中，時時徵詢朱舜水的意見，作為參考的指標，二人交往的文物為數頗多，長久以來珍藏在日本水戶的“彰考館”。彰考館館長德川真木先生，曾經專程到臺灣大學介紹該館典藏的諸多未曾公開的朱舜水、水戶德川家歷代文獻、文物資訊，再度凝聚了世界各國學者以東亞為視野，共同發展舜水學研究的共識。

2. “彰考館”的歷史背景與功能

德川光圀為進行修史事業，於1657年（清順治十四年、日本明曆三年）在水戶藩江戶駒込別邸成立修史局，此為“彰考館”之前身。修史局擴編移至小石川藩邸（現東京巨蛋球場、後樂園庭園）之後，改稱“彰考館”，取自晉杜預（222–285）《〈春秋經傳集解〉序》“彰往考來”，主要目的是希望在編纂《大日本史》的過程中能夠博蒐史料，審慎且客觀地解讀相關內容及朝廷記錄，還原歷史的真相，以達彰明往事，考察未來之修史目的。德川光圀以南朝為正統，完成《新撰紀傳》（104卷）之後，於1690年（清康熙二十九年、日本元祿三年）隱居“西山莊”（今茨城縣水戶市），他中止紀傳以外的編纂事業，將修史的校訂作業移交給年輕世代，增聘館員，於1697年（清康熙三十六年、日本元祿十年）完成《百王本記》，爾後將“彰考館”移至水戶，稱“水戶彰考館”，持續修史事業。

據《水戶市史》（中卷一）的統計，自1665年（清康熙四年、日本寬文五年）朱舜水到江戶講學之後，“彰考館”史館人員由每年十人增加至二十人，顯見德川光圀對修史事業的重視。“彰考館”館員當中，地位最崇高且主導修史事業者為“總裁”，朱舜水去世之後，自1683年（清康熙二十二年、日本天和三年）起，其弟子人見懋齋（1638–1696）被任命為第一任“總裁”，至1865年（清同治四年、日本慶應元年），末任“總裁”青山延光（1807–1871）為止，歷經三十五任總裁，修史事業長達一百八十二年之久。明治維新之後，“彰考館”雖縮小編制，但仍持續至1906年（清光緒三十二年、日本明治三十九年）《大日本史》的編纂工作全部完成後才轉型為“彰考館文庫”。

（二）水戶德川家對史跡、文物保存之貢獻與定位

1907年（清光緒三十三年、日本明治四十年），日本明治天皇為保存水戶藩的貴重書籍、文物，特賜一萬日圓，昭憲皇后於1909年（清宣統元年、日本明治四十二年）再賜三千日圓，於水戶常磐神社的義烈館成立“彰考館文庫”，惜1945年（民國三十四年、日本昭和二十年）八月，二次大戰結束前“彰考館文庫”遭美國軍艦襲擊，所藏史料多半毀於戰火之中，佚失殆盡。所幸，水戶市“彰考館德川博物館”（後改稱“財團法人水府明德會”）將未遭破壞的五分之一史料保存下來。1977年（昭和五十二年）水戶德川家第十三代德川圀順（1886–1969）捐出歷代大名（諸侯）文物，成立公益財團法人德川博物館（Tokugawa Museum, the Community Foundation），陸續開館展出。目前該館典藏的文

物除德川家康的遺品之外，有水戶藩德川賴房、德川光圀等歷代藩主、《大日本史》草稿本、蒐自全國各地古文書類及朱舜水的相關文物等，約三萬件之多。這些"水戶德川家"文物，極具學術研究的價值。

1. 文物的內容及其意義

德川博物館珍藏的文物分為(1)"書籍目錄"(含《朱文恭遺事》、《澹泊齋文集》、禮祭關係史料、德川光圀史料、大名筆記、詩集、鄭成功關係等資料)；(2)"書畫目錄"(含朱舜水書牘、朱舜水上義公書、朱舜水雜考、"大學"(趙子昂筆)、鄭成功詩墨、心越禪師畫、藤原惺窩三體詩真跡、狩野探幽筆、道春筆、張斐真跡、乾隆帝遊幸圖、藤田東湖筆等)；(3)"什寶類"(含書畫、書籍、御宸筆、歷代大名筆記、屏風、武具、花道具、茶道具、樂器)等三大類，這些水戶藩的歷代文物至寶，質與量令人瞠目，足以窺知日本江戶時代歷史變遷的面向，也讓筆者感受到水戶德川家對中國傳統學術的熱愛、執著與人文藝術的收藏品位。

德川博物館典藏的漢籍部分，泰半與朱舜水有關，且未曾公開，該館對這位明朝遺民及漢學教育的啟蒙者相當尊重，為緬懷朱舜水在域外普及漢學的偉績，德川光圀在瑞龍山(今茨城縣常陸太田市)德川家墓園風水最好的位置建立了具明朝風格的"明徵君子朱子墓"，歷代德川家並對其遺留的文物做了有系統的收藏。朱舜水、德川光圀及其弟子、《大日本史》編纂等相關原始文獻的解說與公刊，對於未來朱舜水研究的深耕工作，顯得格外重要。有鑒於此，德川博物館德川齊正理事長、彰考館德川真木館長同意由筆者組成跨國研究團隊，將典藏三百五十年未曾公開的珍貴資料進行調查並公諸於世。

本書釋解的相關文獻，為2012年7月10–17日完成的第一期五十三件真跡之調查成果。此文獻的公開，回應了國際學術界的期盼，目的在將朱舜水的第一手資料提供給朱舜水研究的同好，進行"舜水學" 的多角度研究，進而深化朱舜水研究。今後每年都會進行德川博物館的文物調查工作，持續將相關成果以史料集(補遺)等形式，刊行中文、日文及英文三種版本。本圖錄的釋解對深耕朱舜水思想體系的發展與東亞傳統文化的價值，宏觀考察近代日本水戶學的淵源及其影響等諸多課題，有很大的助益，對於促進國際學術界相關研究人才的整合，落實國際合作的願景及呼應現今文化交涉學研究的國際潮流，均具有突破性的歷史意義。

2. 歷史真相，如何解讀？

朱舜水在擔任水戶藩的賓師期間，向德川光圀建議了四個治理藩政之要諦，一曰："政教分離，掃除迷妄"，二曰："實施公平的稅制"，三曰："大學制度"，四曰："海"(貿易活動)。水戶藩境內寺社高達二千餘座，光圀透過朱舜水與寺社祠臣及可信賴的宮司、僧侶的意見，自行草擬了七條備忘錄，首先在藩內成立"寺社奉行"，由町奉行及郡奉行負責取締愚僧、淫祠，於1666年(清康熙五年、日本寬文六年)下令廢除不循禮儀的寺社、斂財而不行喪祭的寺社、假禪宗之名行加持祈禱的寺社、未設檀家的寺社等，超過半數，回應了朱舜水“政教分離，掃除迷妄”的第一要諦。朱舜水發現米是德川幕府的經濟主體，但其免税及課征奢侈税的制度有不公平的現象，水戶藩也存在同樣的問題。朱舜水告訴德川光圀，税制不公即無法實現“大同”的理想社會，必須以賢、能、仁、睦為前提，不分男女老少各司其職、各有所得，往消除孤獨、不公的理想社會邁進。為了培育人才，提振藩士與百姓的教育，朱舜水提議必須將學問制度化，排除不合理的身分制度，以考試作為考選史館人員或進用優秀人才輔佐藩政的制度，達到選賢與能之目的。舉例而言，1666年9月朱舜水到水戶時，會津藩出身的浪人山鹿素行（1622–1685）出版《聖教要錄》，內容主要在鼓吹回歸孔子、周公之道，立場是在批判朱子學，其學説被稱為武教的儒學，受到許多諸侯的支持。光圀雖認為啟蒙武士的學問是樁美事，但身為“御三家”之副將軍，難以違反德川幕府正在推動體系化的朱子學，忍痛回絕深交多年的山鹿素行。朱舜水認為學問的普及，無須排除異己，山鹿素行是身分制度下的犧牲者，建議光圀要接納不同立場的學問主張，以舉賢能人才為依歸，才能助益藩政的推動。

為了普及水戶藩的教育，朱舜水依照德川光圀的期望，於1672年製作《學宮圖説》，制定《釋奠儀注》，光圀也極力排除藩內守舊派的意見，毅然決定建立大成殿（聖堂）作為推動水戶藩大學制度的開端，但是當時水戶藩面臨財政危機，文教事業的推動與進行中的史局事業（《大日本史》編纂）重疊，窒礙難行。各國學者的先行研究對朱舜水在日本的儒教發展多所著墨，但因相關佐證的史料受限，對他與德川光圀的互動，如何輔佐藩政？朱舜水在前期水戶學的發展過程中如何定位？卻少有為文探討。觀朱舜水全集內涵，多為朱舜水致德川光圀的書簡，少有德川光圀的回函，筆者長年多有疑惑。在2012年7月前往調查之後，才驚喜地發現仍有如此大量的未公開文獻，可用以解開前述的諸多歷史真相。

（三）朱舜水文獻釋解的主題

本書以朱舜水有關的文獻圖錄為選項，以歷史的脈絡為主軸，分為（一）朱舜水與長崎；（二）朱舜水與德川光圀；（三）朱舜水及其弟子遺著；（四）朱舜水的書、印與畫；（五）朱舜水與禮儀、祭祀等五大項，勾勒出朱舜水在明清與德川時代文化交流過程中所扮演的角色。從上述歷史脈絡的鋪陳，再整理出下列幾個領域：

1. 人物交流的文獻與墨跡

《西遊手錄》、《耆舊得聞》、《小宅氏存笥稿》、《陳元贇墨跡》、《張斐詩文墨跡卷》、《史館事跡》、《水府名家墓所一覽》，都能反映出當時中日人物交流的面向。

2. 書簡與書畫

《朱舜水謝狀》、《〈小李將軍畫卷〉並題跋（朱舜水舊藏）》、《朱舜水畫像》、《舜水先生印譜》、《趙孟頫書〈大學〉對屏》、《新版改正〈大學〉》、《大學》(道春點)。

3. 朱舜水文集及弟子遺著

《舜水先生文集省庵本》、《舜水先生外集》、《朱文恭遺事》(安積覺)、《澹泊齋文集》(安積覺)、《魯齋稿》(今井弘濟遺著)、《觀瀾文集》(三宅觀瀾)、《文恭君遺薰》、《安積翁筆記》(安積覺)。

4. 禮儀與祭祀

《泣血餘滴》、《喪禮略私註》、《釋奠習禮儀》(朱舜水指授)、《釋奠儀註》(朱舜水指授)、《喪祭式》。

這些文獻與圖錄, 通過解說, 讀者可看到有文集、遺著、書簡、畫卷、對屏、印譜等各式各樣不同的內容與特色, 每件書跡都相當珍貴, 讓人讚嘆。希望大家在觀覽文獻、品味圖錄的同時, 本書的公刊也能帶領讀者回到日本德川時代, 回憶當時中日文化交流的情境。

(四)結語

德川光圀或前期水戶學的儒臣, 編纂《大日本史》之目的在"正閏皇統, 是非人臣", 即以歷史編纂的理念作為基準, 端正名分秩序。德川社會的知識分子將中華思想移植至日本, 即是日本自身的國家意識使然, 此國家意識彰顯萬世一系與皇統的連續性, 或有受到明清鼎革, "華夷變態"之後亡命日本的朱舜水影響, 但究竟程度有多深? 這些文獻的公刊, 或可一探究竟。日本藉由否定中國的易姓革命, 來突出自身的獨特及優越性。但以天皇為主的國家意識, 並非為了否定德川幕府, 而是透過君臣的名分秩序, 以尊王之原則賦予武家政權(德川幕府)正統性, 在前期水戶學的發展過程中, 因為幕藩體制相對健全, 朝廷與幕府的關係保持著和諧的關係。學術界向來關注歷史編纂在"御三家"之一的水戶藩中是如何形成? 其過程與真相又是如何? 筆者更關注德川光圀如何推動朱舜水治理藩政的四個政治要諦? 朱舜水的經世濟民論與前期水戶學的發展關係? 在推動水戶藩政的過程中, 朱舜水的意見, 德川光圀究竟採納多少? 二人的交涉過程真相如何? 影響了水戶藩哪些政策? 前期與後期水戶學的關聯性又是如何? 這些問題都寄望藉由德川博物館典藏文獻陸續的公刊, 還原歷史的真相, 給德川光圀與朱舜水一個趨近事實的歷史定位。

臺灣大學教授　徐興慶

2013年2月17日　於溫州街寓所

参考文獻:

徐興慶編著《新訂朱舜水集補遺》,《東亞文明研究資料叢刊》2,(臺北:臺大出版中心,2004年)。

徐興慶著《朱舜水與東亞文化傳播的世界》,《東亞文明研究叢書》78,(臺北:臺大出版中心,2008年)。

錢明著《勝國賓師——朱舜水傳》(杭州:浙江人民出版社,2008年)。

錢明、葉樹望合編《舜水學探微》(杭州:浙江古籍出版社,2009年)。

韓東育著《從"脫儒"到"脫亞"——日本近世以來"去中心化"之思想過程研究》(臺北:臺大出版中心,2009年)。

秋山高志著《水戶の文人——近世日本の学府》(東京:ぺりかん社,2009年)。

楊儒賓、吳國豪主編《朱舜水及其時代》(臺北:臺大出版中心,2010年)。

鍋島亞朱華著《明代における大學解釋——李見羅と許敬菴を中心に》(日本二松學舍大學博士論文,2010年)。

計文淵主編《舜水流風:中日古代書畫遺珍》(香港:中國美術,2011年)。

冲方丁著《光圀伝》(東京:角川書店,2012年)。

徐興慶主編《朱舜水與近世日本儒學的發展》,《東亞儒學研究叢書》16,(臺北:臺大出版中心,2012年)。

一、朱舜水與長崎

解說：徐興慶

十七世紀中葉，中國明清的政權交替給東亞各國知識分子帶來極大的思想轉變。日本德川幕府採取鎖國政策，意外使長崎商港扮演了傳播明清文化的媒介，也給中日文人帶來了文化及思想交流的機會。當地為外來文化必經之地，黃檗禪學的儒教思想的發展，江戶、京都、九州等地文人爭相前來學習異國文化，中日文人交流蔚為風潮。朱舜水曾於1659年秋天至1666年夏天居留長崎，他得此天時、地利與明末東渡文人的全力襄助，獲得水戶藩主德川光圀（1628–1701）賞識，被招聘為“賓師”，前往江戶、水戶施展其學問長才之機會。以下解釋的文獻皆與朱舜水在長崎的生活有關。

（一）《西遊手錄》

27.7×18.6×0.5cm　一冊　文庫6340

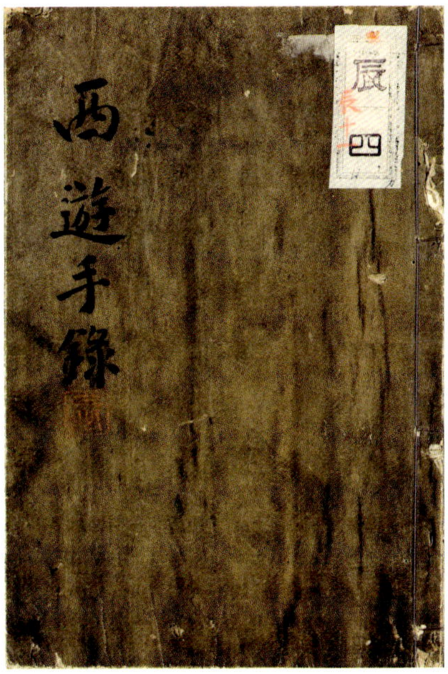

寬文四年（1664）五月，水戶藩儒小宅生順（1638–1674）曾奉德川光圀之命，前往長崎查訪“碩儒耆德”，與朱舜水進行約三個月的筆談，留下了珍貴史料《西遊手錄》，它寫於寬文甲辰十一月十七日，最後寫著“余今年承君命，西遊紫陽長崎，棲遲三月，公務之暇，汎交番客以欲得異聞，往往沾筆代譯，所交雖及數十輩，而有學問者獨有朱魯瑜而已”。這份筆談紀錄成為德川光圀招聘朱舜水重要依據。《西遊手錄》內容除“與朱魯瑜筆談”之外，另有“與陳三官筆談”、“與陸方壺筆談”、“與獨立筆談”。

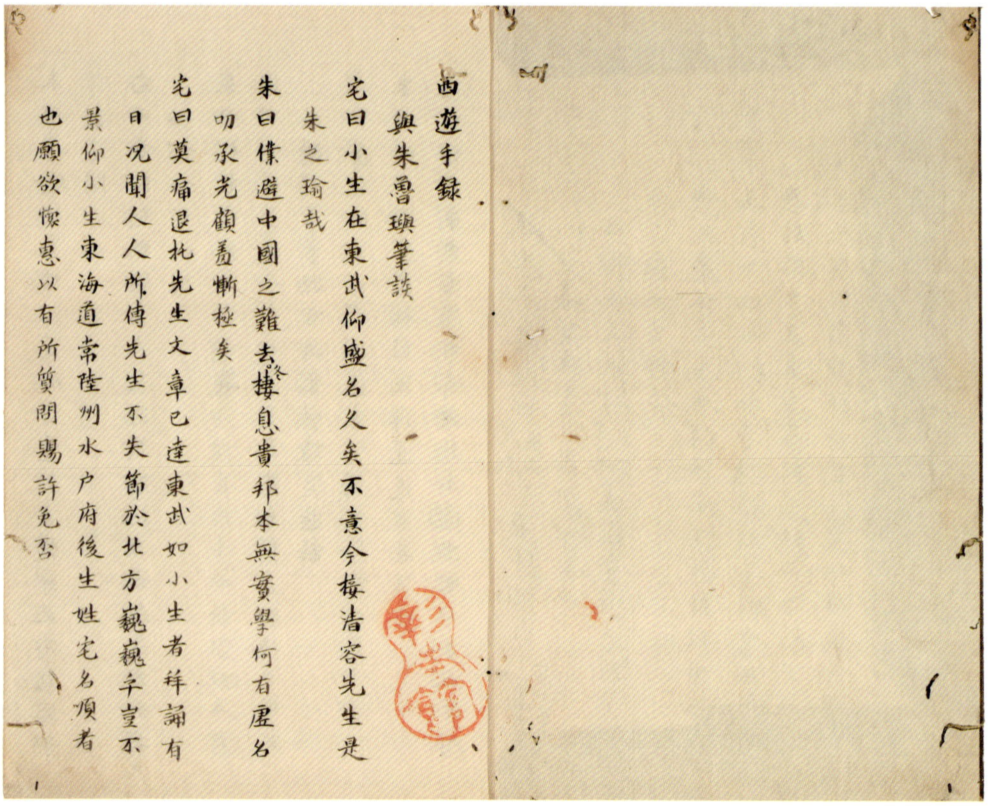

西遊手録
與朱魯璵筆談
宅曰小生在東武仰盛名久矣不意今接清容先生是
朱之瑜哉
朱曰僕遊中國之難去接息貴邦本無實學何有虛名
叨承光顧羞慚極矣
宅曰莫痛退託先生文章已達東武如小生者拜誦有
日況聞人人所傳先生不失節於北方巍巍乎豈不
景仰小生東海道常陸州水户府後生姓宅名順者
也願欲懷惠以有所質問賜許免否

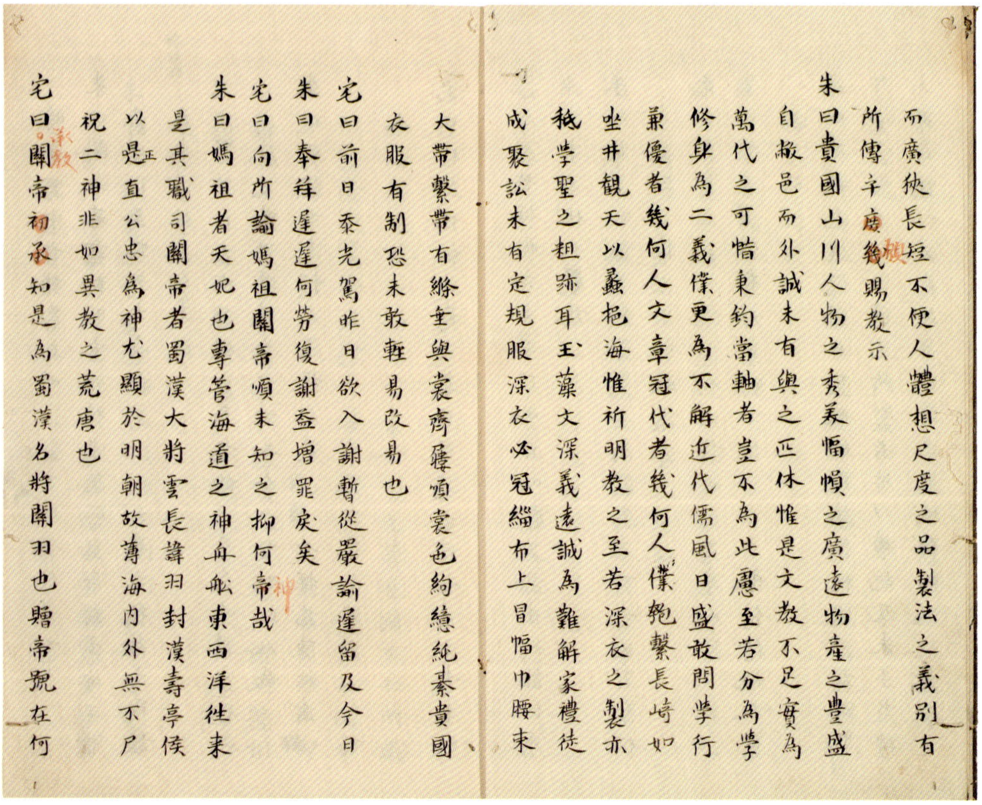

而廣狹長短不便人體想尺度之品製法之義别有
所傳乎麼幾賜教示
朱曰貴國山川人物之秀美幅幀之廣遠物產之豐盛
自敝邑而外誠未有與之匹休惟是文教不足實為
萬代之可惜東鈞當軸者豈不為此慮至若分為學
修身為二義僕更為不解近代儒風日盛敢問學行
兼優者幾何人文章冠代者幾何人僕甦繫長崎如
坐井觀天以蠡挹海惟祈明教之至若深衣之製亦
秖學聖之粗跡耳玉藻文深義遠誠為難解家禮徒
成聚訟未有定規服深衣必冠緇布上冒幅巾腰束
大帶繫帶有絛垂與裳齊屨須裳色約繶純綦貴國
衣服有制恐未敢輕易改易也
宅曰前日忝光駕昨日欲入謝暫從嚴諭遲留及今日
朱曰奉拜遲遲何勞復謝益增罪戾矣
宅曰向所諭媽祖關帝順未知之抑何帝哉
朱曰媽祖者天妃也專管海道之神舟船東西洋往来
是其職司關帝者蜀漢大將雲長諱羽封漢壽亭侯
以是直公忠為神尤顯於明朝故薄海内外無不尸
祝二神非如異教之荒唐也
宅曰關帝初承知是為蜀漢名將關羽也贈帝號在何

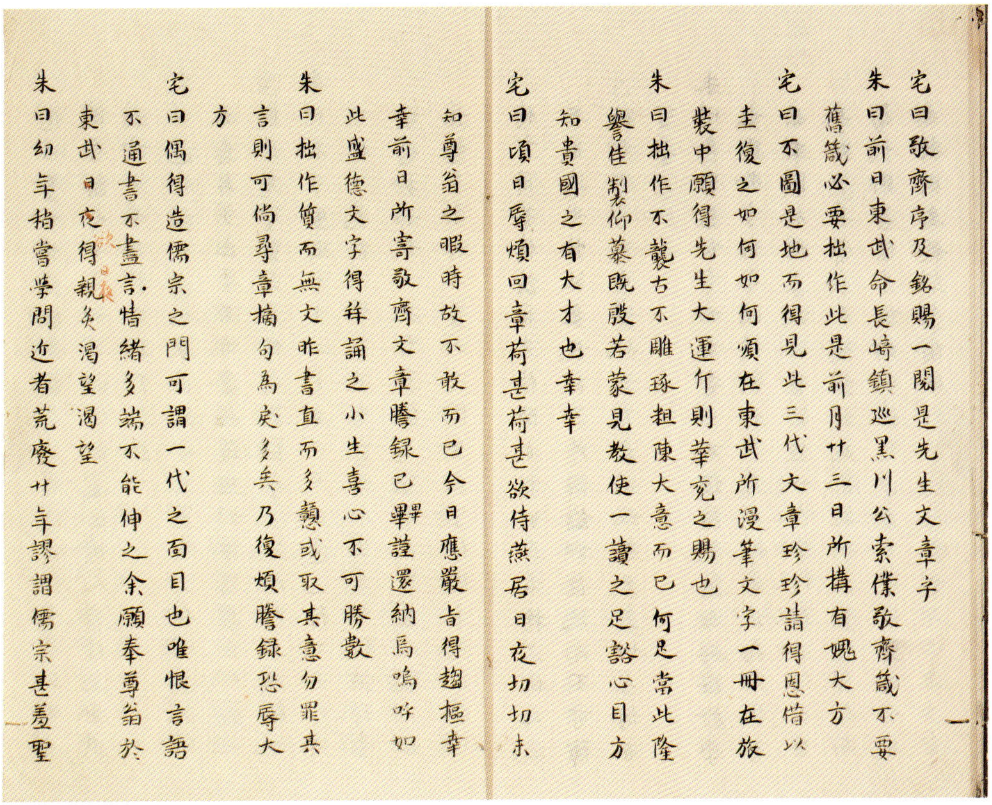

宅曰敬齋序及銘賜一閱是先生文章乎
朱曰前日東武命長崎鎮巡黑川公索僕敬齋箴不要
舊箴必要拙作此是前月廿三日所構有愧大方
宅曰不圖是地而得見此三代文章珍珍請得恩借以
圭復之如何如何頃在東武所漫筆文字一冊在旅
裝中願得先生大運斤則華兗之賜也
朱曰拙作不襲古不雕琢粗陳大意而已何足當此隆
譽佳製仰慕既殷若蒙見教使一讀之足豁心目方
知貴國之有大才也幸幸
宅曰頃日辱煩回章荷甚荷甚欲侍燕居日夜切切未
知尊翁之暇時故不敢而已今日應嚴旨得趨攄幸
幸前日所寄敬齋文章謄録已畢謹還納焉嗚呼如
此盛德文字得拜誦之小生喜心不可勝數
朱曰拙作質而無文昨書直而多戇或取其意勿罪其
言則可倘尋章摘句為戾多矣乃復煩謄録恐辱大
方
宅曰偶得造儒宗之門可謂一代之面目也唯恨言語
不通書不盡言情緒多端不能伸之余願奉尊翁於
東武日夜得親炙渴望渴望
朱曰幼年稍嘗學問近者荒廢廿年謬謂儒宗甚羞聖

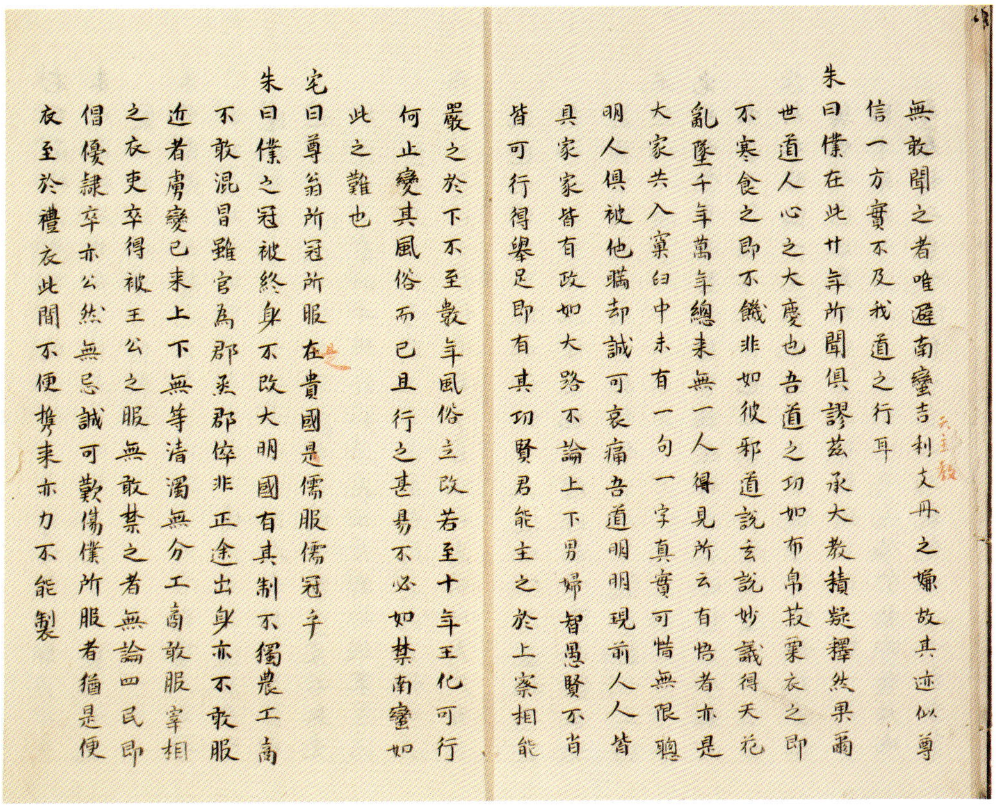

無敢聞之者唯避南蠻吉利支丹之嫌故其迹似尊
信一方實不及我道之行耳
朱曰僕在此廿年所聞俱謬茲承大教積疑釋然果爾
世道人心之大慶也吾道之功如布帛菽粟衣之即
不寒食之即不饑非如彼邪道說玄說妙議得天花
亂墜千年萬年總來無一人得見所云有悟者亦是
大家共入窠臼中未有一句一字真實可惜無限聰
明人俱被他瞞卻誠可哀痛吾道明明現前人人皆
具家家皆有政如大路不論上下男婦智愚賢不肖
皆可行得舉足即有其功賢君能主之於上宰相能
嚴之於下不至數年風俗立改若至十年王化可行
何止變其風俗而已且行之甚易不必如禁南蠻如
此之難也
宅曰尊翁所冠所服在貴國是儒服儒冠乎
朱曰僕之冠被終身不改大明國有其制不獨農工商
不敢混冒雖官為郡丞郡倅非正途出身亦不敢服
近者虜變已來上下無等清濁無分工商敢服宰相
之衣吏卒得被王公之服無敢禁之者無論四民即
倡優隸卒亦公然無忌誠可歎傷僕所服者猶是便
衣至於禮衣此間不便携來亦力不能製

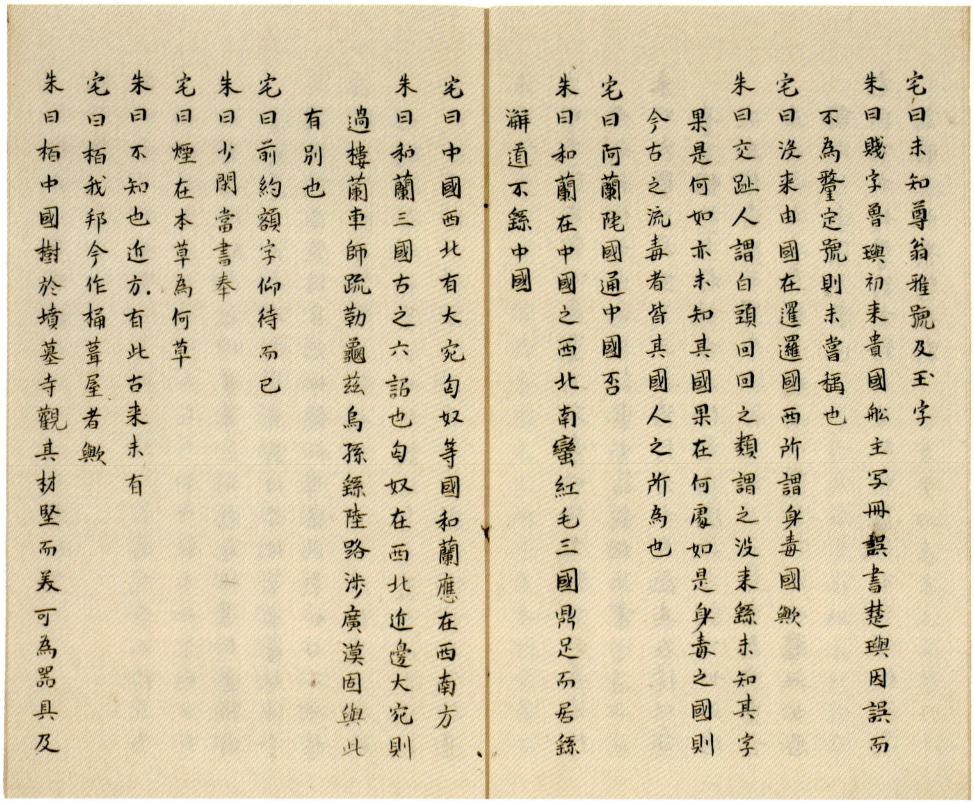
宅曰未知尊翁雅號及王字
朱曰賤字魯璵初來貴國船主冩冊誤書楚璵因誤而
不爲釐定號則未嘗插也
宅曰波來由國在暹邏國西所謂身毒國歟
朱曰交趾人謂白頭回回之類謂之波來錄未知其字
果是何如亦未知其國果在何處如是身毒之國則
今古之流毒者皆其國人之所爲也
宅曰阿蘭陀國通中國否
朱曰和蘭在中國之西北南蠻紅毛三國鼎足而居錄
瀚道不錄中國
宅曰中國西北有大宛匈奴等國和蘭應在西南方
朱曰和蘭三國古之六詔也匈奴在西北近邊大宛則
過樓蘭車師疏勒龜茲烏孫錄陸路涉廣漠固與此
有別也
宅曰前約額字仰待而已
朱曰少閑當書奉
宅曰煙在本草爲何草
朱曰不知也近方有此古來未有
宅曰栢我邦今作桶葺屋者歟
朱曰栢中國樹於墳墓寺觀其材堅而美可爲器具及

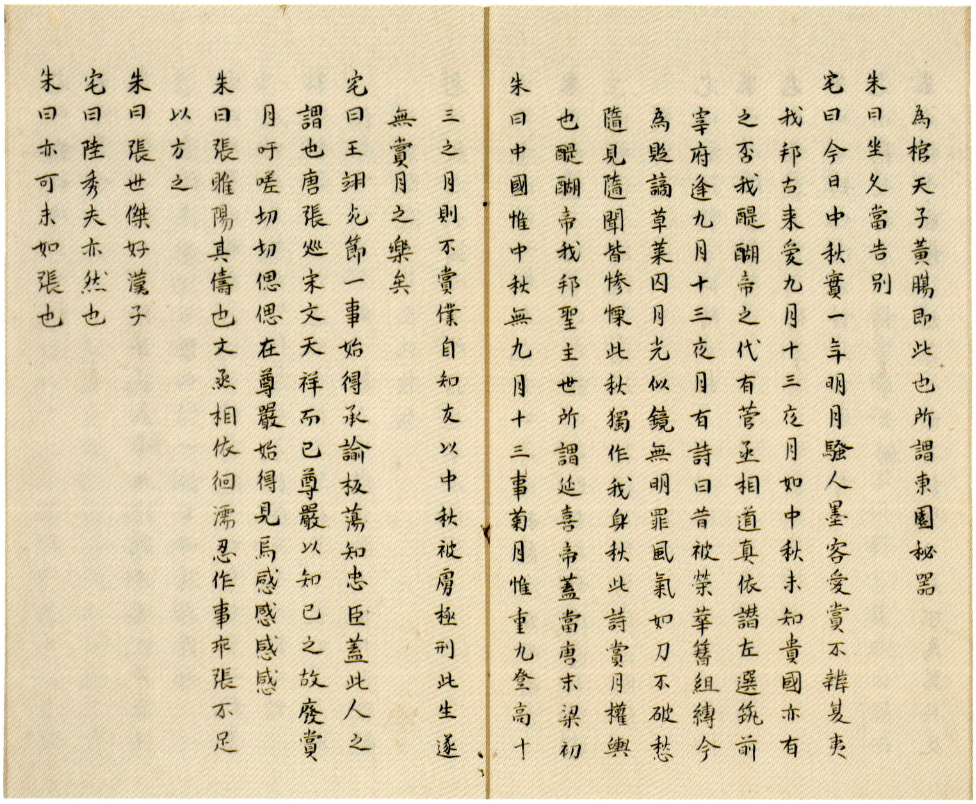
爲棺天子黃腸即此也所謂東園秘器
朱曰坐久當告別
宅曰今日中秋賞一年明月騷人墨客愛賞不諱旻夷
我邦古來愛九月十三夜月如中秋未知貴國亦有
之否我醍醐帝之代有菅丞相道真依讒左遷筑前
宰府逢九月十三夜月有詩曰昔被榮華簪組縛今
爲貶謫草萊囚月光似鏡無明罪風氣如刀不破愁
隨見隨聞皆慘慄此秋獨作我身秋此詩賞月權輿
也醍醐帝我邦聖主世所謂延喜帝蓋當唐末梁初
朱曰中國惟中秋無九月十三事菊月惟重九登高十
三之月則不賞僕自知友以中秋被虜極刑此生遂
無賞月之樂矣
宅曰王翊允節一事始得承諭板蕩知忠臣蓋此人之
謂也唐張巡宋文天祥而已尊嚴以知己之故廢賞
月吁嗟切切偲偲在尊嚴始得見焉感感感感
朱曰張雎陽真儒也文丞相依阿濡忍作事亦張不足
以方之
朱曰張世傑好漢子
宅曰陸秀夫亦然也
朱曰亦可未如張也

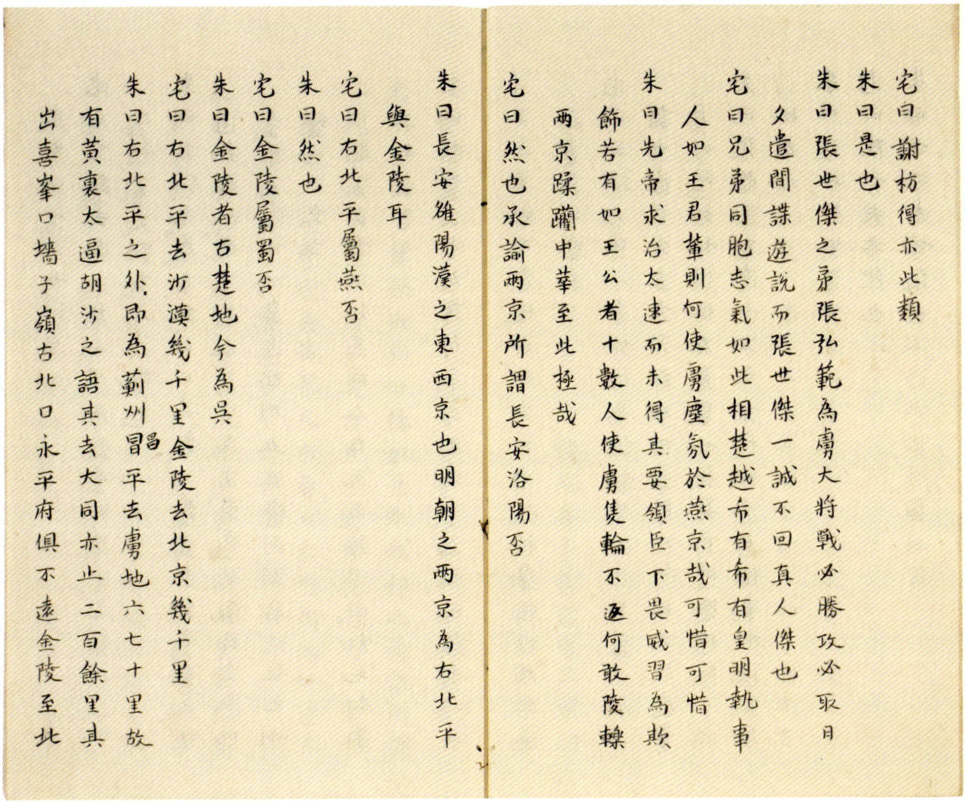

宅曰謝枋得亦此類
朱曰是也
朱曰張世傑之弟張弘範為虜大將戰必勝攻必取日
夕遣間諜遊說而張世傑一誠不回真人傑也
宅曰兄弟同胞志氣如此相楚越希有希有皇明執事
人如王君輩則何使虜塵氛於燕京哉可惜可惜
朱曰先帝求治太速而未得其要領臣下畏威習為欺
飾若有如王公者十數人使虜隻輪不返何敢陵轢
兩京蹂躪中華至此極哉
宅曰然也承諭兩京所謂長安洛陽否
朱曰長安雒陽漢之東西京也明朝之兩京為右北平
與金陵耳
宅曰右北平屬燕否
朱曰然也
宅曰金陵屬蜀否
朱曰金陵者古楚地今為吳
宅曰右北平去沙漠幾千里金陵去北京幾千里
朱曰右北平之外即為薊州昌平去虜地六七十里故
有黄裹太逼胡沙之語其去大同亦止二百餘里其
出喜峯口墻子嶺古北口永平府俱不遠金陵至北

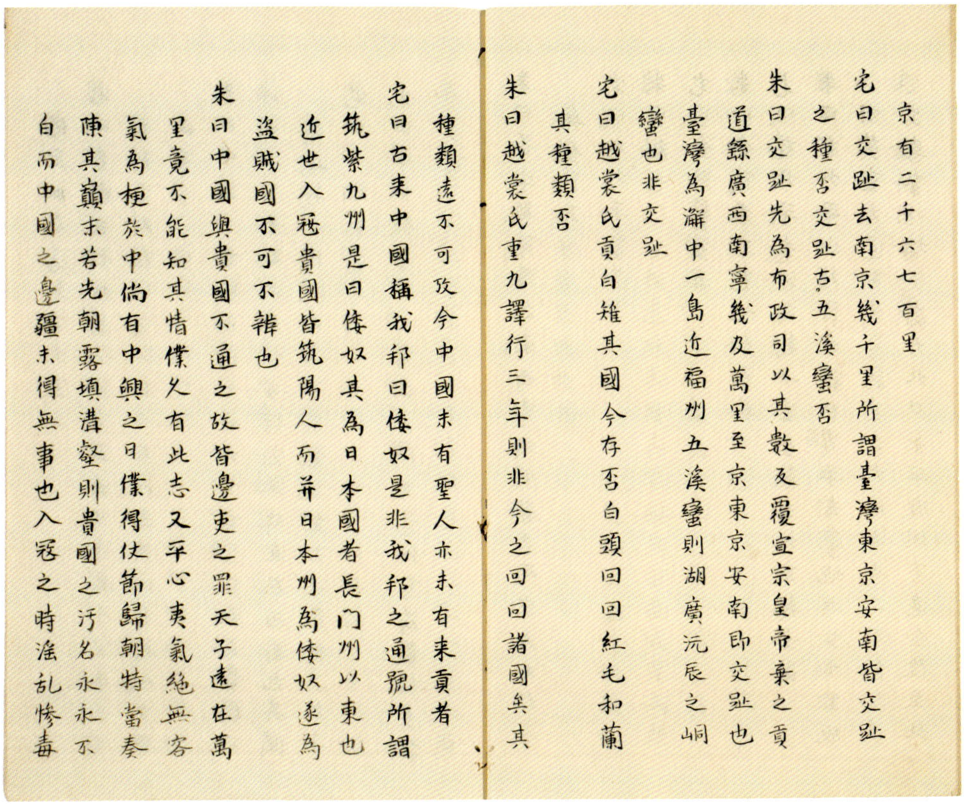

京有二千六七百里
宅曰交趾去南京幾千里所謂臺灣東京安南皆交趾
之種否交趾古五溪蠻否
朱曰交趾先為布政司以其數叛覆宣宗皇帝棄之貢
道繇廣西南寧幾及萬里至京東京安南即交趾也
臺灣為海中一島近福州五溪蠻則湖廣沅辰之峒
蠻也非交趾
宅曰越裳氏貢白雉其國今存否白頭回回紅毛和蘭
其種類否
朱曰越裳氏重九譯行三年則非今之回回諸國矣其
種類遠不可攷今中國未有聖人亦未有來貢者
宅曰古來中國稱我邦曰倭奴是非我邦之通號所謂
筑紫九州是曰倭奴其為日本國者長门州以東也
近世入寇貴國皆筑陽人而并日本州為倭奴遂為
盜賊國不可不辨也
朱曰中國與貴國不通之故皆邊吏之罪天子遠在萬
里竟不能知其情僕久有此志又平心夷氣絕無容
氣為梗於中倘有中興之日僕得仗節歸朝特當奏
陳其巔末若先朝露填溝壑則貴國之污名永永不
白而中國之邊疆未得無事也入寇之時淫乱慘毒

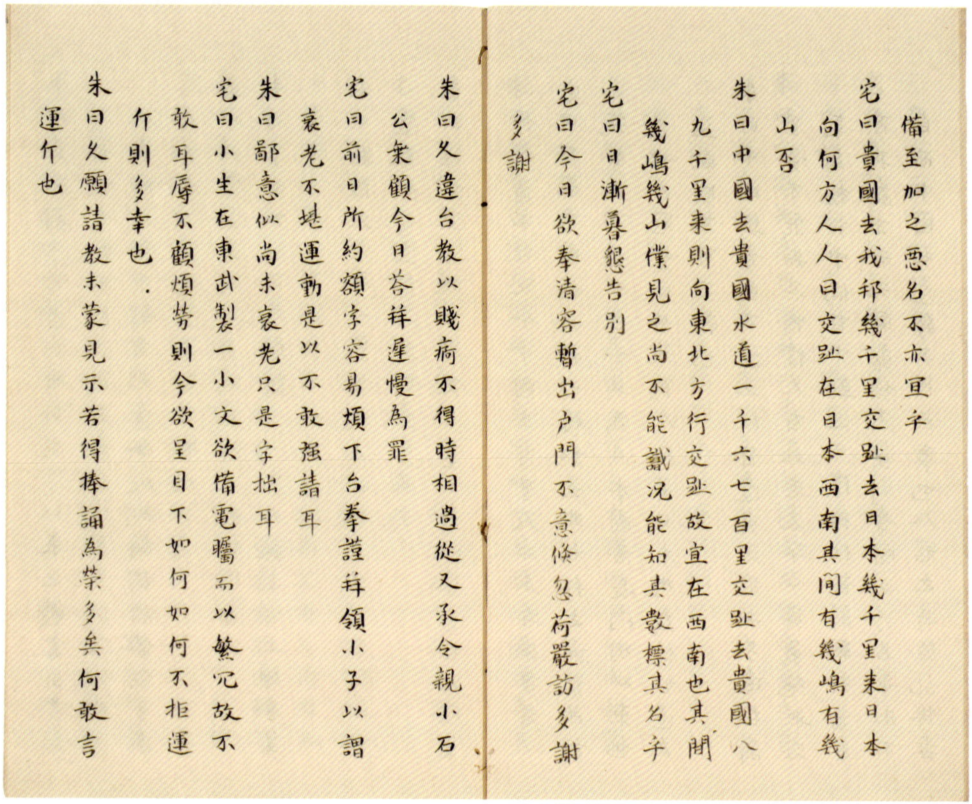

備至加之悪名不亦冝乎
宅曰貴國去我邦幾千里交趾去日本幾千里来日本
向何方人人曰交趾在日本西南其間有幾嶋有幾
山否
朱曰中國去貴國水道一千六七百里交趾去貴國八
九千里来則向東北方行交趾故宜在西南也其間
幾嶋幾山僕見之尚不能識况能知其數標其名乎
宅曰日漸暮懇告別
宅曰今日欲奉清容暫出户門不意倐忽荷嚴訪多謝
多謝
朱曰久違台教以賤病不得時相過從又承令親小石
公來顧今日答拜遅慢爲罪
宅曰前日所約額字容易煩下台奉謹拜領小子以謂
衰老不堪運動是以不敢強請耳
朱曰鄙意似尚未衰老只是字拙耳
宅曰小生在東武製一小文欲備電矚而以繁冗故不
敢耳辱不顧煩勞則今欲呈目下如何如何不拒運
斤則多幸也
朱曰久願請教未蒙見示若得捧誦爲榮多矣何敢言
運斤也

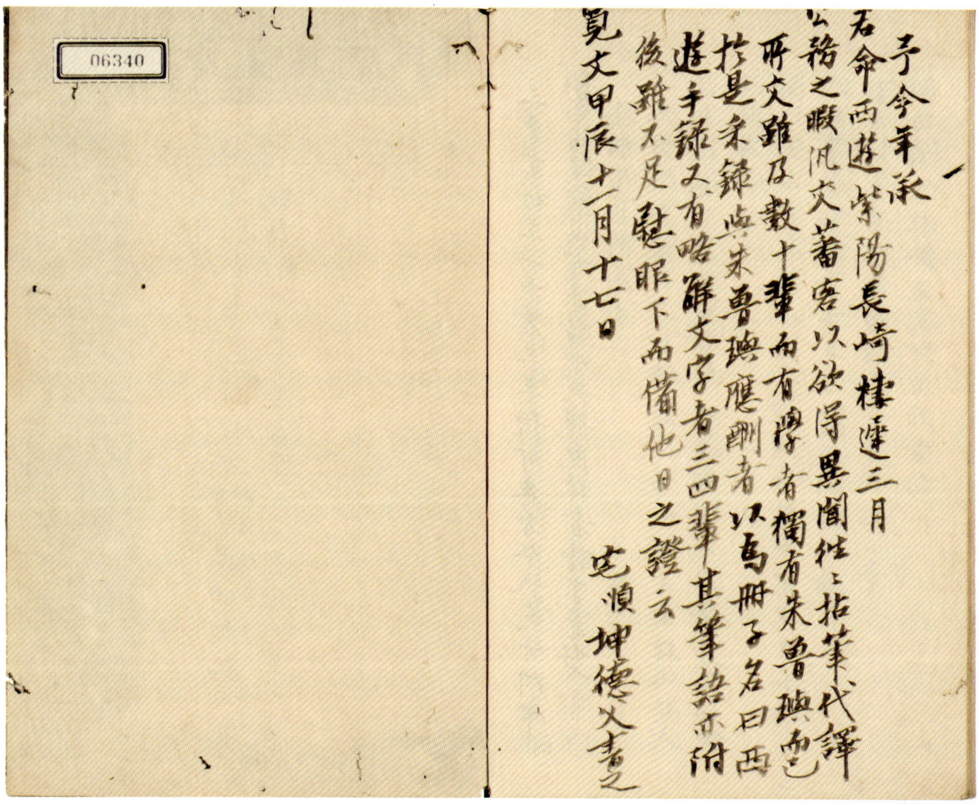

06340

予今年承
君命西遊紫陽長崎棲遲三月
公務之暇汎交蕃客以欲得異聞往々拈筆代譯
所交雖及數十輩而有學者獨有朱魯璵也
於是采録與朱魯璵應酬者以爲冊子名曰西
遊手録又有略解文字者三四輩其筆語亦附
後雖不足懸眼下而備他日之證云
寛文甲辰十一月十七日
宅順　坤德父書之

（二）《泣血餘滴》

8.26.5×18.3×0.8cm　一冊　文庫4957

《泣血餘滴》係西州一僧（名未詳）記錄朱舜水在寄寓長崎期間，應日本文士所寫的儒禮記事。《泣血餘滴》原文已失，抄本除西州一僧版之外，還有號稱“嵯峨隱士”的石河三左右衛門抄本。彰考館總裁佐佐宗淳①於元祿六年（癸酉，1693）再抄錄《泣血餘滴》藏於彰考館。現藏彰考館《泣血餘滴》為刻本，前有林道春（羅山，1583–1657）“硯與淚同滴以書”序言，寫於明曆二年（1656）三月二日，內容提及：“昔朱文公遭其母祝孺人之喪，折衷《儀禮》“士喪”而製作《家禮》，後學無不由之。本朝釋教流布闔國，為彼徒所惑，無知儒禮者。（中略）近世有志之人雖偶注心於《家禮》，然拘於俗習，雖欲為之而不能行者亦有之。今余丁母之憂，喪葬悉從儒禮，因敘其次序，滴淚以記之如左，取高柴親喪之言，而號曰泣血餘滴。”後記有“萬治二年（己亥，1659）孟秋，囲椹町通土御門町，大森安右衛門刊行”，及安積覺跋文。

① 佐佐宗淳，字子朴，號十竹齋，通稱助三郎，讚岐人，仕于水府。曾入京都妙心寺為僧，二十歲脫離佛門，先學於朱舜水，後成為彰考館編修國史總裁。

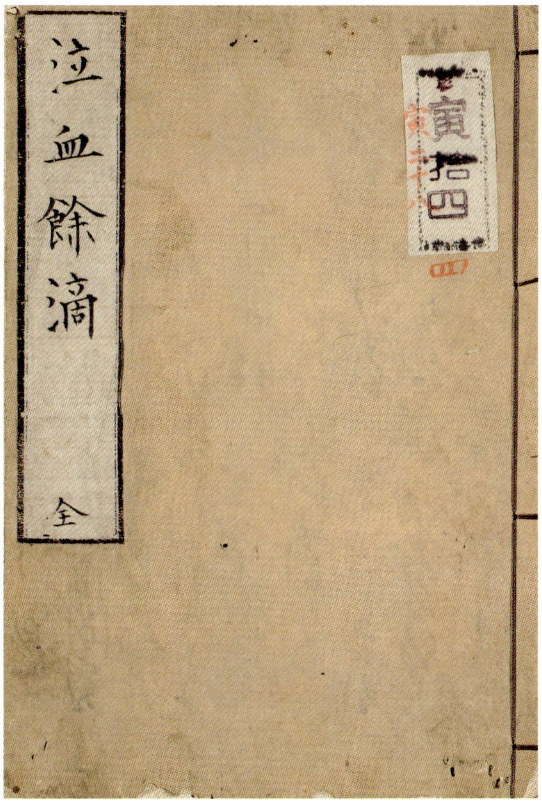

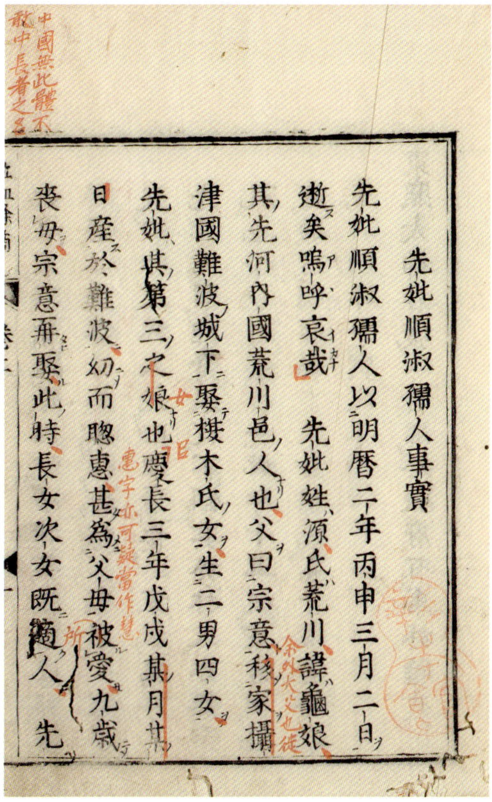
先妣順淑孺人事實
先妣順淑孺人以明曆二年丙申三月二日逝矣嗚呼哀哉　先妣姓源氏荒川諱龜娘其先河內國荒川邑人也父曰宗意移家攝津國難波城下娶椿木氏女生二男四女先妣其第三之娘也慶長三年戊戌某月某日產於難波幼而聰惠甚為父母被愛九歲喪母宗意再娶此時長女次女既適人　先

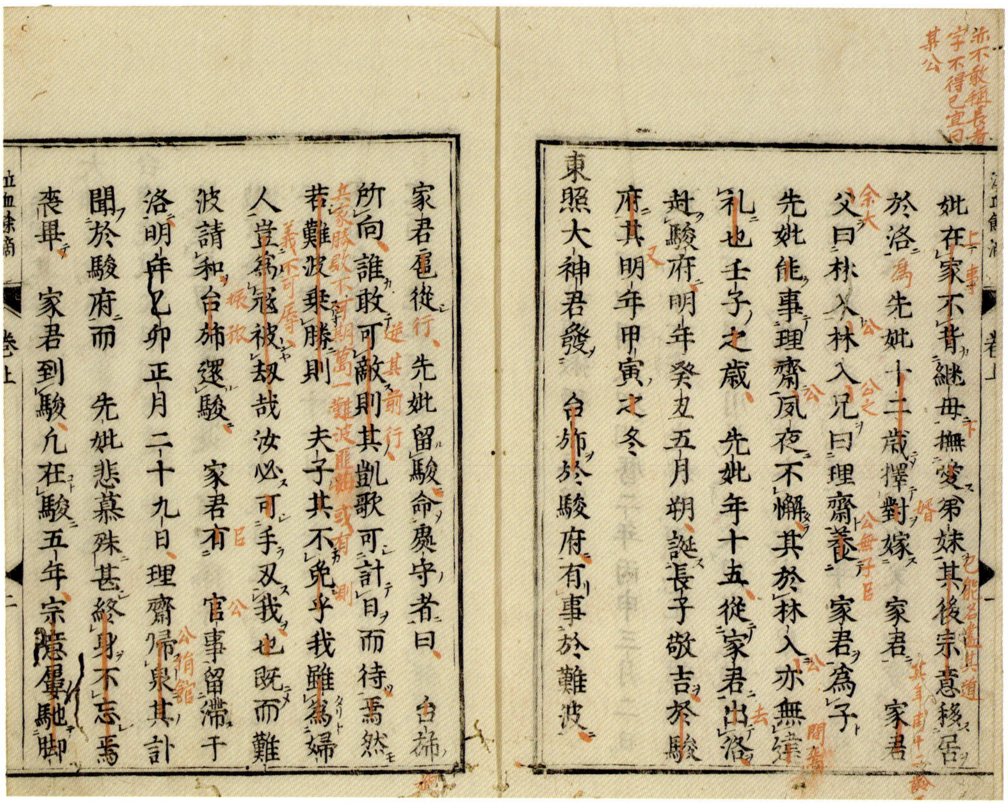
妣在家不肯繼母撫愛弟妹其後宗意移居
於洛爲先妣十二歲擇對嫁 家君 家君
父曰林入林入兄曰理齋養 家君爲子
先妣能事理齋夙夜不懈其於林入亦無違
礼也壬子之歲 先妣年十五從家君出洛
赴駿府明年癸丑五月朔誕長子敬吉於駿
府其明年甲寅之冬
東照大神君發 台旆於駿府有事於難波

家君亦從 先妣留駿命奥守者曰 台旆
所向誰敢可敵則其凱歌可計日而待焉然
若難波果勝則夫子其不免乎我雖爲婦
人豈希寇被叔哉汝必可手刄我也旣而難
波請和台旆還駿 家君有 官事留滯于
洛明年乙卯正月二十九日理齋帰泉其計
聞於駿府而 先妣悲慕殊甚終身不忘焉
喪畢 家君到駿凡在駿五年宗隠暈馳脚

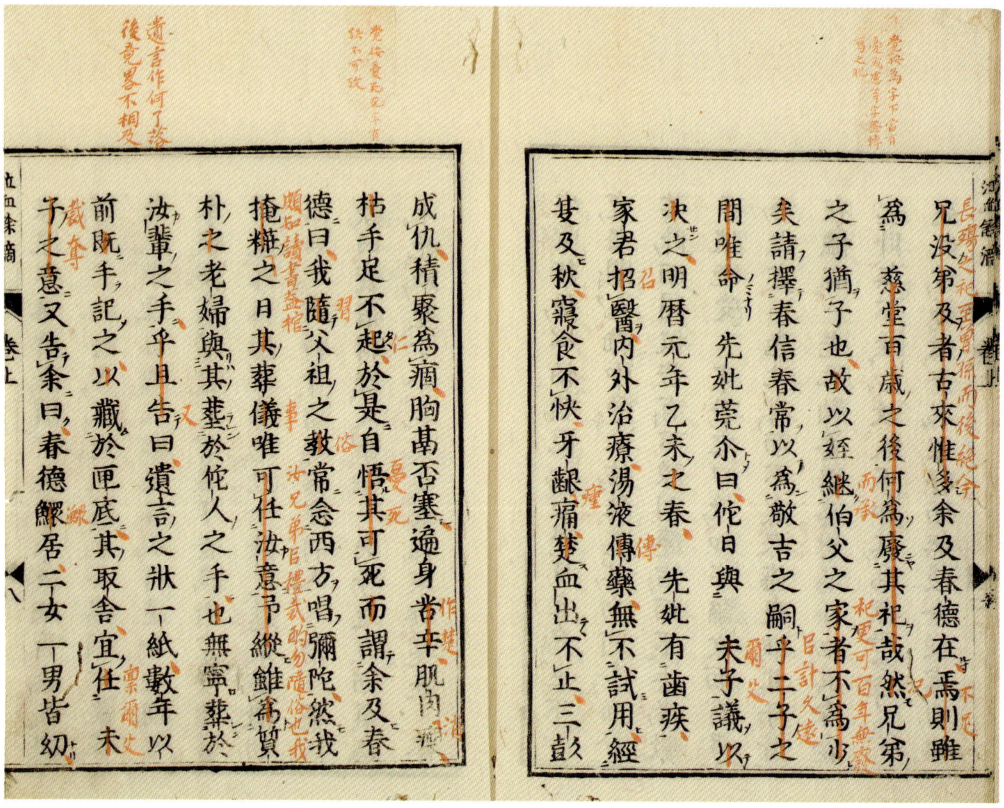
兄没弟及者古來惟多余及春德在焉則雖
爲慈堂百歲之後何爲廢其祀哉然兄弟
之子猶子也故以姪繼伯父之家者不爲少
矣請擇春信春常以爲敬吉之嗣乎二子之
間唯命 先妣莞介曰佗日與 夫子議以
決之明曆元年乙未之春 先妣有齒疾
家君招醫内外治療湯液傳藥無不試用經
甚及秋寢食不快牙齦痛甚血出不止三戲

成仇積聚爲痛胸萬否塞遍身苦辛肌肉瘦
枯手足不起於是自悟其可死而謂余及春
德曰我隨父祖之教常念西方唱彌陀然我
掩粧之日其葬儀唯可任汝意乎縱雖希貿
朴之老婦與其葬於佗人之手也無寧葬於
汝輩之手乎且告曰遺言之狀一紙數年以
前旣手記之以藏於匣底其取舍宜任 未
予之意又告余曰春德鰥居二女一男皆幼

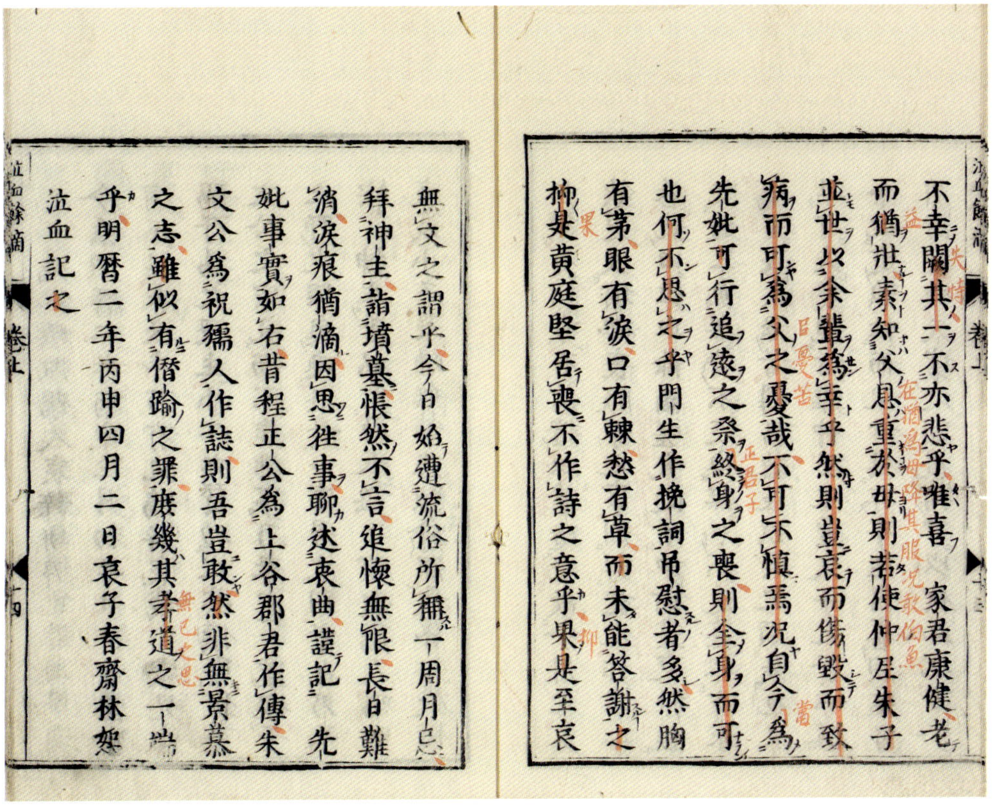

泣血餘滴　卷上　十三

不幸闕其一不亦悲乎唯喜　家君康健老
而猶壯素知父恩重於母則若使仲尼朱子
並世以余輩為幸乎然則豈哀而傷毀而致
病而可爲父之憂哉不可不愼焉況自今爲
先妣可行追遠之祭終身之喪則全身而可
也何不思之乎門生作挽詞弔慰者多然胸
有弟眼有淚口有𣍋愁有草而未能答謝之
柳是黄庭堅居喪不作詩之意乎果是至哀

泣血餘滴　卷上　十四

無文之謂乎今日始遭流俗所稱一周月忌
拜神主詣墳墓悵然不言追懷無限長日難
消淚痕猶滴因思往事聊述哀曲謹記　先
妣事實如右昔程正公為上谷郡君作傳朱
文公為祝孺人作誌則吾豈敢然非無景慕
之志雖似有僭踰之罪庶幾其孝道之一端
乎明暦二年丙申四月二日哀子春齋林恕
泣血記之

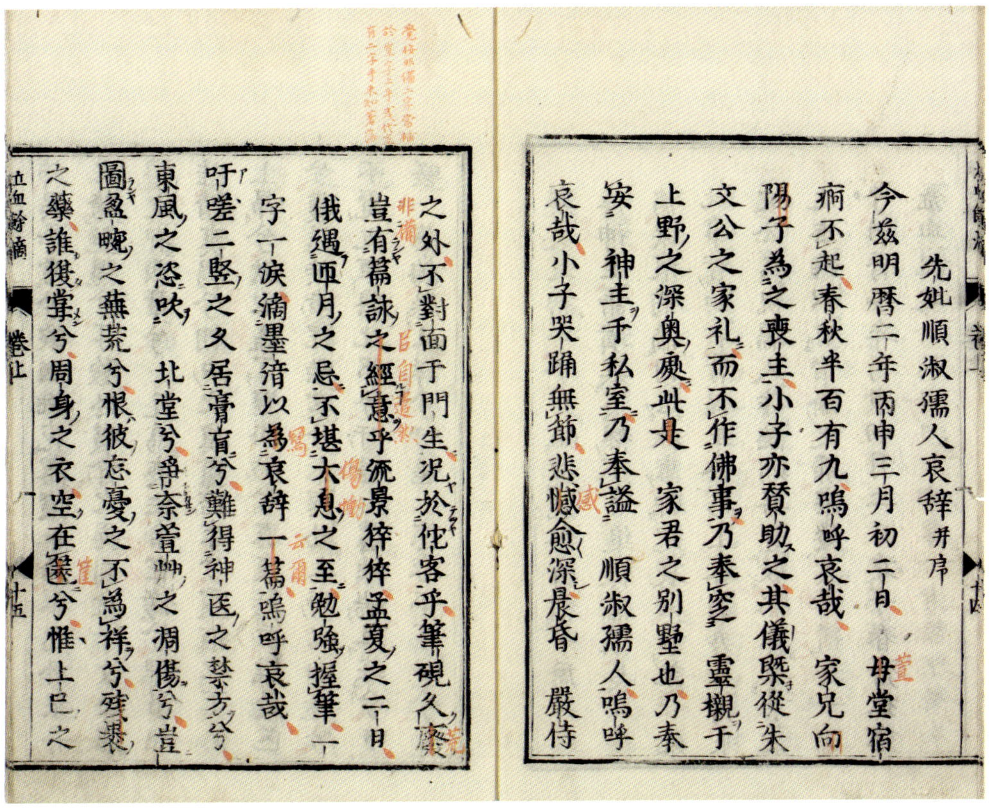

泣血餘滴　卷上　十四

先妣順淑孺人哀辭并序
今茲明暦二年丙申三月初二日　母堂宿
痾不起春秋五十有九嗚呼哀哉　家兄向
陽子為之喪主小子亦贊助之其儀槩從朱
文公之家礼而不作佛事乃奉　靈櫬于
上野之深奥瘞此是　家君之別墅也乃奉
安　神主于私室乃奉謚　順淑孺人嗚呼
哀哉小子哭踊無節悲慽愈深晨昏　嚴侍

泣血餘滴　卷上　十五

之外不對面于門生況於他客乎筆硯久廢
豈有篇詠之經意乎流景猝猝孟夏之二日
俄遇匝月之忌不堪太息之至勉強握筆一
字一淚滴墨漬以為哀辭一篇嗚呼哀哉
吁嗟二豎之久居膏肓兮難得神医之禁方兮
東風之恣吹　北堂兮奈萱艸之凋傷兮豈
圖忽晩之蕪荒兮恨彼忘憂之不爲祥兮殘衰
之藥誰徵掌兮周身之衣空在篋兮惟上巳之

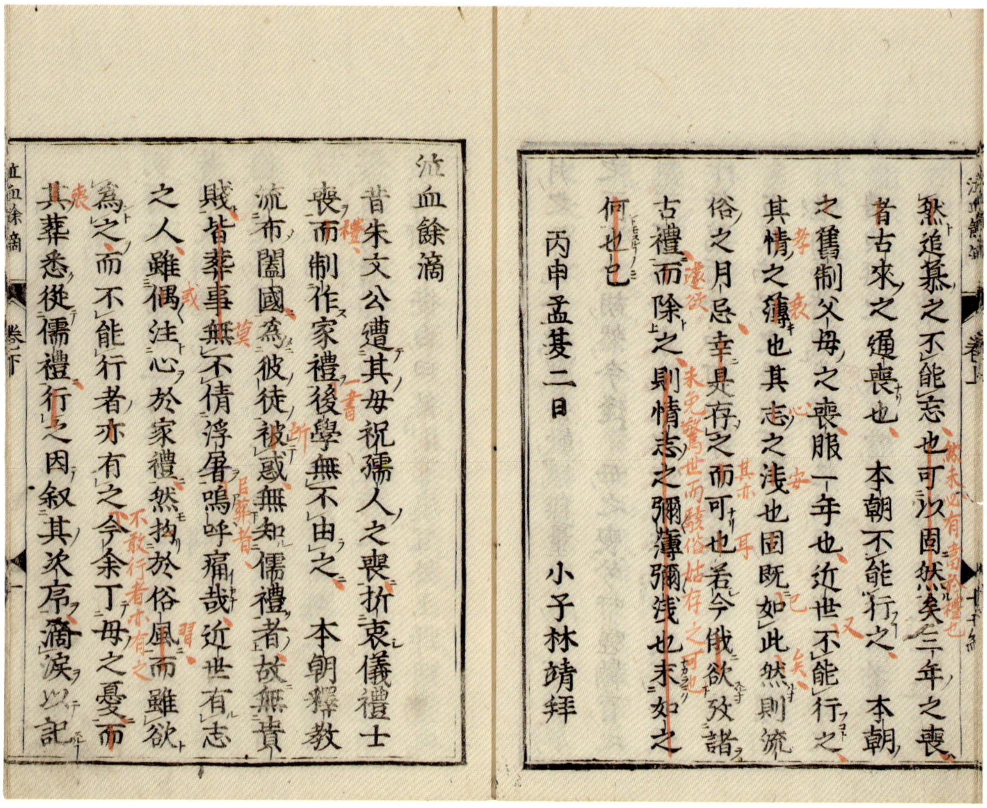
慤追慕之不能忘也可以固然矣三年之喪
者古來之通喪也　本朝不能行之　本朝
之舊制父母之喪服一年也近世不能行之
其情之薄也其志之淺也固既如此然則流
俗之月忌幸是存之而可也若今俄欲致諸
古禮而除之則情志之彌薄彌淺也未如之
何也已
丙申孟夏二日　小子林靖拜

泣血餘滴
昔朱文公遭其母祝孺人之喪折衷儀禮士
喪而制作家禮後學無不由之　本朝釋教
流布闔國焉彼徒被惑無知儒禮者故無貴
賤皆葬事無不倩浮屠嗚呼痛哉近世有志
之人雖偶注心於家禮然拘於俗風而雖欲
爲之而不能行者亦有之今余丁母之憂而
其葬悉從儒禮行之因叙其來序滴淚以記

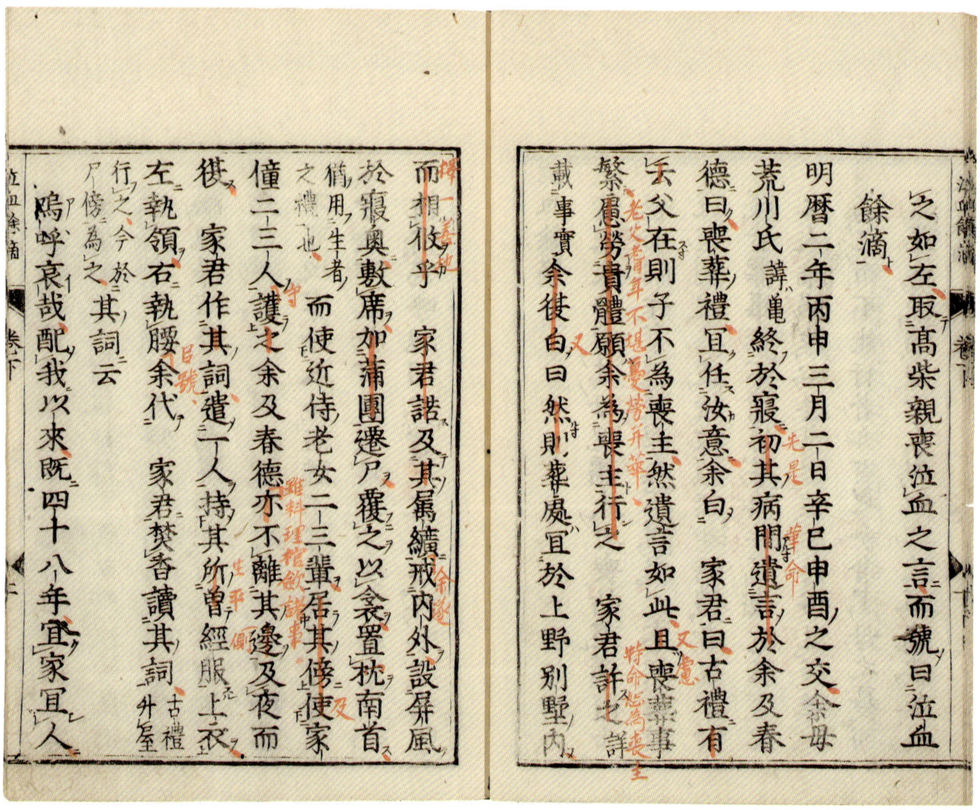
之如左取高柴親喪泣血之言而號曰泣血
餘滴
明暦二年丙申三月二日辛巳申酉之交
荒川氏諱龜終於寢初其病間遺言於余及春
德曰喪葬禮宜任汝意余白　家君曰古禮有
云父在則子不爲喪主然遺言如此且喪葬事
繁應勞貴體願余爲喪主行之　家君許之
載事實余徒白曰然則葬處宜於上野別墅內

而相依乎　家君諾及其屬纊戒内外設屏風
於寢奥敷席加蒲團遷尸覆之以衾置枕南首
備用生者之禮也　而使近侍老女二三輩居其傍使家
僮二三人護之余及春德亦不離其邊及夜而
徙　家君作其詞遣一人持其所曾經服上衣
左執領右執腰余代　家君焚香讀其詞 古禮升屋
行之今於尸傍爲之其詞云
嗚呼哀哉配我以來既四十八年宜家宜人

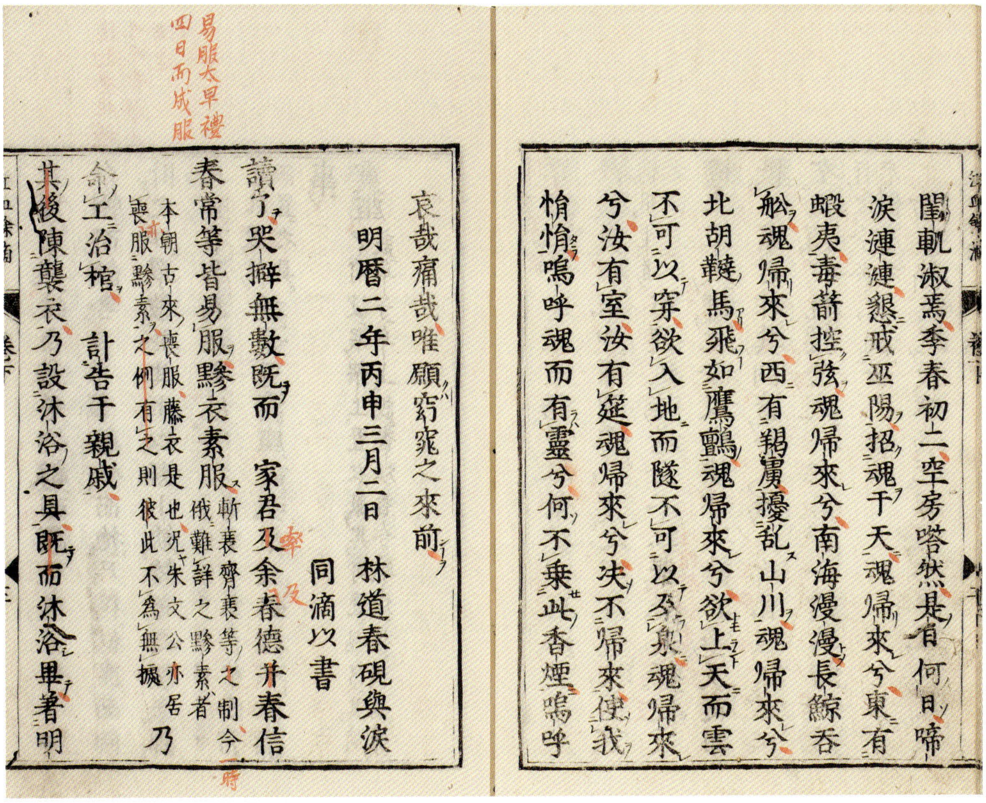
閏軏淑焉季春初二空房嗒然是日何日啼
泣漣漣愬戒巫陽招魂于天魂帰來兮東有
蝦夷毒箭控弦魂帰來兮南海漫漫長鯨呑
船魂帰來兮西有鷄貫擾乱山川魂帰來兮
北胡韃馬飛如鷹鸇魂帰來兮欲上天而雲
不可以穿欲入地而隧不可以及泉魂帰來
兮汝有室汝有筵魂帰來兮决不帰來使我
悄悄嗚呼魂而有靈兮何不乗此香煙嗚呼
易服太早禮四日而成服
哀哉痛哉唯願窮寵之來前
明暦二年丙申三月二日　林道春硯與涙
同滴以書
讀了哭擗無數既而　家君及余春德幷春信
春常等皆易服黲衣素服斬衰齊衰等之制今俄難詳之黲素者
本朝古來喪服藤衣是也況朱文公亦居喪服黲素之例有之則彼此不爲無據　乃
命工治棺　訃告于親戚
其後陳襲衣乃設沐浴之具既而沐浴畢著明

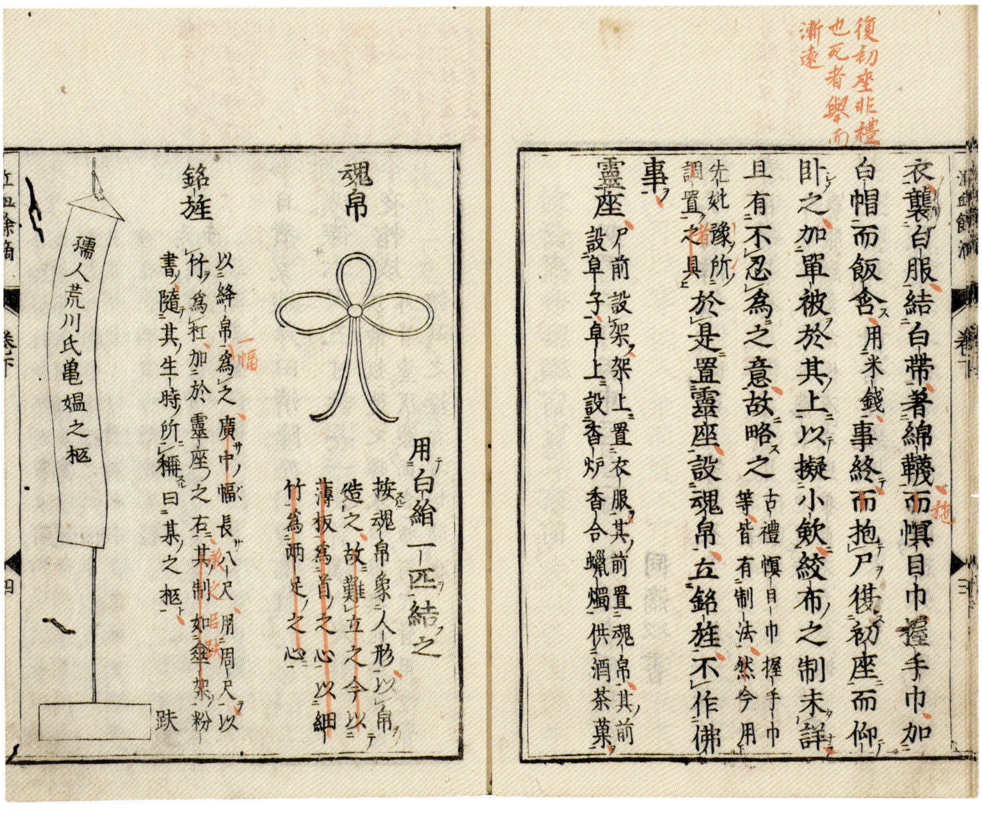
復初座非禮也死者與而漸遠
衣襲白服結白帯著綿韈而幎目巾握手巾加
白帽而飯含用米錢事終而抱尸徙初座而仰
卧之加單被於其上以擬小斂絞布之制未詳
且有不忍爲之意故略之古禮幎目巾握手巾等皆有制法然今用
先妣豫所調置之具　於是置靈座設魂帛立銘旌不作佛
事
靈座　尸前設架架上置衣服其前置魂帛其前設卓子卓上設香炉香合蠟燭供酒茶菓
魂帛　用白絹一匹結之
按魂帛象人形以帛造之故難立之今以薄板爲首之心以細竹爲兩足之心
銘旌　以絳帛爲之廣中幅長八尺用周尺以竹爲杠加於靈座之右其制如盖粉書隨其生時所稱曰某之柩
孺人荒川氏亀媼之柩
趺

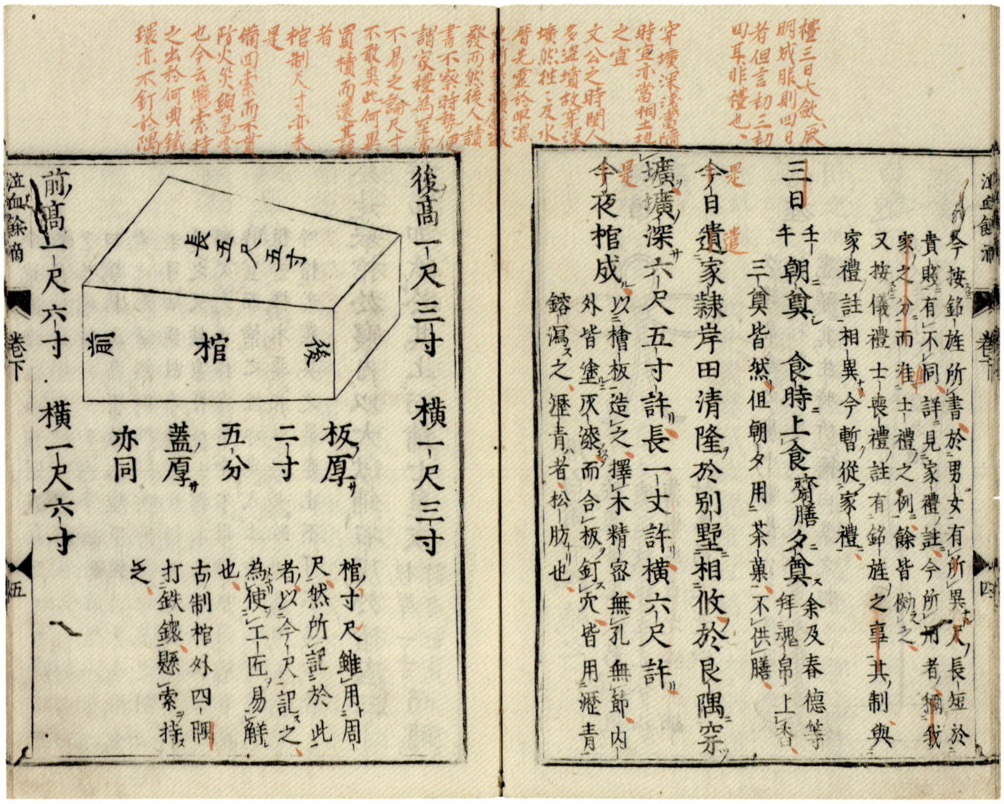
今按銘旌所書於男女有所異又長短於貴賤有不同詳見家禮註今所用者稍於家之分而準士禮之例餘皆倣之又按儀禮士喪禮註有銘旌之事其制與家禮註相異今暫從家禮

三日壬午朝奠　食時上食　齊膳　夕奠　余及春德等三人皆然但朝夕用茶菓不供膳　拜跪帛上香

是日遣家隷岸田清隆於別墅相攸於艮隅穿壙　壙深六尺五寸許長一丈許横六尺許

是夜棺成　以檜板造之擇木精密無孔無節內外皆塗灰漆而合板釘穴皆用瀝青鎔瀉之瀝青者松肪也

泣血餘滴　卷下　四

後高一尺三寸　横一尺三寸

板厚二寸五分　蓋厚亦同　棺寸尺雖用周尺然所記於此者以今尺記之為使工匠易解也古制棺外四隅打鉄鐶懸索持之

前高一尺六寸　横一尺六寸

泣血餘滴　卷下　五

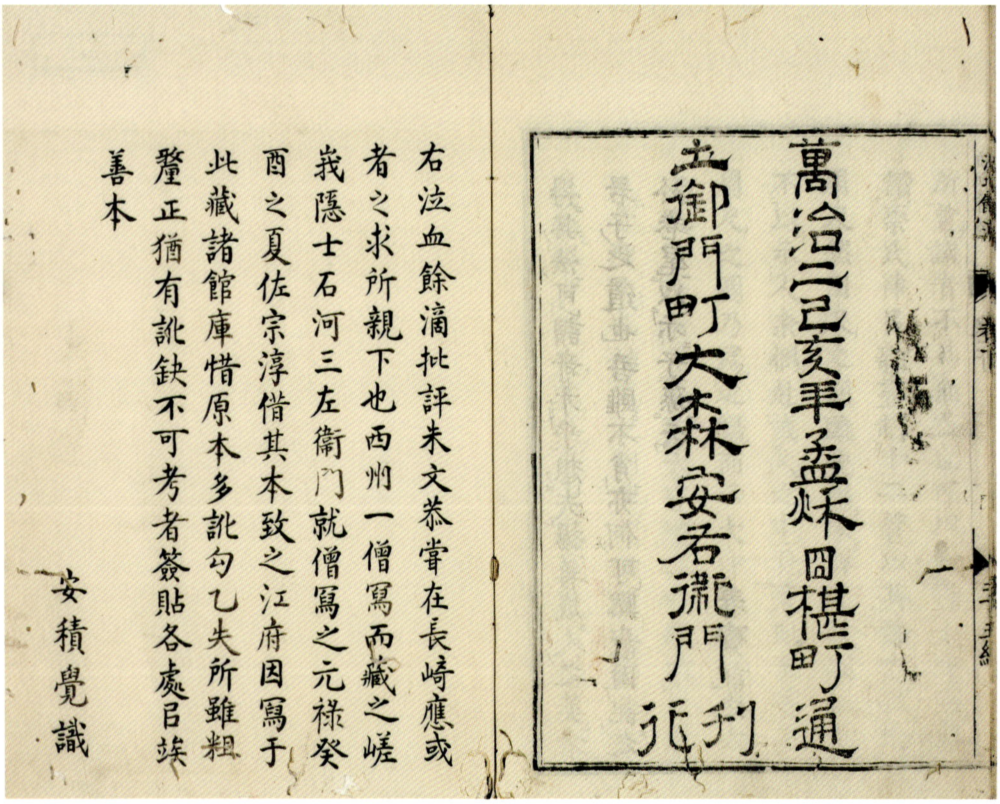
萬治二己亥年孟秋　四椹町通
上御門町大森安右衛門刊行

右泣血餘滴批評朱文恭嘗在長崎應或者之求所親下也西州一僧寫而藏之嵯峨隱士石河三左衛門就僧寫之元祿癸酉之夏佐宗淳借其本致之江府因寫于此藏諸館庫惜原本多訛勾乙失所雖粗釐正猶有訛鈌不可考者簽貼各處以竢善本

安積覺識

（三）《耆舊得聞》

27.0×18.1×1.0cm　九冊　文庫2997~3005

根據河合正修編纂的《史館舊話》內容摘錄而成，內容主要是記錄彰考館歷代諸彥的事跡，舉凡姓名、字號、職稱、俸祿均在收錄之列。前言提及義公（德川光圀）景仰德川前朝文翁藤原惺窩（1561–1619）[1]，曾出資命水戶儒臣編纂《下冷泉家文集》，也陳述了德川光圀因在十八歲時，因讀《史記》的《伯夷傳》而著手編纂紀傳體《大日本史》的心路歷程。《耆舊得聞》還錄有"史館警"（規範），明定史館人員進出作業的相關規則。《耆舊得聞》共計九冊，除了收錄人見卜幽[2]、佐佐宗淳[3]、安積覺、大串元善、今井弘濟等數十名水戶藩士、史館館員的學經履歷之外，對明、清期東渡日本的中國文人陳元贇、黃檗唐僧、唐通事及朱舜水等人的事跡亦多有著墨，是研究朱舜水在水戶講學內容、禮儀祭祀、彰考館歷史、《大日本史》編修過程等不可或缺的珍貴史料。

① 藤原惺窩為戰國時代氏族"下冷泉家"冷泉為純之三男，曾經計畫西渡明朝學儒，但未達所願，後因而慕名中國而將本姓改為藤原。德川光圀十九歲時經由藩儒人見卜幽的介紹，認識了藤原惺窩的長男冷泉為景（1612–1652），爾後兩人時有深交。
② 人見卜幽（1599–1670），字道生，號林塘庵，水戶藩最早期的儒臣。
③ 佐佐宗淳（1640–1698），號十竹，原為德州前期的僧人、兼修儒學，後仕德川光圀，曾任彰考館總裁，為編纂《大日本史》奔走全國各地，調查史料。

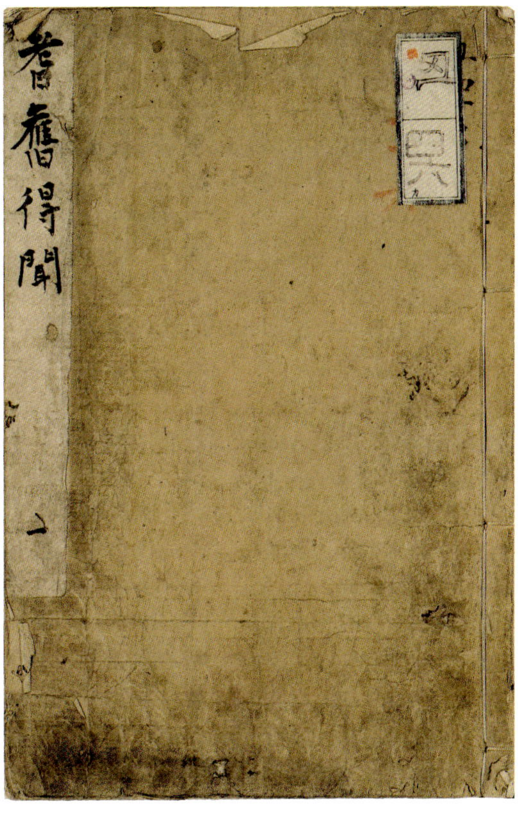

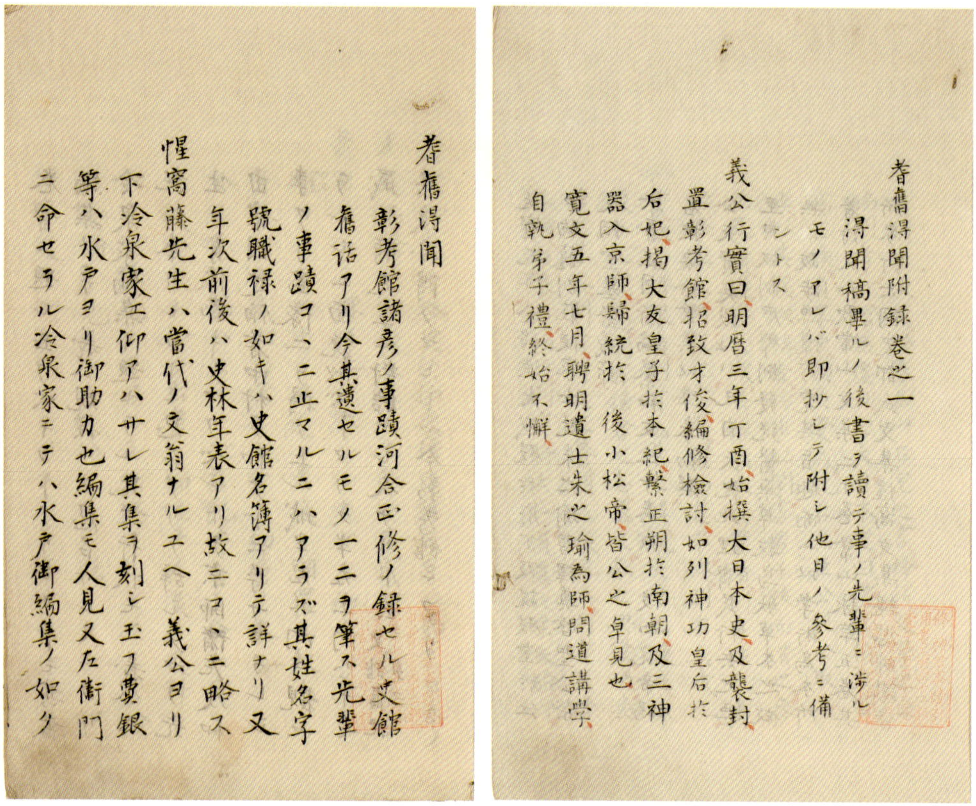
耆舊得聞附録巻之一
得聞稿畢ルノ後書ヲ讀テ事ノ先輩ニ渉ル
モノアレバ即抄シテ附シ他日ノ参考ニ備
ントス
義公行實曰明暦三年丁酉始撰大日本史及襲封
置彰考館招致才俊編修檢討如列神功皇后於
后妃揭大友皇子於本紀繫正朔於南朝及三神
器入京師歸統於　後小松帝皆公之卓見也
寛文五年七月聘明遺士朱之瑜為師問道講學
自執弟子禮終始不懈

耆舊得聞
彰考館諸彥ノ事蹟河合正修ノ録セル史館
舊話アリ今其遺セルモノ一二ヲ筆ス先輩
ノ事蹟コヽニ止マルニハアラズ其姓名字
號職禄ノ如キハ史館名簿アリテ詳ナリ又
年次前後ハ史林年表アリ故ニコヽニ略ス
惺窩藤先生ハ當代ノ文翁ナルユヘ　義公ヨリ
下冷泉家エ御アハサレ其集ヲ刻シ玉フ費銀
等ハ水戸ヨリ御助力也編集モ人見又左衛門
ニ命セラル冷泉家ニテハ水戸御編集ノ如ク

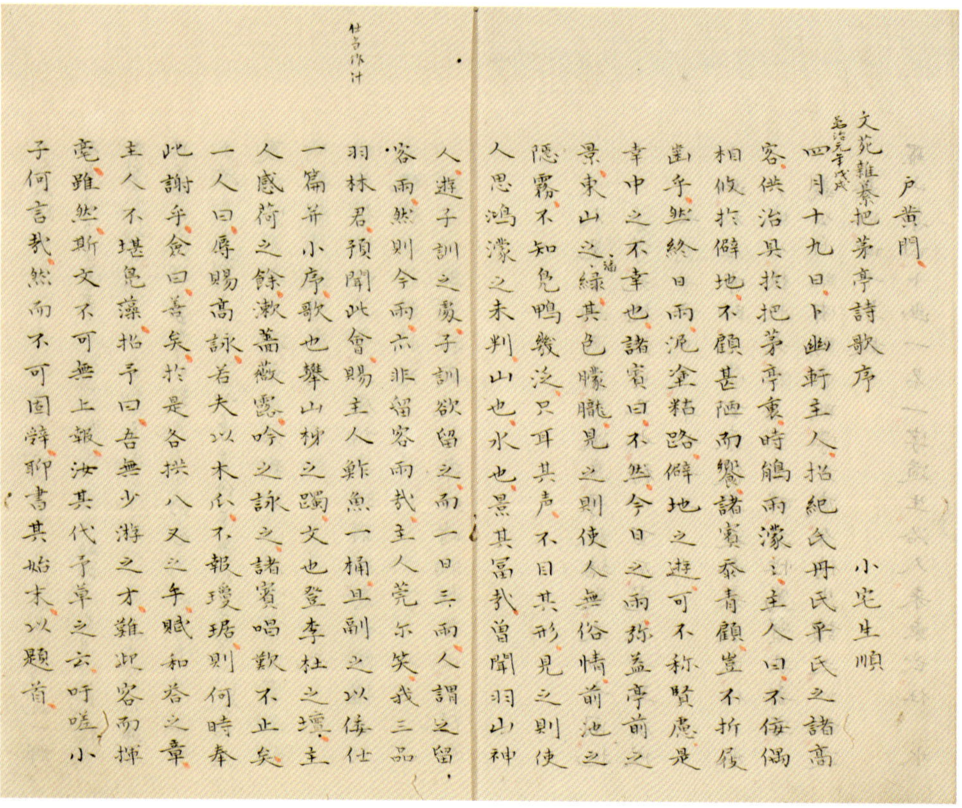
戸黄門
萬治元年戊戌
文苑雜纂把茅亭詩歌序　小宅生順
四月十九日卜幽軒主人招紀氏丹氏平氏之諸高
客供治具於把茅亭熏時鵠雨濛〻主人曰不倚偶
相攸於僻地不顧甚陋而饗諸賓忝青顧豈不折屐
齒乎然終日雨泥塗粘路僻地之遊可不称賢處是
幸中之不幸也諸賓曰不然今日之雨弥益亭前之
景東山之緑其色矇朧見之則使人無俗情前池之
隠霧不知鳬鴨幾泛只耳其声不目其形見之則使
人思鴻濛之未判山也水也景其冨哉曽聞羽山神
人遊子訓之處子訓欲留之而一日三雨人謂之留
客雨然則今雨亦非留客雨哉主人莞尓笑我三品
羽林君預聞此會賜主人鮓魚一桶且副之以倭仕
一篇并小序歌也攀山桝之躅文也登李杜之壇主
人感荷之餘漱薔薇露吟之詠之諸賓唱歎不止矣
一人曰辱賜高詠若夫以木瓜不報瓊琚則何時奉
此謝乎僉曰善矣於是各拱八叉之手賦和答之章
主人不堪鳧藻梢予曰吾無少游之才難迎容而揮
毫雖然斯文不可無上報汝其代予草之云吁嗟小
子何言哉然而不可固辭聊書其始末以題首
仕當作什

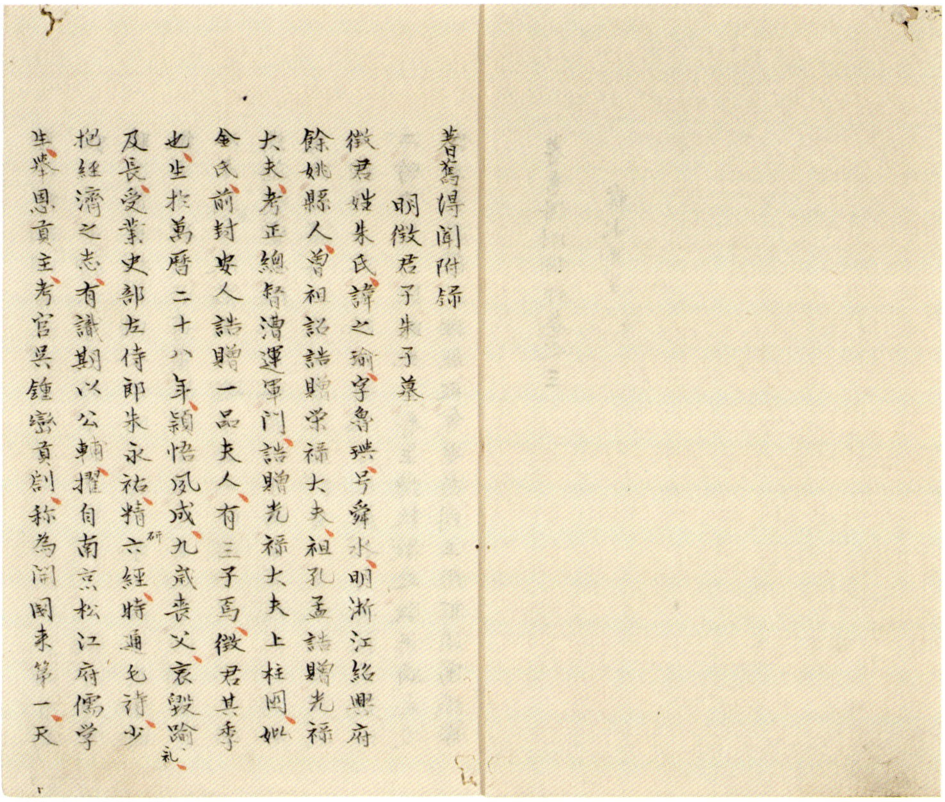

耆舊得聞附録

明徵君子朱子墓

徵君姓朱氏諱之瑜字魯璵号舜水明浙江紹興府
餘姚縣人曾祖詔誥贈栄禄大夫祖孔孟誥贈光禄
大夫考正總督漕運軍門誥贈光禄大夫上柱國妣
金氏前封安人誥贈一品夫人有三子焉徵君其季
也生於萬暦二十八年穎悟夙成九歳喪父哀毀踰禮
及長受業吏部左侍郎朱永祐精研六經特通毛詩少
抱經濟之志有識斟以公輔擢自南京松江府儒学
生举恩貢主考官呉鍾巒貢劄称為開國来第一天

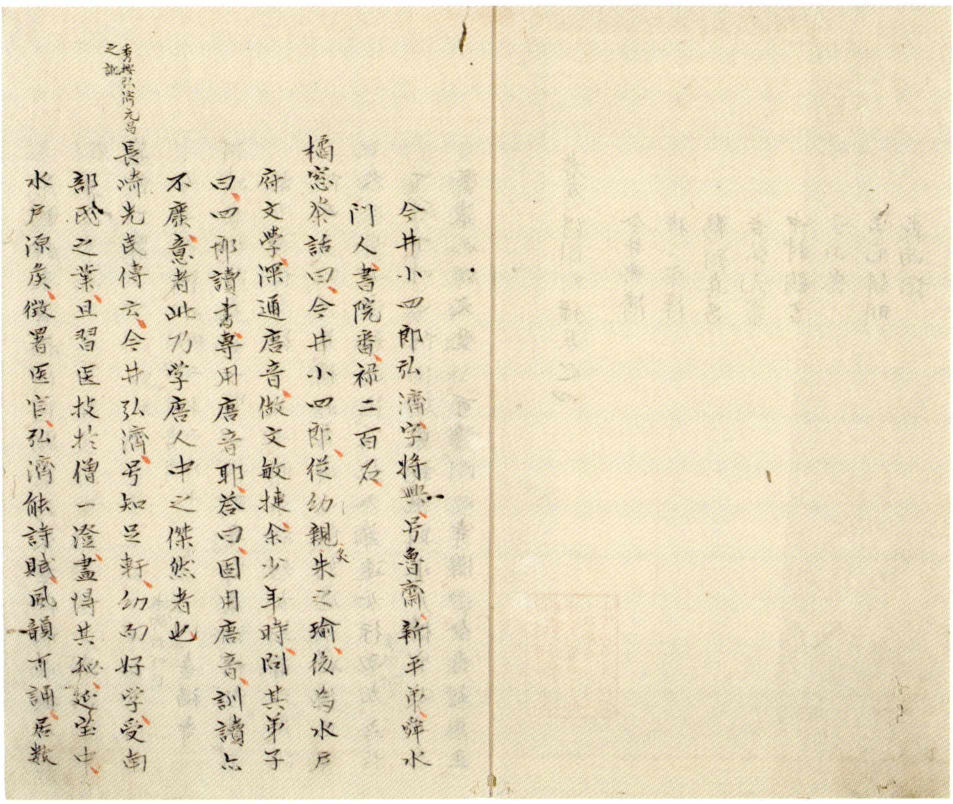

今井小四郎弘濟字将興号魯齋新平弟舜水
門人書院番禄二百石
橘窓茶話曰今井小四郎從幼親炙朱之瑜後為水戸
府文學深通唐音做文敏捷余少年時問其弟子
曰四郎讀書專用唐音耶荅曰固用唐音訓讀亦
不廢意者此乃学唐人中之傑然者也
勇按弘濟元昌之訛
長崎先民傳云今井弘濟号知足軒幼而好学受南
部氏之業且習医技於僧一澄盡得其秘從寓中
水戸源侯徵署医官弘濟能詩賦風韻可誦居數

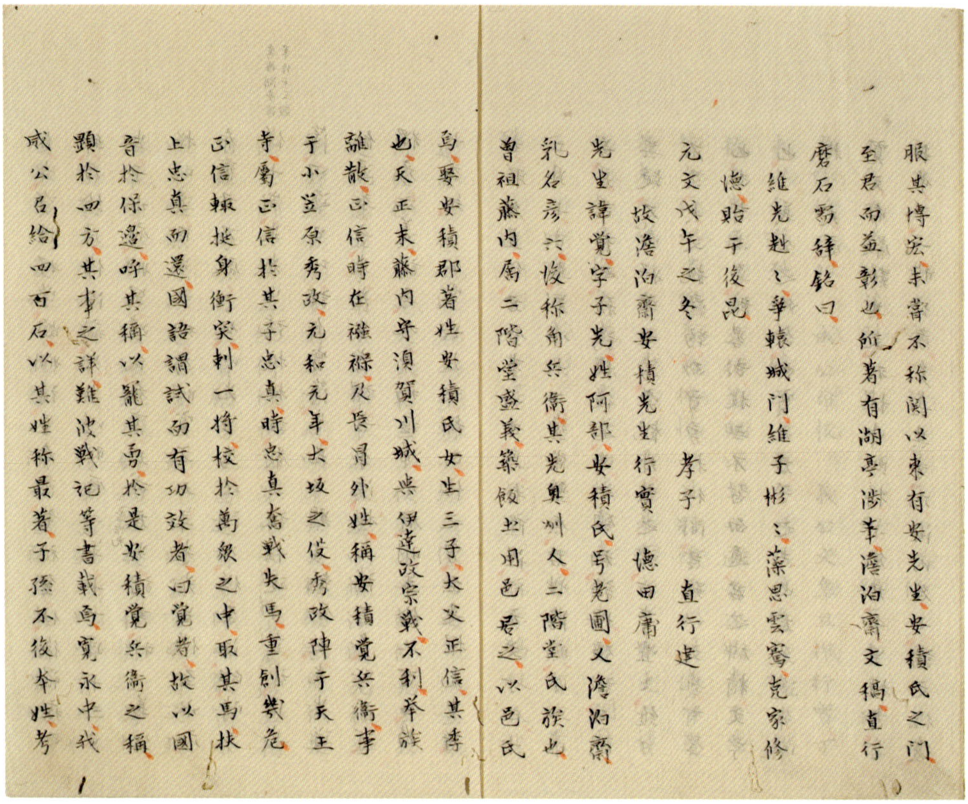

服其博宏未嘗不称関以来有安先生安積氏之門
至君而益彰也所著有湖亭渉筆澹泊齋文稿直行
磨石剏銘曰
維光赳〻爭轅贼門維子彬〻藻思雲驚克家修
德貽于後昆
元文戊午之冬　孝子　直行建
故澹泊齋安積先生行實　德田庸
先生諱覺字子先姓阿部安積氏号老圃又澹泊齋
乳名彦六後称角兵衛其先奥州人二階堂氏族也
曾祖藤内居二階堂盛義築館土用邑君之以邑氏
為娶安積郡著姓安積氏女生三子大父正信其季
也天正末藤内守須賀川城與伊達政宗戦不利挙族
離散正信時在襁褓及長冒外姓称安積覺兵衛事
于小笠原秀政元和元年大坂之役秀政陣于天王
寺属正信於其子忠真時忠真奮戦失馬重創幾危
正信輙挺身衝突刺一将校於萬衆之中取其馬扶
上忠真而還國語謂試而有功效者曰覚者故以國
音於保邊呼其稱以寵其勇於是安積覚兵衛之稱
顕於四方其事之詳雖波戦記等書載焉寛永中我
威公召給四百石以其姓称最著子孫不復本姓考

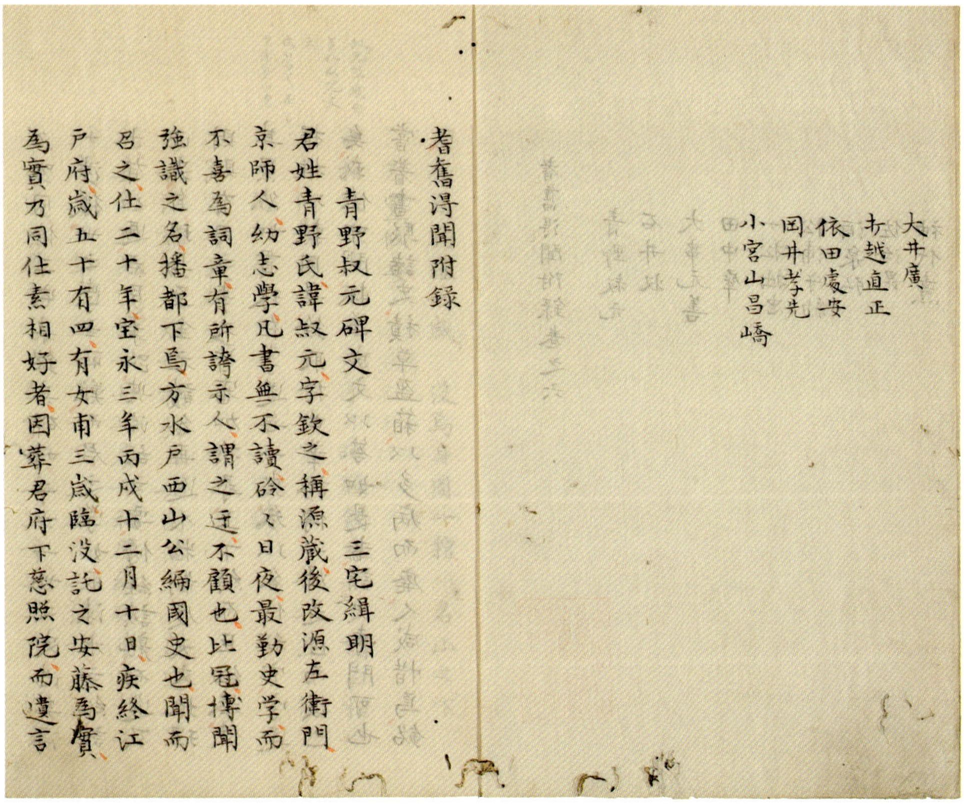

大井廣
古越直正
依田處安
岡井孝先
小宮山昌嶠

耆舊得聞附録
青野叔元碑文　三宅緝明
君姓青野氏諱叔元字欽之稱源蔵後改源左衛門
京師人幼志學凡書無不讀矻〻日夜最勤史学而
不喜為詞章有所諱示人謂之迂不顧也比冠博聞
強識之名播都下焉方水戸西山公編國史也聞而
召之仕二十年宝永三年丙戌十二月十日疾終江
戸府歳五十有四有女甫三歳臨没託之安藤為實
為實乃同仕素相好者因葬君府下慈照院而遺言

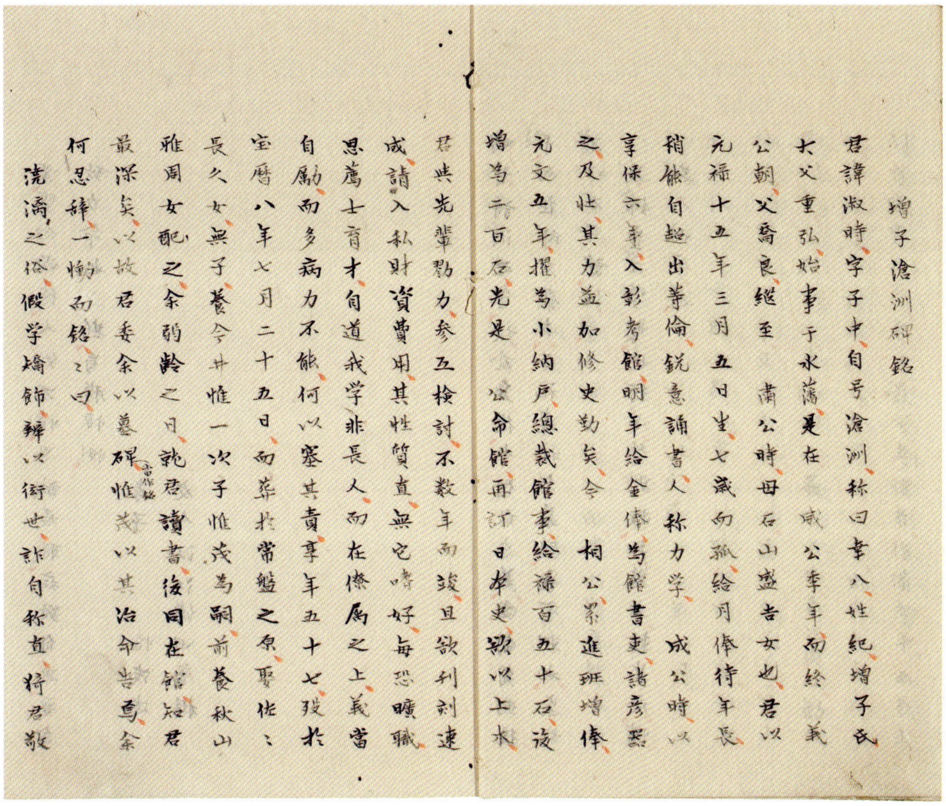
增子滄洲碑銘
君諱淑時字子中自号滄洲称曰幸八姓紀增子氏
大父重弘始事于水藩是在威公季年而終義
公朝父喬良継至肅公時母石山盛吉女也君以
元禄十五年三月五日生七歳而孤給月俸待年長
稍能自勉出等倫鋭意誦書人称力学成公時以
享保六年入彰考館明年給金俸為館書吏諸彦器
之及壯其力益加修史勤矣今 桐公累進班増俸
元文五年擢為小納戸總裁館事給禄百五十石後
増為二百石先是 公命館再訂日本史欲以上木
君與先輩勠力参互検討不数年而竣且欲刊刻速
成請入私財資費用其性質直無它嗜好毎恐曠職
思厲士育才自道我学非長人而在儕属之上義當
自励而多病力不能何以塞其責享年五十七殁於
宝暦八年七月二十五日而葬於常盤之原要佐々
長久女無子養今井惟一次子惟茂為嗣前養秋山
雅周女配之余弱齢之日執君讀書後同在館知君
最深矣以故君委余以墓碑惟茂以其治命書焉余
何忍辞一慟而銘之曰
洸滴之俗假学矯飾辞以衒世詐自称直特君敬

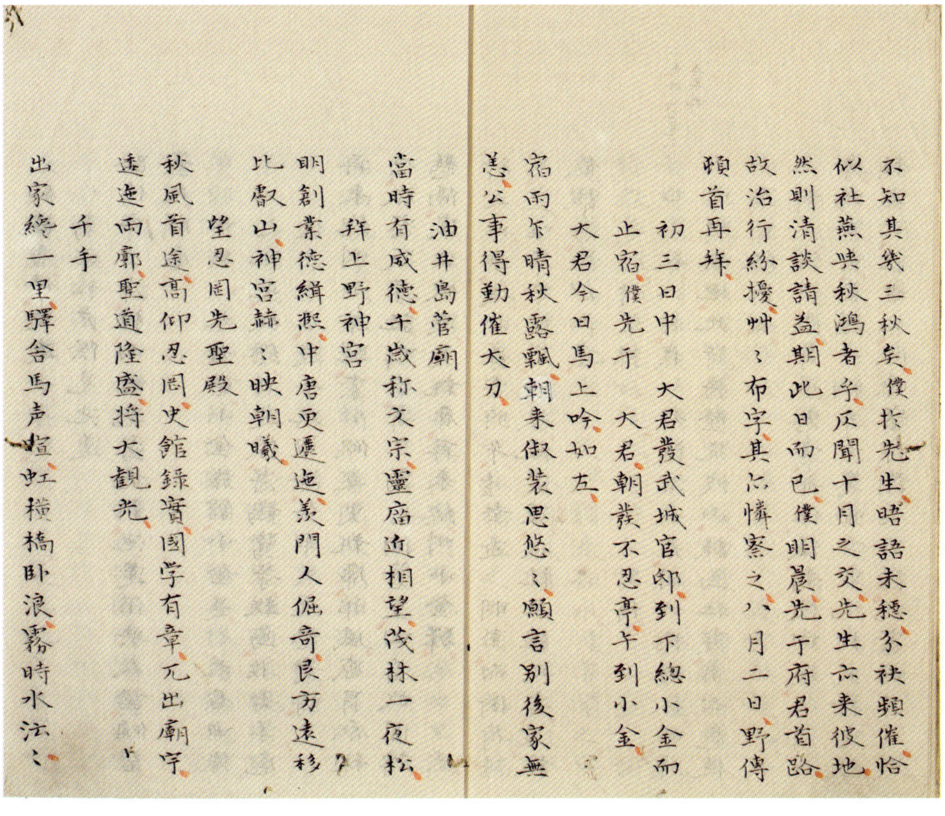
不知其幾三秋矣僕於先生晤語未穏分袂頗催恰
似社燕與秋鴻者乎疚聞十月之交先生亦来彼地
然則清談請益期此日而已僕明晨先于府君首路
故治行紛擾艸々布字其亦憐察之八月二日野傳
頓首再拜
初三日中 大君發武城宿邸到下總小金而
止宿僕先于 大君朝發不忍亭午到小金
大君今日馬上吟加左
宿雨乍晴秋露飄朝来傚装思悠々顧言別後家無
恙公事得勤催大刀
油井島菅廟
當時有威徳千歳称文宗靈廟近相望茂林一夜松
拜上野神宮
明創業徳緝熙中唐更遷迤義門人偃奇艮方遠移
比叡山神宮赫々映朝曦
望忍岡先聖殿
秋風首途高仰忍岡史館録賓国学有章冗出廟宇
逶迤兩廊聖道隆盛将大觀光
千手
出家終一里驛舎馬声喧虹横橋卧浪霧時水泣々

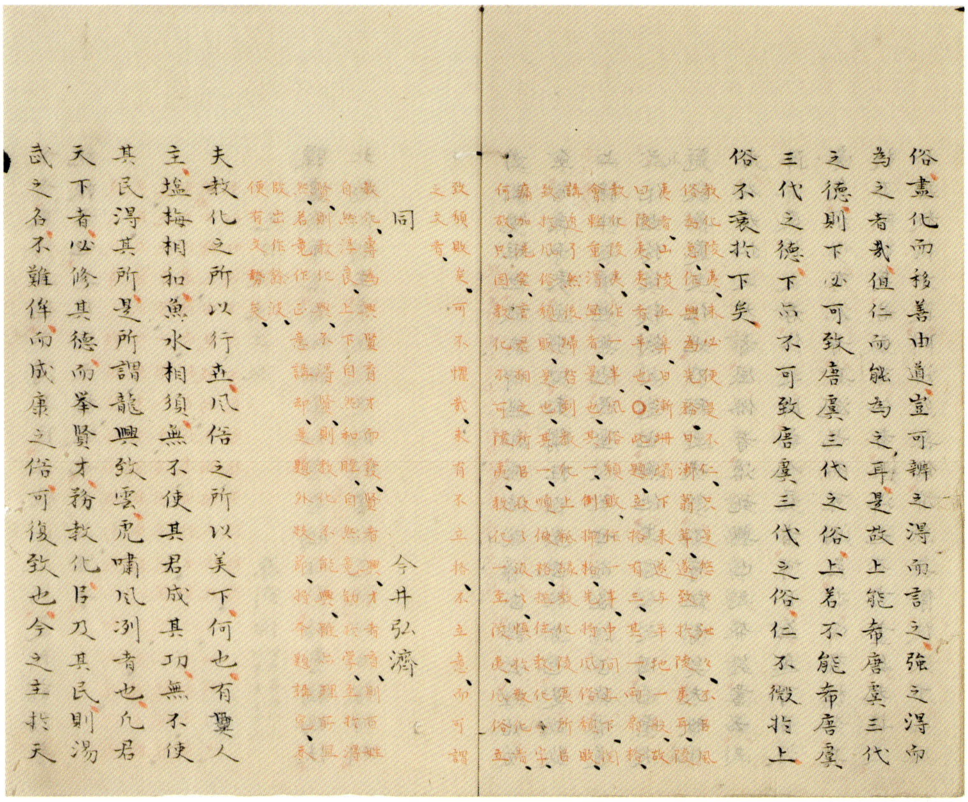

俗盡化而移善由道豈可辨之渴而言之強之渴而
為之者哉但仁而能為之耳是故上能布唐虞三代
之德則下必可致唐虞三代之俗上若不能布唐虞
三代之德下而不可致唐虞三代之俗仁不微於上
俗不衰於下矣

同　　今井弘濟

夫教化之所以行風俗之所以美下何也有覺人
主塩梅相和魚水相須無不使其君成其功無不使
其民渴其所是所謂龍興致雲虎嘯風冽者也凡君
天下者必修其德而舉賢才務教化以及其民則湯
武之名不難侔而成康之俗可復致也今之主於天

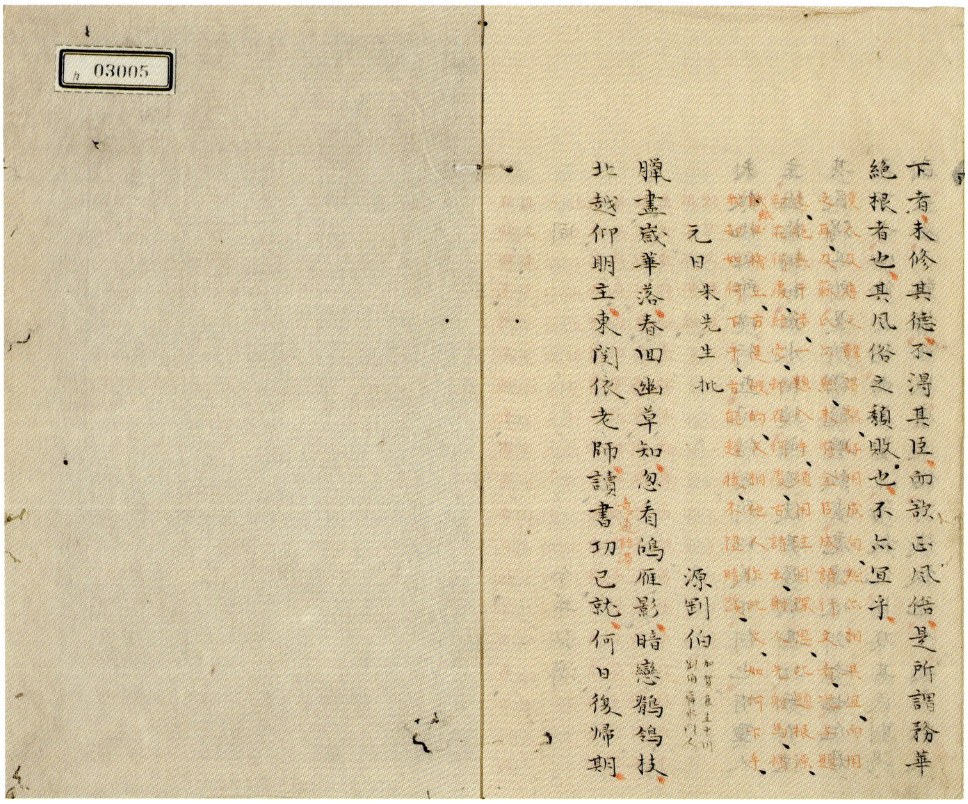

03005

下者未修其德不渴其臣而欲正風俗是所謂務華
絕根者也其風俗之頹敗也不亦宜乎

元日　朱先生批　　源剛伯

臘盡歲華落春回幽草知忽看鴻雁影暗戀鶺鴒枝
北越仰明主東閣依老師讀書功已就何日復歸期

(四)《小宅氏存笥稿》

29.0×19.5×0.5cm　二冊　文庫6364~6365

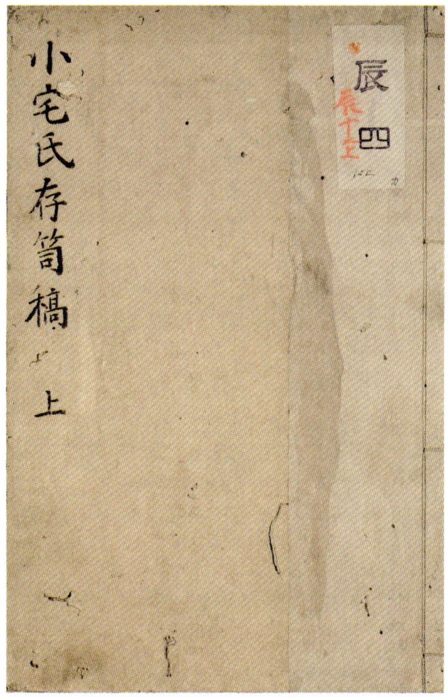

《小宅氏存笥稿》(上、下二冊)為德川中後期的水戶藩士小宮山昌秀(1764–1840)[①]蒐集小宅生順(號采菊)畢生的詩稿及與友人應酬倡和之詩賦、書簡,謄寫輯錄而成,由朱舜水弟子釋文。笥稿中有小宮山昌秀於寬政二年(1790)秋天寫的序文,內容除記錄小宅生順先祖的美事善行之外,上冊收錄《題白賁園記記》(丙午歲正月九日)、《雪後寄老牛先生》(與安積覺書)、《新年信筆》、《甲寅試筆》、《中年告亡郎兵十郎》《和老圃先生(安積覺)牡丹詩四首》、《題憂戲言論後》、《書宅采菊書卷後》(乙亥,安積覺)、《赤誠睡銕序》及多首詩文集。

《小宅氏存笥稿》下冊,收錄小宅氏的家譜,除了自序之外,收有《先考小宅君譜牒》、《家譜事略》、《小宅清兵衛墓碑銘》等文獻。小野道生[②]在序文(寬文三年[1663]七月)中提及小宅生順"自少嗜學,晝夜不懈,四書六經略通其大義,及子史百家之文,我之老益忘生之盛益記,所謂青出藍、藍謝青者乎!一日袖其系譜來示余,余開卷見之,則出自小山朝光,此是坂東華族,而有忠於源賴朝者也"。由此可窺知小宅生順的祖先為平安時代末期至鎌倉時代前半期活躍於源賴朝政權的武將小山朝光(又稱結城朝光)。

《小宅氏存笥稿》收錄的《家譜事略》中,有一段文字曰:"初先考每逢先人忌日,誦佛經,頃年見順讀書,曰:'老後良友無如儒書,吾悔壯遇世不知學,不得讀書。'承應甲午歲(1654)移居小石川(現東京後樂園),順常在膝下,日日聞其讀書,略通《語》、《孟》文義,慨然曰:'我向以為至道在佛氏,今察其要,不及《語》、《孟》之影響,後不復誦佛經。'"這段話道盡小宅生順之父,由佛轉儒的思想轉變,對日後小宅生順師從儒學的方向起了作用。《小宅氏存笥稿》是理解中日文化交流,特別是朱舜水如何影響水戶儒者小宅生順的學問方向,以及小宅氏與水戶同世代藩士之間發展深層學問交流的重要史料。

① 小宮山昌秀,字子實,號忍軒,通稱造酒之介,後改楓軒。十五歲入彰考館總裁立原翠軒(1744–1823)門下,天明三(1783)年入彰考館從事《大日本史》的編纂工作。
② 小野道生,又稱人見壹、卜幽軒或野壹,出身京都,先學於林羅山,後成為水戶藩儒者。

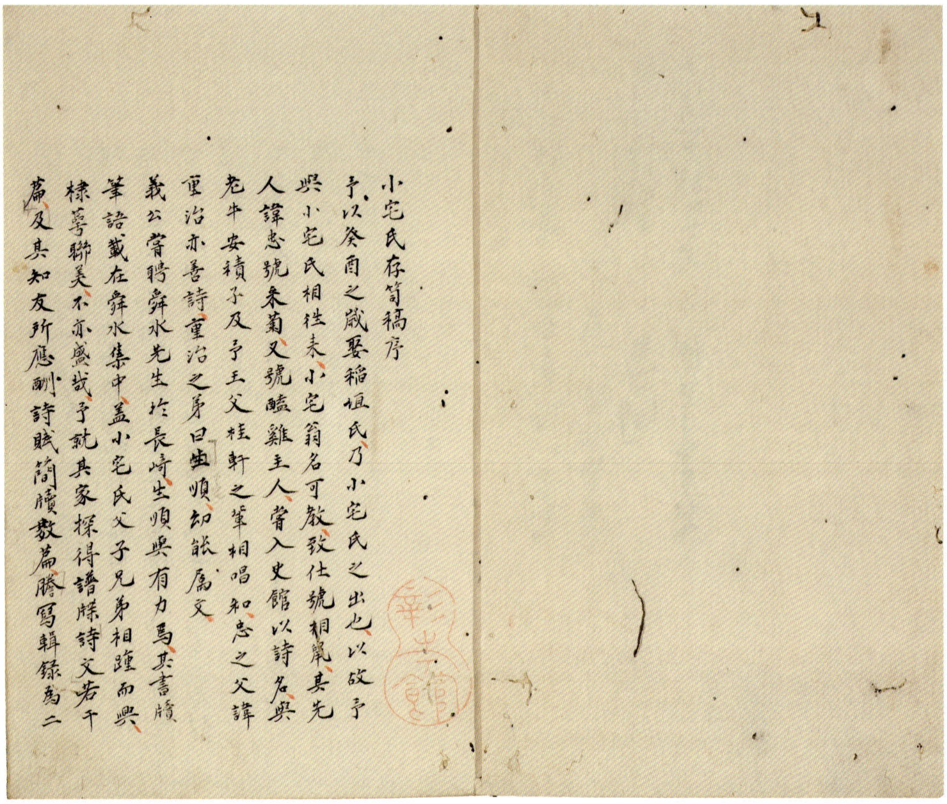
小宅氏存笥稿序
予以癸酉之歲娶稲垣氏乃小宅氏之出也以故予
與小宅氏相往来小宅翁名可教致仕號桐嵐其先
人諱忠號來菊又號臨雞主人嘗入史館以詩名與
老牛安積子及予王父桂軒之筆相唱和忠之父諱
重治亦善詩重治之男曰生順幼能屬文
義公嘗聘舜水先生於長崎生順與有力焉其書牘
筆語載在舜水集中蓋小宅氏父子兄弟相踵而興
棣萼聯美不亦盛哉予就其家探得譜牒詩文若干
篇及其知友所應酬詩賦簡牘數篇謄寫輯錄為二

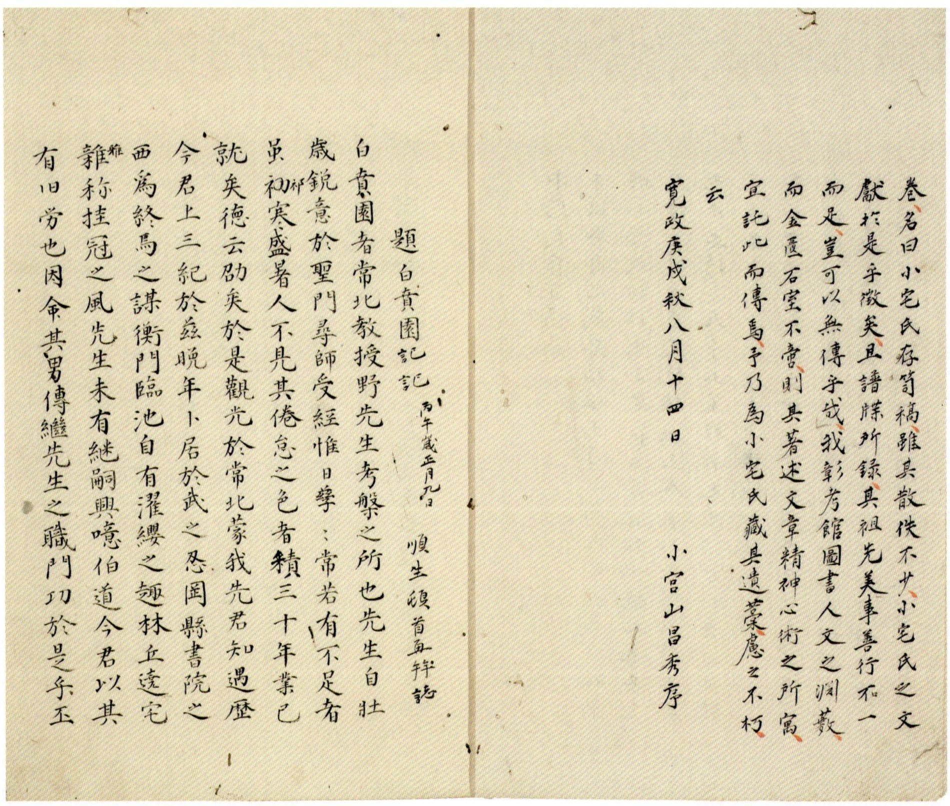
卷名曰小宅氏存笥稿雖其散佚不少小宅氏之文
獻於是乎徵矣且譜牒所錄其祖先美事善行不一
而足豈可以無傳乎哉我彰考館圖書人文之淵藪
而金匱石室不啻則其著述文章精神心術之所寓
宜託此而傳焉予乃為小宅氏藏其遺藁慮之不朽
云
寛政庚戌秋八月十四日　小宮山昌秀序

題白賁園記　丙午歲正月九日　順生頓首再拜記
白賁園者常北教授野先生考槃之所也先生自壯
歲鋭意於聖門尋師受經惟日孳孳常若有不足者
其初寒盛暑人不見其倦怠之色者積三十年業已
就矣德云劭矣於是觀光於常北蒙我先君知遇歷
今君上三紀於茲晚年卜居於武之忍岡縣書院之
西為終焉之謀衡門臨池自有濯纓之趣林丘遠宅
雖稱挂冠之風先生未有繼嗣噫伯道今君以其
有旧勞也因命其男傳繼先生之職門卯於是乎玉

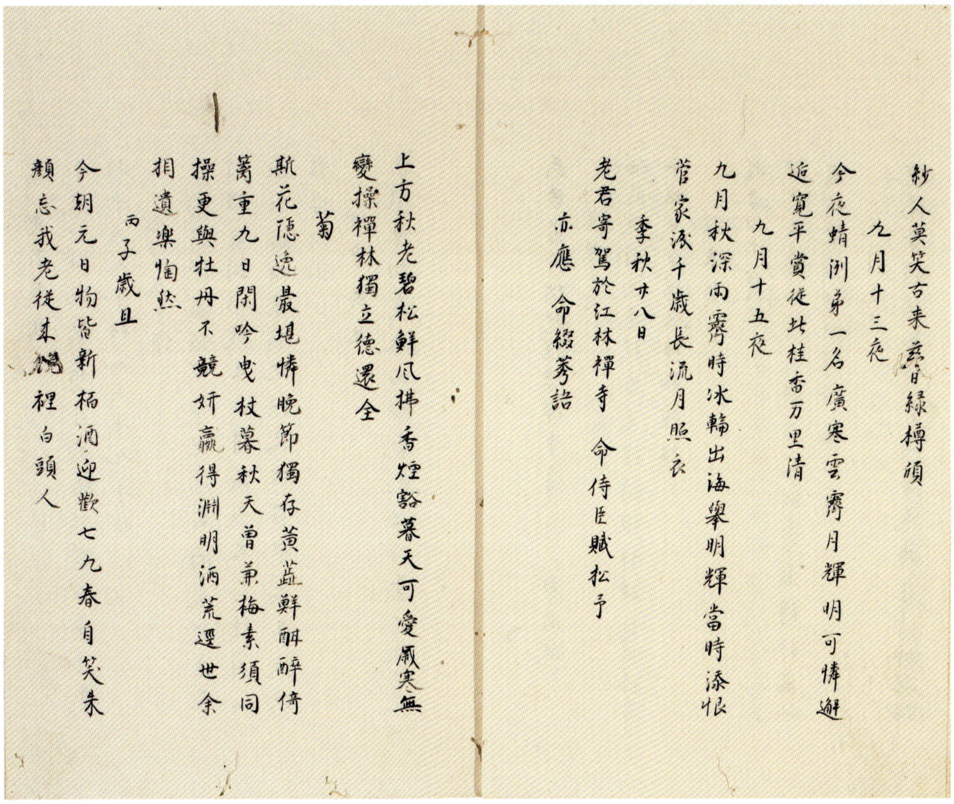
紗人莫笑古来蘇日緑縛頏
九月十三夜
今夜蜻洲第一名廣寒雲霽月輝明可憐避
逅寛平賞從此桂香万里清
九月十五夜
九月秋深雨霽時冰輪出海舉明輝當時添恨
菅家淚千歲長流月照衣
季秋廿八日
老君寄駕於江林禪寺　命侍臣賦松予
亦應　命綴蕪語
上方秋老碧松鮮風拂香煙豁暮天可愛嚴寒無
變操禪林獨立德還全
菊
斯花隱逸最堪憐晚節獨存黃蕊鮮酣醉倚
籬重九日閑吟曳杖暮秋天曾兼梅素須同
操更與牡丹不競妍嬴得淵明酒荒遷世余
捐遺樂悃然
丙子歲旦
今朝元日物皆新栢酒迎歡七九春自笑朱
顏忘我老從來鏡裡白頭人

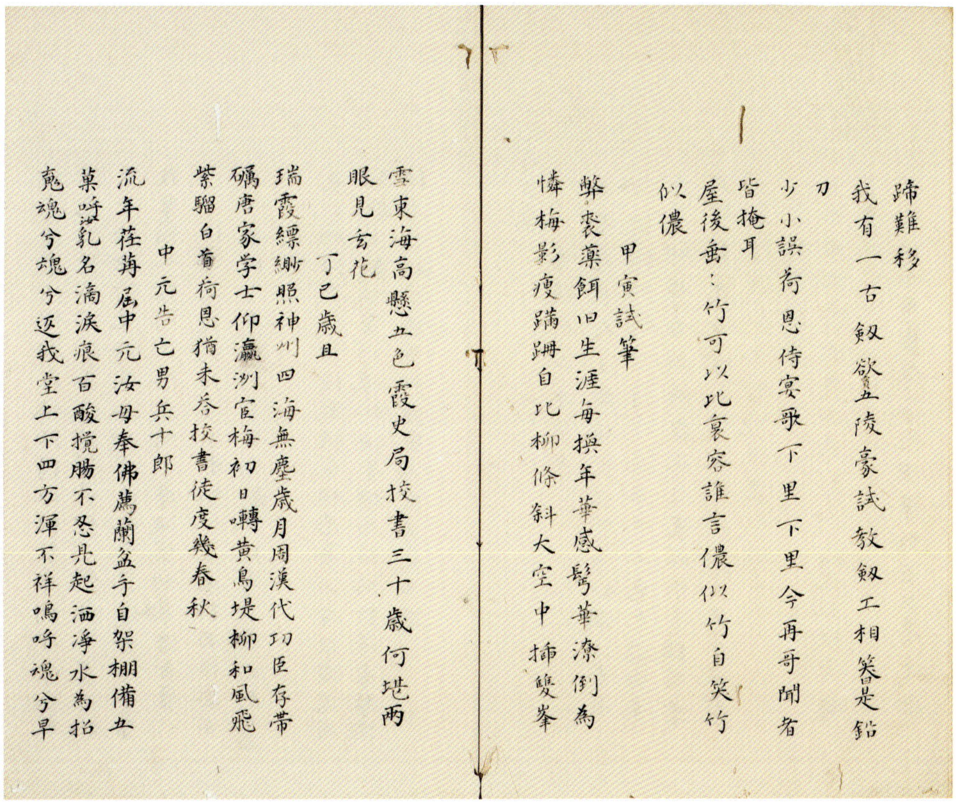
蹄難移
我有一古鉞欲盡五陵豪試教鉞工相答是鉛
刀
少小誤荷恩侍宴歌下里下里今再哥聞者
皆掩耳
屋後無竹可以比哀容誰言儂似竹自笑竹
似儂
甲寅試筆
皤衰藥餌旧生涯每換年華感鬓華潦倒為
憐梅影瘦蹣跚自比柳條斜大空中插雙峯
雲東海高懸五色霞史局校書三十歲何堪兩
眼見玄花
丁巳歲旦
瑞霞縹緲照神州四海無塵歲月周漢代功臣存帶
礪唐家学士仰瀛洲官梅初日囀黃鳥堤柳和風飛
紫騮白首荷恩猶未荅校書徒度幾春秋
中元告亡男兵十郎
流年荏苒届中元汝母奉佛薦蘭盆予自架棚備五
菓呼汝乳名滴淚痕百酸攪腸不忍見起洒淨水為招
魂魂兮魂兮返我堂上下四方渾不祥嗚呼魂兮早

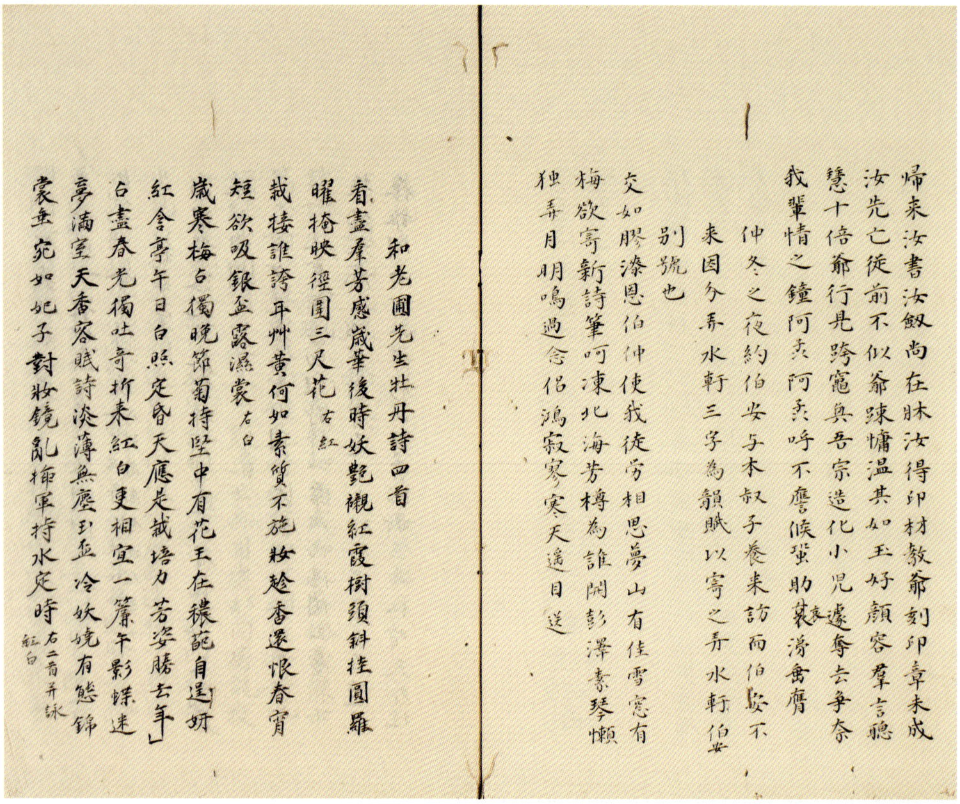
帰来汝書汝斂尚在牀汝得印材教爺刻印章未成
汝先亡從前不似爺辣慵温其如玉好顏容羣言聽
戀十倍爺行見跨竈與吾宗造化小兒遽奪去爭奈
我輩情之鐘阿爺阿爺呼不應候蛩助哀潸霑膺
仲冬之夜約伯安与木叔子養来訪而伯安不
来因分弄水軒三字為韻賦以寄之弄水軒伯安
別號也
交如膠漆恩伯仲使我徒勞相思夢山有佳雪窓有
梅欲寄新詩筆呵凍北海芳樽為誰開彭澤素琴懶
独弄月明鳴過念侶鴻寂寥寒天遥目送

和光圀先生牡丹詩四首
看盡羣芳感歲華後時妖艶襯紅霞樹須斜挂圓羅
曜掩映徑園三尺花 右紅
栽棲誰誇尹州黄何如素質不施妝趁香還恨春宵
短欲吸銀盃露濕裳 右白
歲寒梅白獨晚節菊持堅中有花王在襛葩自逞妍
紅含亭午日白照定昏天應是栽培力若姿勝去年
白盡春光獨吐奇折来紅白更相宜一簾午影蝶迷
夢滿室天香客賦詩淡薄無塵玉盃冷妖嬈有態錦
裳垂宛如妃子對妝鏡亂插軍持水定時 右二首并詠紅白

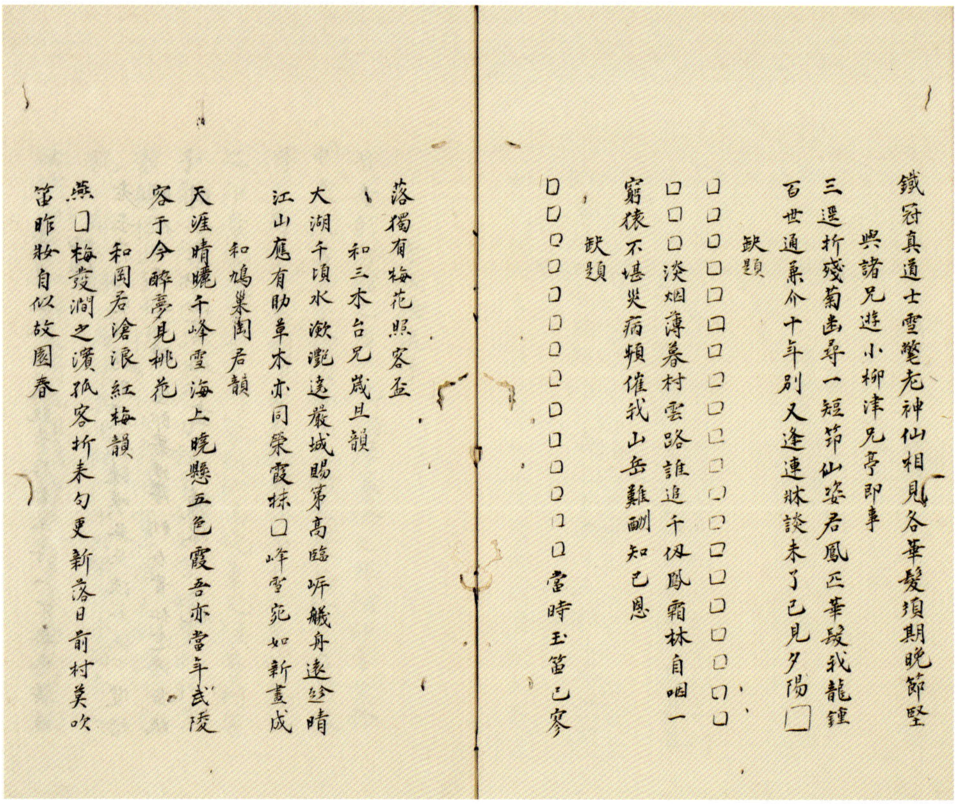
鐵冠真道士雪鬢老神仙相見各華髮須期晚節堅
與諸兄遊小柳津兄亭即事
三逕折殘菊尋一短節仙姿君鳳正華發我龍鍾
百世通家介十年別又逢連牀談未了已見夕陽□
缺題
□□□□□□□□□□□□□□□□□
□□□淡烟薄暮村雲路誰追千仞鳳霜林自咽一
窮猿不堪災病頻催我山岳難酬知己恩
缺題
□□□□□□□□□□□□□□當時玉笛已寥

落獨有梅花照客盃
和三木台兄歲旦韻
大湖千頃水瀲灧遶巖城賜第高臨岸艤舟遠趁晴
江山應有助草木亦同榮霞抹□峰雪宛如新畫成
和鳩巢閔君韻
天涯晴曬千峰雪海上曉懸五色霞吾亦當年武陵
客于今醉夢見桃花
和閔君滄浪紅梅韻
燕□梅發澗之濱孤客折来句更新落日前村莫吹
笛昨妝自似故園春

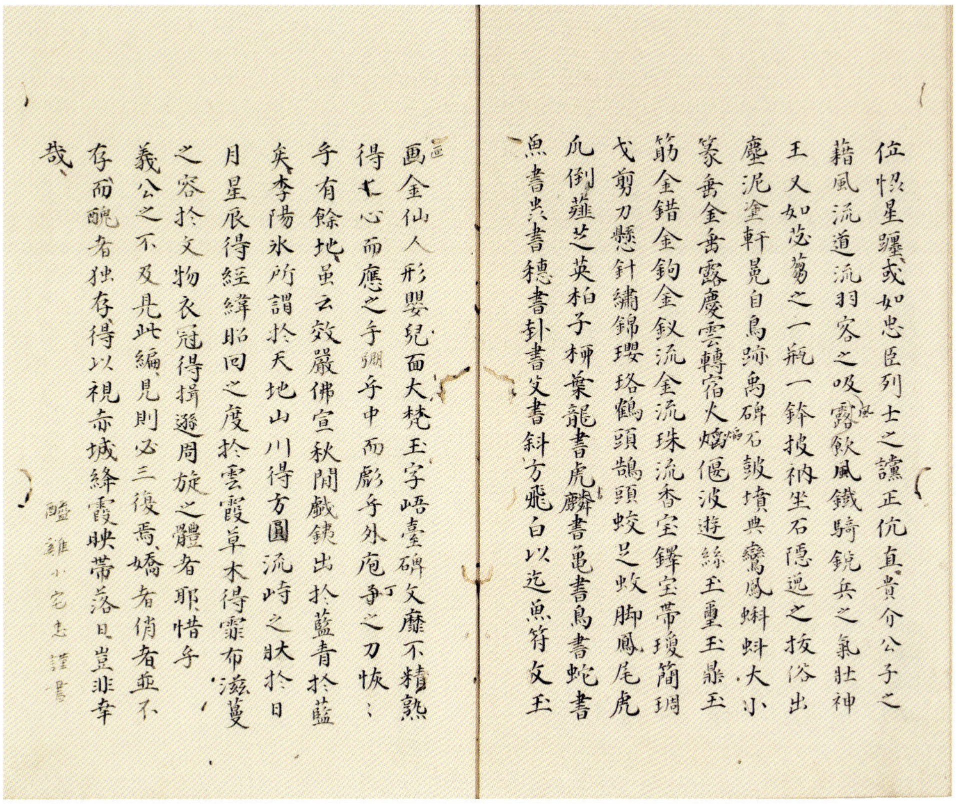
位懸星躔或如忠臣烈士之讜正伉直貴介公子之
藉風流道流羽客之吸露飲風鐵騎銳兵之氣壯神
王又如莊蕩之一瓶一鉢披衲坐石隱逸之拔俗出
塵泥塗軒冕自鳥跡禹碑石鼓墳典鸞鳳蝌蚪大小
篆垂金垂露慶雲轉宿偃波遊絲玉璽玉鼎玉
筋金錯金鉤金釵流金流珠流杏宝鐸宝帶瓊簡瑚
戈剪刀懸針繡錦瓔珞鶴頭鵲頭蛟足蚊脚鳳尾虎
爪倒薤芝英柏子柳葉龍書虎麟書龜書鳥書蛇書
魚書典書穗書卦書文書斜方飛白以迄魚符文玉
畫金仙人形嬰兒面大梵王字嶧臺碑文靡不精熟
得於心而應之手㵼乎中而彪乎外庖丁之刀恢恢
乎有餘地虽云效嚴佛宣秋開戲鋏出於藍青於藍
矣李陽冰所謂於天地山川得方圓流峙之肽於日
月星辰得經緯昭回之度於雲霞草木得霏布滋蔓
之容於文物衣冠得揖遜周旋之體者耶惜乎
義公之不及見此編見則必三復焉嬌者俏者並不
存而醜者独存得以視赤城絳霞映帶落日豈非幸
哉
醫雜小宅志謹書

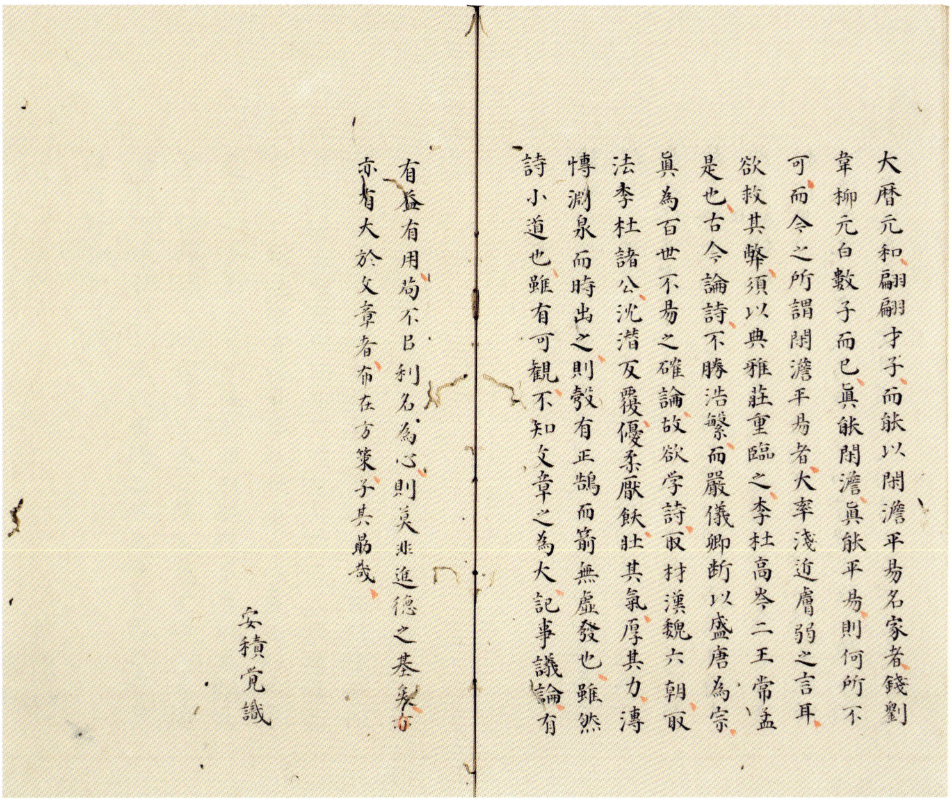
大曆元和翩翩才子而能以閑澹平易名家者錢劉
韋柳元白數子而已真能閑澹真能平易則何所不
可而今之所謂閑澹平易者大率淺近膚弱之言耳
欲救其弊須以典雅莊重臨之李杜高岑二王常孟
是也古今論詩不勝浩繁而嚴儀卿斷以盛唐為宗
眞為百世不易之確論故欲学詩取材漢魏六朝取
法李杜諸公沈潜反覆優柔厭飫壯其氣厚其力溥
博淵泉而時出之則彀有正鵠而箭無虛發也雖然
詩小道也雖有可觀不知文章之為大記事議論有
有益有用苟不已利名為心則莫非進德之基矣方
亦有大於文章者布在方策子其勗哉
安積覚識

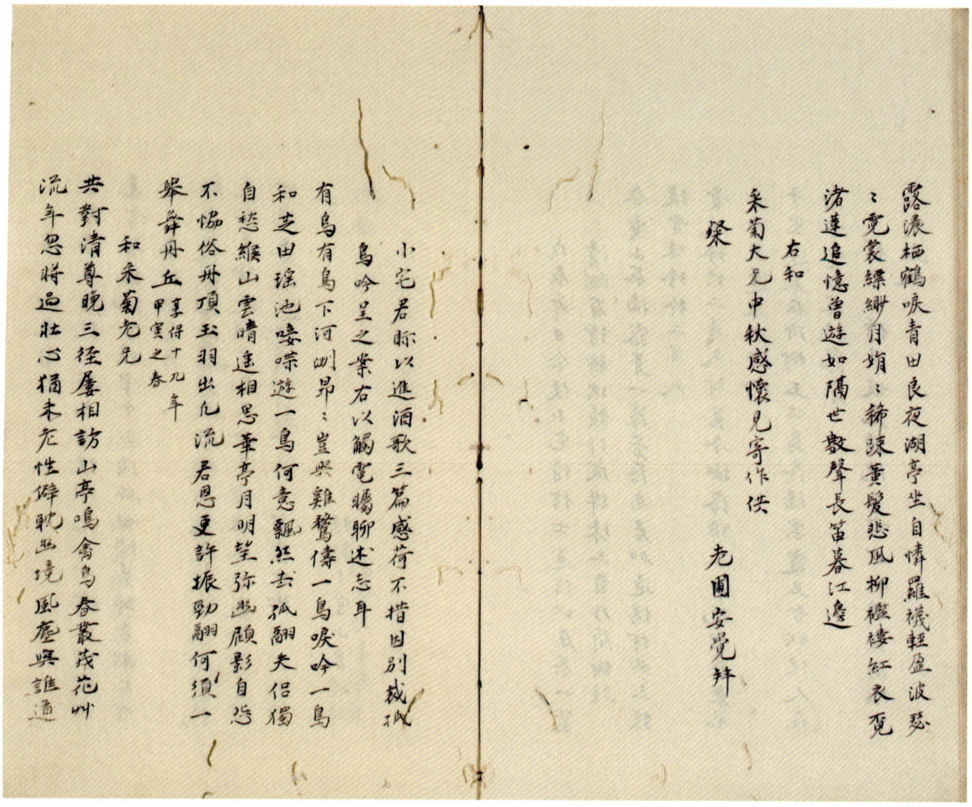
露濃栖鶴唳青田良夜湖亭坐自憐羅襪輕盈波瑟
々霓裳縹緲月娟々稀踈黄髮悲風柳纖腰紅衣覓
渚蓮追憶曾遊如隔世數聲長笛暮江邊
右和
采菊大兄中秋感懷見寄作俟
粲　　老圃安覺拜

小宅君賦以進酒歌三篇感荷不措因別裁孤
鳥吟呈之案右以觸電騰聊述志耳
有鳥有鳥下河洲昂々豈與雞鶩儔一鳥唳吟一鳥
和芝田瑤池唼喋遊一鳥何意飄然去孤翮失侶獨
自愁縱山雲晴遠相思華亭月明望弥幽顧影自悲
不協俗丹頂玉羽出凡流君恩更許振勁翮何須一
舉舞丹丘 享保十九年甲寅之春
和采菊老兄
共對清尊晚三徑屢相訪山亭鳴禽鳥春叢茂花草
流年忽將過壯心猶未老性癖耽幽境風塵與誰道

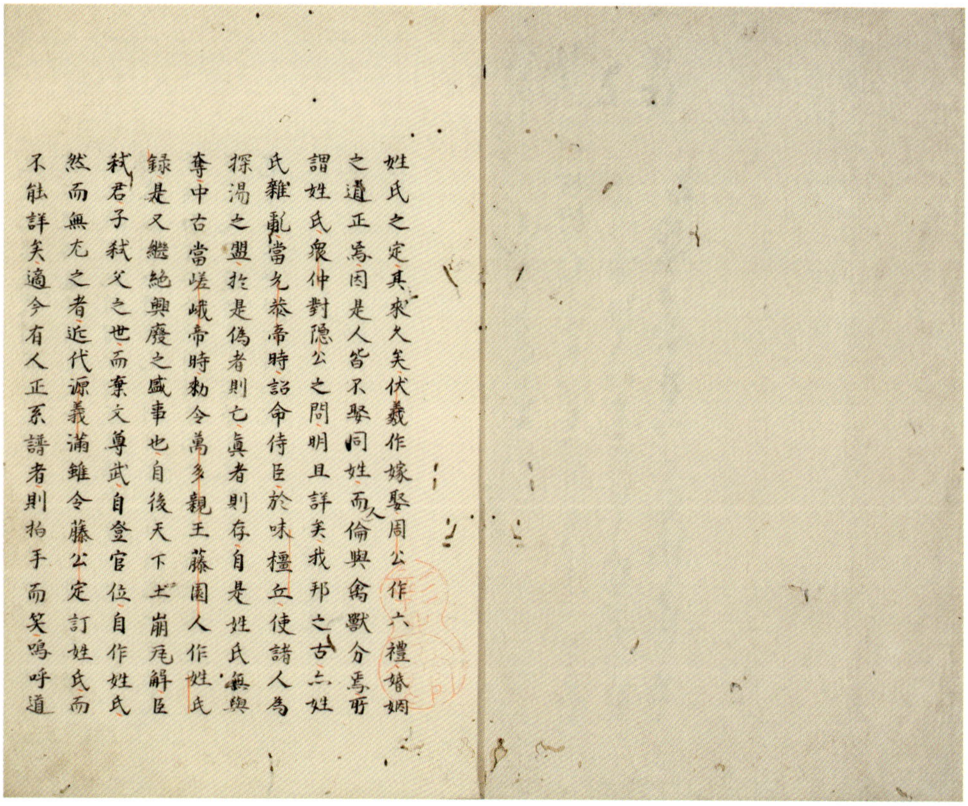
姓氏之定其來久矣伏羲作嫁娶周公作六禮婚姻
之道正焉因是人皆不娶同姓而人倫與禽獸分焉所
謂姓氏衆仲對隱公之問明且詳矣我邦之古亦姓
氏雜亂當允恭帝時詔命侍臣於味橿丘使諸人為
探湯之盟於是僞者則亡真者則存自是姓氏無與
奪中古當嵯峨帝時勅令萬多親王藤園人作姓氏
録是又繼絶興廢之盛事也自後天下土崩瓦解臣
弑君子弑父之世而棄文尊武自登官位自作姓氏
然而無尤之者近代源義满雖令藤公定訂姓氏而
不能詳矣適今有人正系譜者則拍手而笑嗚呼道

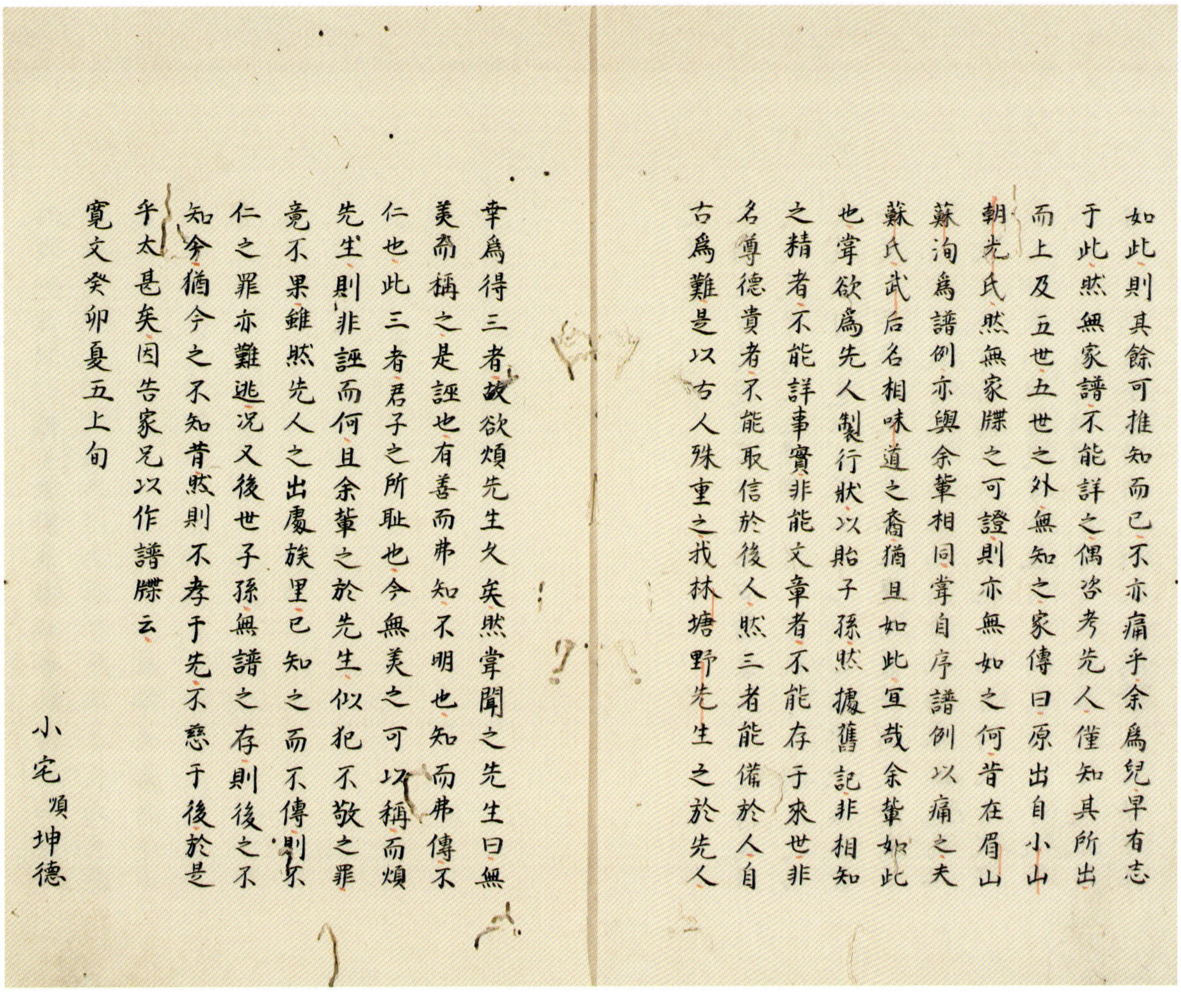

如此則其餘可推知而已不亦痛乎余爲兒早有志
于此然無家譜不能詳之偶咨考先人僅知其所出
而上及五世五世之外無知之家傳曰原出自小山
朝光氏然無家牒之可證則亦無如之何昔在眉山
蘇洵爲譜例亦與余輩相同嘗自序譜例以痛之夫
蘇氏武后名相味道之裔猶且如此宜哉余輩如此
也嘗欲爲先人製行狀以貽子孫然據舊記非相知
之精者不能詳事實非能文章者不能存于來世非
名尊德貴者不能取信於後人然三者能備於人自
古爲難是以古人殊重之我林塘野先生之於先人
幸爲得三者故欲煩先生久矣然嘗聞之先生曰無
美而稱之是誣也有善而弗知不明也知而弗傳不
仁也此三者君子之所耻也今無美之可以稱而煩
先生則非誣而何且余輩之於先生似犯不敬之罪
竟不果雖然先人之出處族里已知之而不傳則不
仁之罪亦難逃況又後世子孫無譜之存則後之不
知今猶今之不知昔然則不孝于先不慈于後於是
乎太甚矣因告家兄以作譜牒云
寬文癸卯夏五上旬
小宅順坤德

（五）《舜水先生文集省庵本》

29.2×19.5×1.4cm　一冊　文庫6339

《舜水先生文集省庵本》封面書有《安積澹泊書入本》，檢視其內容多為《與安東守約書》、《答安東守約書》，偶有《張名振書》、《與獨立書》、《答釋獨立書》及一則《大成至聖先師像贊并序》，全書內容隨處有水戶藩儒安積澹泊[①]的朱批，大致摘錄自《舜水先生外集》（八冊）。

① 安積澹泊（諱覺，1656–1738），水戶藩儒者，為朱舜水門生。1683年朱舜水逝世之後，以28歲之齡進入彰考館擔任"編修"，致力於《大日本史》的編纂。安積澹泊與江戶時代的知名學者新井白石（1657–1725）、荻生徂徠（1666–1728）、室鳩巢（1658–1734）等人均有深交。著有史論集《澹泊史論》、漢詩文集《澹泊斎文集》、家康一代實錄《烈祖成績》、朱舜水傳記《朱文恭遺事》、德川光圀言行錄《西山遺事》等文獻。

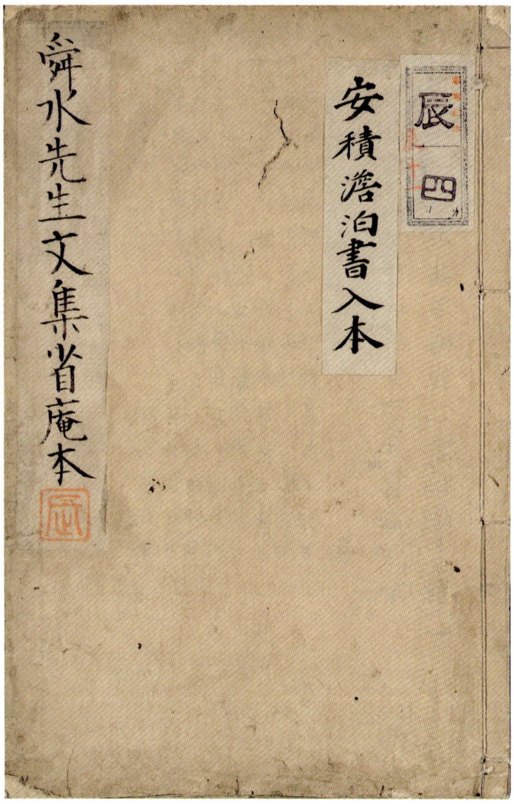

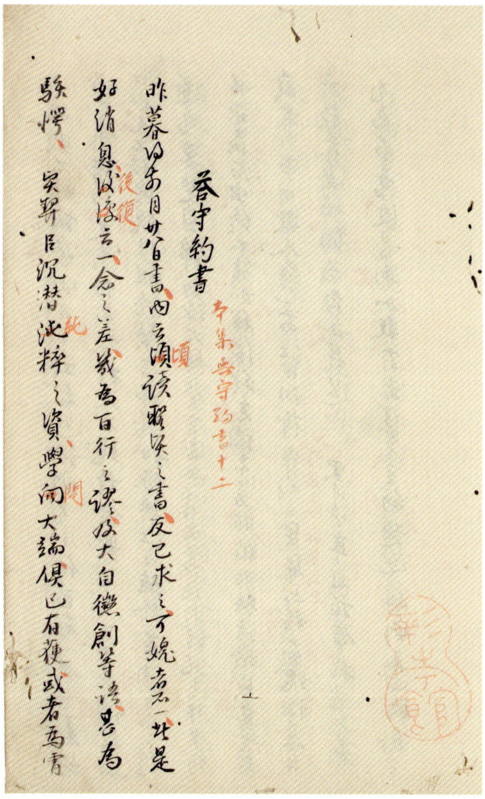

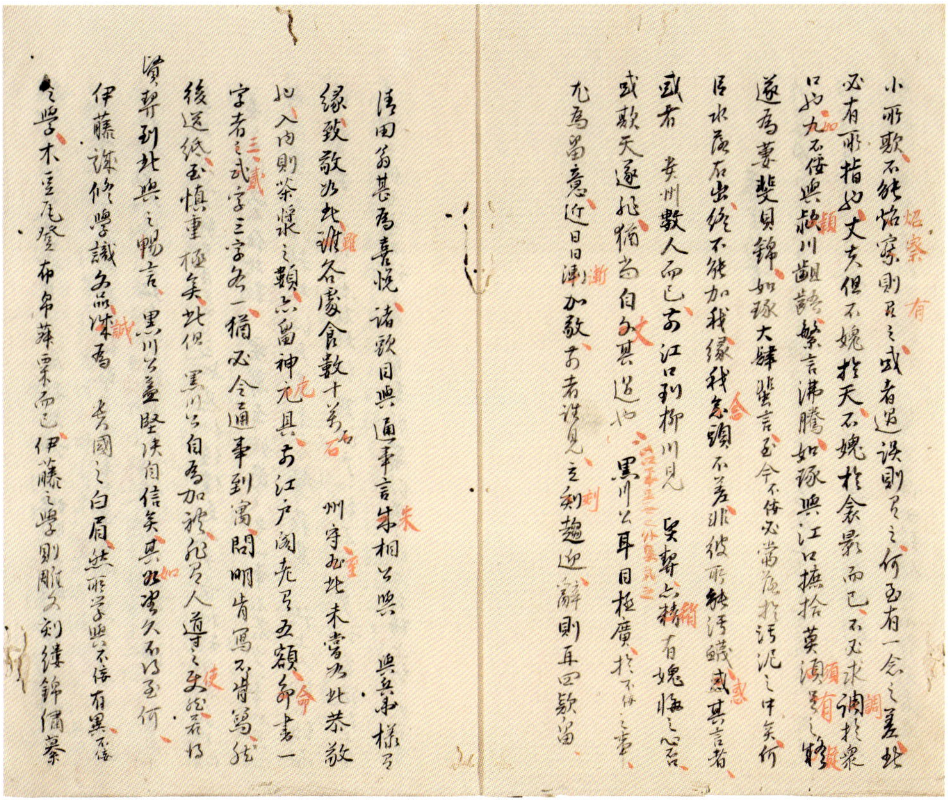

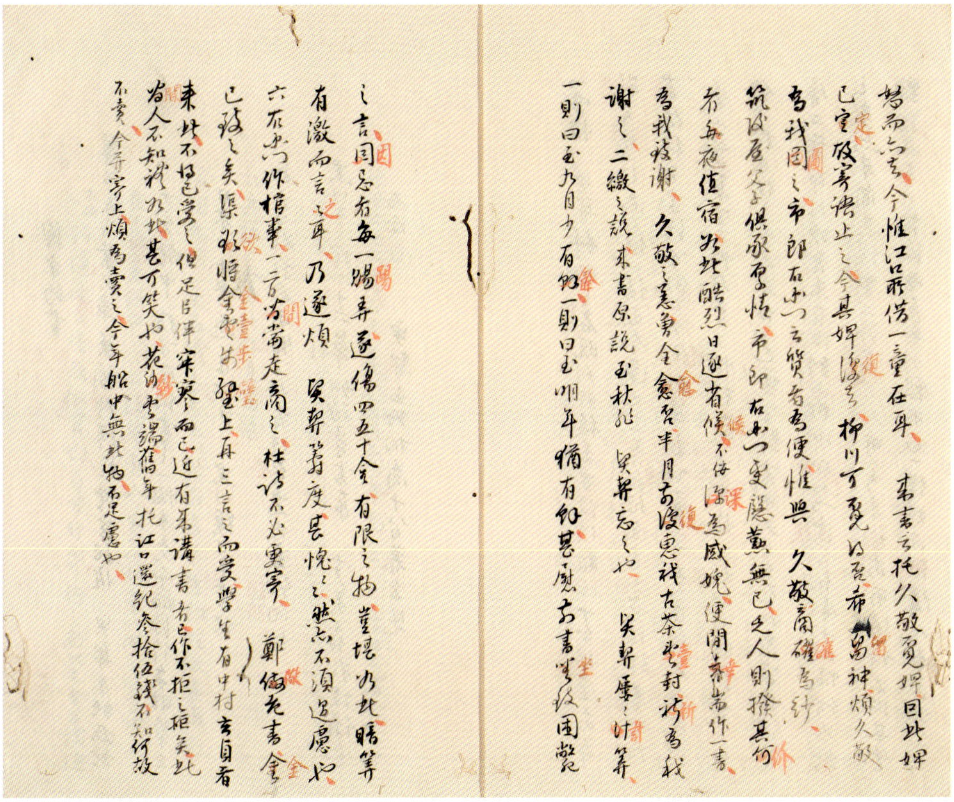

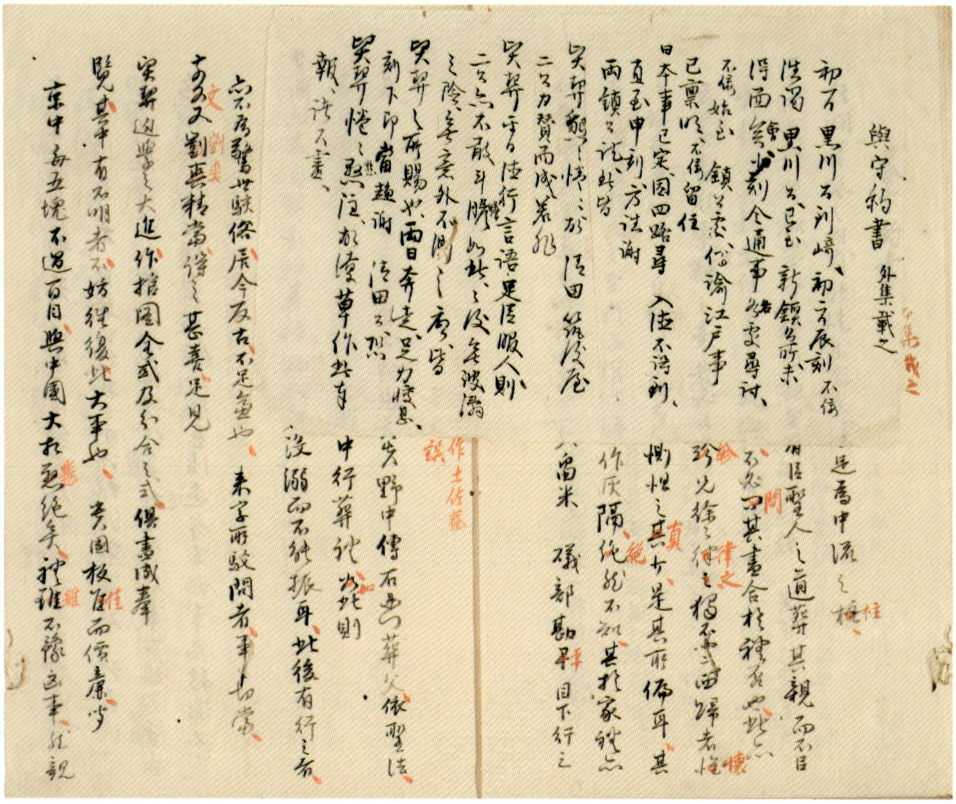
與守約書 外集載之

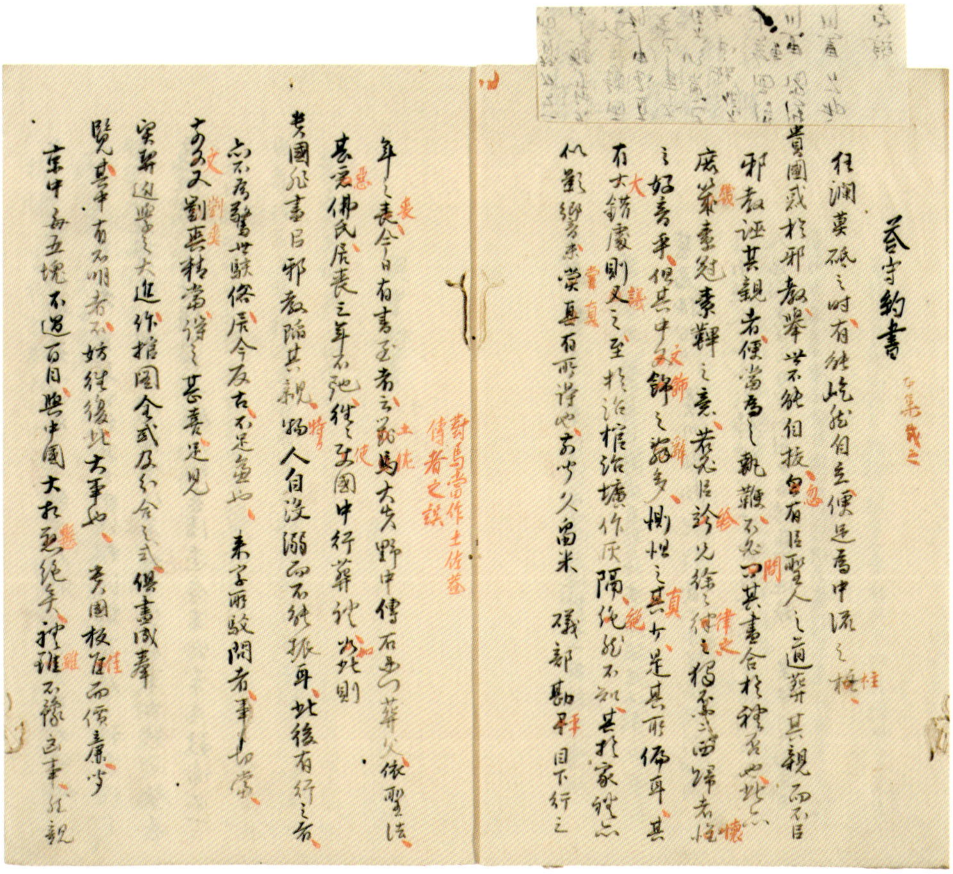
答守約書

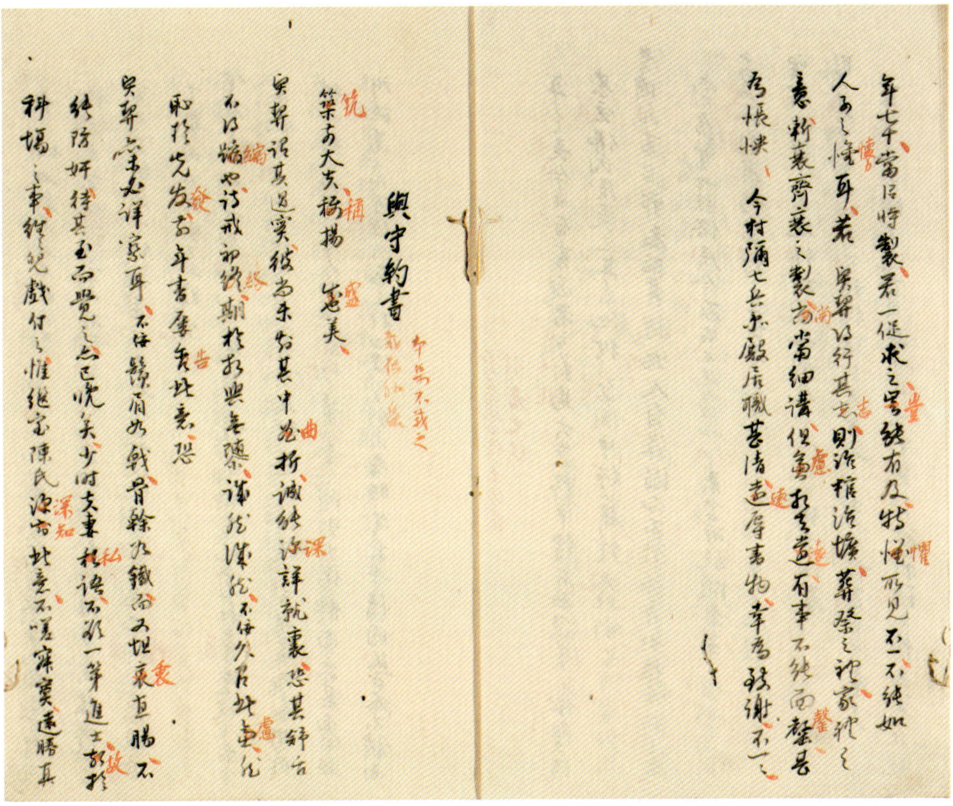
與守約書

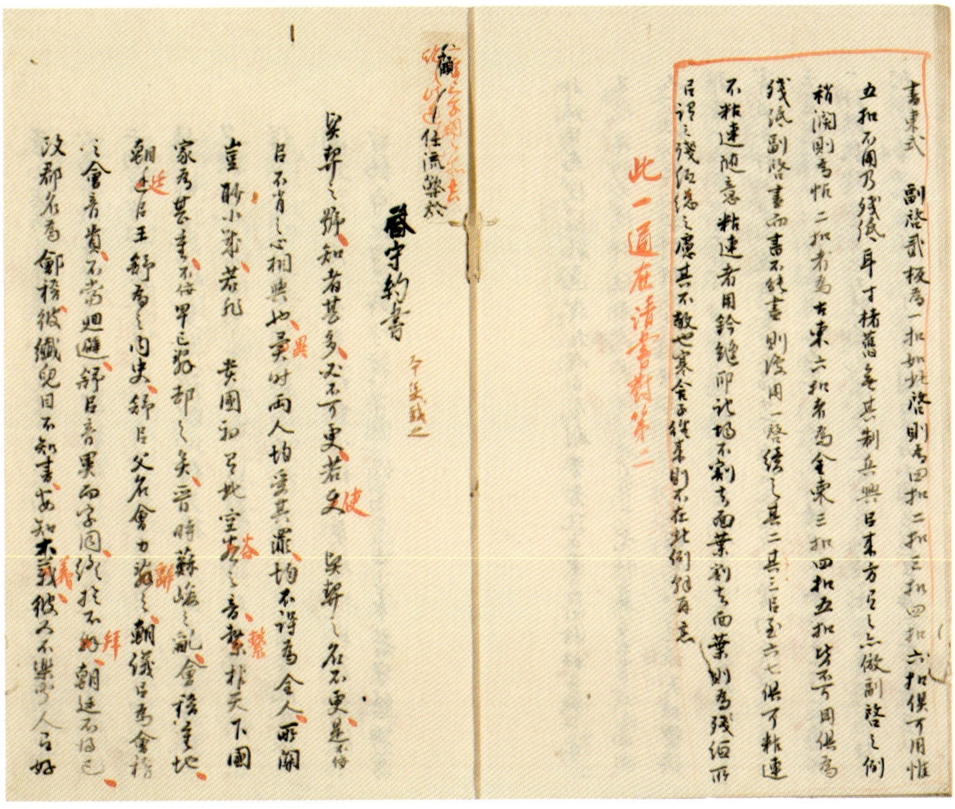
與守約書
此一通在請書對第二

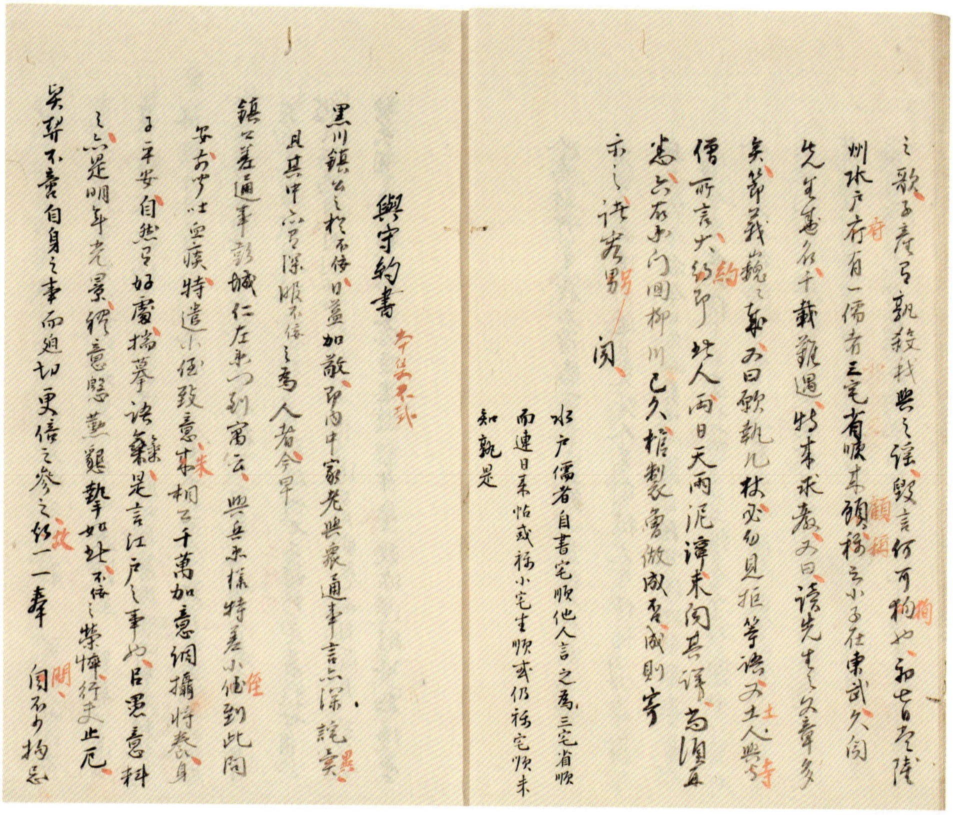

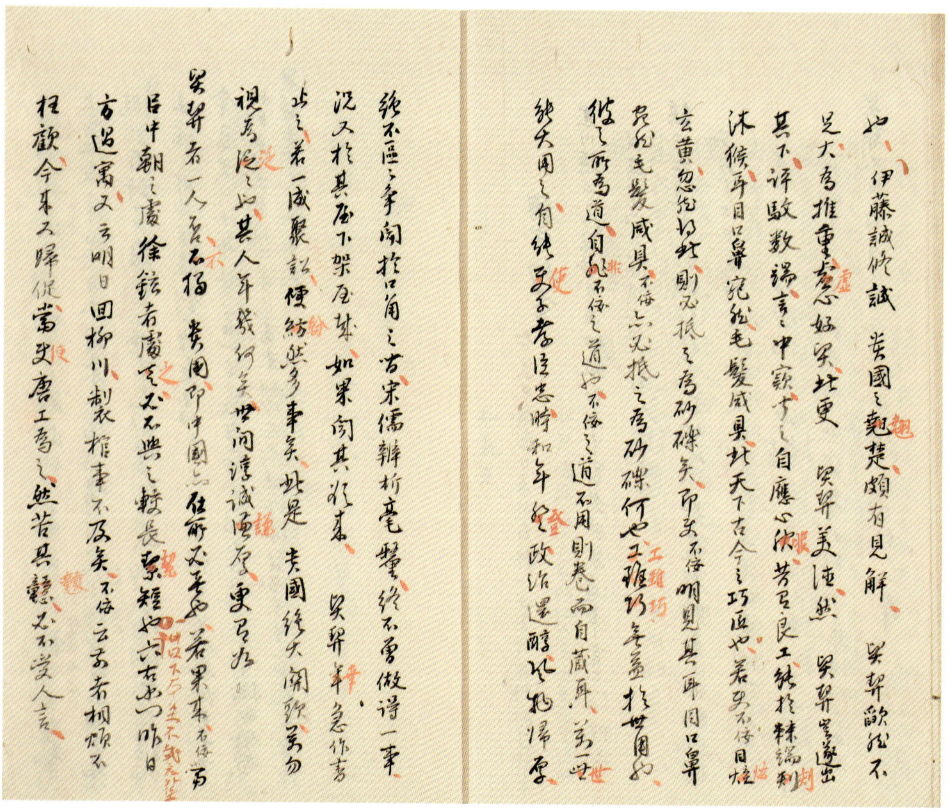

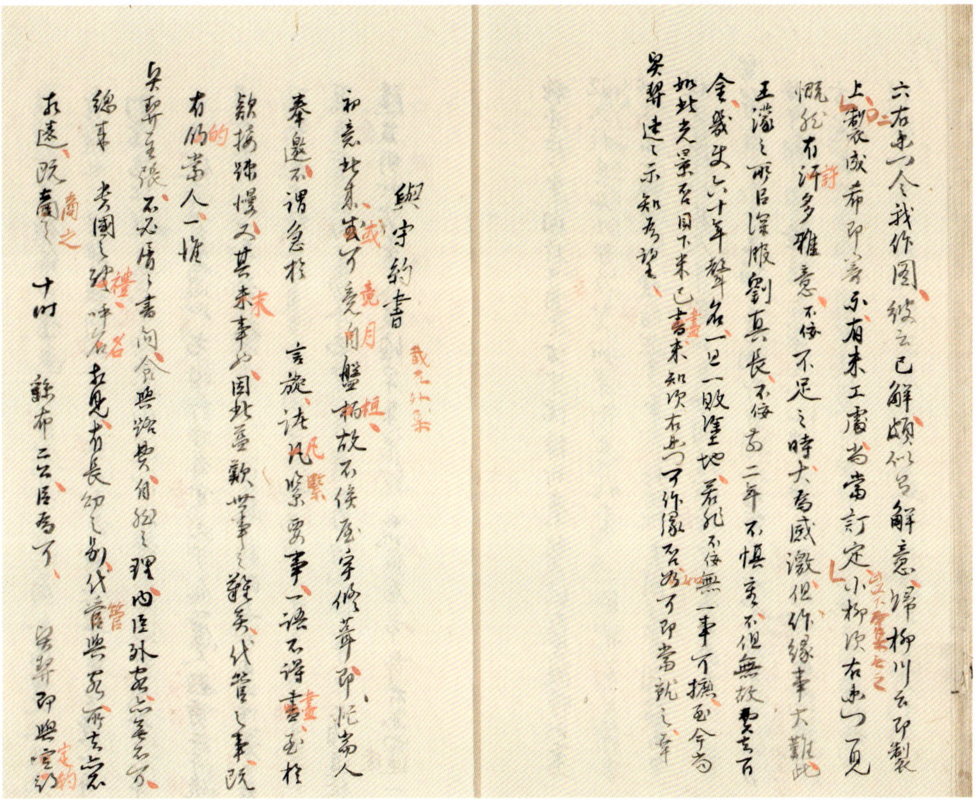

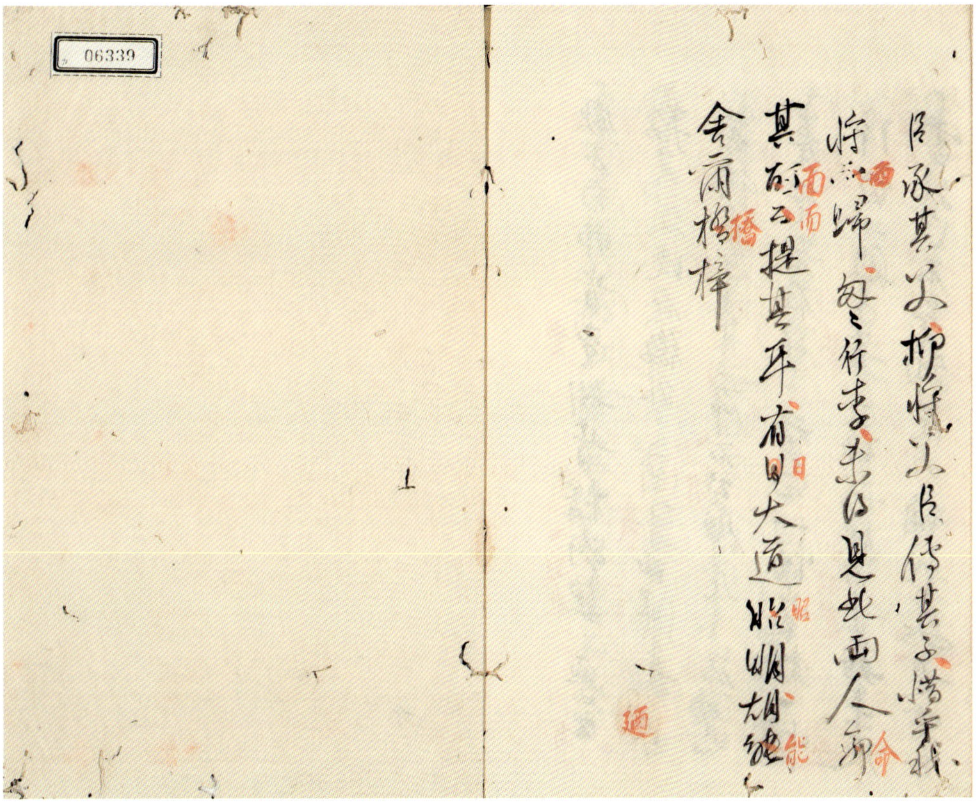

二、朱舜水與德川光圀

解說: 錢明

水戶德川家(簡稱水戶家)是德川幕府"御三家"之一,其家祖是江戶時代治理常陸國水戶藩的幕府初代將軍德川家康的十一子賴房。根據家康的遺命,如果二代將軍秀忠的男系子孫斷絕時,只能從尾張藩或紀伊藩中挑選男子繼承,因此在家康、秀忠擔任將軍的時代,號稱御三家的是德川宗家、尾張德川家和紀伊德川家。到第三代將軍家光時,為了抬高將軍宗家,把與自己年齡相近且為童年玩伴的叔父賴房水戶家提升到與尾張家、紀伊家同等的地位,此後御三家才專指尾張、紀伊、水戶三家。所以當時水戶藩的領地俸祿數號稱38萬石,實際只有25萬石,僅為御三家另外兩家尾張德川家和紀伊德川家的一半左右。而且相較於尾張家、紀伊家的藩主既有繼承將軍家的資格,又能升至大納言的絕對地位,水戶藩主既無繼承將軍家的資格,最高職位也只能升至中納言。幕府末年,出身水戶藩的慶喜是因為過繼給一橋德川家,才得以成為最後一任幕府將軍的。

正因為此,水戶藩在藩政改革上更具進取性,尤其在第二代藩主光圀執政時,因其不傳位於親生兒子而立庶出的長兄之長子為繼承本家的世子,又以本藩經費設立彰考館編修《大日本史》,並且敢於反抗和批評幕府五代將軍德川綱吉的惡政,而深受世人敬重,在日本民間的傳說、戲劇中,他被描繪成為民除害、監督將軍施政的"副將軍",以他為原型的"水戶黃門"的故事是日本經久不衰的創作題材。

德川光圀(1628–1700),亦稱源光圀,是水戶初代藩主賴房的三男。小字千代松,字子龍;初名德亮,字觀之;號日新齋,別號常山人、率然子,自號西山隱士,又號梅里先生,其意皆取泰伯、伯夷之風。光圀自天象、地理、濟民、行兵之要,至制度、典故、擊劍、發銃、醫藥、算數、鳥獸、草木之微,盡綜而貫之。所作有《常山文集》二十卷、《詠草》五卷等。

光圀在執政期間,曾特聘明末遺民朱舜水為"賓師",舜水的"尊王賤霸"、"大義名分"、"實學實功"等思想對他有深刻影響。在光圀看來,自己身為天皇之臣的責任要高於保護德川宗家的利益。此種觀念無形中影響了水戶藩所屬的下級武士,於是在幕末維新時,水戶藩的許多下級武士成為尊皇攘夷派的成員而與幕府相對抗,而水戶藩主則甚至不經過幕府允許而私自從以天皇為首的朝廷接受了所謂"戊午密敕"。因此,在幕末時水戶藩雖然身為德川家的親藩,並且是得以過問幕政的御三家之一,但其許多作為,均掣肘了幕府施政並且打擊了幕府的威信,從而成為間接促進德川幕府之崩潰與終結的力量之一。

舜水與光圀的關係,是師生、朋友又加主從之間的關係。舜水對光圀有教誨之恩,光圀對舜水有知遇之恩,正是在光圀的表率作用下,使水戶藩上下很快形成了尊重知識、敬仰儒士的良好氛圍。在舜水看來，光圀"所學淵宏，諸儒不能及"，是故"樂觀其德化之成也"，並以自己的學問、德操和忠烈精神，全力以赴地幫助光圀實現其政治理想。故此，從一定意義上說："水戶光圀名聲之大仰賴于朱舜水的地方很多，光圀等水戶學者從邀請舜水一事中得到的收穫是最大的，遠遠超乎學問和教育之上，是一種不屈服、不變節的忠烈精神。"①

（一）《史館事跡》

28.4cm×19.3cm×1.5cm　一冊　文庫3007

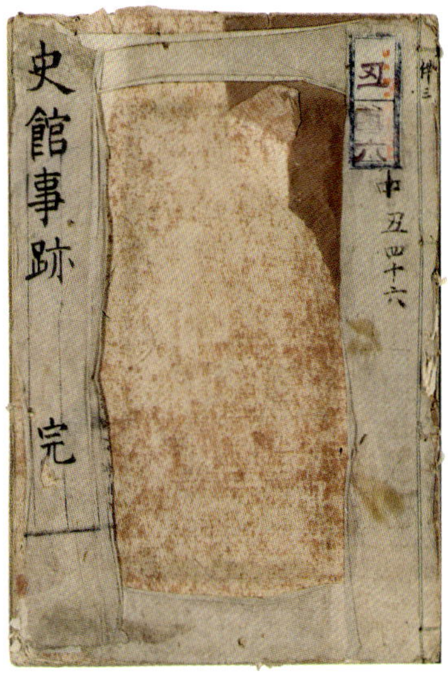

抄本，無頁碼，記述了明曆三年（1657）至享保十七年（1732）間的史館（即彰考館）事跡。從筆跡上看，是由多人記述而成，並有人用朱筆或墨筆補入和修改。記述中有"明曆三年丁酉二月廿七日於駒込御茶屋有事始，後移火事小屋，御殿文庫在其旁，寬文十二年（1672）壬子迄勤於此"（頁1）；"小石川（靖伯世子舊殿），寬文十二年壬子春移之，改彰考館，始揭御額。……自此時御書物為儒生眾支配。及藤井氏入勤史館，再加儒生，暫司之於館中。每月六個日，令諸儒講經書，諸士聽聞"（頁2）；寬永"七年（1630）庚辰獻《禮儀類典》五百卷於幕府"（頁7）；"元祿十五年（1702）壬午閏八月六日有徙館于江戶，命九月分為江、水兩館"（頁8）；享保"五年（1720）庚子獻《大日本史》二百五十卷於幕府"（頁9）；享保"十二年（1727）丁未四月九日有徙館于水城，命江、水為一館。八月書生等移水府賜居宅，又因使總裁一人交替于小石川藩邸"（頁10）等重要記載。還有頁3的"河原書院"（樂屋），頁5的"朝鮮人來聘"，頁7的"水城館"，頁8的"江戶館"等有價值的記載。

頁11以後為"史館眾"傳略，從人見卜幽至原新介共245人，以及江戶館僧寺島三悅等8人，水戶館僧阪場宗三等7人。其中楊清友（名廣益，字既白，號東明，長崎人，楊一官子寫字役）可能是明朝歸化人。

最後是彰考館總裁栗山潛鋒寫的《書彰考館名簿後》："明曆丁酉（1657）之春，義公初置彰考館，引五方文學之士，昇平之化，名流輩出，煥乎文府也。篁溪老人恐久而遺忘，錄館初以來之人名，從仕進而第之活堂子又補為一簿。自明曆至今，僅五十年矣，而存者、沒者、去者、就者，有若是之不齊。……若夫記述之典實、持論之明確，與琅琅之音韻，勃勃氣焰，鬱蔥嶄峻，浩瀚紆餘，沖澹道宕之各成章者，往或不及於今也，而館職之盛、人物之偉，今又不能比於往也。……寬永二年四月十日潛鋒栗山願謹白。"寬永二年（1625）疑為寬文二年（1662）之筆誤。

① 名越時正：《水戶光圀——向朱舜水所學之事》，日本教文社，1972年。

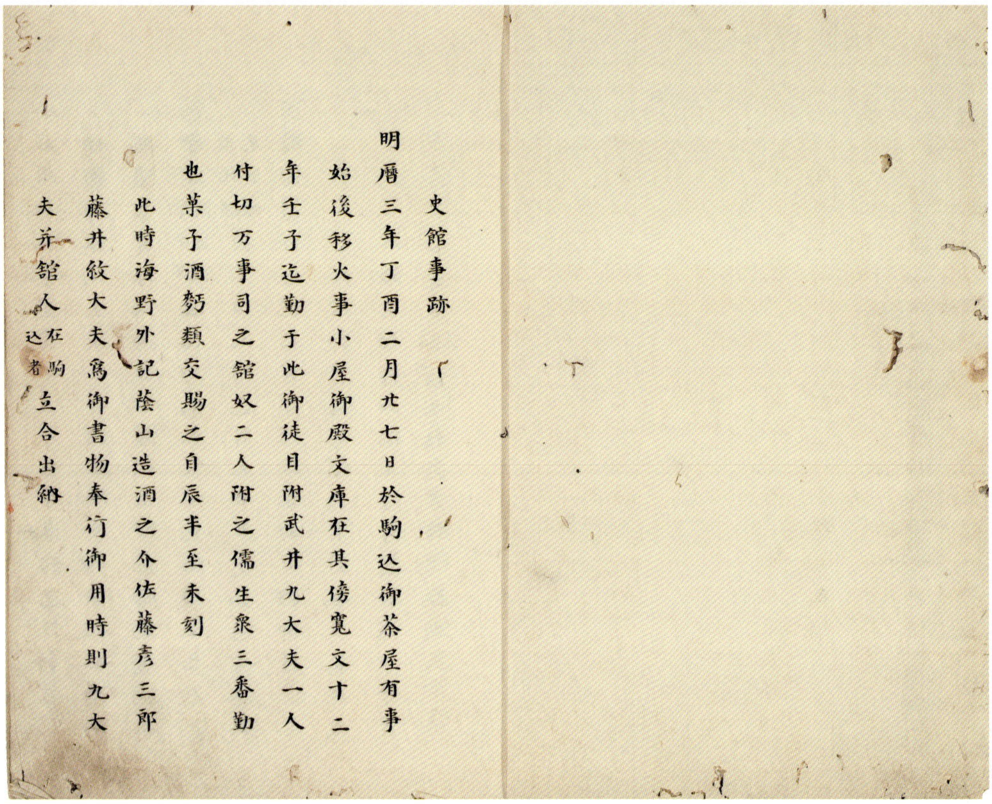

史館事跡

明曆三年丁酉二月廿七日於駒込御茶屋有事
始後移火事小屋御殿文庫在其傍寛文十二
年壬子迄勤于此御徒目附武井九大夫一人
付切万事司之館奴二人附之儒生衆三番勤
也菓子酒麪類交賜之自辰半至未刻
此時海野外記蔭山造酒之介佐藤彦三郎
藤井紋大夫爲御書物奉行御用時則九大
夫并館人（在駒込者）立合出納

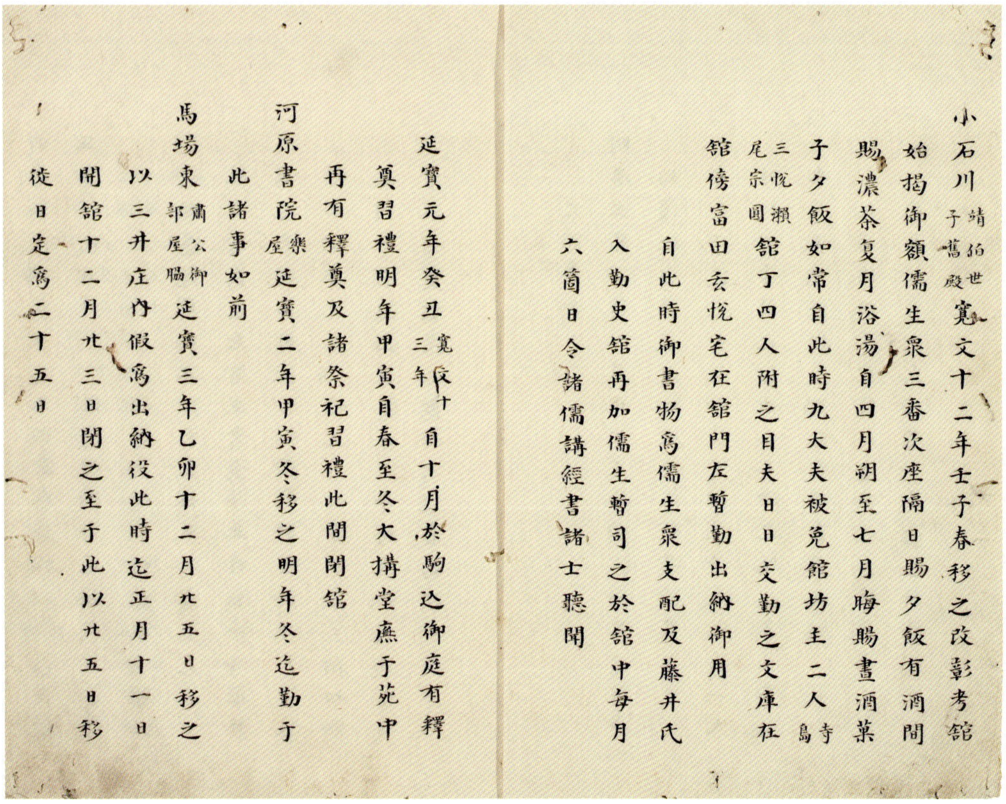

小石川（靖伯世子舊殿）寛文十二年壬子春移之改彰考館
始揭御額儒生衆三番次座隔日賜夕飯有酒間
賜濃茶夏月浴湯自四月朔至七月晦賜晝酒菓
子夕飯如常自此時九大夫被免館坊主二人（寺島
三悅瀨尾宗圓）館丁四人附之目夫日日交勤之文庫在
館傍富田玄悅宅在館門左暫勤出納御用
自此時御書物爲儒生衆支配及藤井氏
入勤史館再加儒生暫司之於館中每月
六箇日令諸儒講經書諸士聽聞

延寶元年癸丑（寛文十三年）自十月於駒込御庭有釋
奠習禮明年甲寅自春至冬大搆堂廡于苑中
再有釋奠及諸祭祀習禮此間閉館
河原書院（樂屋）延寶二年甲寅冬移之明年冬迄勤于
此諸事如前
馬場東（肅公御部屋脇）延寶三年乙卯十二月廿五日移之
以三升庄內假爲出納役此時迄正月十一日
開館十二月廿三日閉之至于此以廿五日移
徙日定爲二十五日

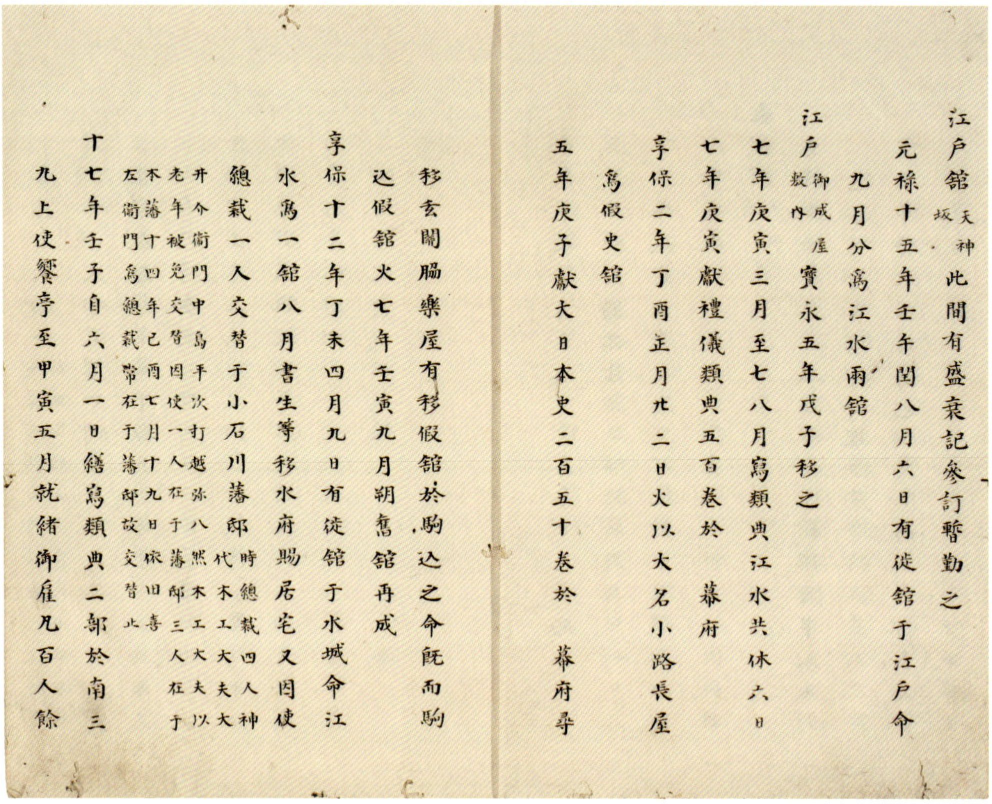

江戶館天神坂此間有盛衰記參訂暫勤之
元祿十五年壬午閏八月六日有從館于江戶命
九月分爲江水兩館
江戶御成屋敷內寶永五年戊子移之
七年庚寅三月至七八月寫類典江水共休六日
七年庚寅獻禮儀類典五百卷於幕府
享保二年丁酉正月九二日火以大名小路長屋
爲假史館
五年庚子獻大日本史二百五十卷於幕府尋
移玄關脇樂屋有移假館於駒込之命旣而駒
込假館火七年壬寅九月朔舊館再成
享保十二年丁未四月九日有從館于水城命江
水爲一館八月書生等移水府賜居宅又因使
總裁一人交替于小石川藩邸時總裁四人神代木工大夫大井介衛門中島平次打越泳八然木工大夫以老年被免交替因使一人在于藩邸三人在于木藩十四年己酉七月十九日依旧喜左衛門爲總裁常在于藩邸故交替止
十七年壬子自六月一日繕寫類典二部於南三
九上使饗亭至甲寅五月就緒御雇凡百人餘

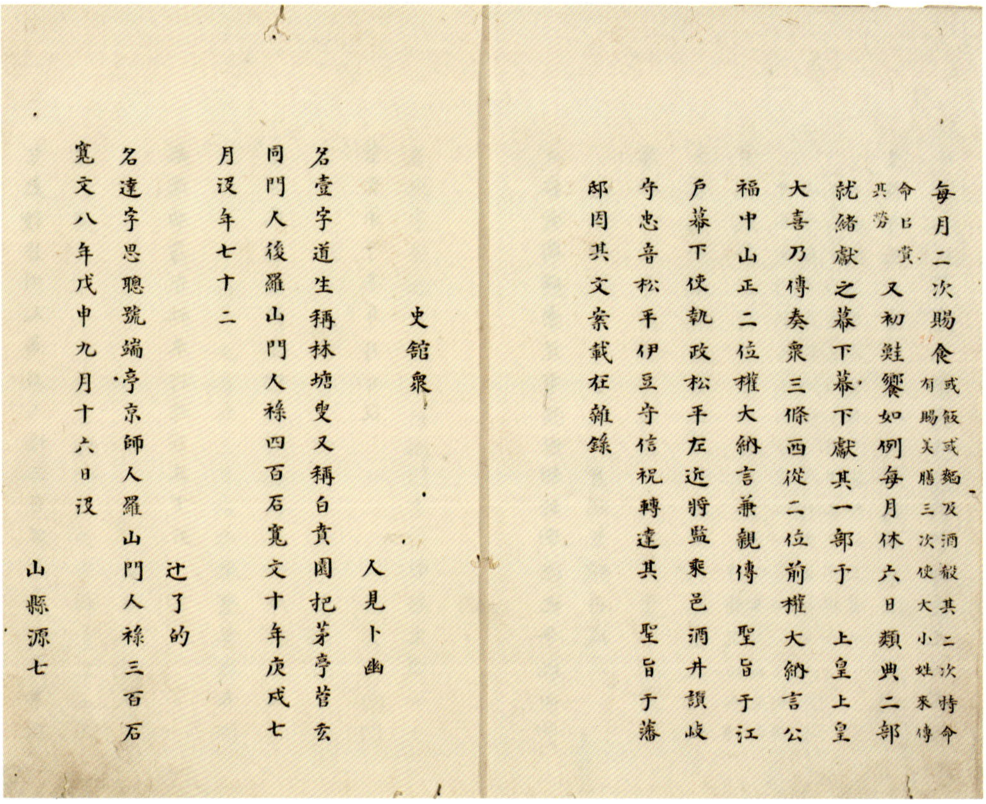

每月二次賜食或飯或麵及酒殽其二次特命有賜美膳三次使大小姓來傳
命已賞其勞又初鮭饗如例每月休六日類典二部
就緒獻之幕下幕下獻其一部于上皇上皇
大喜乃傳奏衆三條西從二位前權大納言公
福中山正二位權大納言兼親傳聖旨于江
戶幕下使執政松平左近將監乘邑酒井讃岐
守忠音松平伊豆守信祝轉達其聖旨于藩
邸因其文案載在雜錄
史館衆
人見卜幽
名壹字道生稱林塘叟又稱白賁園把茅亭菅玄
同門人後羅山門人祿四百石寬文十年庚戌七
月沒年七十二
辻了的
名達字思聰號端亭京師人羅山門人祿三百石
寬文八年戊申九月十六日沒
山縣源七

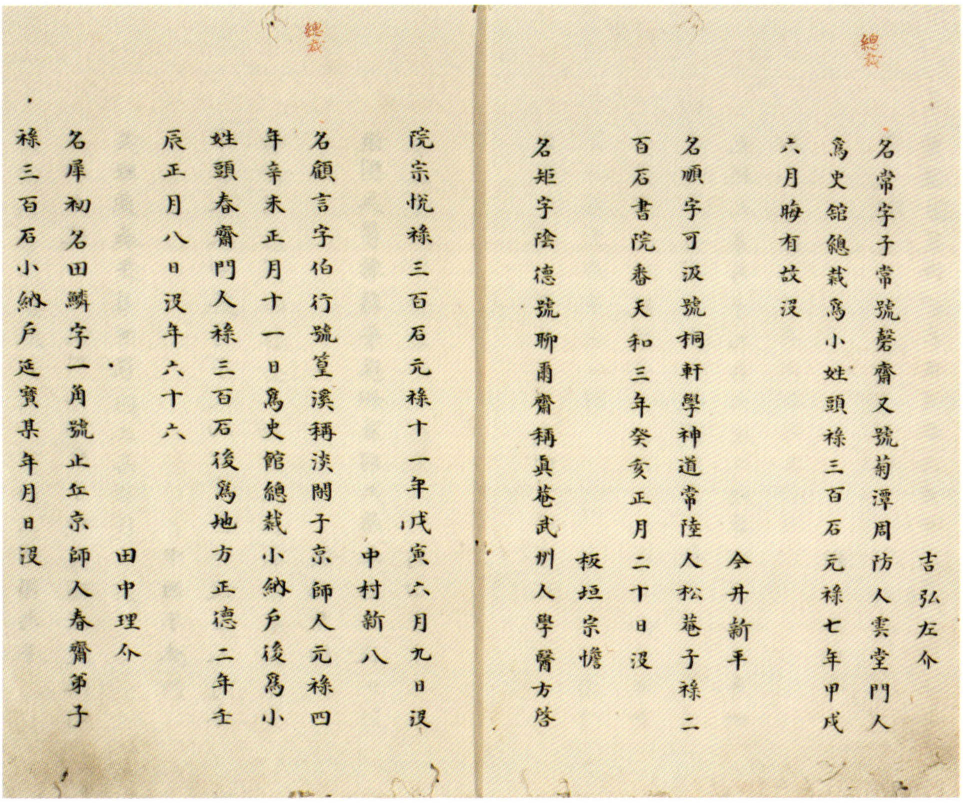
吉弘左介
名常字子常號磐齋又號菊潭周防人雲堂門人
爲史館總裁爲小姓頭祿三百石元祿七年甲戌
六月晦有故沒
今井新平
名順字可汲號桐軒學神道常陸人松菴子祿二
百石書院番天和三年癸亥正月二十日沒
板垣宗憺
名矩字陰德號聊爾齋稱真菴武州人學醫方啓
院宗悅祿三百石元祿十一年戊寅六月九日沒
中村新八
名顧言字伯行號篁溪稱淡閣子京師人元祿四
年辛未正月十一日爲史館總裁小納戶後爲小
姓頭春齋門人祿三百石後爲地方正德二年壬
辰正月八日沒年六十六
田中理介
名犀初名田鱗字一角號止丘京師人春齋弟子
祿三百石小納戶延寶某年月日沒

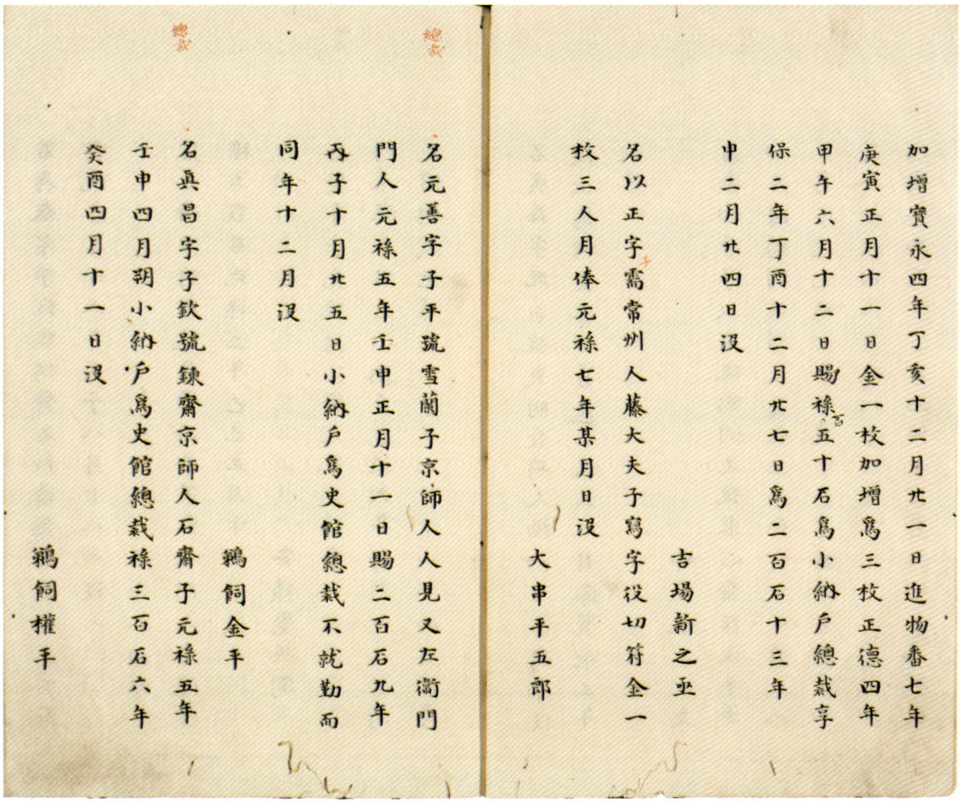
加增寶永四年丁亥十二月廿一日進物番七年
庚寅正月十一日金一枚加增爲三枚正德四年
甲午六月十二日賜祿五十石爲小納戶總裁享
保二年丁酉十二月廿七日爲二百石十三年
中二月廿四日沒
吉場新之丞
名以正字需常州人藤大夫子寫字役切符金一
枚三人月俸元祿七年某月日沒
大串平五郎
名元善字子平號雪蘭子京師人人見又左衛門
門人元祿五年壬申正月十一日賜二百石九年
丙子十月廿五日小納戶爲史館總裁不就勤而
同年十二月沒
鵜飼金平
名真昌字子欽號錬齋京師人石齋子元祿五年
壬申四月朔小納戶爲史館總裁祿三百石六年
癸酉四月十一日沒
鵜飼權平

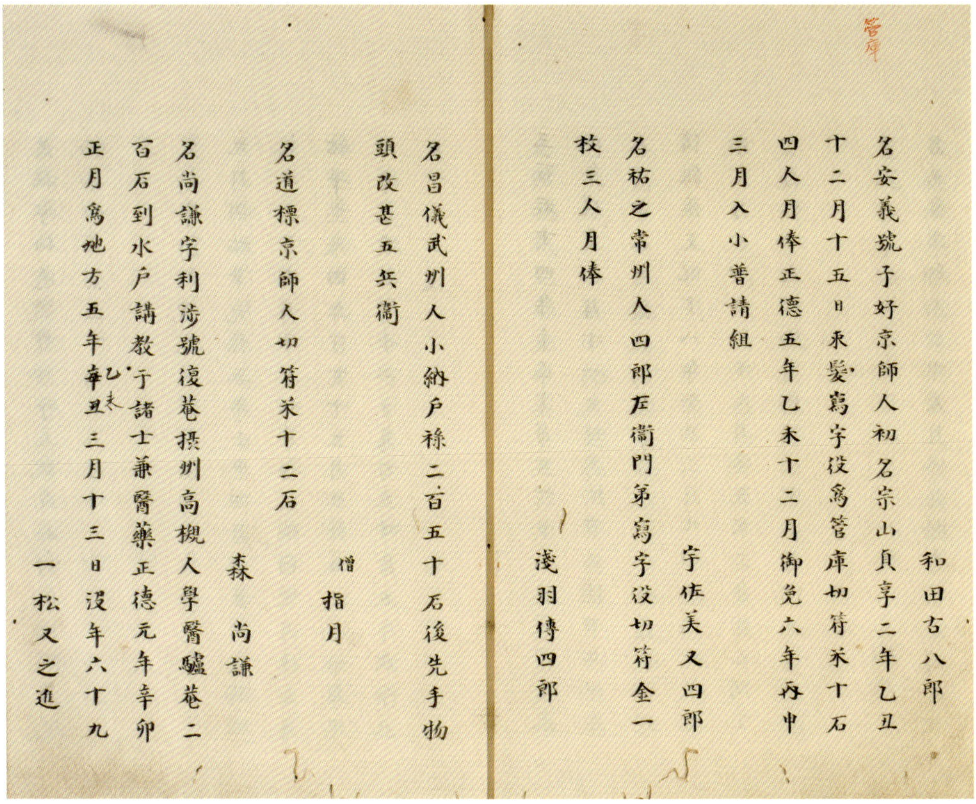
管庫

和田古八郎
名安義號子好京師人初名宗山貞享二年乙丑
十二月十五日束髮寫字役爲管庫切符米十石
四人月俸正德五年乙未十二月御免六年丙申
三月入小普請組

宇佐美又四郎
名祐之常州人四郎左衛門弟寫字役切符金一
枚三人月俸

淺羽傳四郎
名昌儀武州人小納戶祿二百五十石後先手物
頭改甚五兵衛

僧　指月
名道標京師人切符米十二石

森　尚謙
名尚謙字利涉號復菴攝州高槻人學醫驢菴二
百石到水戶講教于諸士兼醫藥正德元年辛卯
正月爲地方五年辛丑（乙未）三月十三日沒年六十九

一松又之進

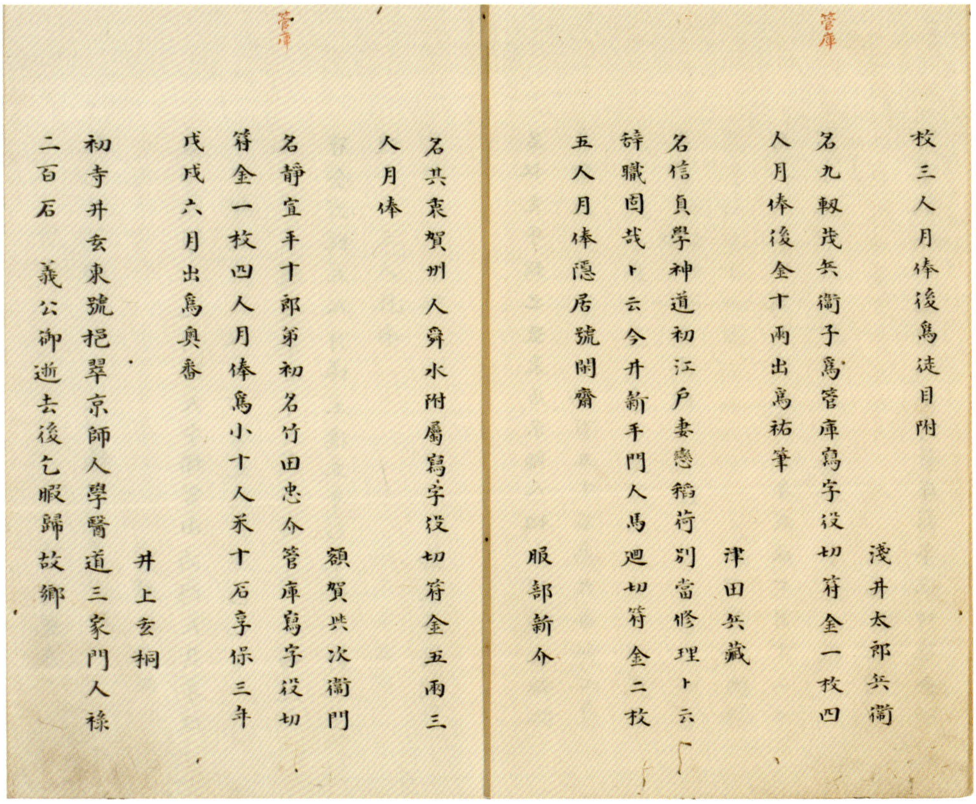
管庫

枚三人月俸後爲徒目附

淺井太郎兵衛
名九軌茂兵衛子爲管庫寫字役切符金一枚四
人月俸後金十兩出爲祐筆

津田兵藏
名信貞學神道初江戶妻戀稻荷別當修理ト云
辞職固哉ト云今井新手門人馬廻切符金二枚
五人月俸隱居號閑齋

服部新介
名共衷賀州人舜水附屬寫字役切符金五兩三
人月俸

額賀共次衛門
名靜宜平十郎弟初名竹田忠介管庫寫字役切
符金一枚四人月俸爲小十人米十石享保三年
戊戌六月出爲奥番

井上玄桐
初寺井玄東號挹翠京師人學醫道三家門人祿
二百石　義公御逝去後乞暇歸故鄉

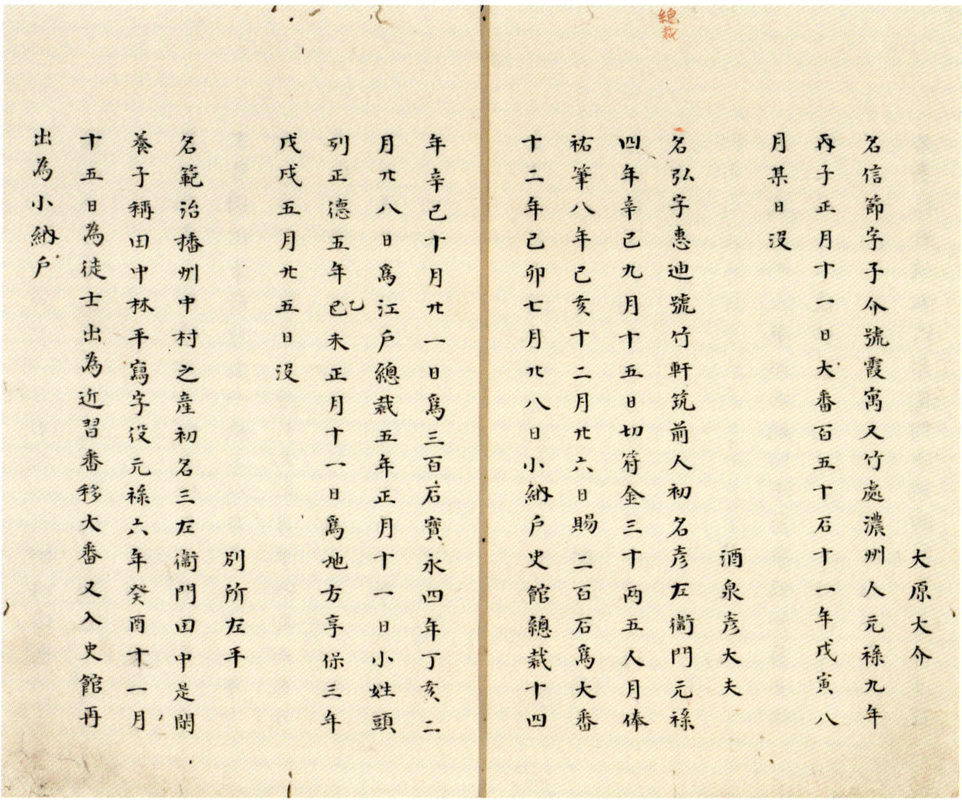

大原大介
名信節字子介號霞窩又竹處濃州人元祿九年
丙子正月十一日大番百五十石十一年戊寅八
月某日没
酒泉彥大夫
名弘字惠迪號竹軒號前人初名彥左衛門元祿
四年辛巳九月十五日切符金三十兩五人月俸
祐筆八年乙亥十二月廿六日賜二百石爲大番
十二年己卯七月廿八日小納戶史館總裁十四
年辛巳十月廿一日爲三百石寳永四年丁亥二
月廿八日爲江戶總裁五年正月十一日小姓頭
列正德五年乙未正月十一日爲地方亭保三年
戊戌五月廿五日没
別所左平
名範治播州中村之產初名三左衛門田中是閑
養子稱田中林平寫字役元祿六年癸酉十一月
十五日爲徒士出爲近習番移大番又入史館再
出爲小納戶

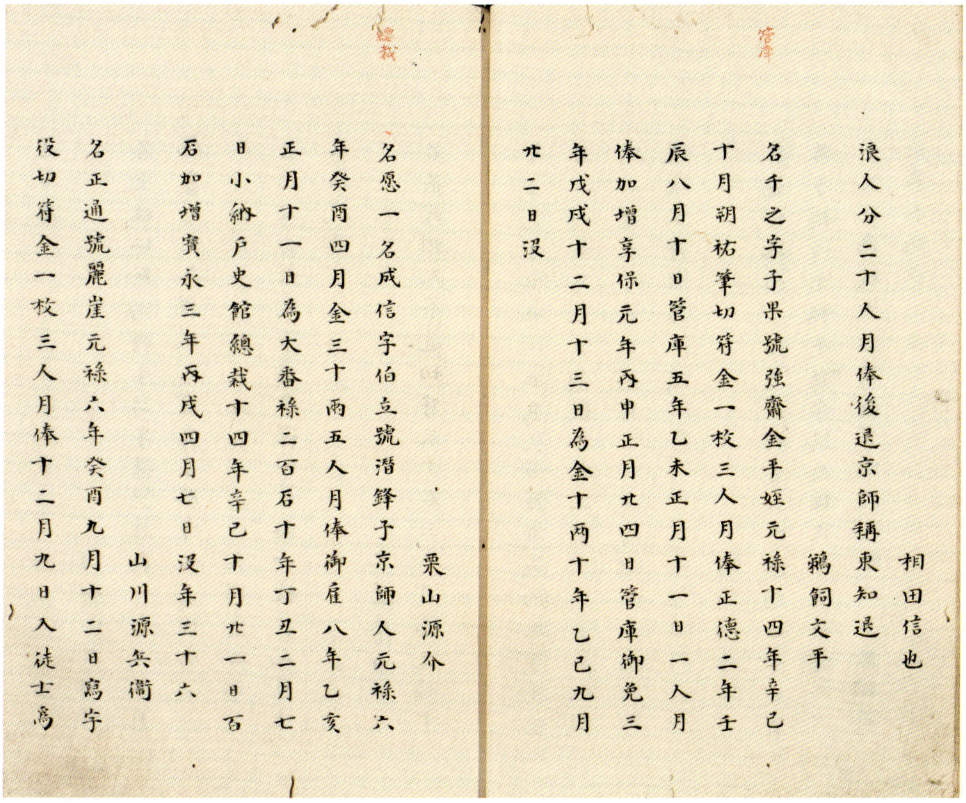

相田信也
浪人分二十人月俸後退京師稱東知退
鵜飼文平
名千之字子果號強齋金平姪元祿十四年辛巳
十月朔祐筆切符金一枚三人月俸正德二年壬
辰八月十日管庫五年乙未正月十一日一人月
俸加增亭保元年丙申正月廿四日管庫御免三
年戊戌十二月十三日爲金十兩十年乙巳九月
廿二日没
栗山源介
名愿一名成信字伯立號潛鋒子京師人元祿六
年癸酉四月金三十兩五人月俸御庭八年乙亥
正月十一日爲大番祿二百石十年丁丑二月七
日小納戶史館總裁十四年辛巳十月廿一日百
石加增寳永三年丙戌四月七日没年三十六
山川源兵衛
名正通號麗崖元祿六年癸酉九月十二日寫字
役切符金一枚三人月俸十二月九日入徒士爲

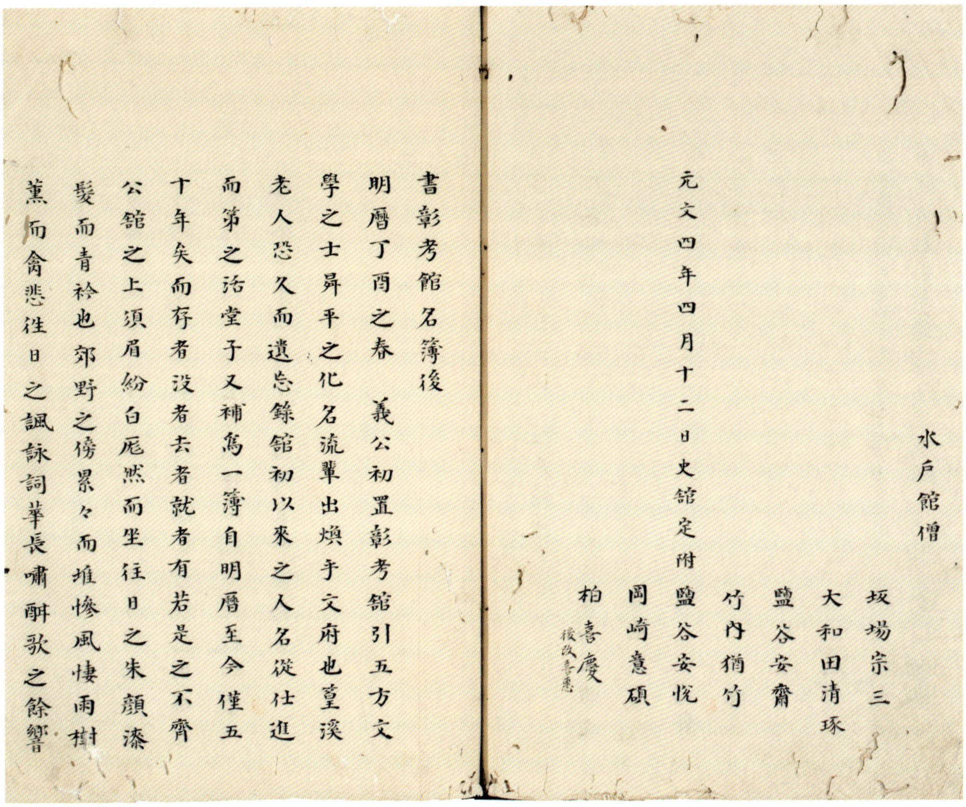
水戶館僚
坂場宗三
大和田清琢
鹽谷安齋
竹內猶竹
鹽谷安悅
岡崎意碩
柏喜慶
後改喜惠
元文四年四月十二日史館定附
書彰考館名簿後
明曆丁酉之春　義公初置彰考館引五方文
學之士昇平之化名流輩出煥乎文府也荳溪
老人恐久而遺忘錄館初以來之人名從仕進
而第之治堂子又補爲一簿自明曆至今僅五
十年矣而存者沒者去者就者有若是之不齊
公館之上須眉紛白尨然而坐往日之朱顏漆
髮而青衿也郊野之傍纍々而堆慘風悽雨樹
薰而會悲往日之諷詠詞華長嘯酬歌之餘響

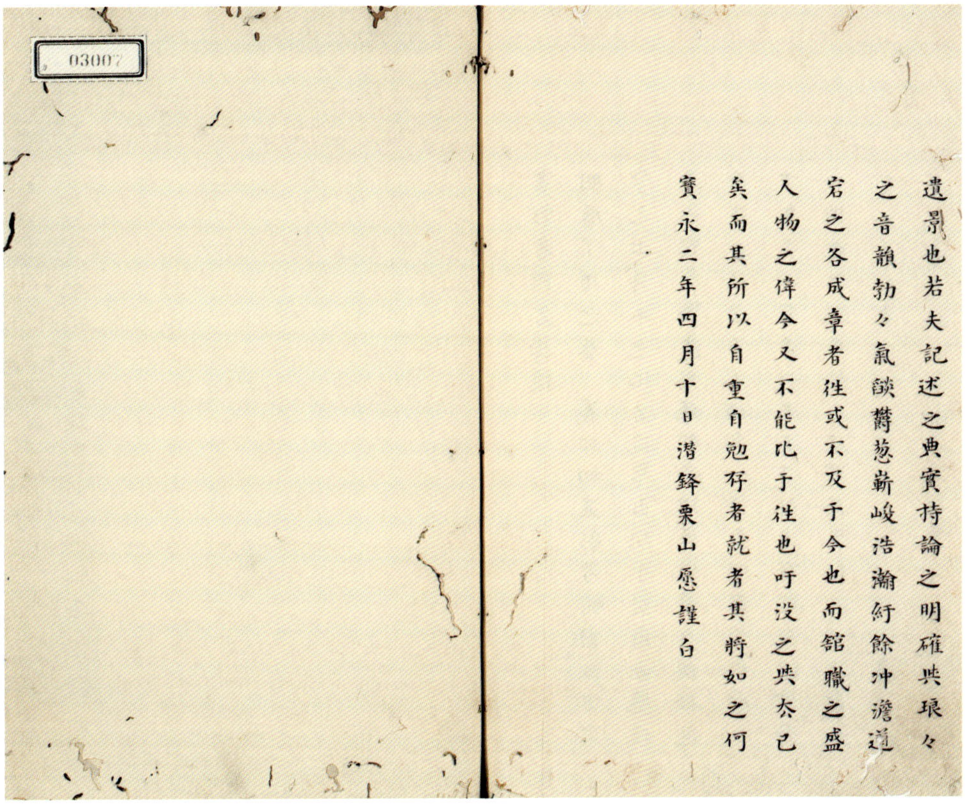
03007
遺影也若夫記述之典實持論之明確與琅々
之音韻勃々氣燄蔚葱嶄峻浩瀚紆餘冲澹道
宕之各成章者往或不及于今也而館職之盛
人物之偉今又不能比于往也吁沒之與去已
矣而其所以自重自勉存者就者其將如之何
寶永二年四月十日潛鋒栗山愿謹白

（二）《水府名家墓所一覽》

24.6×16.7×0.4cm　一冊　文庫22273

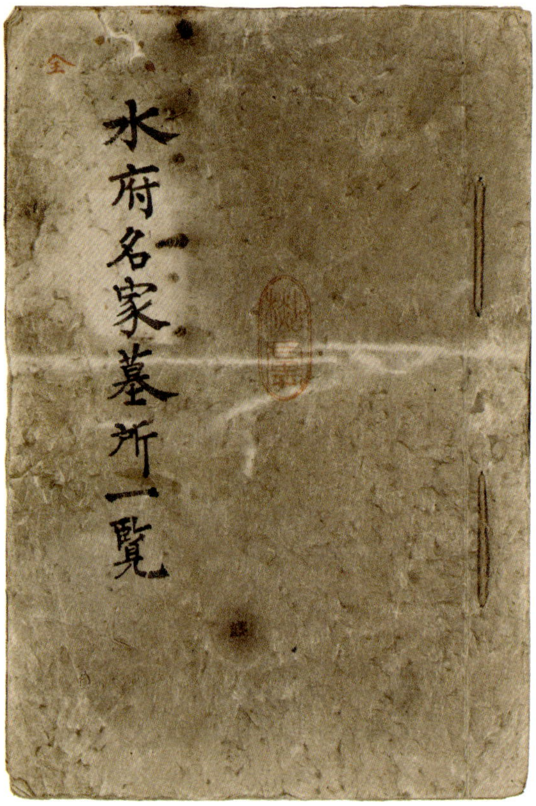

抄本，封面有彰考館印，每頁頁邊下都有“松本稅務管理所”印章。部分頁面上方是用墨筆補入或修改的傳主之雅號，有兩處是用鉛筆補入或修改，還有兩處傳主重複處被注明“再出”。內容分為文武區別、雅號、氏名、撰文家、墓所五個欄目，記載了186名傳主的身份、雅號、氏名、撰文家及墓所等資料。首位是儒者朱之瑜，雅號舜水，安積澹泊撰文，墓所在久慈郡太田瑞龍山。186名傳主中，儒者最多，有90位，其次是武者42位，醫者12位，畫家5位，義士5位，史學4位，書家3位，兵學2位，以及和學、擊劍、歌人、釋氏、勤王、藩主、尼姑、孝子、義奴若干位，還有義公、威公之女等女性5位，亦有若干位是未記載身份者。墓所在瑞龍山的，除了朱舜水外，還有藩主武田信芳、源威公、源定公，威公十二女源梅子、文明夫人，以及尼姑英勝院、智仙院榊原氏7位；其餘大多數人的墓所是在東京、水戶等地的寺院。撰文家中有德川光圀、德川齊昭、德川圀順、安積覺、青山延于、青山延光、立原萬、佐藤垣、三島毅、人見傳、會沢安、岡千仞等名人。德川圀順是十三代當主，也是財團法人水府明德會（現為公益財團法人德川博物館）的設立者，故可推知此書當完成於明治後期。

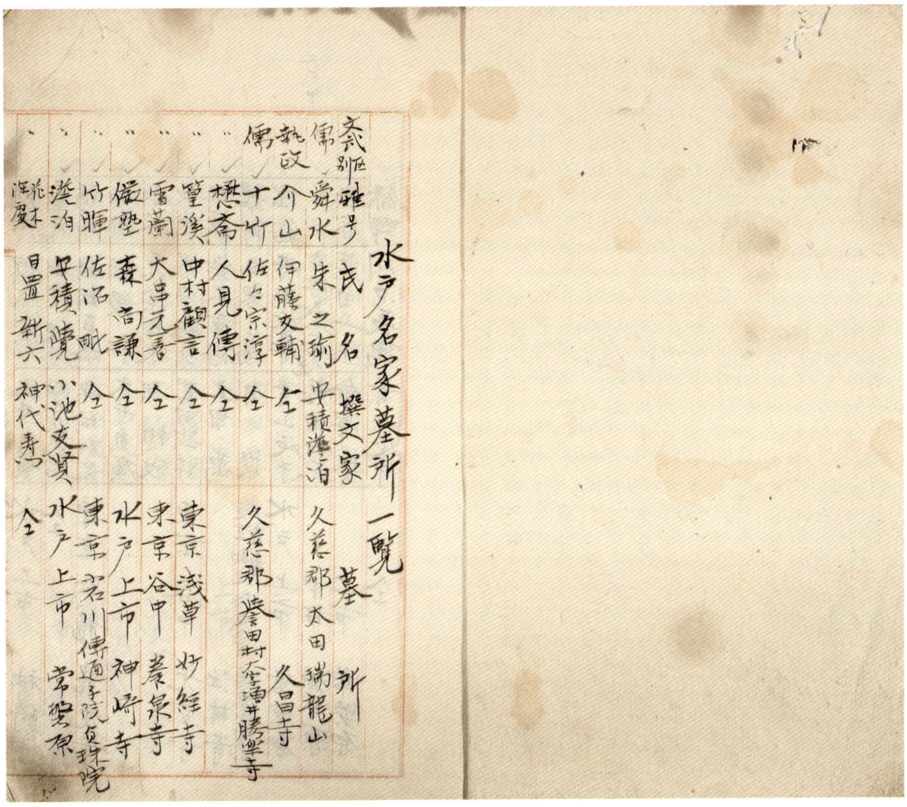

水戶名家墓所一覧

齋號雅號	氏名	撰文家	墓所
儒 舜水	朱之瑜	安積澹泊	久慈郡太田瑞龍山
執政 介山	伊藤友輔	仝	久昌寺
儒 十竹	佐々宗淳	仝	久慈郡誉田村大字[illegible]勝楽寺
〃 懋齋	人見傳	仝	
〃 望溪	中村顧言	仝	東京浅草妙経寺
〃 雪蘭	大串元善	仝	東京谷中養泉寺
〃 儼塾	森尚謙	仝	水戶上市神崎寺
〃 竹暉	佐治眦	仝	東京小石川傳通院貞珠院
〃 澹泊	安積覺	小池友賢	水戶上市常磐原
〃 [illegible]	目置新六	神代壽	仝

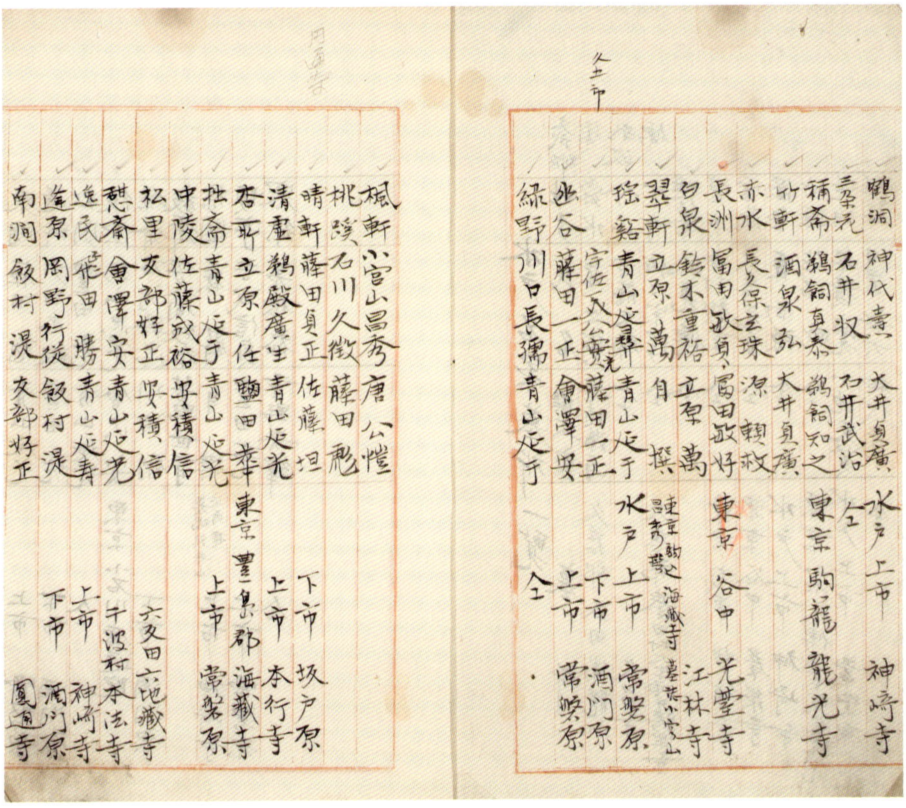

久土市

鶴洞	神代壽	大井貞廣	水戶上市神崎寺
三朶花	石井牧	石井武治	仝
稱齋	鵜飼眞泰	鵜飼知之	東京駒[illegible]龍光寺
竹軒	酒泉弘	大井貞廣	
赤水	長久保玄珠	源頼救	
長洲	富田敬貞、富田敬好		東京谷中光臺寺
白泉	鈴木重裕	立原萬	江林寺
翠軒	立原萬	自撰	東京駒込海藏寺 墓誌小宮山昌壽撰之
瑤谿	青山延彝	青山延于	水戶上市常磐原
	宇佐美公實	藤田一正	下市酒門原
幽谷	藤田一正	會澤安	上市常磐原
綠野	川口長孺	青山延于	仝

楓軒	小宮山昌秀	唐公愷	
桃蹊	石川久徵	藤田彪	
晴軒	藤田貞正	佐藤坦	下市坂戶原
清虛	鵜殿廣生	青山延光	上市本行寺
杏所	立原任	鹽田華	東京豊島郡海藏寺
拙齋	青山延于	青山延光	上市常磐原
中陵	佐藤成裕	安積信	
松里	友部好正	安積信	六反田六地藏寺
懋齋	會澤安	青山延光	千波村本法寺
逸民	飛田勝	青山延壽	上市神崎寺
逢原	岡野行從	敍村湜	下市酒門原
南洞	敍村湜	友部好正	圓通寺

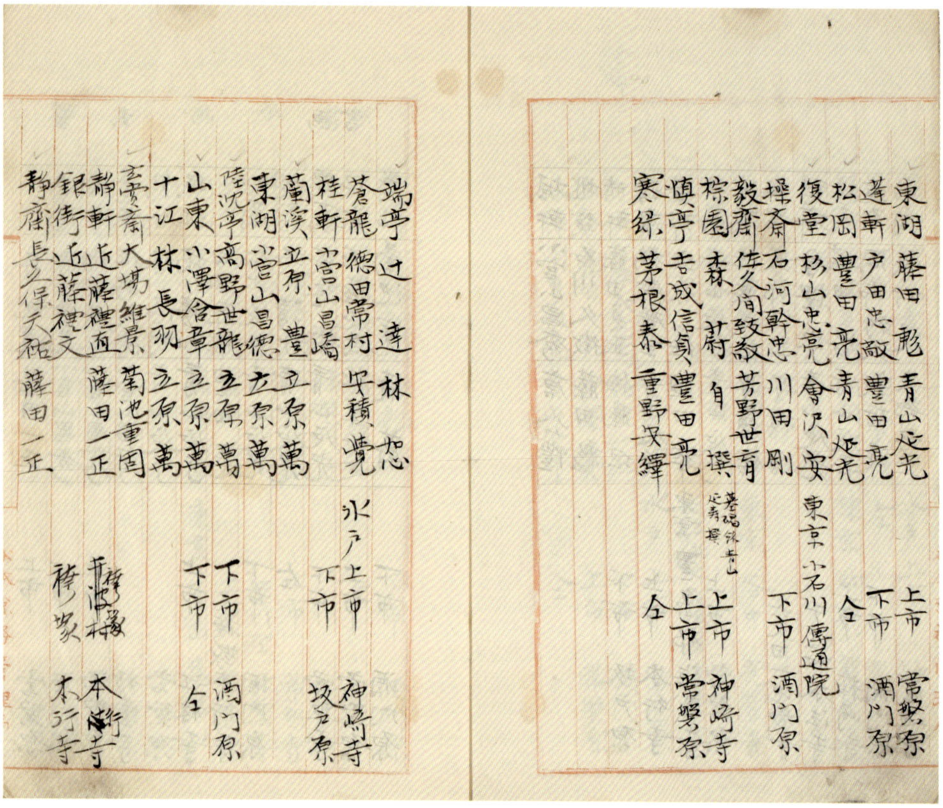
東湖 藤田彪 青山延光 上市 常磐原
遂軒 戸田忠敞 豊田亮 下市 酒門原
松岡 豊田亮 青山延光 仝
復堂 杉山忠亮 會沢安 東京小石川傳通院
操斋 石河幹忠 川田剛 下市 酒門原
毅齋 佐久間致教 芳野世育
棕園 森蔚 自撰 上市 神崎寺
慎亭 吉成信貞 豊田亮 上市 常磐原
寒緑 茅根泰 重野安繹 仝
端亭 辻達 林忞
蒼龍 徳田常村 安積覚 水戸上市 神崎寺
桂軒 宮山昌嶠 下市 坂戸原
蘭溪 立原 豊 立原萬
東湖 宮山昌徳 立原萬
陸沈亭 高野世龍 立原萬 下市 酒門原
山東 小澤含章 立原萬 下市 仝
十江 林長羽 立原萬
玄斎 大場維景 菊池重固
靜軒 近藤禮直 藤田一正
銀街 近藤禮文
靜齋 長久保赤水 藤田一正

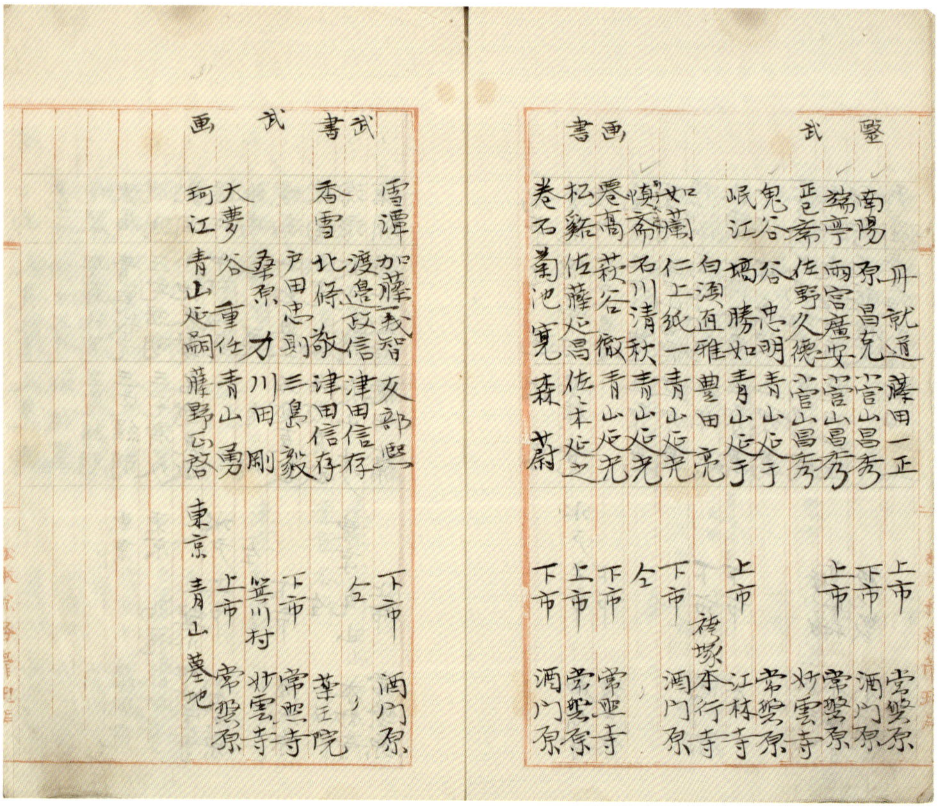
南陽 丹就道 藤田一正 上市 常磐原
端亭 原昌克 宮山昌秀 下市 酒門原
正邑斎 雨宮廣安 宮山昌秀 上市 常磐原
鬼谷 佐野久徳 宮山昌秀 妙雲寺
岷江 谷忠明 青山延于 常磐原
塙勝如 青山延于 上市 江林寺
如蘭 白須直雅 豊田亮 本行寺
慎斎 仁上紙一 青山延光 下市 酒門原
蹇斎 石川清秋 青山延光 仝
松谿 萩谷徹 青山延光 下市 常照寺
巻石 佐藤延昌 佐々木延之 上市 常磐原
菊池寛 森蔚 下市 酒門原
武 書 武 画
雪譚 加藤義智 友部與 下市 酒門原
香雪 渡邊政信 津田信存 仝
北條敬 津田信存 華王院
戸田忠則 三島毅 下市 常照寺
大夢 桑原力 川田剛 笠川村 妙雲寺
谷重任 青山勇 上市 常磐原
珂江 青山延嗣 藤野正啓 東京 青山墓地

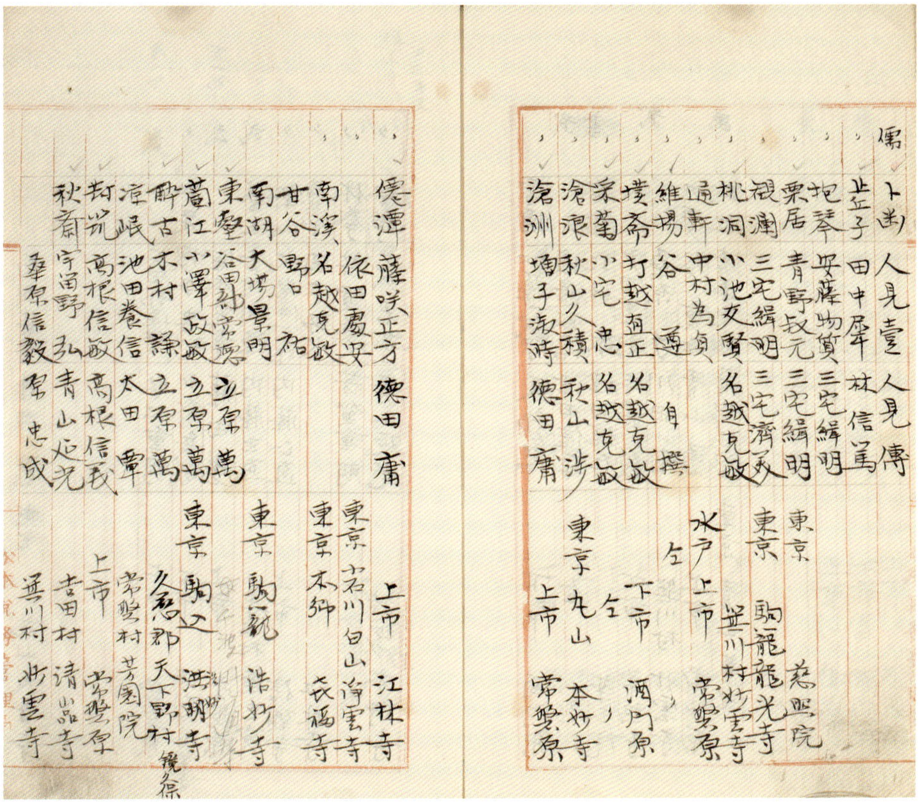

儒
卜幽 人見壹 人見傳
竝子 田中犀 林信篤
抱琴 安藤為實 三宅緝明
栗居 青野叔元 三宅緝明 東京 慈照院
觀瀾 三宅緝明 三宅濟叔 東京 駒龍 龍光寺
桃洞 小池文賢 名越克敏 茨川村 妙雲寺
遁軒 中村為貞 名越克敏 水戸上市 常盤原
維揚 谷 遵 自撰 仝
厚斎 打越直正 名越克敏 下市 酒門原
采菊 小宅忠 名越克敏 仝
滄浪 秋山久積 秋山涉 東京 九山 本妙寺
滄洲 埔子淑時 徳田庸 上市 常盤原

傈潭 藤咲正方 徳田庸 上市 江林寺
南溪 依田處安 東京 小石川白山 海雲寺
甘谷 名越克敏 東京本郷 長福寺
野口 右
南湖 大場景明 東京 駒込 浩妙寺
東壑 谷田部 立原萬
蔥江 小澤政敏 立原萬 東京 駒込 洪明寺
酔古 木村謙 立原萬 久慈郡天下野村
涼岷 池田養信 太田覃 常盤村 芳園院
竹崗 高根信敏 高根信義 上市
秋斎 宇留野弘 青山延光 吉田村 清岩寺 常盤原
桑原信毅 桑原忠成 茨川村 妙雲寺

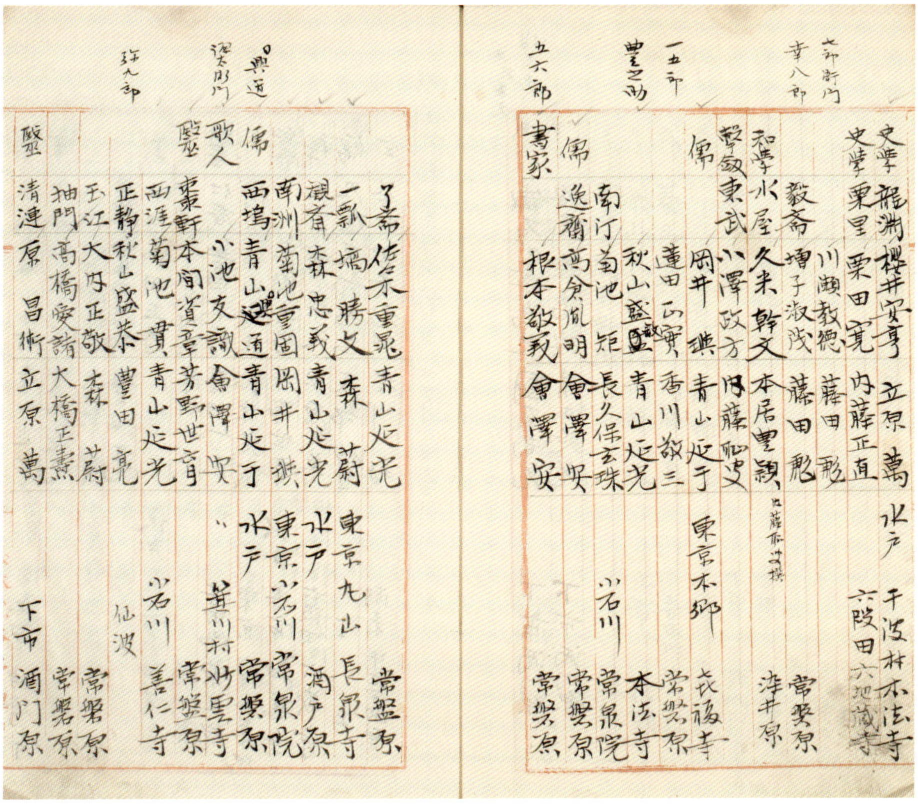

六部衛門 幸八郎 一五郎 豊之助 五六郎
文學 龍淵 櫻井安亨 立原萬 水戸 千波村 本法寺
史學 栗里 栗田寛 内藤正直 六段田 六地蔵寺
毅斎 川瀬教徳 藤田彪 常盤原
和學 水屋 埔子淑茂 藤田彪
撃劍 東武 久米幹文 本居豊穎
儒 小澤政方 內藤耻叟 東京本郷 長福寺
周井 祺 青山延于 常盤原
蓮田正實 香川敬三 本法寺
秋山盛恭 青山延光 小石川 常泉院
南汀 菊池 矩 長久保玄珠
儒 逸齋 高倉胤明 會澤安 常盤原
書家 根本敬義 會澤安 常盤原

與道 源太衛門 弘九郎
了斎 佐々木重晁 青山延光 東京九山 長泉寺 常盤原
一瓢 塙勝文 森 蔚 水戸 酒戸原
覲齋 森 忠義 青山延光 東京小石川 常泉院
南洲 菊池重固 岡井 祺 常盤原
儒 西塢 青山延道 青山延于 水戸 茨川村 妙雲寺
歌人 東軒 本間道章 芳野世育 小池友識 會澤安
西涯 菊池 貫 青山延光 小石川 善仁寺
醫 正靜 秋山盛恭 豊田亮
玉江 大内正敬 森 蔚 仙波 常盤原
抽門 高橋安諸 大橋正壽 常盤原
醫 清蓮 原 昌術 立原萬 下市 酒門原

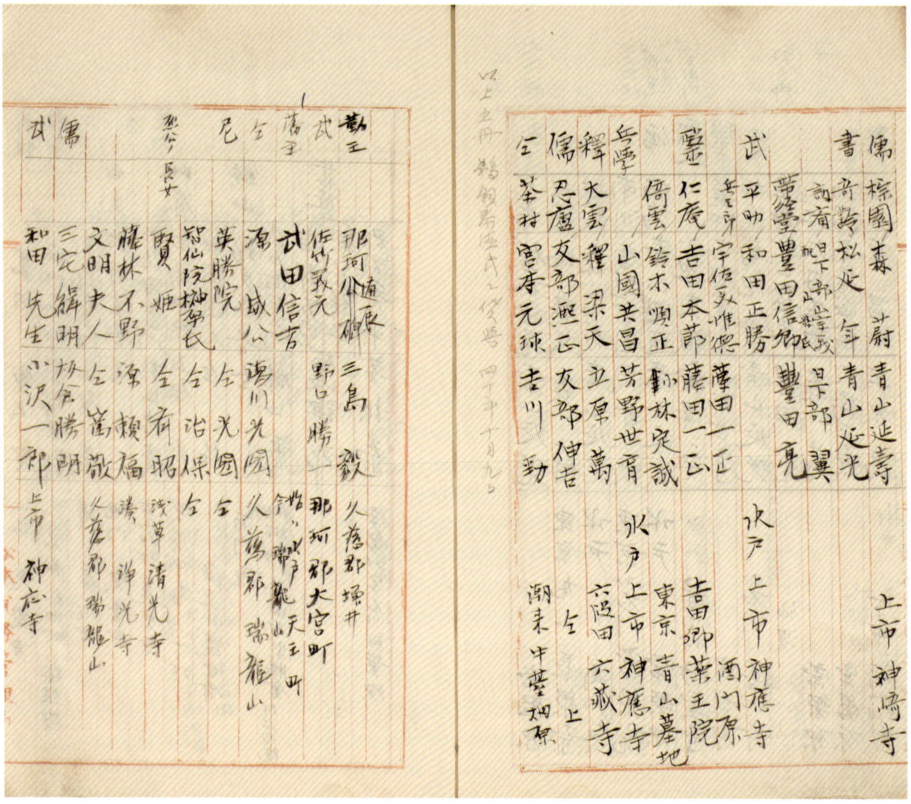

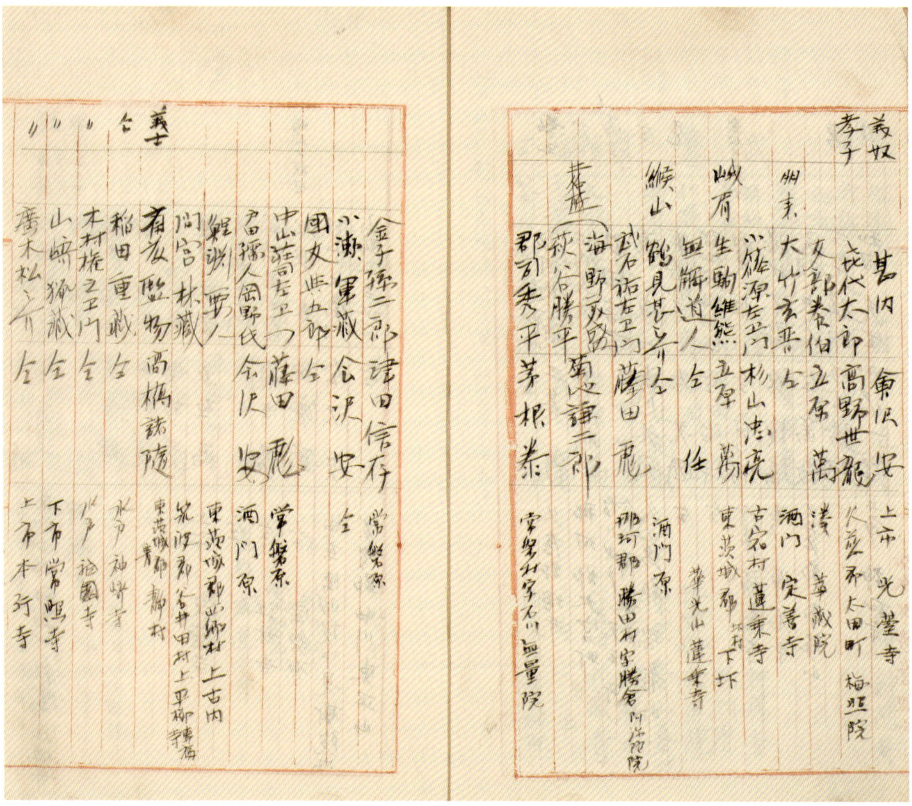

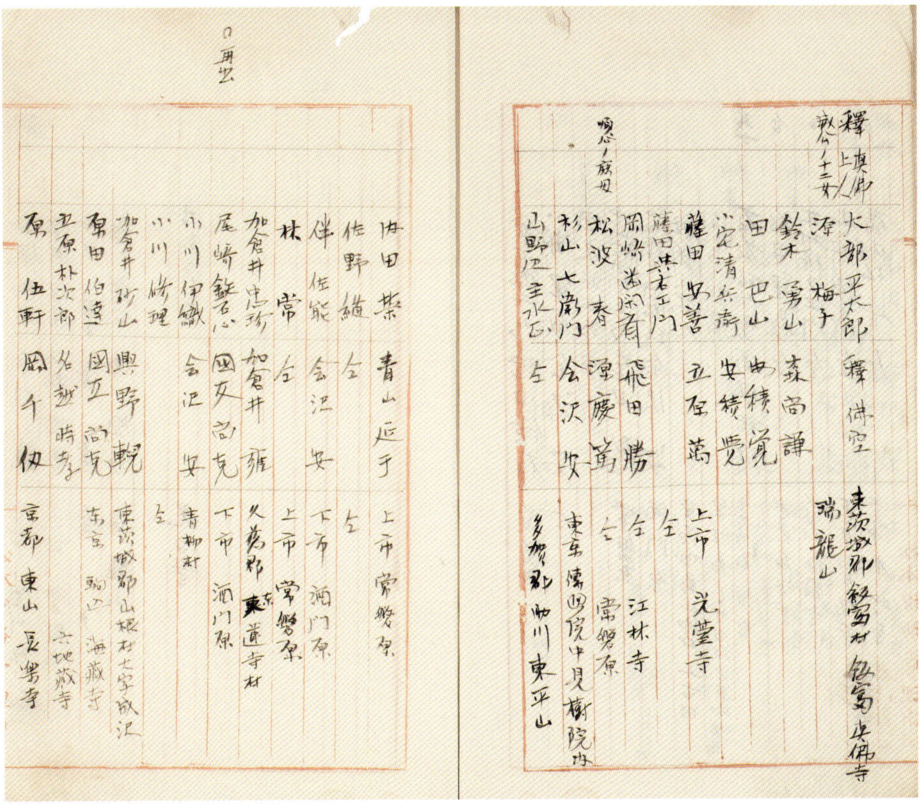

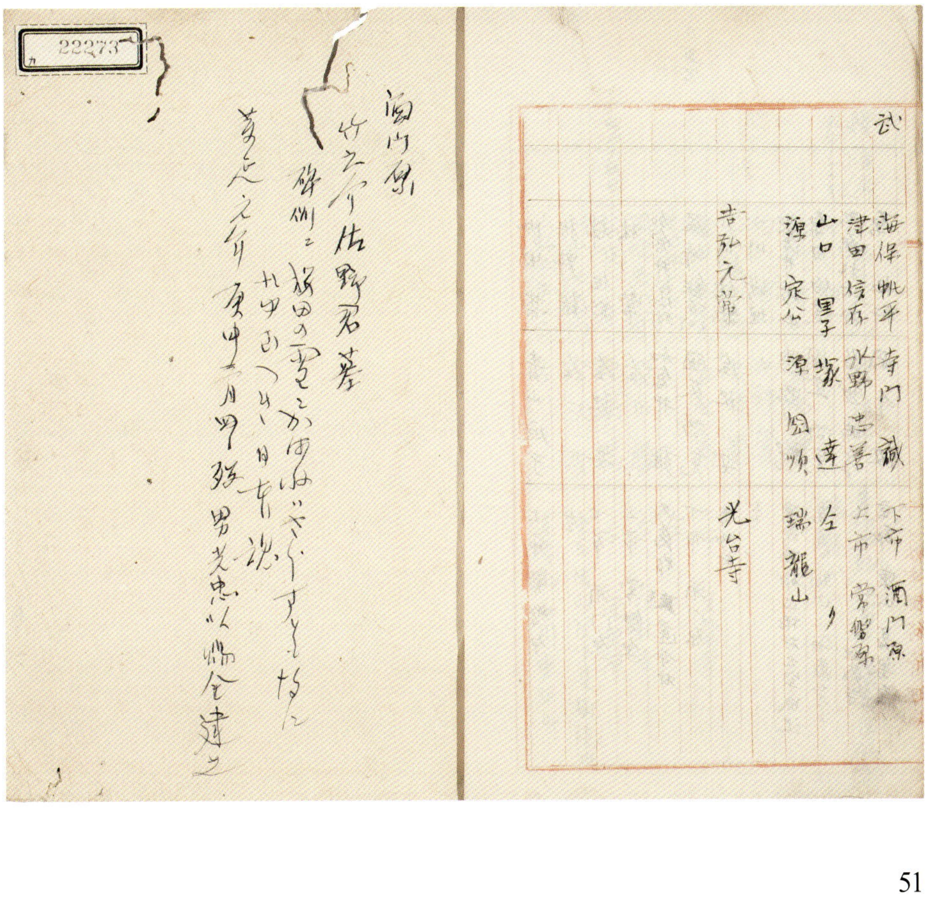

（三）《朱舜水謝狀》

35.5×487.2cm　第一卷　書畫90①

33.5×966.9cm　第二卷　書畫90②

30.5×515.4cm　第三卷　書畫90③

朱舜水手跡，三軸，共由六十張信箋組成，有五十餘封信函，其中只有一封有朱印。從字跡饋贈上看，這些書信皆為舜水以便箋形式寫給光圀的感謝狀，內容大都是關於兩人間的禮尚往來及各種食物之屬性。多數信函未見於《朱舜水集》、《朱舜水集補遺》。其中有一封寫有“侯誕生於（空三格）年戊辰，今歲適當四旬，是月之九日為侯懸弧之辰”。光圀生於1628年7月11日，故知這些信函當書於朱舜水68歲時。信函中提到的人物有小宅生順、今井弘濟、五十川剛伯、悰未足敷宣、近藤想右衛門、藤井德昭、三木仁兵衛、佐藤彥三郎等。五十餘封書信絕大多數無年號，而只有月日，有些連月日也沒有，而只署名“明遺民朱之瑜”。有相當一部分書信之形式，是採用把“明遺民朱之瑜

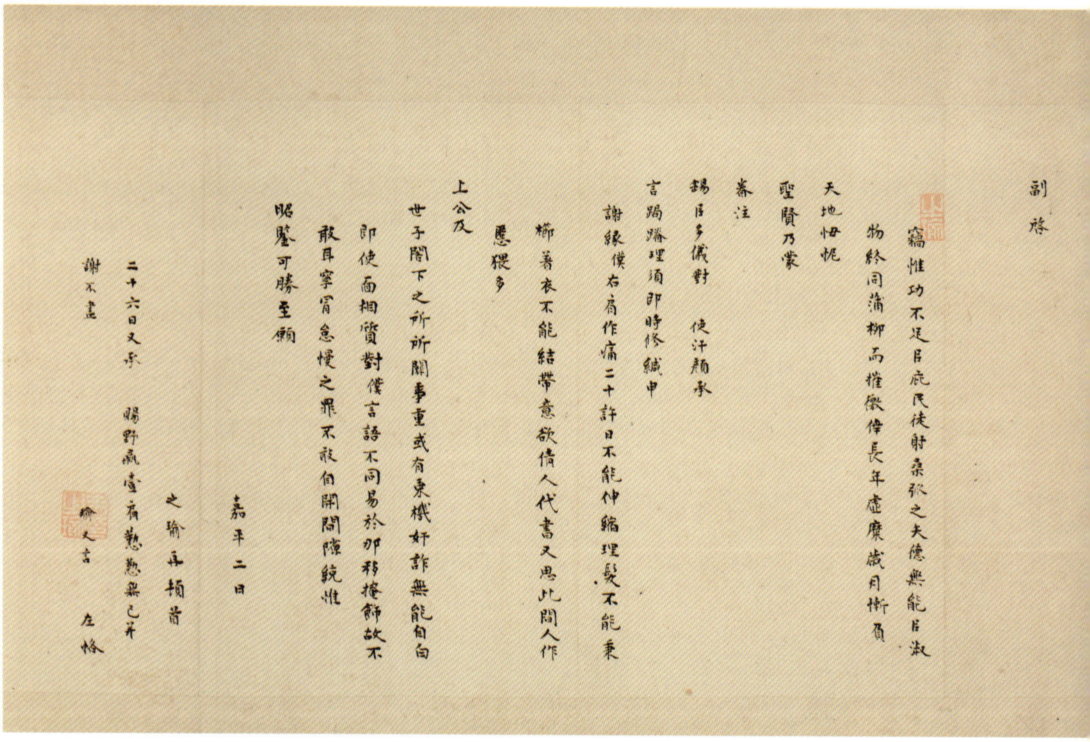
副啓
竊惟功不足以庇民徒射桑弧之夫德無能以淑
物終同蒲柳而權徼倖長年虛糜歲月慚負
天地恧怩
聖賢乃蒙
眷注
錫以多儀對　使汗顏承
言踴躍理須即時修緘申
謝緣僕右肩作痛二十許日不能伸縮理髮不能秉
櫛著衣不能結帶意欲倩人代書又恐此間人作
惡猥多
上公及
世子閣下之所所聞事重或有東機奸詐無能自白
即使面相質對僕言語不同易於那移掩飾故不
敢耳寧冒怠慢之罪不敢自開間隙統惟
照鑒可勝至願
嘉平二日
之瑜再頓首
二十六日文示　賜野鳧壹有懃懃架已并
謝不盡　瑜又言　左格

拜”幾個字寫在文中，又在文末寫上月日及“之瑜頓首拜”。另外，有些書信是以追記的形式，在寫完信後又接著寫，故用“之瑜又言”。有的內容只有幾個字，如“賜鮮雁貳翼謹領謝”。還有一首改詩：“年年不（欲——撰者注：括弧中的為舜水改字）解少年（從前）惑，四十又（於）今遭月（月始）正。已駭朝來老將（將老）至，悔聞道晚早無成。”並曰：“之瑜不解於詩，又父兄嚴禁，且不長於律呂……奉命不得不爾。惟上公審其一者，換入一字兩字，稍有不安節，不如仍舊，萬望勿輕為改易，失作者之意，而點金作鐵也。”針對“悔聞道晚早無成”句，舜水曰：“此句亦任亦讓，意思深長，有道者之言也。妙妙。惟悔字是仄聲，欲易一平聲而不可得，欲以警字易之，又不如悔字好。其餘三四字，字面不佳，若仄字無礙，終是悔字含蓄。”“初九日為殿樣華誕。不佞欲制一壽文書之手卷奉祝，其題頭須填官勳爵號。然炤（同照字）唐山則與日本不合，若全炤日本，他日又不便傳之唐山。今開三項奉覽，祈足下詳細請明。”

第一卷

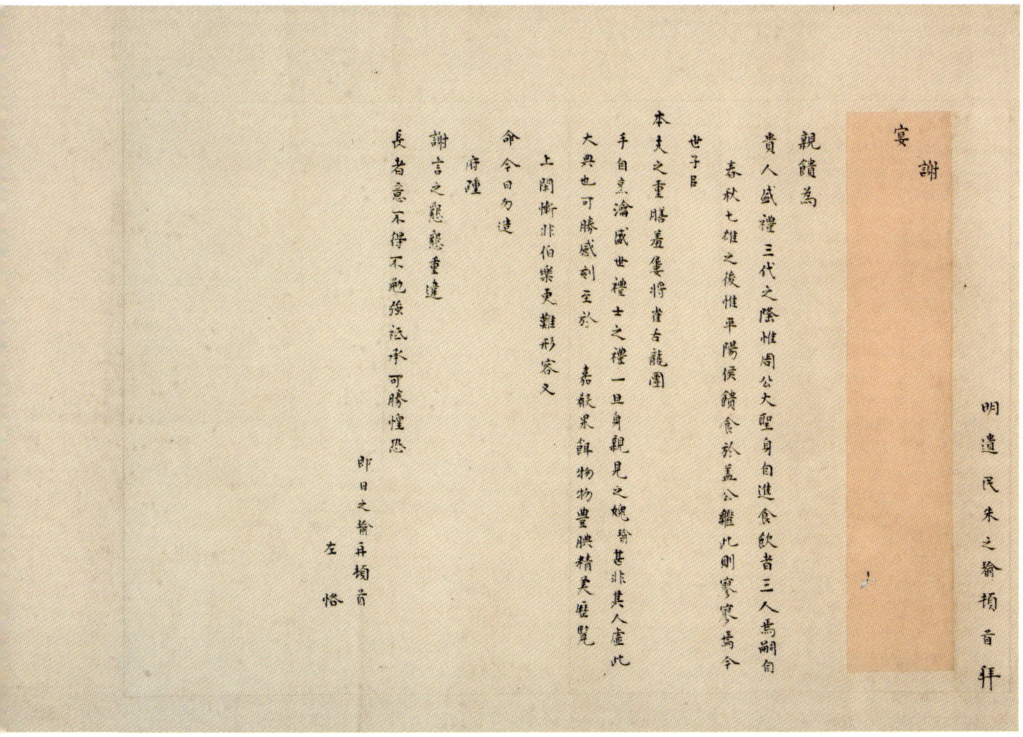
明遺民朱之瑜頓首拜
謝宴
親饋爲
貴人盛禮三代之際惟周公大聖身自進食飲者三人焉嗣自
春秋七雄之後惟平陽侯饋食於蓋公雖此則寥寥焉今
世子君
本支之重膳羞宴將雀舌龍團
手自烹瀹盛世禮士之禮一旦身親見之媿瑜甚非其人虛此
大典也可勝感刻至於 嘉殽果餌物物豐腆精美暨覽
上閒斷非伯樂更難形容又
命今日勿違
府理
謝言之懇懇重違
長者意不得不勉強祗承可勝惶恐
即日之瑜再頓首
左恪

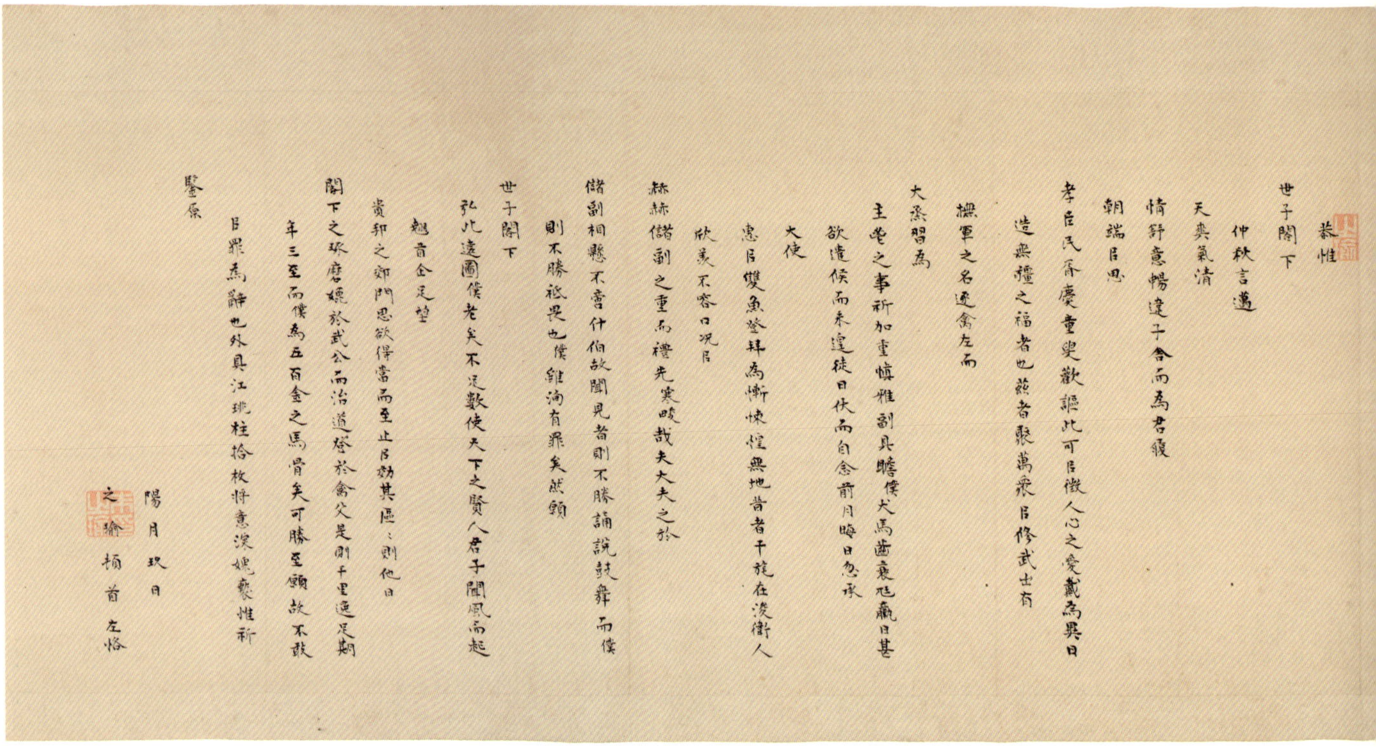
恭惟
世子閣下
仲秋言邁
天爽氣清
情舒意暢違千舍而為君餞
朝端以思
孝臣民之慶童叟歡謳此可以徵人心之愛戴為異日
造無疆之福者也兹者聚萬衆以修武事有
撫軍之名逐禽左而
大孫習為
主鬯之事祈加重慎惟副具瞻僕犬馬齒衰尫羸日甚
欲遣候而未遑徒日伏而自念前月晦日忽承
大使
惠以雙魚登拜為慚悚惶無地昔者千旄在浚衛人
欣羡不容口況以
赫赫儲副之重而禮先寒畯哉夫大夫之於
儲副相懸不啻什伯故聞見者則不勝誦説鼓舞而僕
則不勝祇畏也僕雖滴有罪矣然顛
世子閣下
弘此遠圖僕老矣不足數使天下之賢人君子聞風而起
翹首企足望
貴邦之郊門思欲得當而至止以効其區區則他日
閣下之琢磨媲於武公而治道登於禽父是則千里逸足期
年三至而僕為五百金之馬骨矣可勝至願故不敢
以罪為辭也外具江珧柱拾枚將意淺媿褻惟祈
鑒原
陽月玖日
之瑜頓首 左恪

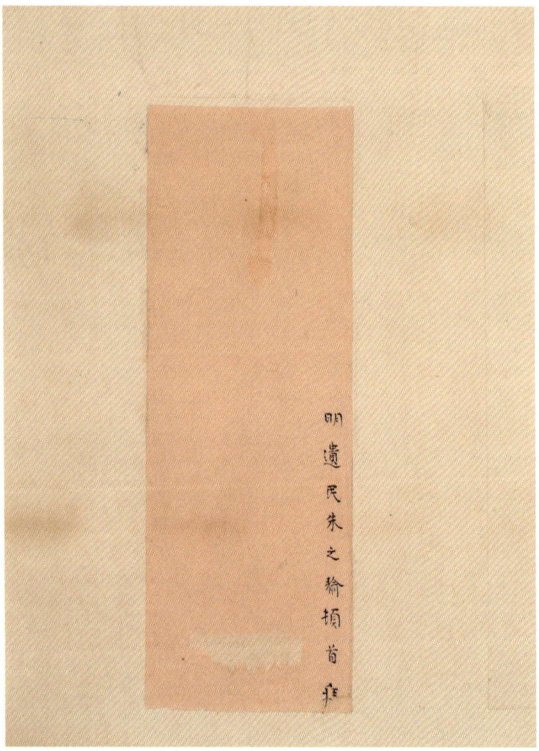
明遺民朱之瑜頓首拜

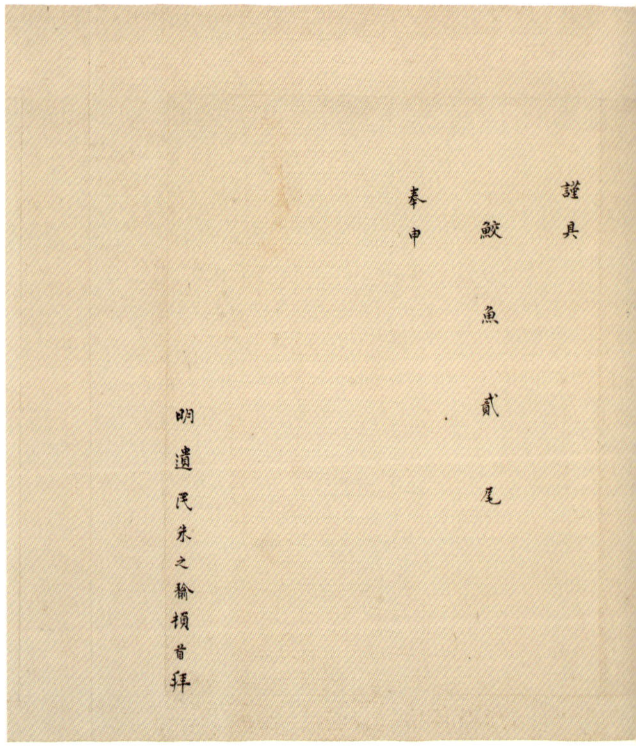
謹具
鮫魚貳尾
奉申
明遺民朱之瑜頓首拜

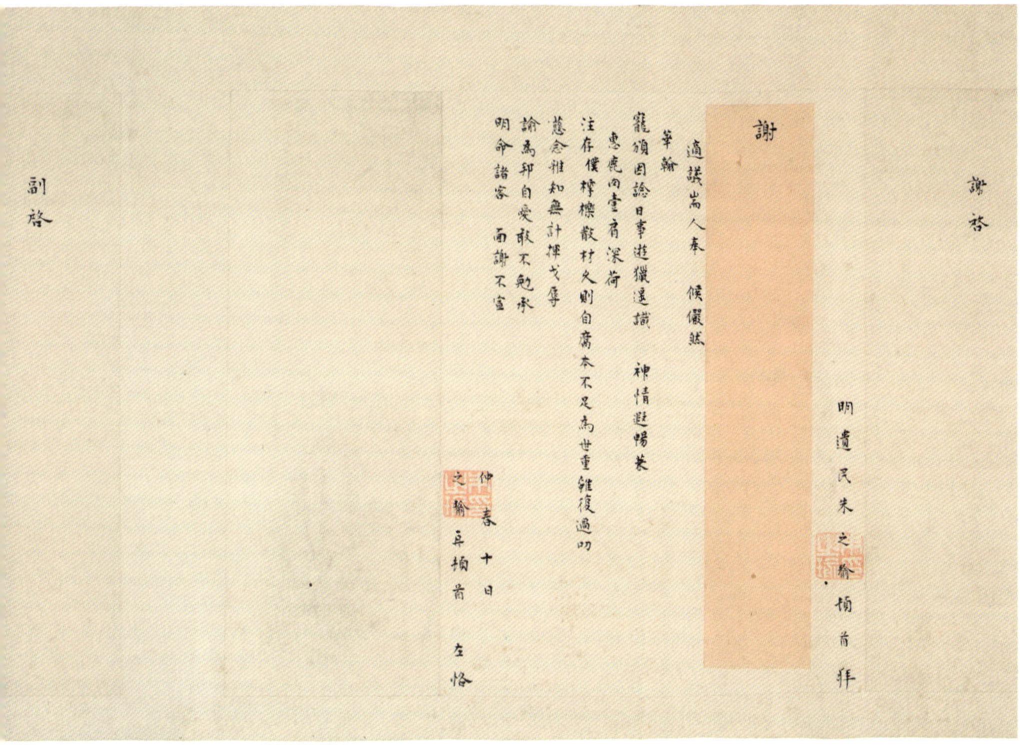

謝啓

明遺民朱之瑜頓首拜

謝

適諜嵩人來　候儀賦

華翰

寵頒因諗日事遊獵遠識　神情暇暢兼

惠虎肉壹脊深荷

注存僕樗櫟散材久則自腐本不足為世重雖復過叨

慈念雅知無計揮戈辱

諭為神自愛敢不勉承

明命諸容　面謝不宣

仲春十日

之瑜再頓首　左恪

副啓

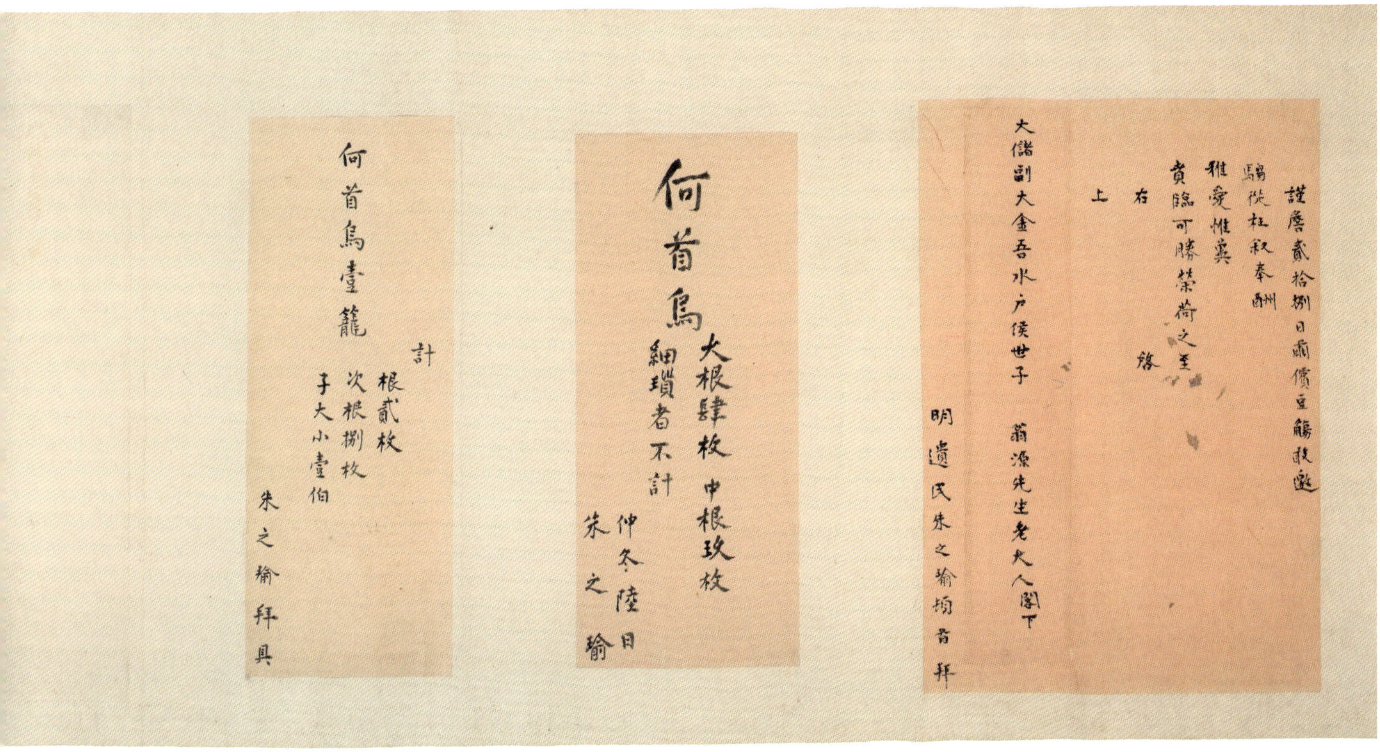

謹詹貳拾捌日爾儐豆觴敢邀

騶從枉叙奉酬

雅愛惟冀

賁臨可勝榮荷之至

右　啓

上

大儲副大金吾水戶侯世子　翁源先生老大人閣下

明遺民朱之瑜頓首拜

何首烏

大根肆枚　中根玖枚

細瑣者不計

仲冬陸日

朱之瑜

何首烏壹籠

計

根貳枚

次根捌枚

子大小壹佰

朱之瑜拜具

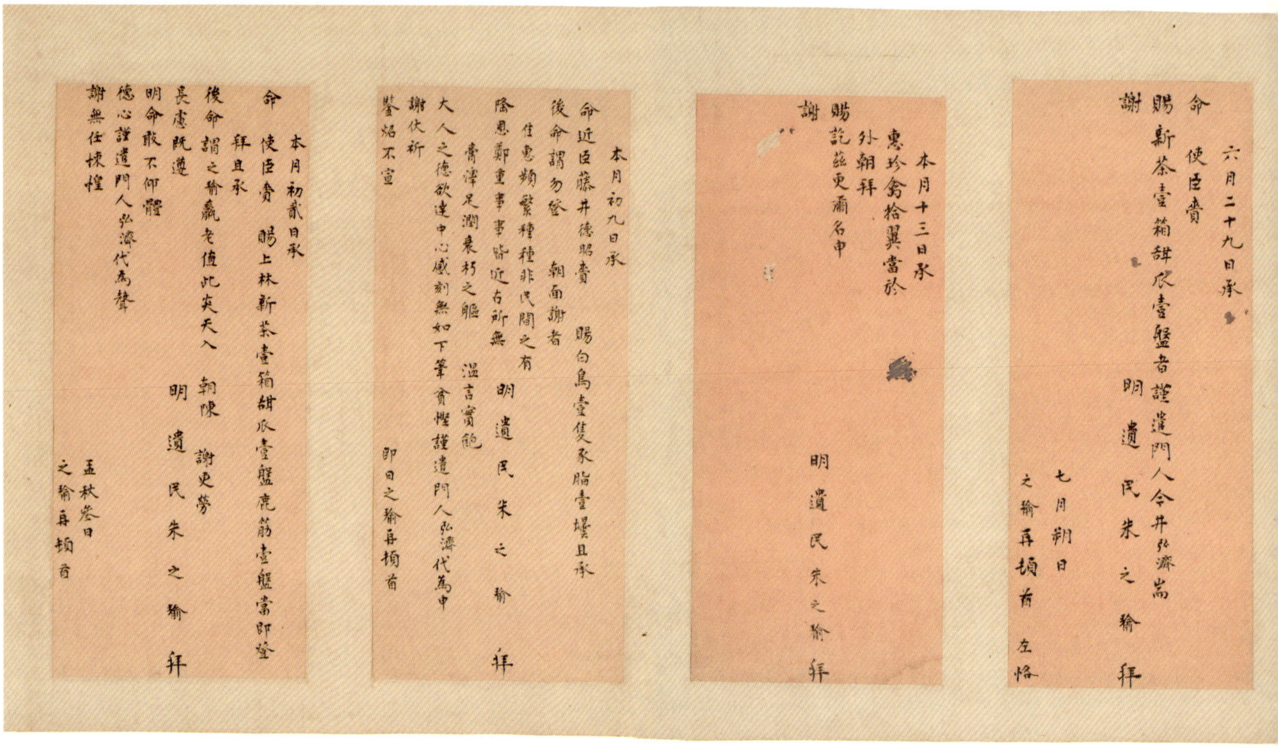
六月二十九日承
命 使臣賚
賜新茶壹箱甜瓜壹盤者謹遣門人今井弘濟嵩
謝
明遺民朱之瑜拜
七月朔日
之瑜再頓首
左恪

本月十三日承
惠珍禽拾翼當於
外朝拜
賜訖茲吏爾名申
謝
明遺民朱之瑜拜

本月初九日承
命近臣藤井德昭賚 賜白鳥壹隻豕脂壹罎且承
後命謂勿登 朝面謝者
住惠頻繁種種非民間之有
隆恩鄭重事事皆近古所無 明遺民朱之瑜拜
賚澤足潤衰朽之軀 溫言實飽
大人之德欲達中心感刻無如下筆貪慳謹遣門人弘濟代爲申
謝伏祈
鑒炤不宣
即日之瑜再頓首

本月初貳日承
命 使臣賚 賜上林新茶壹箱甜瓜壹盤鹿筋壹盤當即登
拜且承
後命謂之瑜衰老值此炎天入 朝陳 謝更勞
長慮既遵
明命敢不仰體 明遺民朱之瑜拜
德心謹遣門人弘濟代爲贄
謝無任悚惶
孟秋叁日
之瑜再頓首

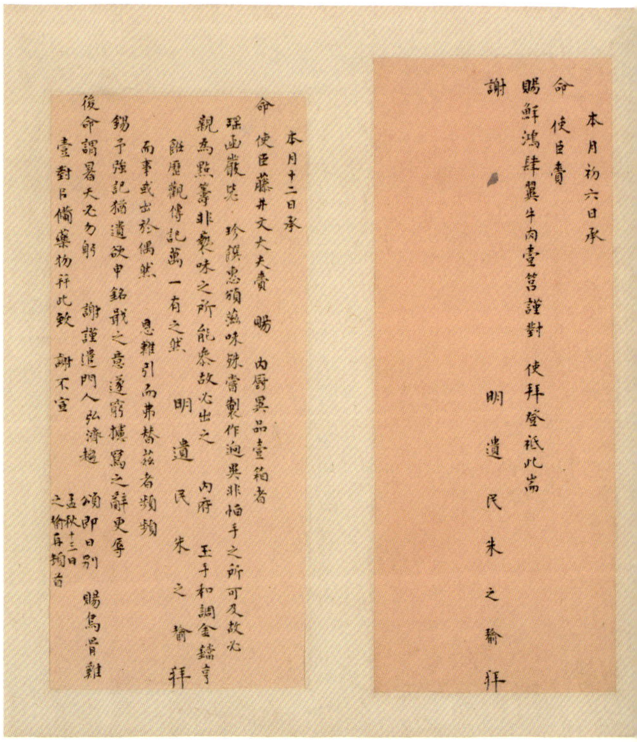
本月初六日承
命 使臣賚
賜鮮鴻肆翼牛肉壹筥謹對 使拜登祇此嵩
謝
明遺民朱之瑜拜

本月十二日承
命 使臣藤井文大夫賚 賜 內厨異品壹箱者
瑶函嚴光 珍饌惠頒滋味殊嘗製作迥異非梢手之所可及故必
親為點筹非褻味之所能參故必出之 內府 玉手和調金鑄亨
飪歷觀傳記萬一有之然 明遺民朱之瑜拜
而事或出於偶然 恩難引而弗替茲者頻頻
錫予強記猶遺欲申銘戢之意遂窮攄寫之辭更辱
後命謂暑天勿躬 謝謹遣門人弘濟趨 頒即日別 賜烏骨雞
壹對以備藥物耕此致 謝不宣
孟秋十三日
之瑜再頓首

第二卷

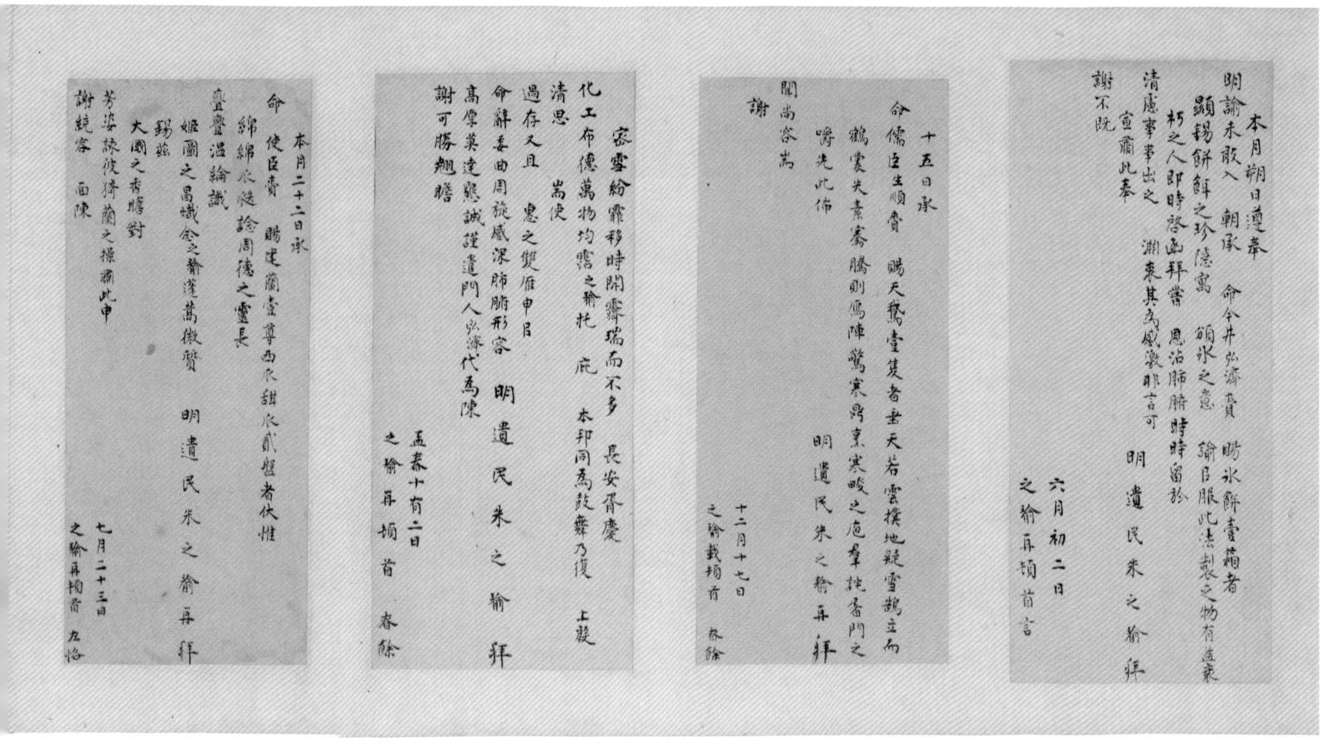

本月朔日邅奉
明諭未敢入　朝承　命令井弘濟賫　賜氷餅壹藕者
顯錫餅餌之珍隱寓　頒氷之意　諭已服此法製之物有益衆
朽之人即時啓函拜嘗　恩沾肺腑時時留於
清慮事事出之　淵衷其爲感激非言可
宣爾此奉
謝不既
明遺民朱之瑜拜
六月初二日
之瑜再頓首言

十五日承
命儒臣生順賫　賜天鵞壹隻者盡天若雲撲地疑雪鵠立而
鶴裳失素騫騰則鴈陣驚寒鼎烹寒畯之庖羣詫畨門之
嚼先此佈
聞尚容嵩
謝
明遺民朱之瑜再拜
十二月十七日
之瑜載頓首　恭餘

容雪紛霏移時開霽瑞而不多　長安胥慶
化工布德萬物均霑之瑜托　庇　本邦同為鼓舞乃復　上啟
清思　嵩使
過存又且　惠之雙雁申旨
命辭委曲周旋感深肺腑形容
高厚莫達懇誠謹遣門人弘濟代為陳
謝可勝翹瞻
明遺民朱之瑜拜
孟春十有二日
之瑜再頓首　恭餘

本月二十二日承
命　使臣賫　賜建蘭壹尊西瓜甜瓜貳盤者伏惟
綿綿瓜瓞諗周德之靈長
亹亹温綸識
姬圖之昌熾念之瑜蓬蒿微賤
錫茲
大國之香膠對
芳姿詠彼猗蘭之操爾此申
謝統容　面陳
明遺民朱之瑜再拜
七月二十三日
之瑜再摘首　左恪

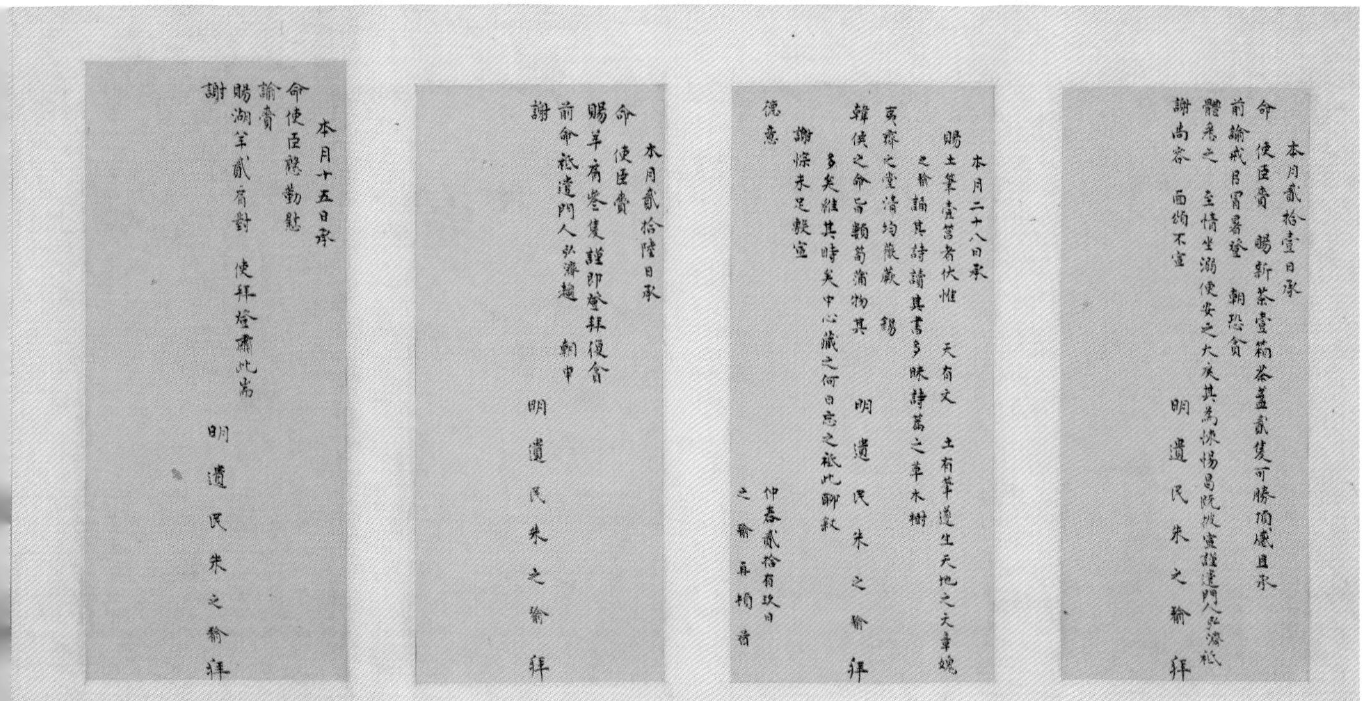

本月貳拾壹日承
命　使臣賫　賜新茶壹箱茶盞貳隻可勝循感且承
前諭戒目冒暑登　朝恐貪
體悉之　至情坐溺便安之大戾其為悚惕曷既披蜜謹遣門人弘濟祇
謝尚容　面悉不宣
明遺民朱之瑜拜

本月二十八日承
賜土筆壹筥者伏惟　天有文　土有華遂生天地之文章媲
之瑜誦其詩讀其書多昧詩篇之草木樹
藝齋之堂濟均徽藏　錫
韓使之命旨顯蔔蒲物其
多矣維其時矣中心藏之何日忘之祇此聊敘
謝悰未足艱宣
德意
明遺民朱之瑜拜
仲春貳拾有玖日
之瑜再頓首

本月貳拾陸日承
命　使臣賫
賜羊肩壹隻謹即登拜復含
前命祇遣門人弘濟趨　朝申
謝
明遺民朱之瑜拜

本月十五日承
命使臣懇勤慰
諭賫
賜湖羊貳肩對　使拜登肅此嵩
謝
明遺民朱之瑜拜

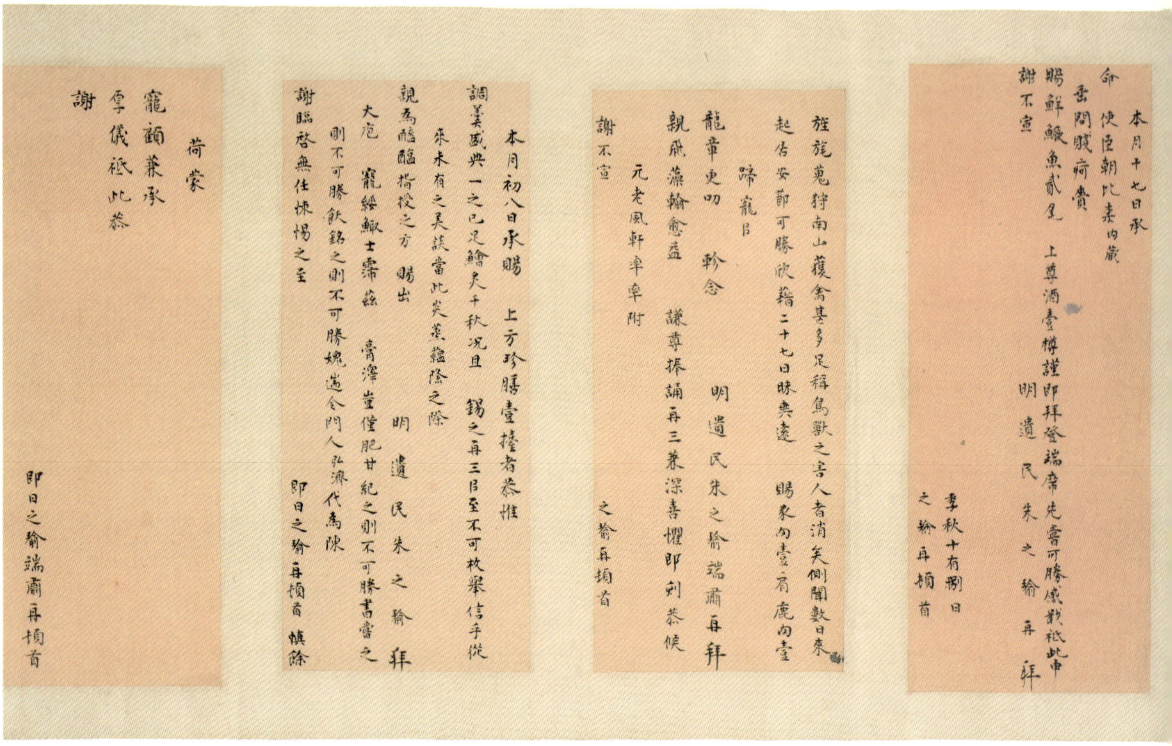
本月十七日承
命使臣朝比奈內藏
垂問賤痾賚
賜鮮鰒魚貳尾　上尊酒壹樽謹即拜登端肅先啓可勝感戢祇此申
謝不宣
明遺民朱之瑜再拜
季秋十有捌日
之瑜再頓首

旌旄蒐狩南山獲禽甚多足稱鳥獸之害人者消矣側聞數日來
起居安節可勝欣藉二十七日昧爽遠　賜豕肉壹肩鹿肉壹
蹄寵呂
龍章更叨　矜念　明遺民朱之瑜端肅再拜
親飛藻翰愈益　謙尊捧誦再三兼深喜懼即刻恭候
元老風軒率率附
謝不宣
之瑜再頓首

本月初八日承賜　上方珍膳壹檯者恭惟
調羹盛典一之已足膾炙千秋況且　錫之再三日至不可枚舉信手從
來未有之美談當此炎蒸蘊隆之際
親爲醯醢指授之方　賜出　明遺民朱之瑜拜
大庖　寵綏鯫士霈茲　膏澤豈僅肥甘紀之則不可勝書當之
則不可勝飫銘之則不可勝媿遍令門人弘濟代爲陳
謝臨啓無任悚惕之至
即日之瑜再頓首　慎餘

荷蒙
寵顧兼承
厚儀祇此恭
謝
即日之瑜端肅再頓首

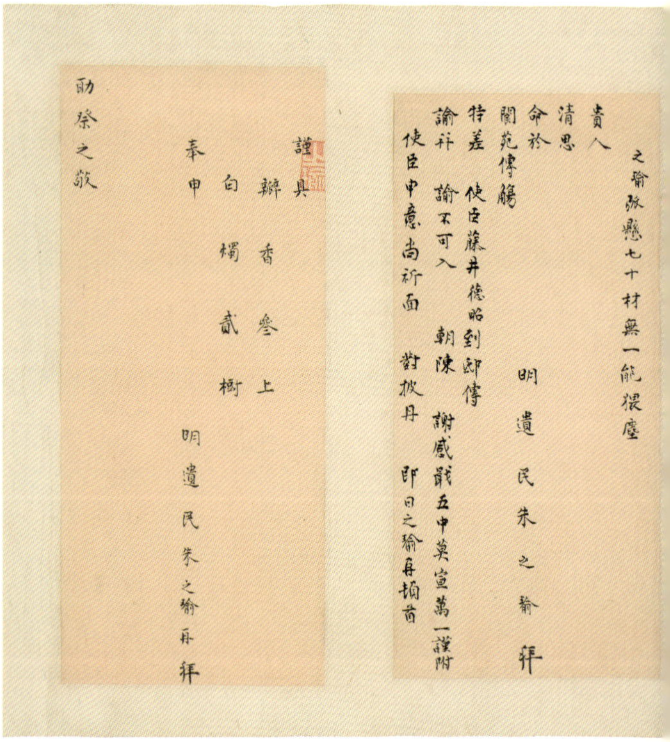
之瑜孤懸七十材無一能猥塵
貴人
清思
命於
閣苑傳觴　明遺民朱之瑜拜
特差　使臣藤井德昭到邸傳
諭并　諭不可入　朝陳　謝感戢五中莫宣萬一謹附
使臣中意尚祈面　對披丹　即日之瑜再頓首

謹具
辦香叁上
白燭貳樹
奉申
明遺民朱之瑜再拜
助祭之敬

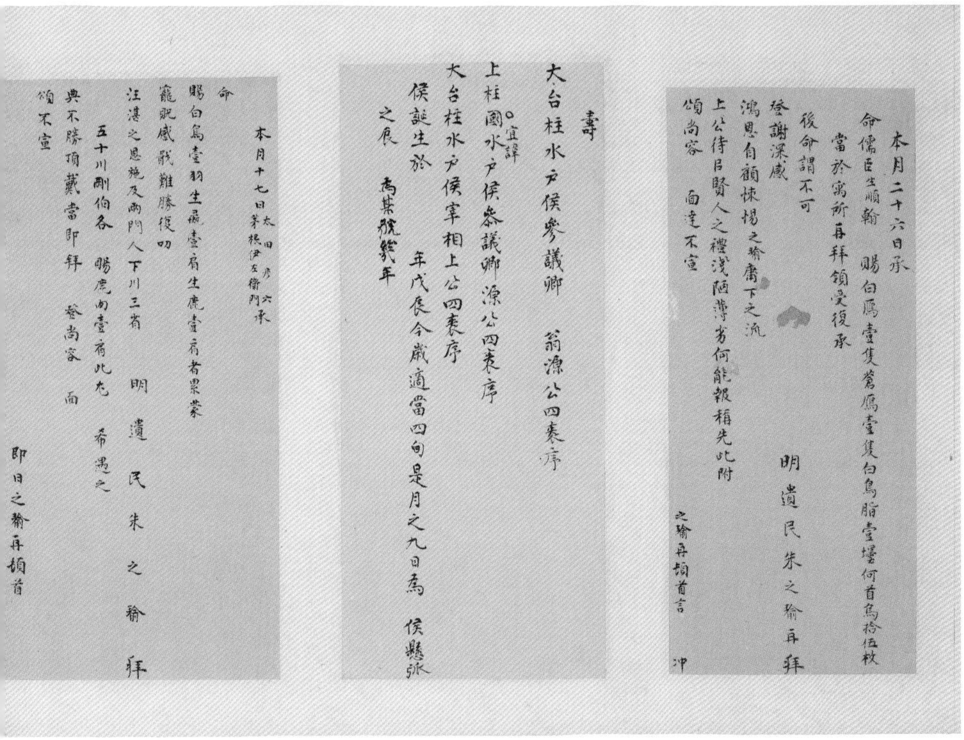
本月二十六日承
命儒臣生順翰　賜白鷹壹隻蒼鷹壹隻白鳥脂壹罎何首烏拾伍枚
當於寓所再拜領受復承
後命謂不可
登謝深感
鴻恩自顧株楊之瑜庸下之流
上公待以賢人之禮淺陋薄劣何能報稱先此附
頌尚容　面達不宣
明遺民朱之瑜再拜
之瑜再頓首言
沖

壽
大台柱水戶侯參議卿　翁源公四袠序
上柱國水戶侯參議卿源公四袠序　宜諱
大台柱水戶侯宰相上公四袠序
侯誕生於　年戊辰今歲適當四旬是月之九日爲　侯懸弧
之辰　爲某號幾年

本月十七日太田彥六茅根伊左衛門承
命
賜白鳥壹羽生鰯壹箱生鹿壹箱者果蒙
寵貺感戢難勝復叨
汪濊之恩施及兩門人下川三省　五十川剛伯各　賜鹿肉壹箱此尤　希遇之
典不勝頂戴當即拜　登尚容　面
頌不宣
明遺民朱之瑜拜
即日之瑜再頓首

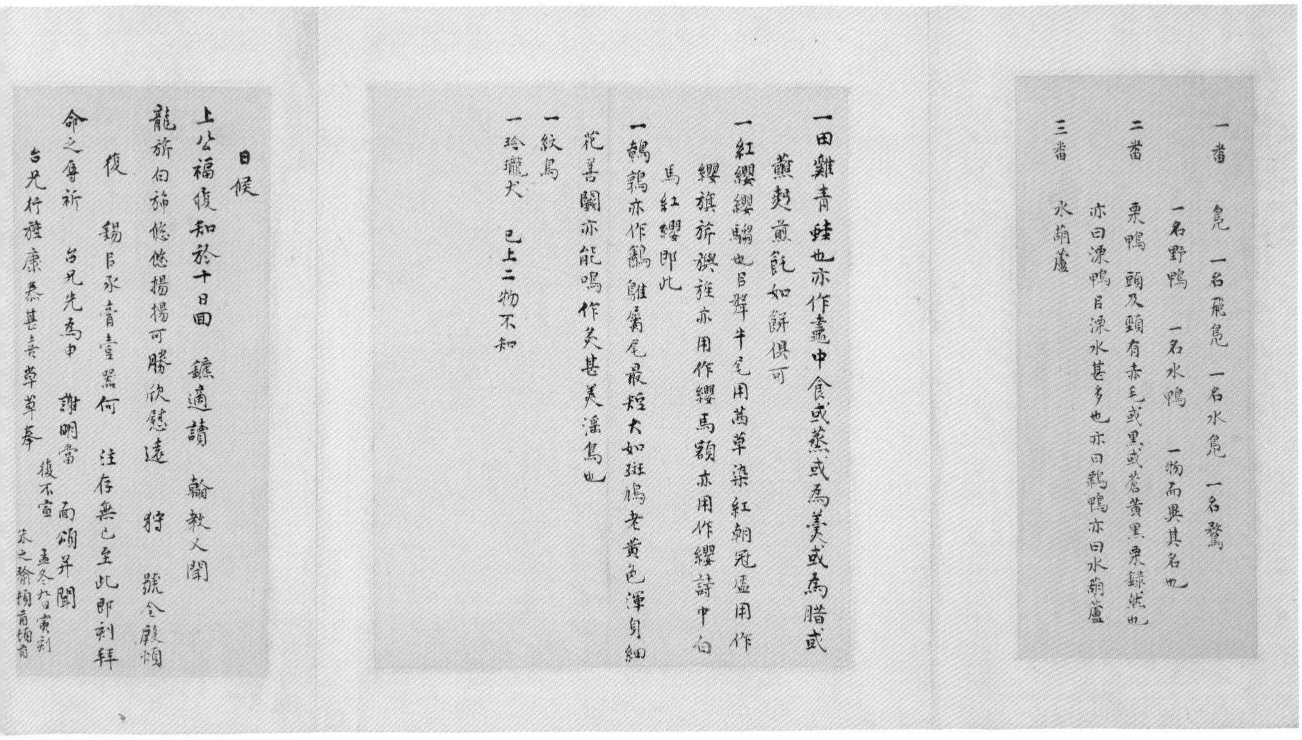
一番　鳧　一名飛鳧　一名水鳧　一名鶩
一名野鴨　一名水鴨　一物而異其名也
二番　栗鴨　頭及頸有赤毛或黑或蒼黄黑栗錄狀也
亦曰溧鴨以溧水甚多也亦曰鵝鴨亦曰水葫蘆
三番　水葫蘆

一田雞青蛙也亦作畫中食或蒸或爲羹或爲臘或
薰熟煎乾如餅俱可
一紅纓纓騮也以犛牛尾用茜草染紅朝冠遍用作
纓旗旂旟旌亦用作纓馬額亦用作纓詩中白
馬紅纓即此
一鶺鴒亦作鶺鴒雄者尾最短大如斑鳩老黄色渾身細
花善鬭亦能鳴作炙甚美溪鳥也
一紋鳥
一玲瓏犬　已上二物不知

日候
上公福履知於十日回　鑣適讀　翰教又聞
龍旂伯旆悠悠揚揚可勝欣慰遠　狩　號令嚴明
復　錫以承章壹器何　注存無已至此即剌拜
命之辱祈　台兄先爲申　謝明當　面頌并聞
台兄行旌康泰甚喜草草奉　復不宣　孟冬廿日寅刻
朱之瑜頓首頓首

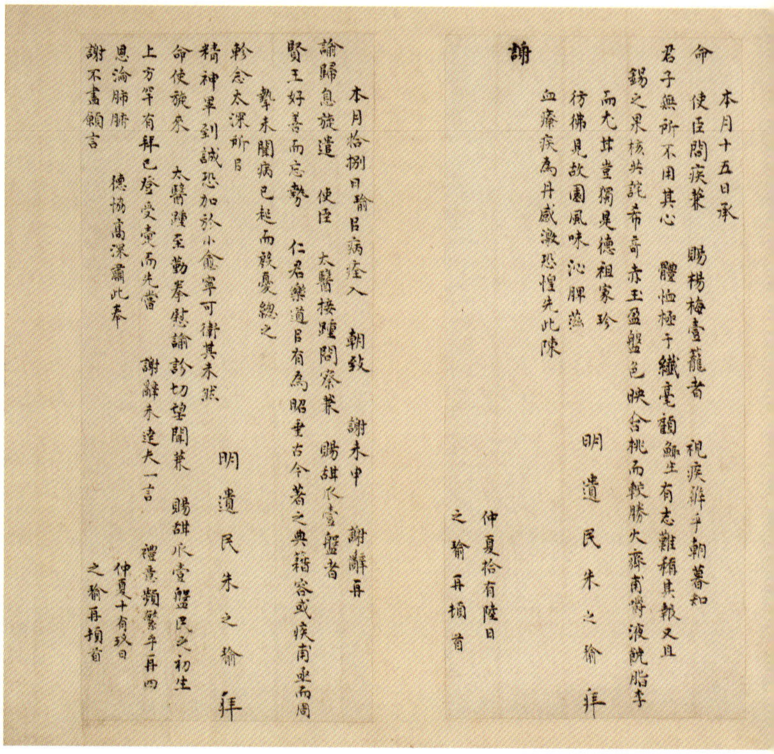
本月十五日承
命　使臣問疾兼　賜楊梅壹籠者　視疾辨乎朝暮知
君子無所不用其心　體恤極于纖毫謫　瘉生有志難稱其報又且
錫之果核共詫希奇赤玉盈盤色映含桃而較勝火齊甫嚼液皖脂李
而尤甘豈獨是德祖家珍
彷彿見故園風味沁脾滋
血療疾為丹感激恐惶先此陳
謝
明　遺　民　朱　之　瑜　拜
仲夏拾有陸日
之瑜　再頓首

本月拾捌日瑜以病痊入　朝致　謝未申　謝辭再
諭歸息旋遣　使臣　太醫接踵問恙兼　賜甜瓜壹盤者
賢王好善而忘勢　仁君樂道以有為昭垂古今著之典籍容或疾甫愈而周
摯未聞病已起而殷憂總之
軫念太深所以
精神畢到誠恐加於小愈寧可銜其未然
命使旋來　太醫踵至勤奉慰諭諄切望闇兼　賜甜瓜壹盤民之初生
上方罕有拜已登受而先嘗　謝辭未達大一言　禮意頻繁乎再四
恩淪肺腑　德協高深肅此奉
謝不盡頓言
明　遺　民　朱　之　瑜　拜
仲夏十有玖日
之瑜再頓首

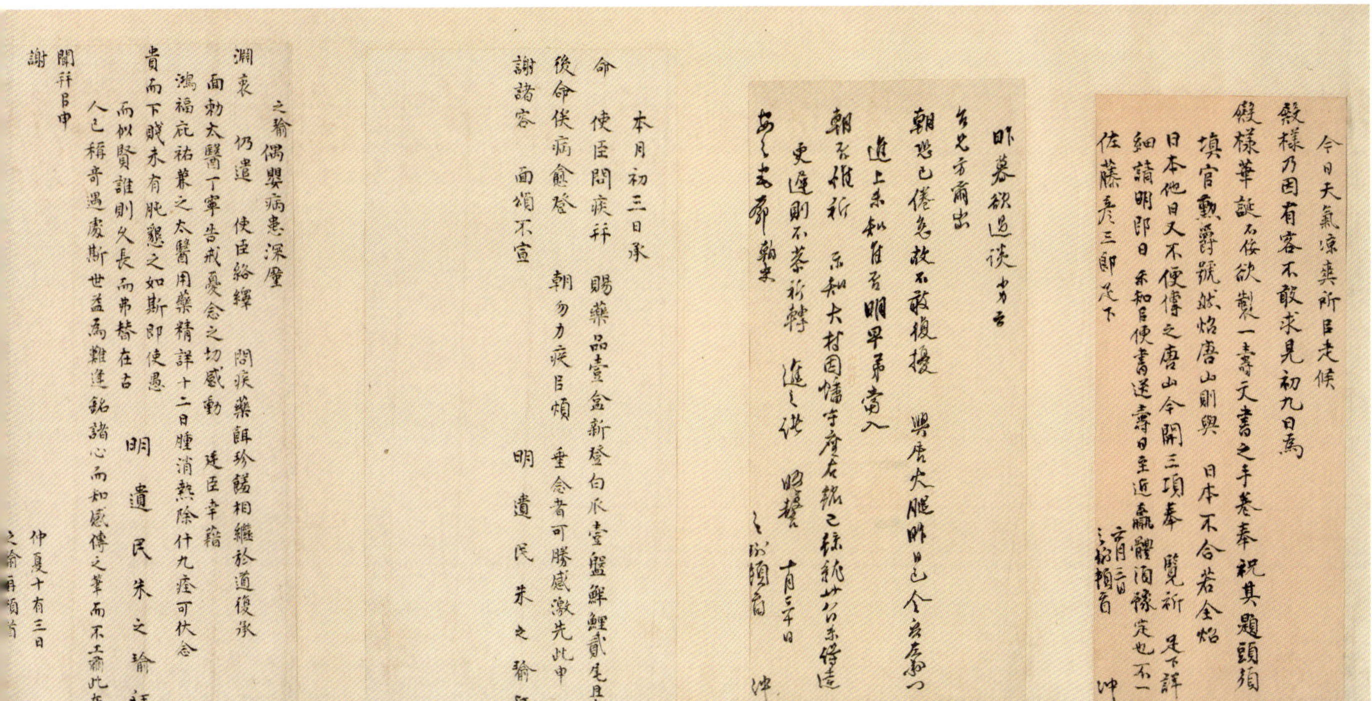

本月初三日承
命　使臣問疾并　賜藥品壹盒新登白爪壹盤鮮鯉貳尾且有
後命俟病愈登　朝勿力疾以煩　垂念者可勝感激先此申
謝諸容　面罄不宣　明遺民朱之瑜拜

之瑜偶嬰病患深廑
淵衷　仍遣　使臣絡繹　問疾藥餌珍錫相繼於道復承
面勅太醫丁寧告戒憂念之切感動　廷臣幸藉
鴻福庇祐兼之太醫用藥精詳十二日腫消熱除什九痊可伏念
貴而下賤未有肫懇之如斯即使愚
而似賢誰則久長而弗替在古　明遺民朱之瑜拜
人已稱奇遇處斯世益為難逢銘諸心而知感傳之筆而不工爾此布
聞并以申
謝　仲夏十有三日　之瑜再頓首

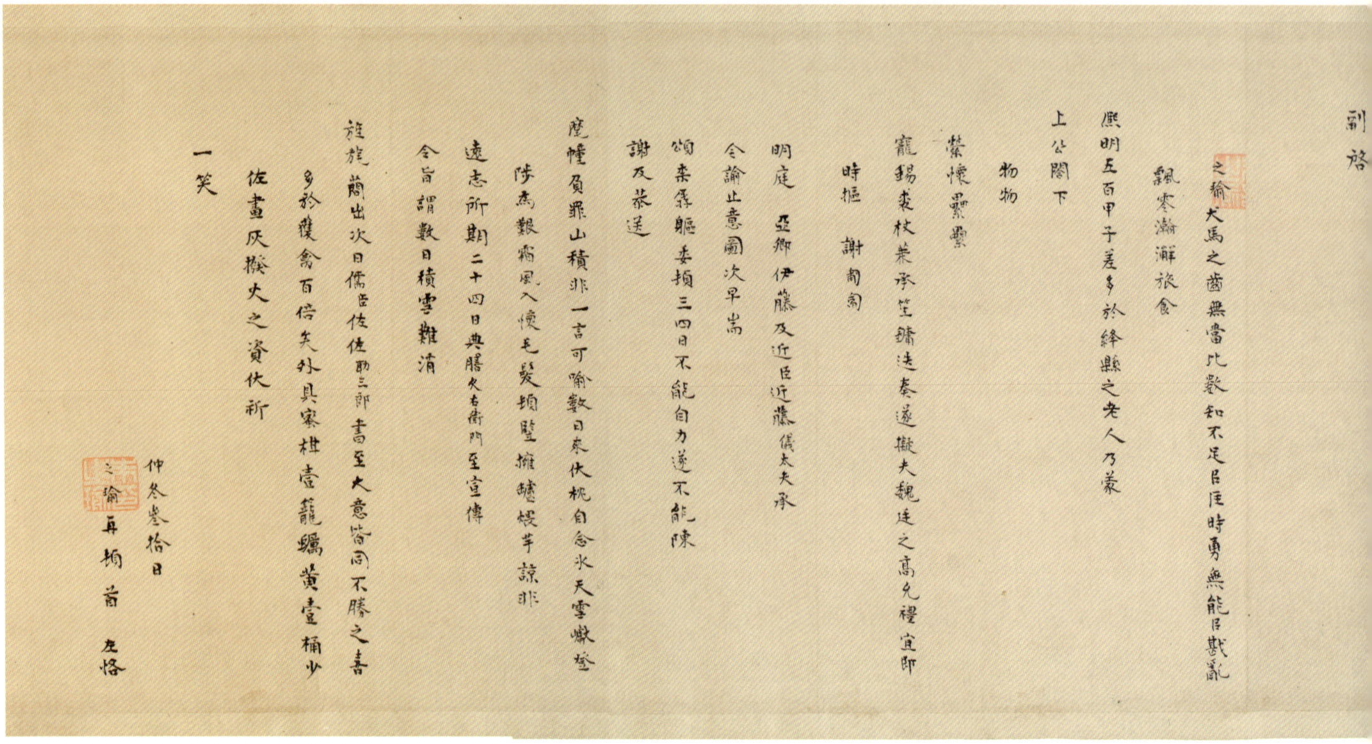
副啓
之諭 大馬之齒無當比數知不足以匡時勇無能以戡亂
飄零瀚瀚旅食
熙明五百甲子差多於絳縣之老人乃蒙
上公閣下
物物
縈懷纍纍
寵錫裘杖兼承笠鞵迭奏遂擬夫魏廷之高允禮宜即
時摳 謝閽閽
明庭 亞卿伊藤及近臣近藤儀太夫承
令諭止意圖次早嵩
㑹柰衰軀委頓三四日不能自力遂不能陳
謝及恭送
麾幢負罪山積非一言可喻數日來伏枕自念氷天雪嶺登
陟爲艱霜風入懷毛髮頓豎擁爐煖芋諒非
遠志所期二十四日典膳久右衛門至宣傳
令旨謂數日積雪難消
旌旄簡出次日儒臣佐佐助三郎書至大意皆同不勝之喜
多於獲禽百倍矣外具寒柑壹籠蠣黃壹桶少
佐晝庖擬大之資伏祈
一笑
仲冬叁拾日
之諭 再頓首 左恪

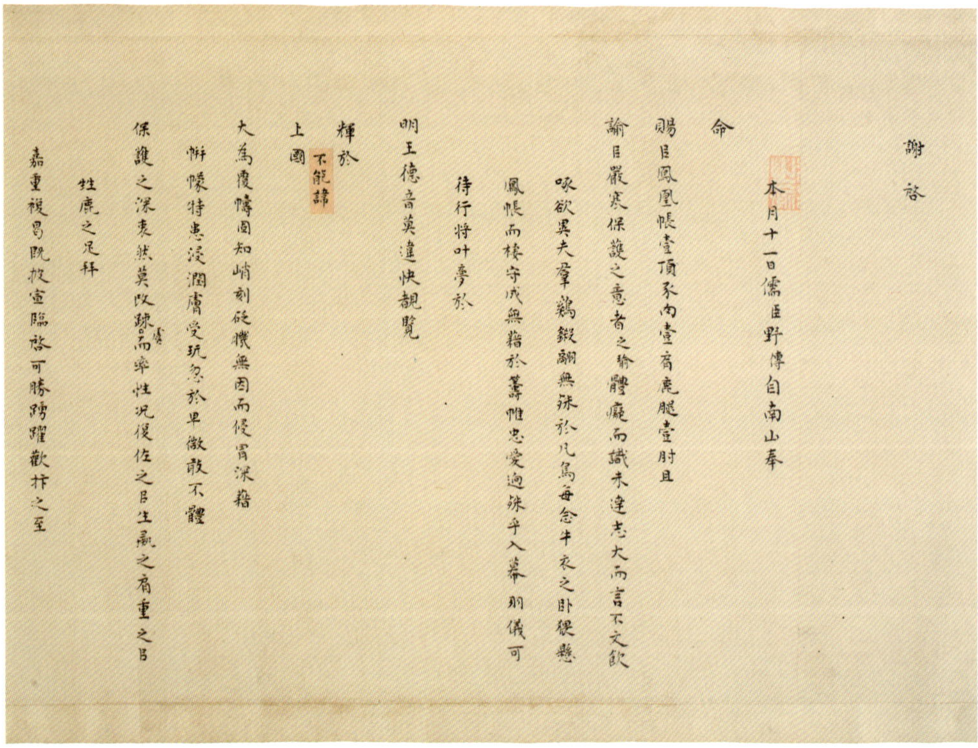
謝啓
本月十一日儒臣野傳自南山奉
命
賜以鳳凰帳壹頂豕肉壹肩鹿腿壹肘且
諭以嚴寒保護之意者之諭體龐而識未達志大而言不文欽
咏欲異夫羣鷄鍛翮無殊於凡鳥每念中夜之臥稷懸
鳳帳而棲守戍無藉於蕎帷忠愛逈殊乎入幕 朋儀可
待行將叶夢於
明王德音莫違快覩覽
輝於 不能諱
上國
大爲慶幸固知峭刻砭礫無因而侵冒深藉
懈慷特忠浸潤膚受玩忽於卑微敢不體
保護之深衷然莫改疏賓而率性況復佐之以生彘之肩重之以
牲鹿之足拜
嘉重複曷既放宣臨啓可勝踴躍歡抃之至

第三卷

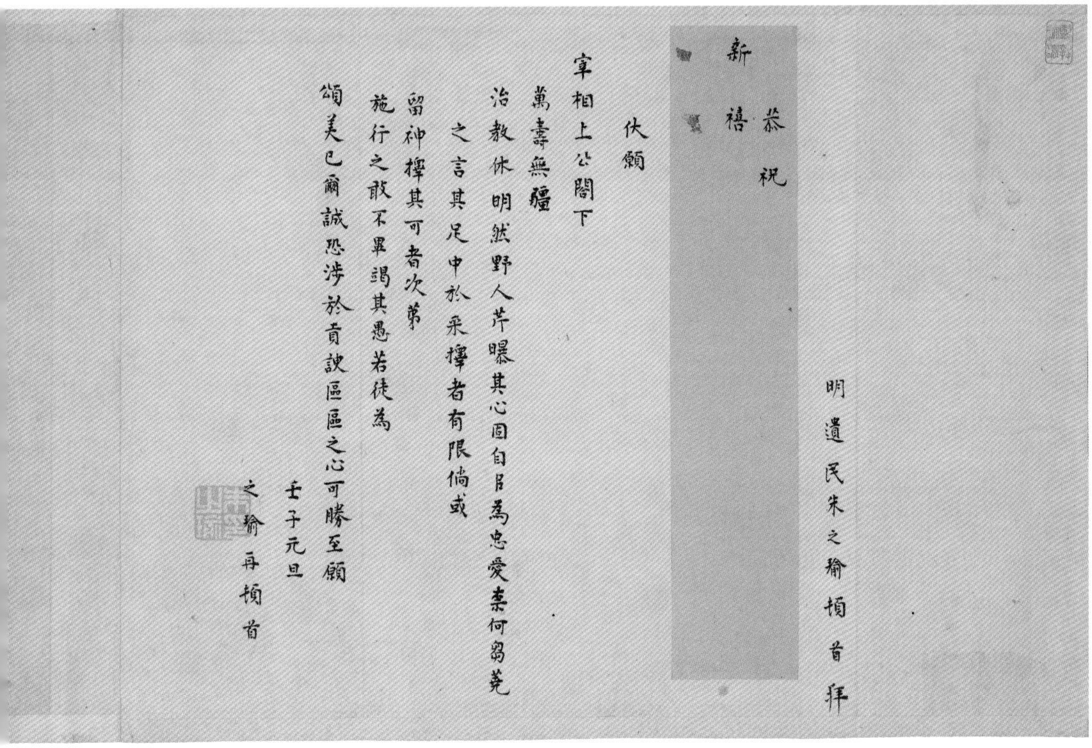

明遺民朱之瑜頓首拜
恭祝
新禧
伏願
宰相上公閣下
萬壽無疆
治教休明然野人芹曝其心固自以為忠愛素何芻蕘
之言其足中於采擇者有限倘或
留神擇其可者次第
施行之敢不畢竭其愚若徒為
頌美已爾誠恐涉於貢諛區區之心可勝至願
壬子元旦
之瑜再頓首

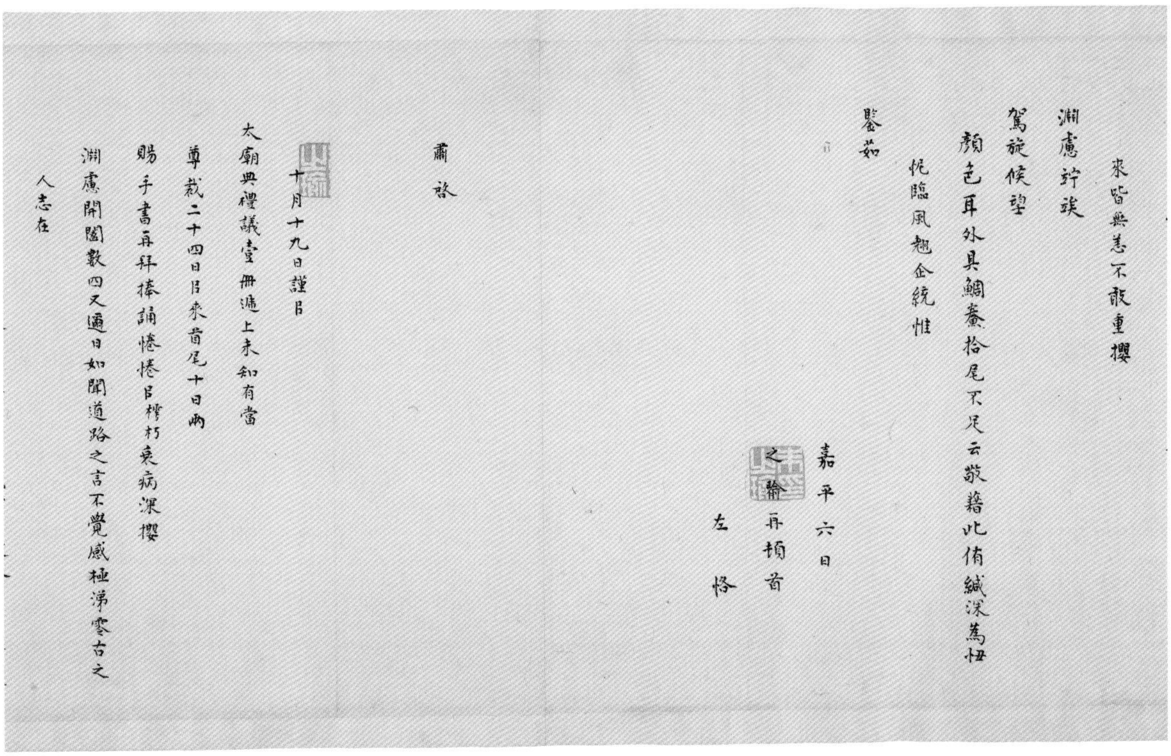

來皆無恙不敢重擾
淵慮紓誤
駕旋候望
顏色耳外具鯛鮝拾尾不足云敬藉此侑緘深爲忸
悅臨風翹企統惟
鑒茹
嘉平六日
之瑜再頓首
左恪
肅啓
十月十九日謹白
太廟典禮議壹冊遞上未知有當
尊裁二十四日白來首尾十日兩
賜手書再拜捧誦惓惓以樗朽衰病深擾
淵慮開閣數四又過日如聞道路之言不覺感極涕零古之
人志在

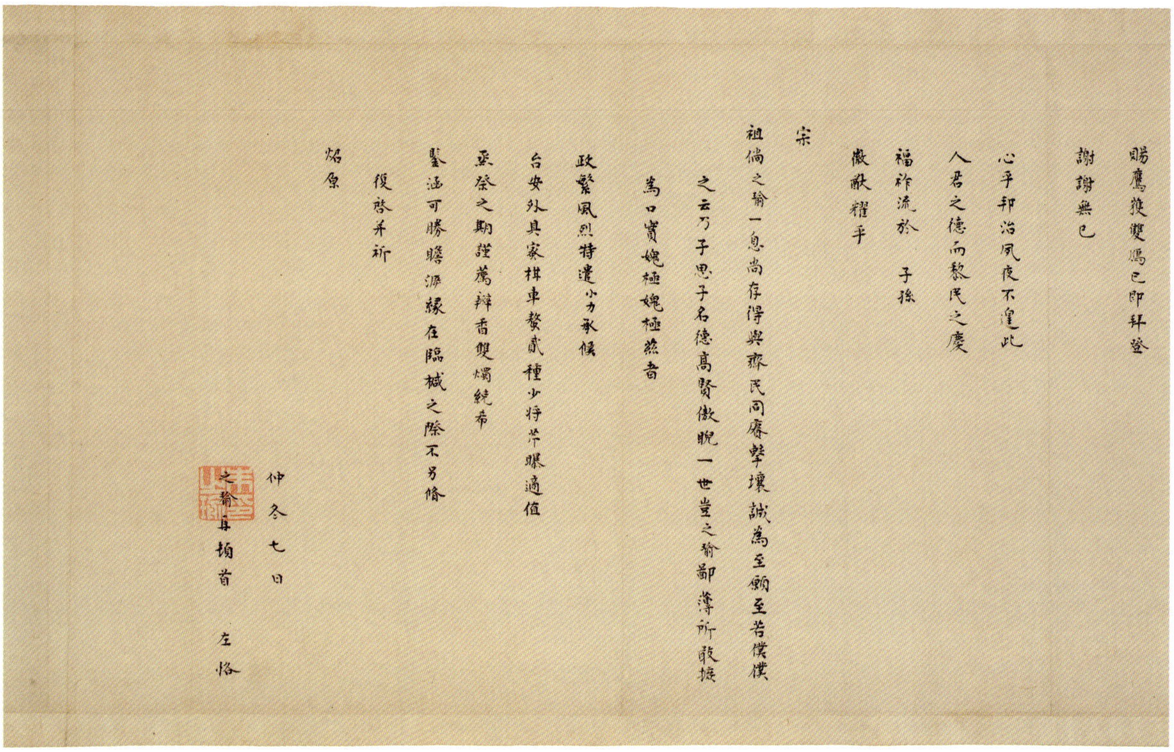
賜鷹獲雙鴈已即拜登
謝謝無已
心乎和治夙夜不遑此
人君之德而黎民之慶
福祚流於　子孫
徼猷耀乎
宗
祖倘之瑜一息尚存得與齊民同賡擊壤誠為至願至若僕僕
之云乃子思子名德高賢傲睨一世豈之瑜鄙薄所敢擬
為口實娩極娩極慈音
政繁夙烈特遣小力承候
台安外具家棋車餐貳種少将芹曝適值
棄癸之期謹薦辯香雙燭統布
躄涵可勝瞻遡緣在臨械之際不另脩
復啓并祈
炤原
仲冬七日
之瑜再頓首
左恪

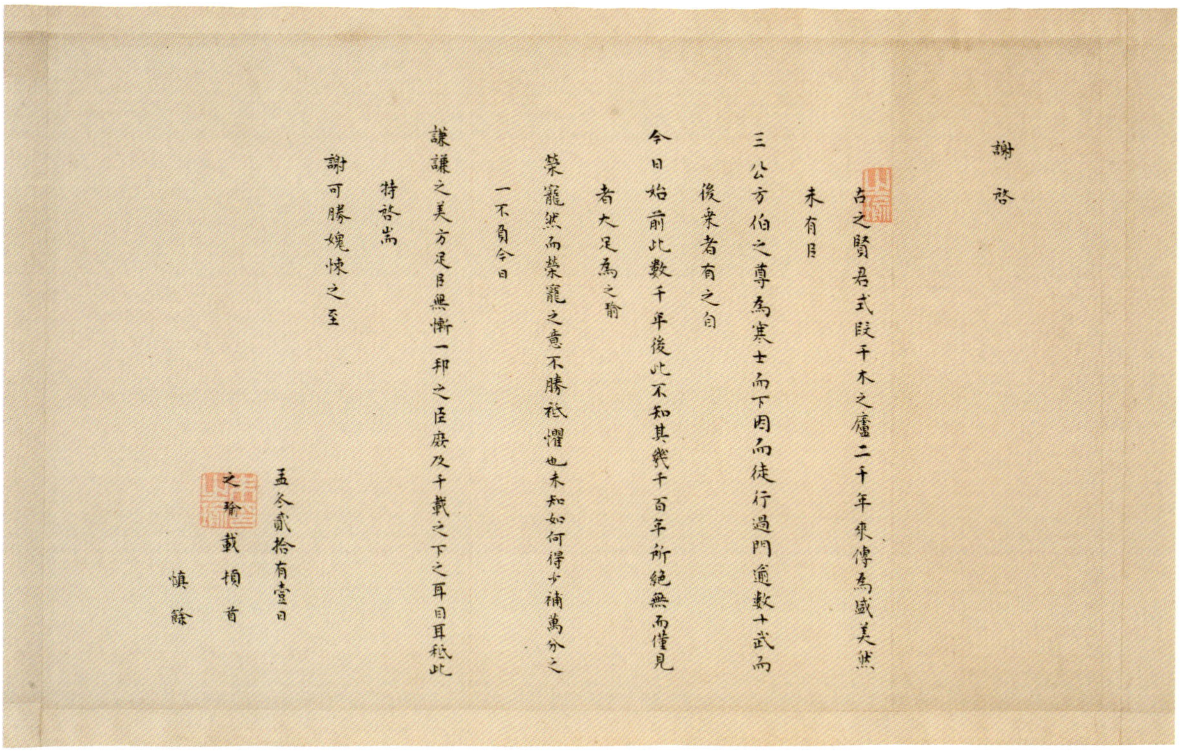
謝啓
古之賢君式閭于木之廬二千年來傳為盛美然
未有㠯
三公方伯之尊為寒士而下同而徒行過門逾數十武而
後乘者有之自
今日始前此數千年後此不知其幾千百年所絶無而僅見
者大足為之瑜
榮寵然而榮寵之意不勝祇懼也未知如何得少補萬分之
一不負今日
謙謙之美方足㠯無慚一邦之臣庶及千載之下之耳目耳祇此
特啓尚
謝可勝媿悚之至
孟冬貳拾有壹日
之瑜 載頓首
慎餘

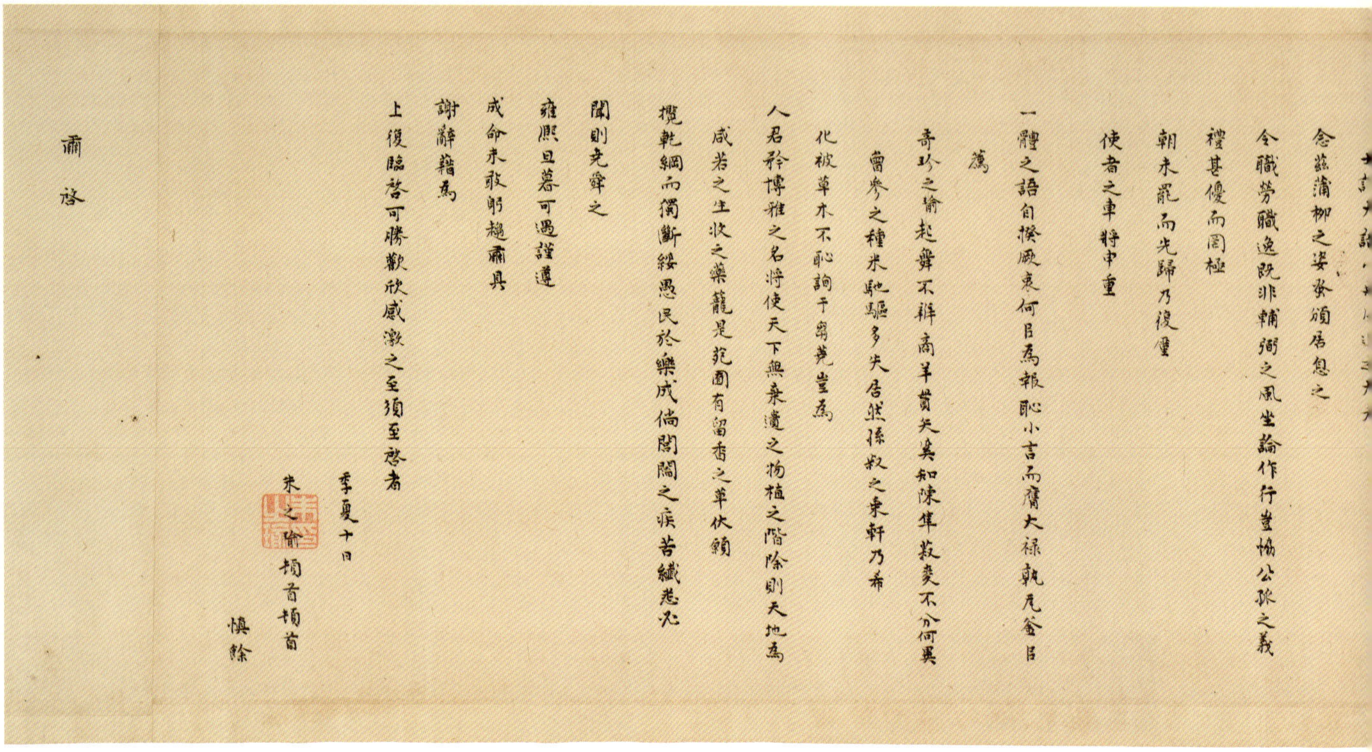
念茲蒲柳之姿豈煩居息之
全職勞職逸既非輔弼之風坐論作行豈協公孤之義
禮甚優而罔極
朝未罷而先歸乃復厪
使者之車將申重
一體之語自揆厥衷何以為報恥小言而糜大祿執虎釜以
為
奇珍之喻起舜不辭高羊貴矢奚知陳隼菽麥不分何異
曾參之種米馳驅多失居然孫叔之東軒乃希
化被草木不恥詢于芻蕘豈為
人君矜博雅之名將使天下無棄遺之物植之階除則天地為
咸若之生收之藥籠是苑囿有留香之草伏願
攬乾綱而獨斷綏愚民於樂成備閭閻之疾苦纖悉不
聞則先舜之
雍熙旦暮可遇謹遵
成命未敢躬趨肅具
謝辭藉為
上復臨啓可勝歡欣感激之至須至啓者
季夏十日
朱之瑜 頓首頓首
慎餘
肅啓

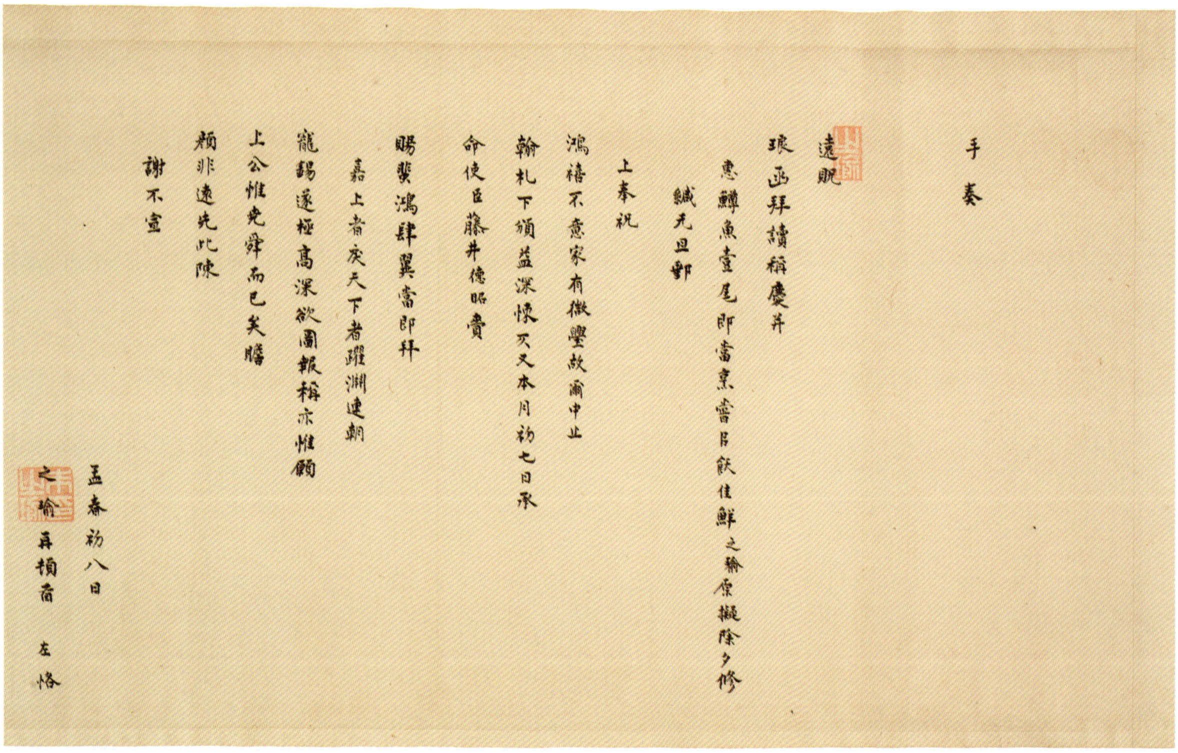
手奏
遠眺
瑯函拜讀稱慶并
惠鱘魚壹尾即當烹嘗以飫佳鮮之腴原擬除夕修
緘先旦鄭
上奉祝
鴻禧不意家有微釁故爾中止
翰札下頒益深悚慄又本月初七日承
命使臣藤井德昭賫
賜蒙鴻肆翼當即拜
嘉上者戾天下者躍淵連翩
寵錫逐極高深欲圖報稱亦惟靦
上公惟先舜而已矣膳
顏非遠先此陳
謝不宣
孟春初八日
之瑜 再頓首
左恪

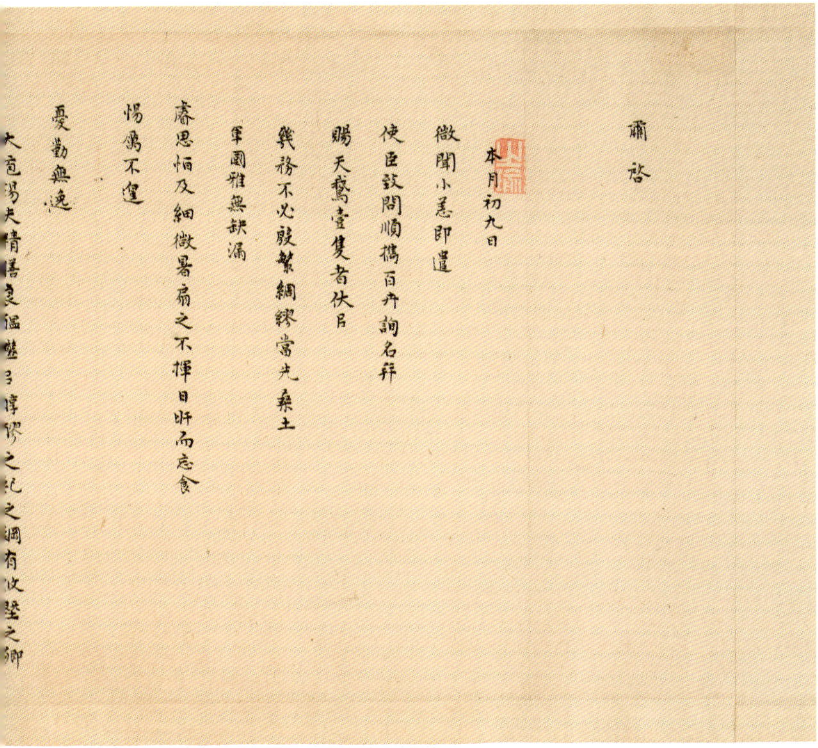
肅啓
本月初九日
徽聞小恙即還
使臣致問順攜百卉詢名稱
賜天鵞壹隻者伏呂
幾務不必躬繁綱緣當先乘土
軍國雅無缺漏
睿思恒及細微暑扇之不擇日旰而忘食
惕厲不遑
憂勤無逸
大意渴夫精膳是謳璧弓淳膠之紀之綱有收璧之卿

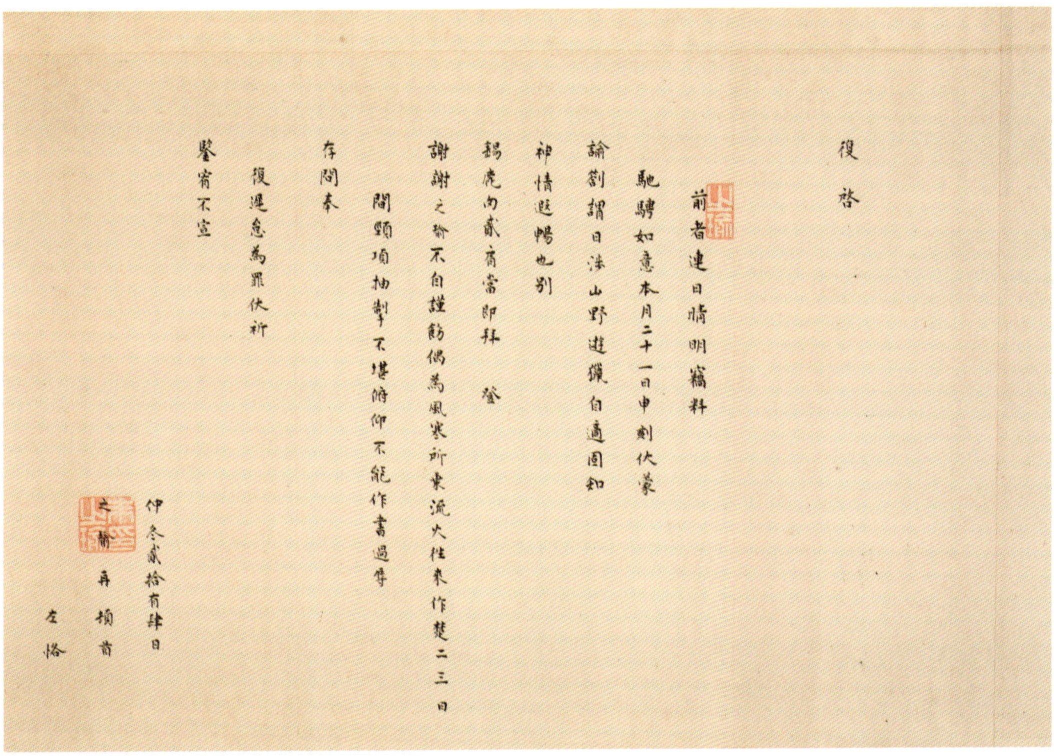
復啓
前者連日晴明竊料
馳騁如意本月二十一日申刻伏蒙
諭劄謂日涉山野遊獵自適固知
神情遐暢也別
錫虎肉貳觔當即拜 登
謝謝之餘不自謹飭偶爲風寒所束流火性來作楚二三日
間頸項抽掣不堪俯仰不能作書過辱
存問本
復遲愈爲罪伏祈
鑒宥不宣
仲冬貳拾肆日
之瑜 再頓首
左恪

三、朱舜水及其弟子遺著

解說：韓東育

(一)《朱文恭遺事》

27.3×18.3×1.0cm　八冊　文庫3010~3017

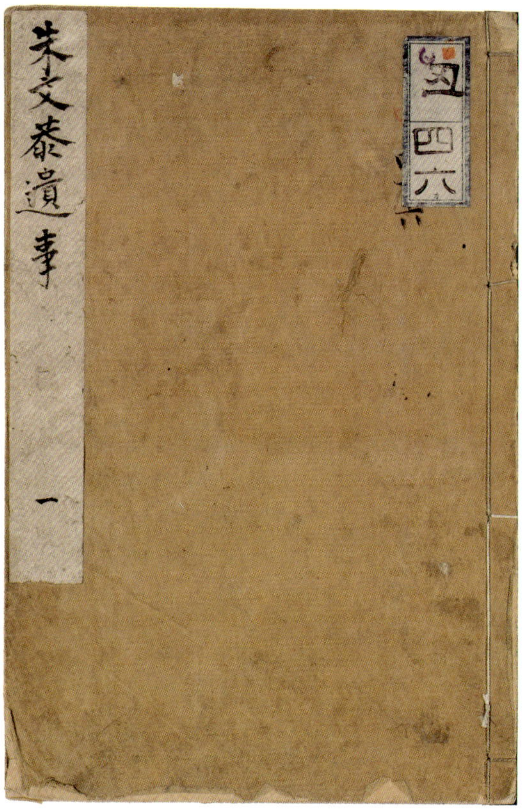

寫本，全八卷，未署編抄者姓氏及年月。除第一卷開篇長文為安積覺所作外（該文為朱謙之《朱舜水集》附錄具名收錄），餘七卷均由安積氏與包括朱舜水在內之他人文稿輯合而成。參照文獻為：《儒林傳》、《日本詩史》、《常山文集》、《間散餘錄》、《新安手柬》、《西遊手錄》、《義公行實》、《儒林姓名錄》、《朱氏談綺》、《國史館日錄》、《南塾乘》、《久方蘭溪見聞錄》、《規式帳》、《事類雜纂》、《中村雜記》、《燈下隨筆》、《安積家譜》、《西遊記》、《鵝峰文集》、《伴暢印譜》、《紳書》、《多波禮草》、《畸人傳》、《耆舊得聞》、《往復書案》、《史館雜錄》、《鄉黨遺聞》、《後樂園志》、《文苑雜纂》、《張斐與子平書》、《大竹親從筆語》、《沈張蔣詩文筆語》、《致祭儀節》、《酬夢編》、《舜水文集姓名》、《學山錄》、《閑窗雜錄》、《先哲叢談》、《舜水先生外集》、《常陸帶》、《春台文集》、《魯齋稿》、《鳳岡文集》、《桃源遺事》、《莽蒼園文稿》、《長崎先民傳》、《心喪語集附錄》、《文恭先生遺文》、《祠堂舊記》、《古銅印記》、《西州投化記》、《釋獨立書》、《錦里文集》、《澹泊齋文集》、《水藩舊記》、《成形圖說》、《北窗瑣言》、《十竹齋隨筆》、《泣血餘滴》、《本朝名臣言行錄》、《後樂園紀事》、《霞池省庵手簡》、《普明雜纂》等，今輯為一書，殊屬可貴。八卷中，和文部分于稻葉與謙之本中，均付之闕如。

第一卷，含裱紙共38頁。所附祭祀陳設及圖錄，乃儒家禮數，頗為珍貴。

第二卷，含裱紙共32頁。有《舜水略譜》及《文恭先生遺書目錄》。其《國姓爺尺牘》一貼，可與茨城縣圖書館藏安積覺臨摹者兩相對照。

第三卷，含裱紙共37頁。所收文稿，在稻葉、謙之本中遺漏頗多，如《竹軒外集》之《擬文恭朱先生文集序》以及和文撰《朱毓仁》文、《清槎唱和集》等不一。

第四卷，含裱紙共70頁。其中之《西遊手錄》，乃小宅生順在長崎與舜水交談之筆語。此稿在稻葉、謙之本中被具名為《答小宅生順問六十一條（筆語）》，然不如《手錄》全備，計約38條未入二《集》。《手錄》中屢現之“邪教”字樣，固舜水譏日本儒教者，然其意惟在激勵，以促其力行“聖教”。

第五卷，含裱紙共92頁。有舜水孫毓仁《寄今井小四郎書》，述及毓仁何以與舜水不得相見之原因。拜謁朱文恭墓古禮儀節之翔實，及今井弘濟“代言”之祝文，均未見稻葉、謙之本。

第六卷，含裱紙共64頁。有毓仁向今井薦舉張斐“為王左右”之信箋。附有澄一和尚轉呈之今井氏所奉銀兩物什細目等，間或引述《舜水先生外集》。

第七卷，含裱紙共84頁。有張斐本人《寄今井弘濟書》，表明如蒙不棄願效微力之意。所收毓仁《與今井小四郎（書）》，與第五卷重複。

第八卷，含裱紙共120頁。多為書信往來，其中，伊藤仁齋呈與舜水之書箋，因刪節故與稻葉、謙之本略有出入。

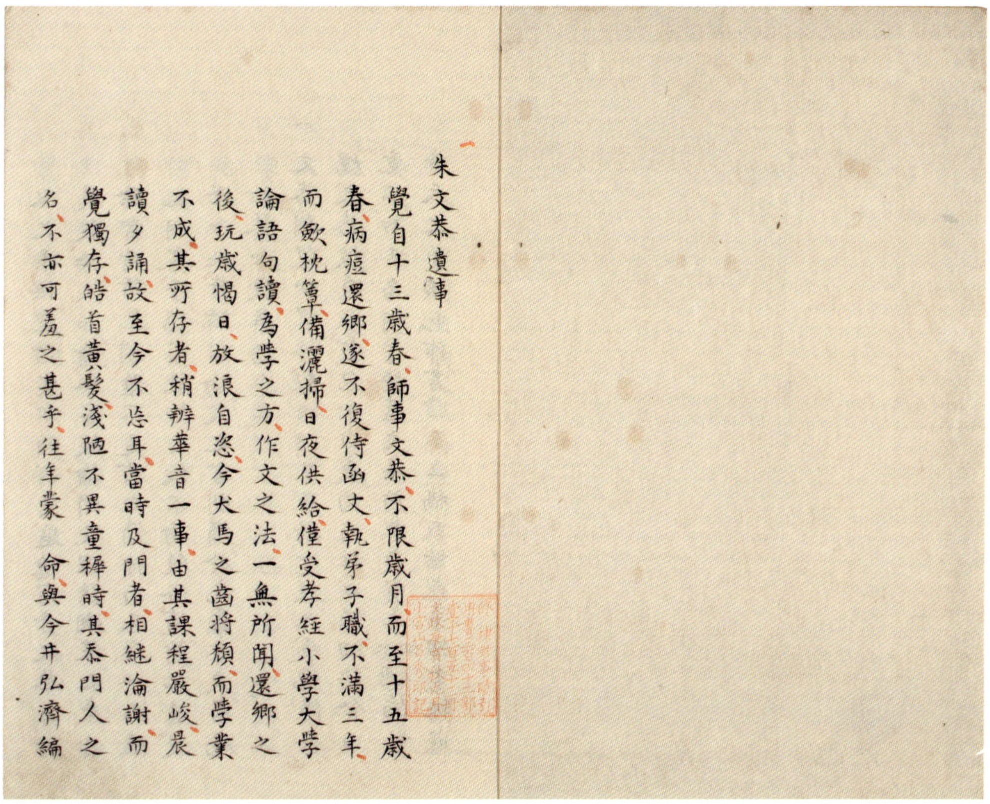
朱文恭遺事
覺自十三歲春師事文恭不限歲月而至十五歲
春病痊還鄉遂不復侍函丈執弟子職不滿三年
而斂枕箄備灑掃日夜供給僅受孝經小學大學
論語句讀為學之方作文之法一無所聞還鄉之
後玩歲愒日放浪自恣今犬馬之齒將頹而學業
不成其所存者稍辨華音一事由其課程嚴峻晨
讀夕誦故至今不忘耳當時及門者相繼淪謝而
覺獨存皓首黃髮淺陋不異童穉時其忝門人之
名不亦可羞之甚乎往年蒙 命與今井弘濟編

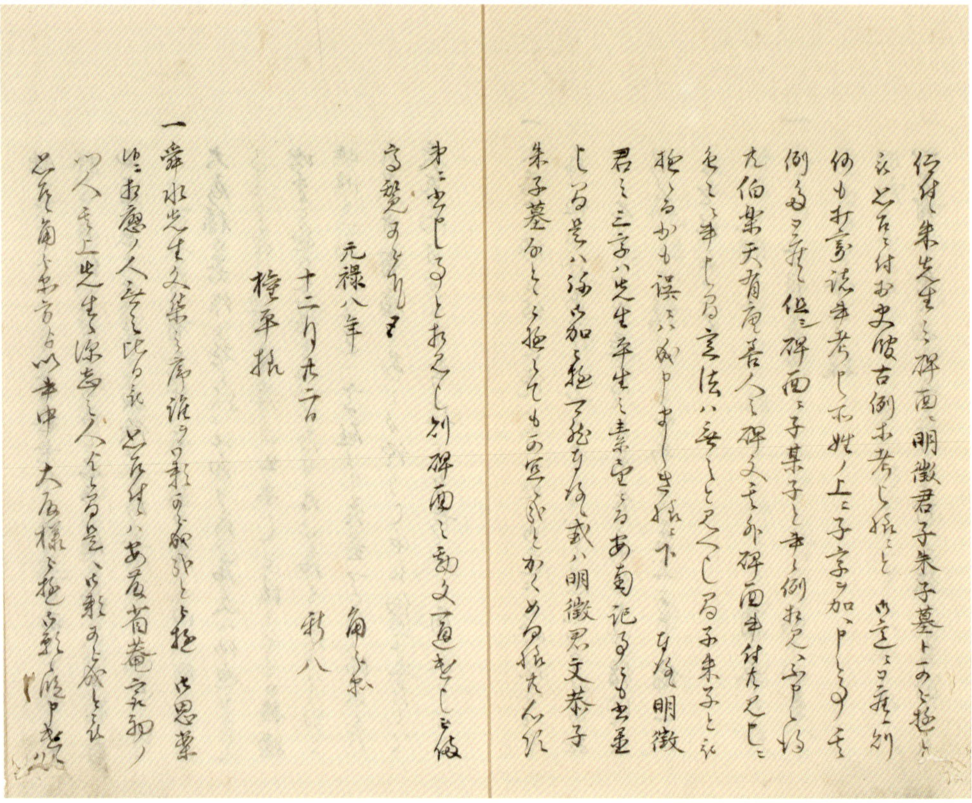

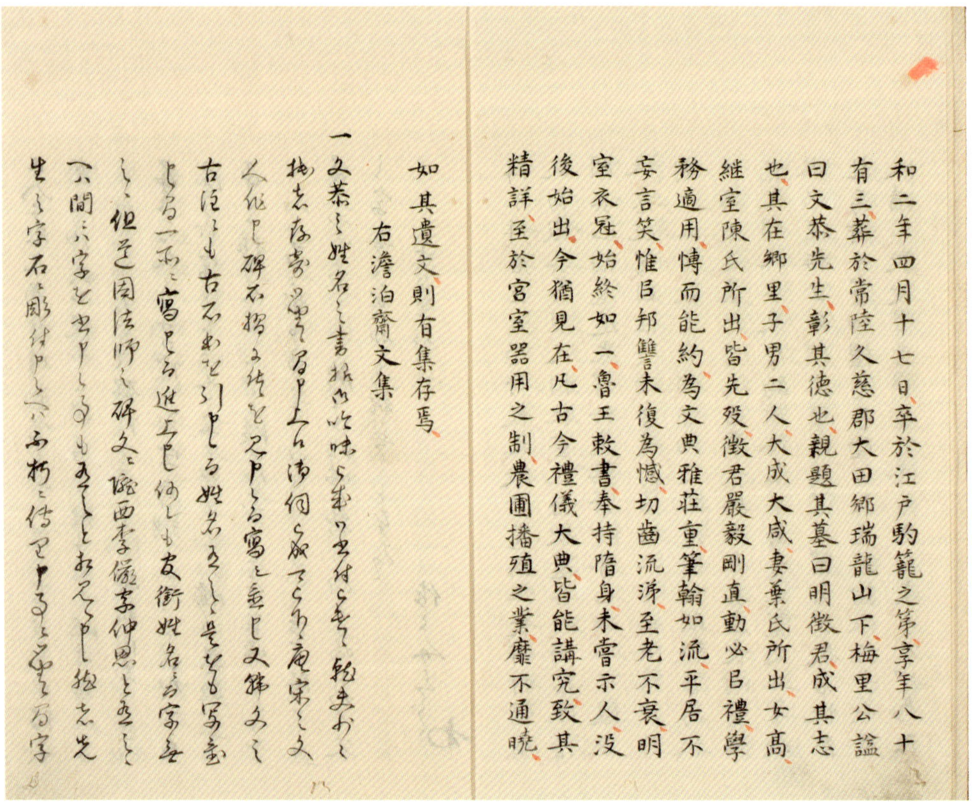
和二年四月十七日卒於江戸駒籠之第享年八十有三葬於常陸久慈郡大田鄉瑞龍山下梅里公諡曰文恭先生彰其德也親題其墓曰明徵君成其志也其在鄉里子男二人大成大咸妻葉氏所出女高繼室陳氏所出皆先歿徵君嚴毅剛直動必以禮學務適用博而能約為文典雅莊重筆翰如流平居不妄言笑惟以邦讐未復為憾切齒流涕至老不衰明室衣冠始終如一魯王敕書奉持階身未嘗示人沒後始出今猶見在凡古今禮儀大典皆能講究致其精詳至於宮室器用之制農圃播殖之業靡不通曉

如其遺文則有集存焉

右澹泊齋文集

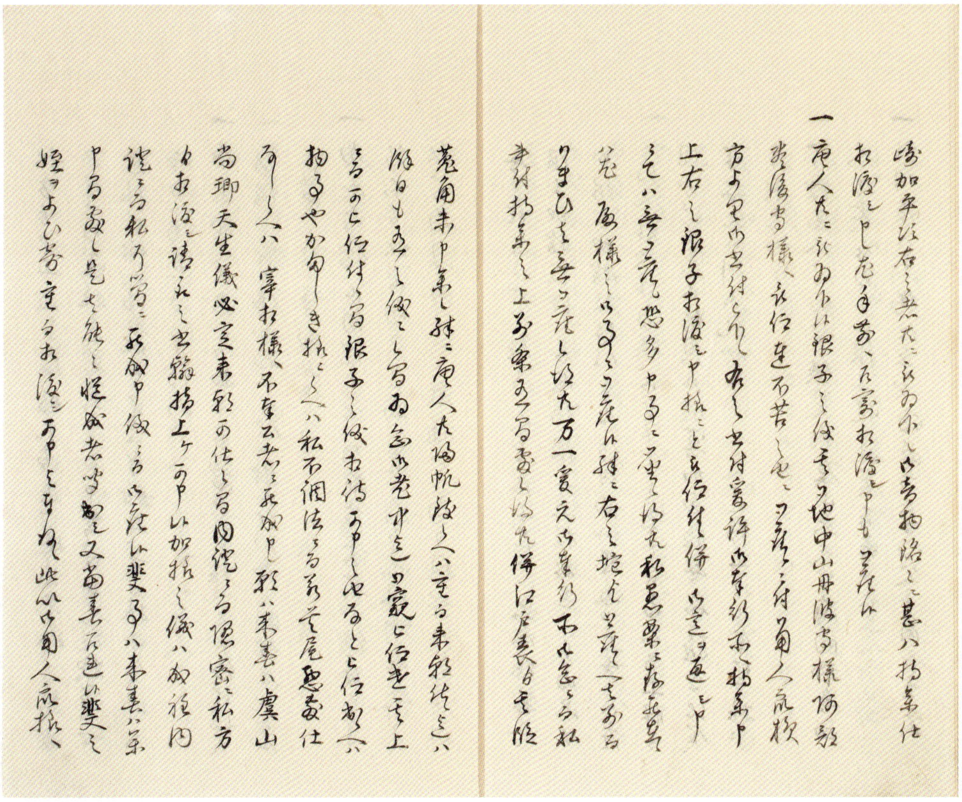

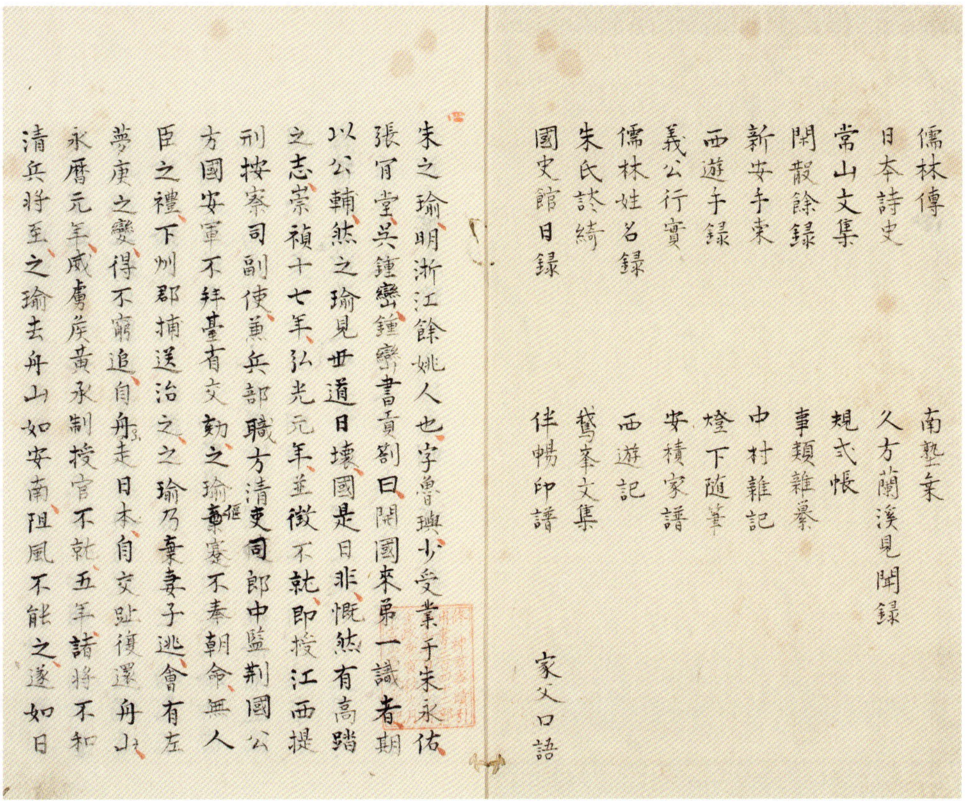

儒林傳　　南塾乘
日本詩史　　久方蘭溪見聞録
常山文集　　規式帳
閑散餘録　　東類雜纂
新安手柬　　中村雜記
西遊手録　　燈下隨筆
義公行實　　安積家譜
儒林姓名録　　西遊記
朱氏談綺　　鶖峯文集
國史館日録　　伴暢印譜

家父口語

朱之瑜明浙江餘姚人也字魯璵少受業于朱永佑張肎堂吳鍾巒鍾巒書贊制曰開國來第一識者期以公輔然之瑜見世道日壞國是日非慨然有高蹈之志崇禎十七年弘光元年並徵不就即授江西提刑按察司副使兼兵部職方清吏司郎中監荊國公方國安軍不拜甚有交劾之瑜者之瑜棄官不奉朝命無人臣之禮下州郡捕送治之之瑜乃棄妻子逃會有左夢庚之變得不窮追自舟山走日本自交趾復還舟山永曆元年威虜侯黃承制授官不就五年請將不知清兵將至之瑜去舟山如安南阻風不能之遂如日

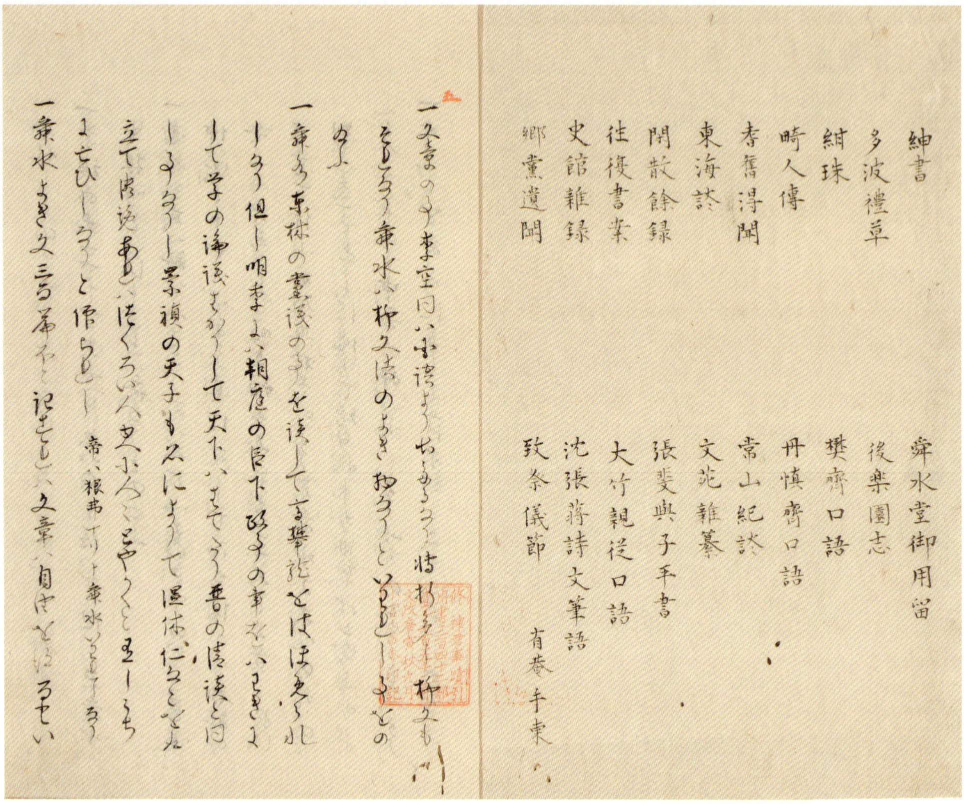
紳書
多波禮草
紺珠
畸人傳
杏舊浔聞
東海談
閒散餘錄
往復書案
史館雜錄
鄉黨遺聞
舜水堂御用留
後樂園志
樊齊口語
丹慎齊口語
常山紀談
文苑雜纂
張斐與子手書
大竹親從口語
沈張蔣詩文筆語
致祭儀節
有養手東

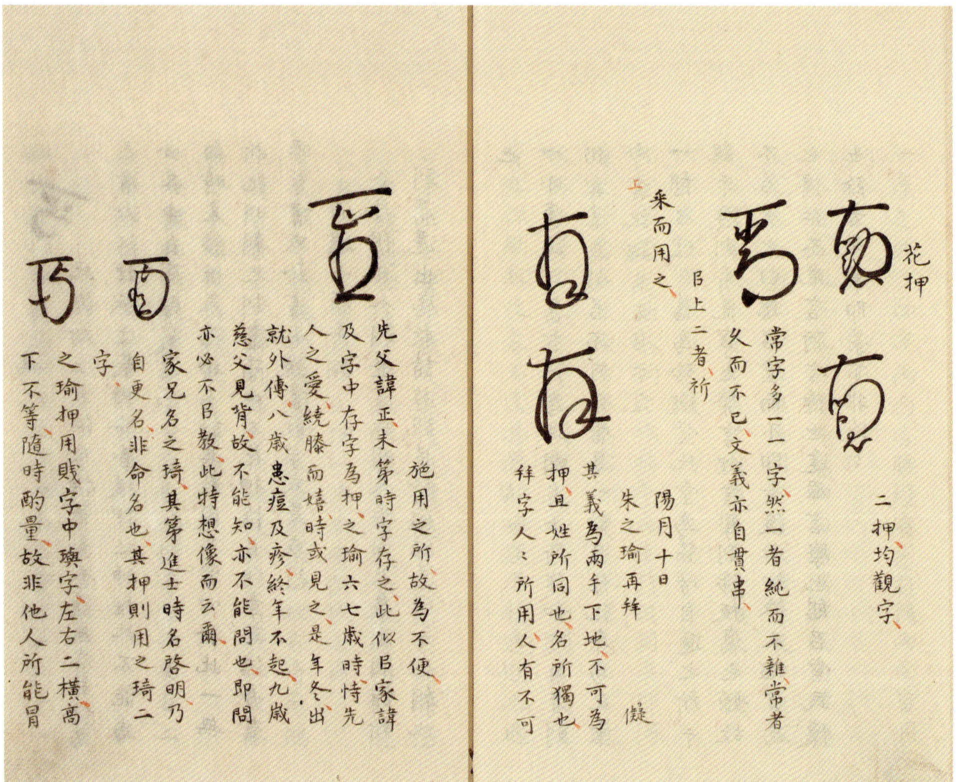
花押
二押均觀字
常字多一一字然一者純而不雜常者
久而不已文義亦自貫串
已上二者祈
上
乗而用之
陽月十日
朱之瑜再拜
凝
其義為兩手下地不可為
押且姓所同也名所獨也
拜字人人所用人有不可
施用之所故為不便
先父諱正未第時字存之此似已家諱
及字中存字為押之瑜六七歲時侍先
人之愛繞膝而嬉時或見之是年冬出
就外傳八歲患痘及疹終年不起九歲
慈父見背故不能知亦不能問也即問
亦必不已教此特想像而云爾
家兄名之琦其第進士時名啓明乃
自更名非命名也其押則用之琦二
字
之瑜押用賤字中璵字左右二橫高
下不等隨時酌量故非他人所能冒

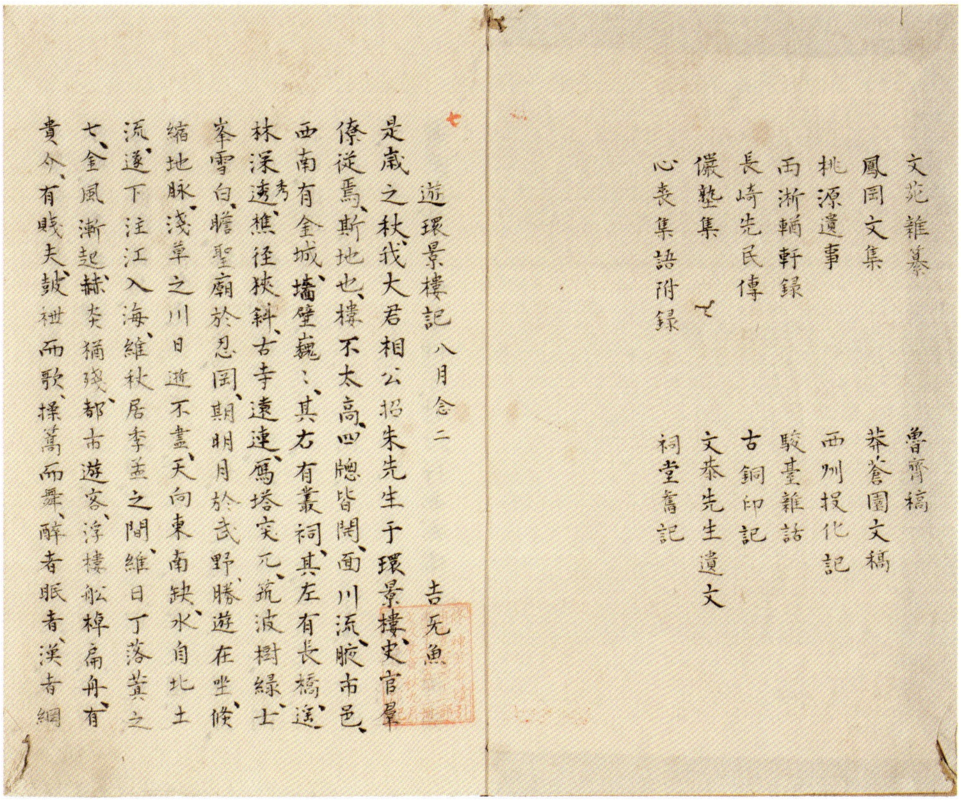
文苑雜纂
鳳岡文集
桃源遺事
兩浙輶軒錄
長崎先民傳
儀墊集
心喪集語附錄
曾齋稿
恭蒼園文稿
西州投化記
駿臺雜話
古銅印記
文恭先生遺文
祠堂舊記
遊環景樓記 八月念二
吉无魚
是歲之秋我大君相公招朱先生于環景樓史官纂
修從焉斯地也樓不太高四牕皆開面川流瞰市邑
西南有金城墻壁巍巍其右有叢祠其左有長橋逶
林深遠樵徑狹斜古寺遠連鴈塔突兀荒波樹綠士
峯雪白瞻聖廟於忍岡朗明月於武野勝遊在坐俯
縮地脉淺草之川日遊不盡天向東南缺水自北土
流逶下注江入海維秋居季孟之間維日丁落黃之
七金風漸起赫炎猶殘都市遊客浮樓船棹扁舟有
貴介有賤夫鼓枻而歌操篙而舞醉者眠者漢者綢

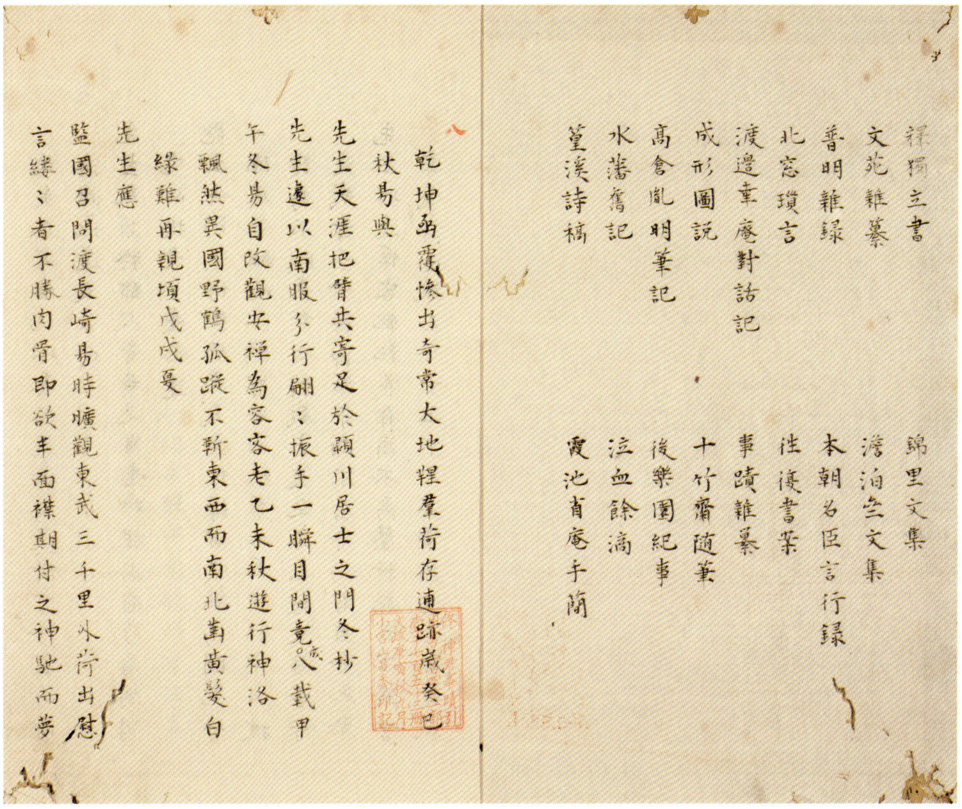
禪獨立書
文苑雜纂
晉明雜錄
北窗瑣言
渡邊章庵對話記
成形圖說
高倉胤明筆記
水藩舊記
菫溪詩稿
錦里文集
澹泊齋文集
本朝名臣言行錄
佐僕書筆
事蹟雜纂
十竹齋隨筆
後樂園紀事
泣血餘滴
霞池省庵手簡
乾坤再覆慘出奇常大地腥羶苟存逋跡歲癸巳
秋易與
先生天涯把臂共寄足於穎川居士之門冬抄
先生遠以南服分行翩翩振手一瞬目間竟八載甲
午冬易自改觀安禪為客客老乙未秋遊行神洛
飄然異國野鶴孤蹤不斷東西而南北萬黃髮白
緣雖再親頃戊戌夏
先生應
監國召間渡長崎易時曠觀東武三千里外荷出慰
言縷縷者不勝肉骨即欲丰面襟期付之神馳而夢

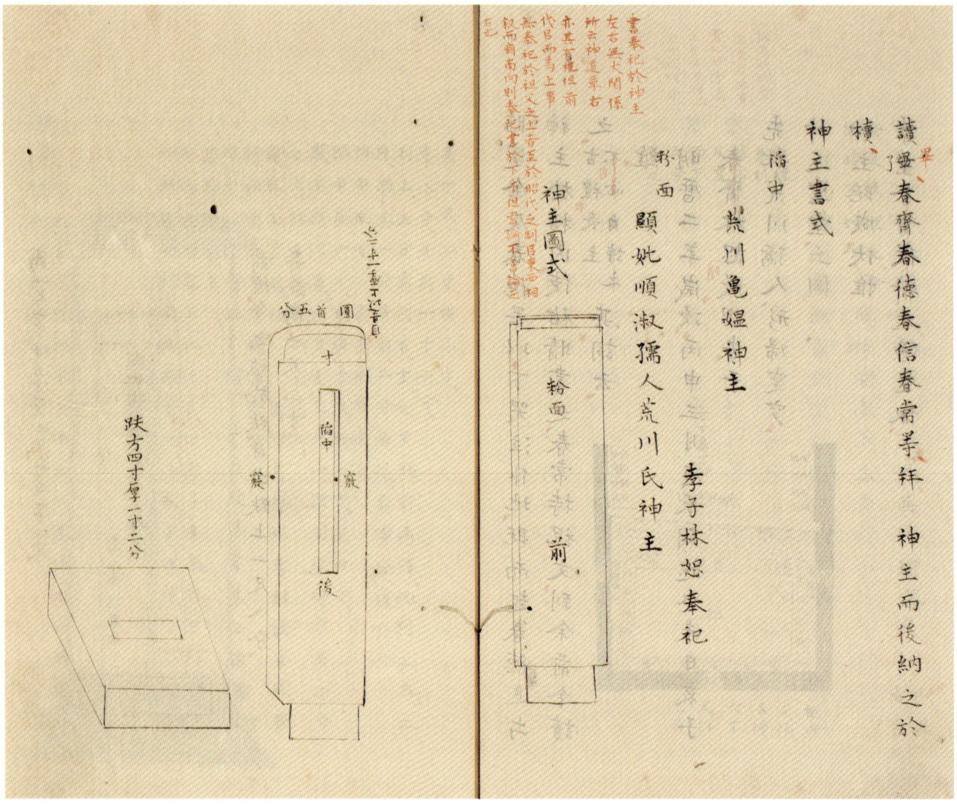
讀畢春齋春德春信春常等釬　神主而後納之於
櫝了
神主書式
陷中　荒川亀媪神主
粉面　顯妣順淑孺人荒川氏神主　孝子林恕奉祀
神主圖式

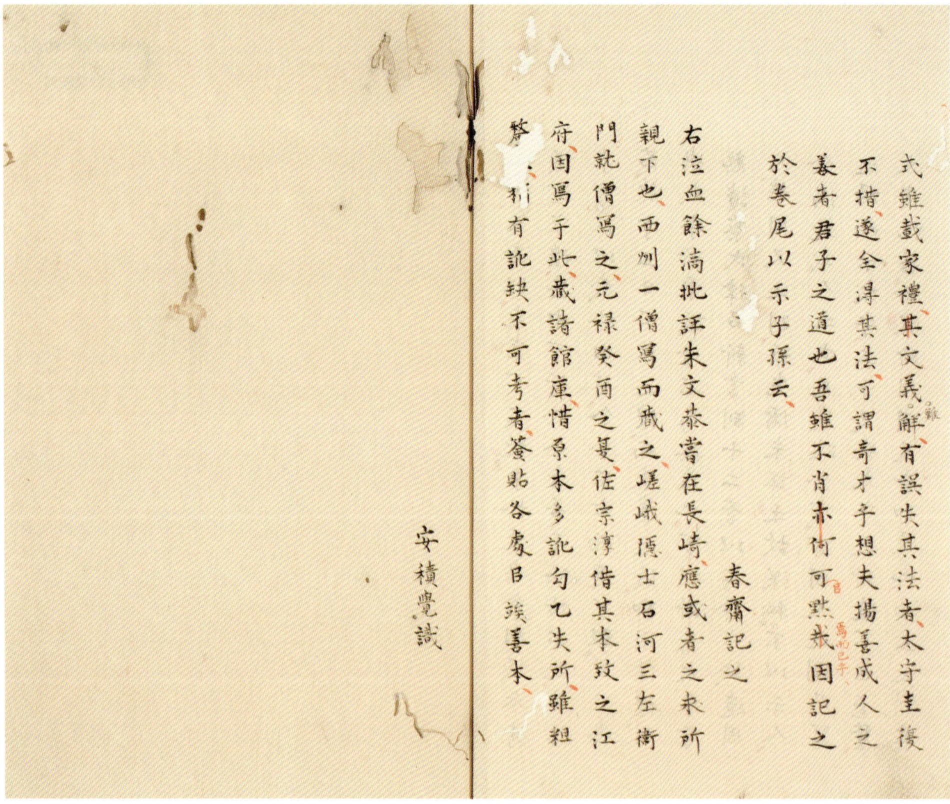
式雖載家禮其文義解有誤失其法者太守主復
不措遂全得其法可謂奇才乎想夫揚善成人之
美者君子之道也吾雖不肖亦何可黙然因記之
於卷尾以示子孫云
春齋記之
右泣血餘滴批評朱文恭嘗在長崎應或者之求所
親下也西州一僧寫而藏之嵯峨隱士石河三左衛
門就僧寫之元禄癸酉之夏佐宗淳借其本致之江
府因寫于此藏諸館庫惜原本多訛句乙失所雖粗
整一猶有訛缺不可考者簽貼各處以竢善本
安積覺識

（二）《舜水先生外集》

23.5×16.0×10.8cm　八冊　文庫20245~20250

寫本，共八卷（含《遺文》一卷），未署編抄者姓氏及年月。《遺文》獨立成冊，四、五、六卷合為一冊，共六冊，迄今論述引用者不多。可與東洋文庫所藏同名著作（IV/2-E/809）參照閱讀。

第一卷，含裱紙共96頁。有《與王儀書》四首，第一首為稻葉、謙之本所無，意謂：王儀（民則）應以探友為由來東都，而勿言上公招之。否則，將語以泄敗，為小人阻難。繼有王儀《寄先生貼》一首，此亦為稻葉、謙之本所無。餘為與釋獨立、釋月舟、釋澄一及友人門生書多封，亦有不見於行世本者。

第二卷，含裱紙共84頁。有《與安東省庵書》二十五首（與稻葉、謙之本同；少於徐興慶本《新訂朱舜水集補遺》九首），《答安東省庵書》十五首（少於稻葉、謙之本十五首）。該卷闕如之興慶本《寄安東省庵筆語》四十六首，部分散在於第四卷中。內容多為師弟間深厚交誼及日常往來細事。餘為《與五十川剛伯書》3首，《答奧村庸禮書》五首以及《答古市務本書》二首等。

第三卷，含裱紙共100頁。初篇無名，當為舜水親屬姚江與“潁川入德（陳明德）”所述之朱姓家世及其關係譜。通篇文字未見於稻葉、謙之本。其所言內容，與《答源光圀問先世緣由履歷》及《答小宅生順書十九首》有所交叉，然敘事風格與編次手法，卻鮮見於諸篇，亦未嘗言及朱氏譜牒中有一世不與朱熹相接事（見《答源光圀問十一條》）。繼而有姚江、朱毓仁與今井小四郎（弘濟）之數封文通，有《舜水先生寄來祭銀目錄》等不一。此外，復有“唐山沈克異”詩文及“唐秀士張殿秦”文多篇。

第四、五、六卷，含裱紙共86頁。第四卷有《與安東省庵書》二十八首，與稻葉、謙之、興慶本有交叉而無雷同。另有與門生友人書多首。第五卷多為批判贊論，於前史及其人物，臧否互見。第六卷為筆語。其中，《與安東守約筆語》數首，或為稻葉、謙之本所缺，或可補興慶本相關筆語之空字（如1271條）。

第七卷，含裱紙共94頁。該卷以實業傳授為主，有《與源光圀》和《謝源光圀》及數篇《應源光圀問》。其中，舉凡用語規範、物什功用、食物諸性、地況風水等，圖文並茂，均有不等說明。其《後樂園扁榜》，幾為後樂園之整體設計，將中華風園藝與日本風土珠聯璧合。又，有漢地姻親輩分稱謂圖示及中華禮樂規則，對漢和文化，褒貶有致，俾優劣互見。部分內容可參照《朱氏舜水談綺》。

第八卷，含裱紙共60頁。多散在於謙之本卷15至卷19，亦有不見收存者。

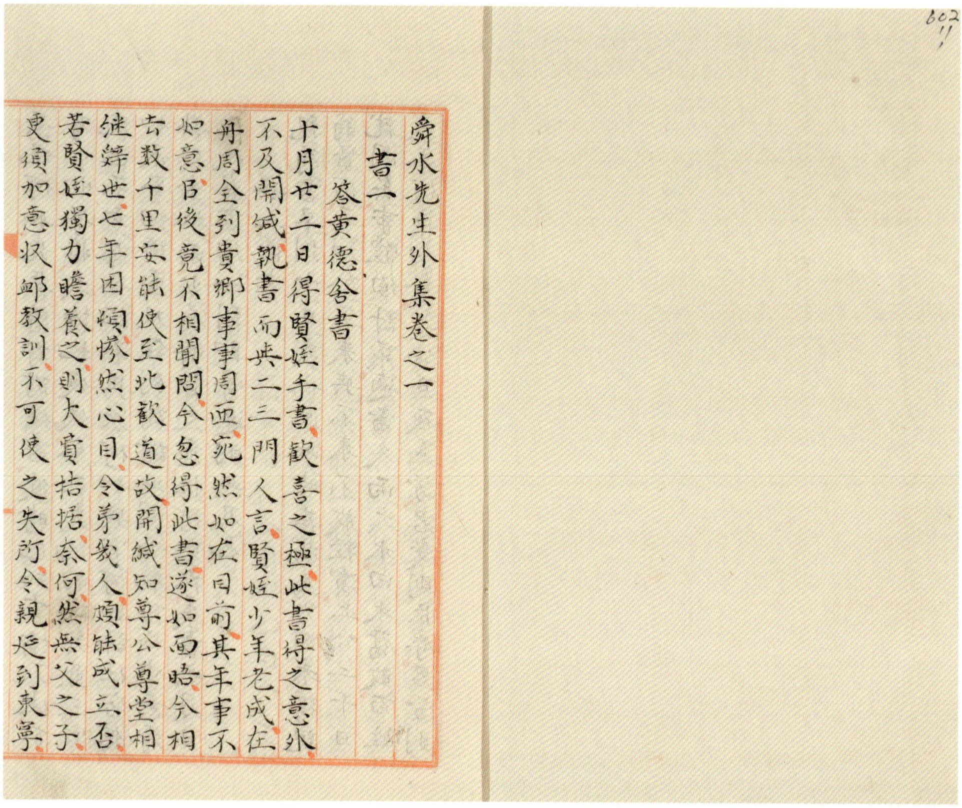
舜水先生外集卷之一
書一
答黃德舍書
十月廿二日得賢姪手書歡喜之極此書得之意外
不及開緘執書而與二三門人言賢姪少年老成在
舟同舟到貴鄉事事周匝宛然如在目前其年事不
如意以後竟不相聞問今忽得此書遂如面晤今相
去數千里安能使至此歡道故開緘知尊公尊堂相
繼辭世七年困頓惨然心目令弟幾人頗能成立否
若賢姪獨力贍養之則大費拮据奈何然無父之子
更須加意收卹教訓不可使之失所令親姪到東亭

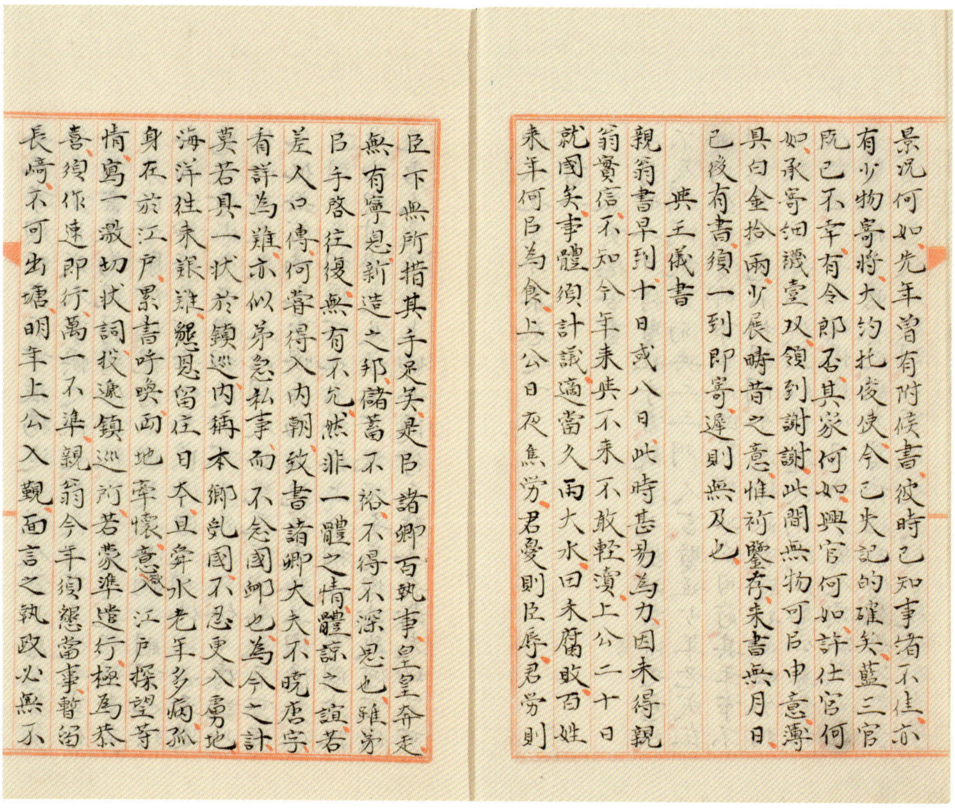
景況何如先年曾有附候書彼時已知事諸不佳亦
有少物寄將大約托彼使今已失記的確矣藍三官
既已不幸有令郎否其家何如興官何如許仕官何
如承寄細瓷壹及領到謝謝此間無物可以申意專
具白金拾兩少展晤昔之意惟祈鑒存來書無月日
已後有書須一到即寄遲則無及之
與王儀書
親翁書早到十日或八日此時甚易為力因未得親
翁實信不知今年來與不來不敢輕瀆上公二十日
就國矣事體須計議適當久雨大水田禾腐敗百姓
來年何以為食上公日夜焦勞君憂則臣辱君勞則
臣下無所措其手足矣是以諸卿百執事皇皇奔走
無有寧息新造之邦儲蓄不裕不得不深思也雖勞
以手啓往復無有不允然非一體之情體諒之誼若
差人口傳何當得入內朝致書諸卿大夫不曉唐字
有許為難亦似弟急私事而不念國卹也為今之計
莫若具一狀於鎮巡內稱本鄉兇國不忍更入虜地
海洋往來艱難總見留住日本且舜水老年多病孤
身在於江戶累書呼喚兩地牽懷意欲入江戶探望等
情寫一激切狀詞投遞鎮巡衙若蒙準遣行極為恭
喜須作速即行萬一不準親翁今年須怨當事暫留
長崎不可出塘明年上公入覲面言之執政必無不

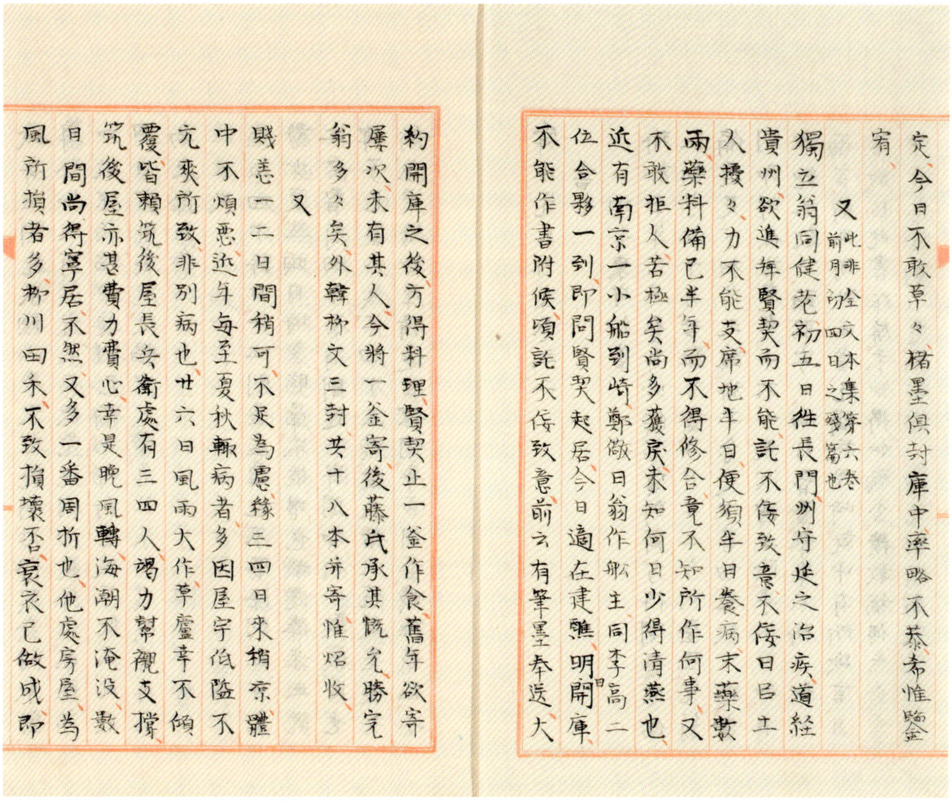

定今日不敢草々楮墨俱封庫中率略不恭希惟鑒
宥
又（此非全文日本集第六卷前月初四日之殘篇也）
獨立翁向健花初五日從長門州守延之治疾道経
貴州欲進拜賢契而不能託不俟致意不俟日已土
人擾々力不能支席地半年日便須半日養病末藥數
兩藥料備已半年而不得修合竟不知所作何事又
不敢拒人若極矣尚多蘐戾未知何日少得清燕也
近有南京一小船到崎鄭微日翁作船主同李高二
位合影一到即問賢契起居今日適在建雝明開庫
不能作書附候頃託不俟致意前云有筆墨奉送大
約開庫之後方得料理賢契止一釜作食舊年欲寄
屢次未有其人今將一釜寄後藤氏承其既允勝完
翁多々矣外韓柳文三封共十八本并寄惟炤收
又
賤恙一二日間稍可不足為慮緣三四日來稍涼體
中不煩惡近年每至夏秋輒病者多因屋宇低隘不
冗爽所致非別病也廿六日風雨大作草廬幸不傾
覆皆賴築後屋長兵衛處有三四人竭力幫襯支撐
築後屋亦甚費力費心幸是晚風轉海潮不淹没數
日間尚得寧居不然又多一番周折也他處房屋為
風所損者多柳川田禾不致損壞否哀衣已做成即

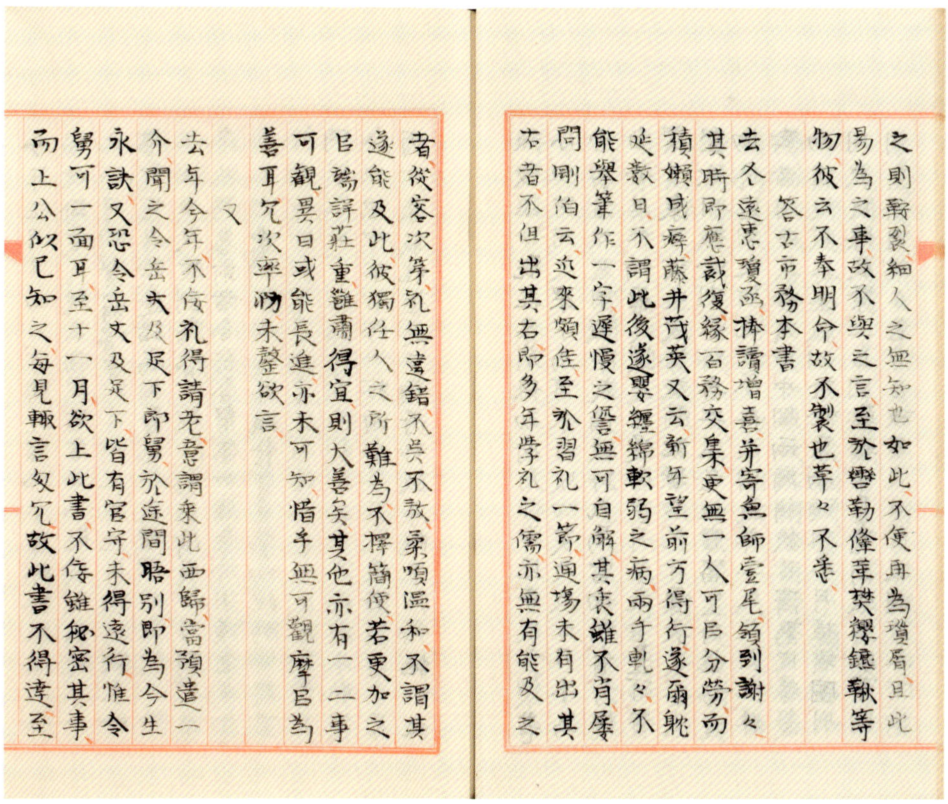

之則輕裂細人之無知也如此不便再為瑣屑且此
易為之事故不與之言至於鞶勒偉華樊纓鑣鞦等
物彼云不奉明命故不製也草々不悉
答古市務本書
云々遠惠瓊函捧讀增喜并寄魚師壹尾領到謝々
其時即應裁復緣百務交集更無一人可以分勞而
積懶成痾藤井茂英又云新年望前方得行遂爾躭
延數日不謂此後遂嬰纏綿軟弱之病兩手軋々不
能舉筆作一字遲慢之愆無可自解其衷雖不肖屢
問剛伯云近來頗佳至於習禮一節通場未有出其
右者不但出其右即多年學禮之儒亦無有能及之
者從容次第禮無違錯不异不敖柔順温和不謂其
遂能及此彼獨任人之所難為不擇簡便若更加之
以端詳莊重雖肅得宜則大善矣其他亦有一二事
可觀異日或能長進亦未可知惜乎無可觀摩以為
善耳冗次率爾未罄欲言
又
去年今年不俟禮得請老意謂乘此西歸當預遣一
介聞之令岳丈及足下即舅於途間晤別即為今生
永訣又恐令岳丈及足下皆有官守未得遠行惟令
舅可一面耳至十一月欲上此書不俟雖秘密其事
而上公似已知之每見輒言汝冗故此書不得達至

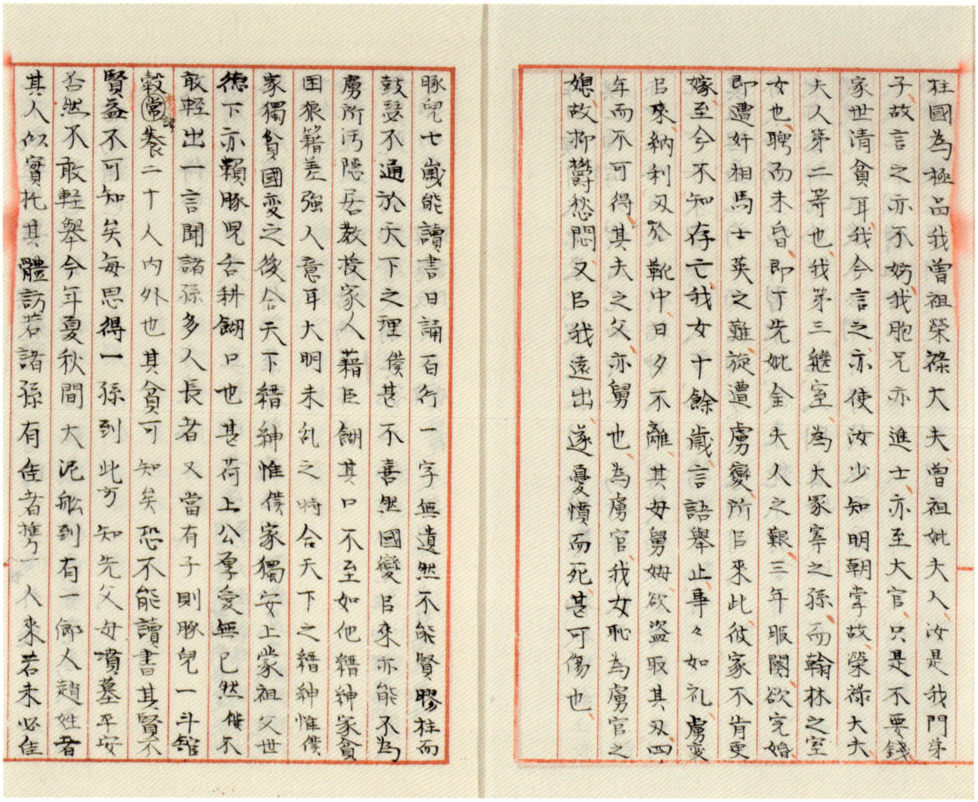

在國為極品我曾祖榮祿大夫曾祖妣夫人汝是我門弟
子故言之亦不妨我胞兄亦進士亦至大官只是不要錢
家世清貧耳我今言之亦使汝少知明朝掌故榮祿大夫
夫人第二著也我第三繼室為大冢宰之孫而翰林之室
女也聘而未昏即丁先妣金夫人之艱三年服闋欲完婚
即遭奸相馬士英之難旋遭虜變所以來此彼家不肯更
嫁至今不知存亡我女十餘歲言語舉止事事如礼虜變
以來納利又於靴中日夕不離其姆舅姆欲盜取其又四
年而不可得其夫之父亦舅也為虜官我女恥為虜官之
媳故抑鬱愁悶又以我遠出遂憂憤而死甚可傷也

豚兒七歲能讀書日誦百行一字無遺然不能賢膠柱而
鼓瑟不通於天下之理僕甚不喜然國變以來亦能不為
虜所污隱居教授家人藉臣餬其口不至如他縉紳家貧
困狼藉差強人意耳大明未亂之時合天下之縉紳惟僕
家獨貧國變之後合天下縉紳惟僕家獨安上公家祖父世
德下亦頗豚兒舌耕餬口也甚荷上公厚愛無已然僕不
敢輕出一言聞諸孫多人長者又當有子則豚兒一斗筲
穀常養二十人內外也其貧可知矣恐不能讀書其賢不
賢益不可知矣每思得一孫到此方知先父母墳墓平安
否然不敢輕擧今年夏秋間大泥船到有一鄉人趙姓者
其人似實托其體訪若諸孫有佳者携一人來若未必佳

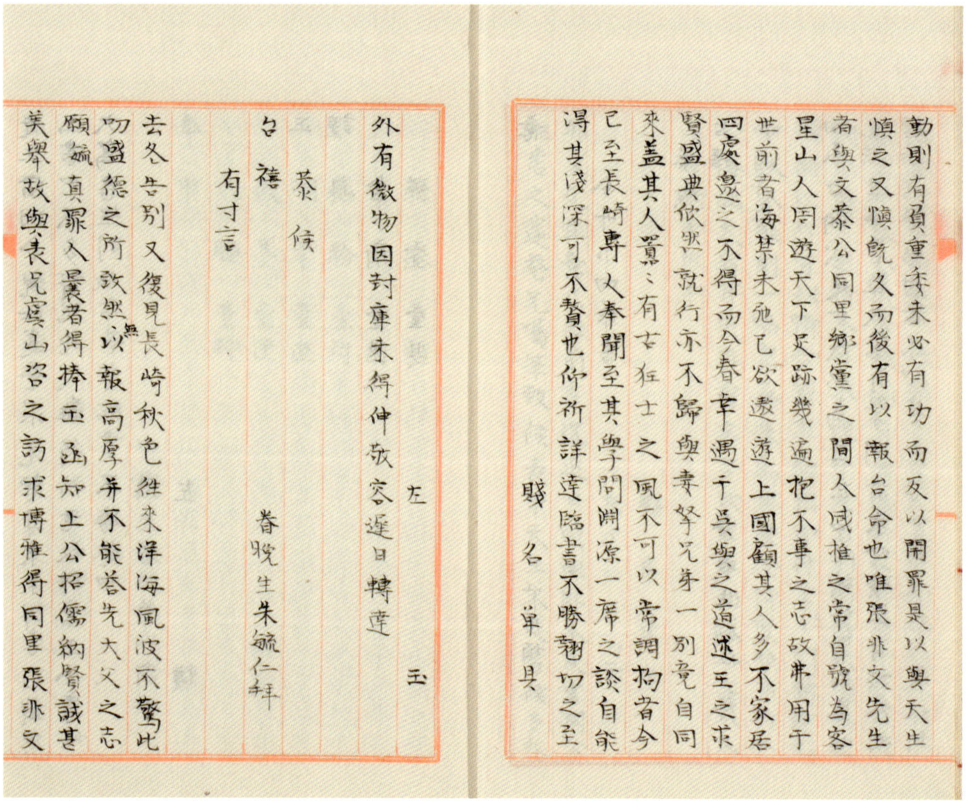

動則有負重委未必有功而反以開罪是以與天生
慎之又慎既久而後有以報台命也唯張非文先生
者與文恭公同里鄉黨之間人咸推之常自號為客
星山人同遊天下足跡幾遍抱不事之志故弗用于
世前者海禁未弛已欲遠遊上國顧其人多不家居
四處覓之不得而今春幸遇于吳與之道述王之求
賢盛典依然就行亦不歸與妻孥兄弟一別竟自同
來蓋其人囂囂有古狂士之風不可以常調拘者今
已至長崎專人奉聞至其學問淵源一席之談自能
得其淺深可不贅也仰祈詳達臨書不勝翹切之至
賤名單具

左　玉
外有微物因封庫未得伸敬容遲日轉達
恭候
台禧　眷晚生朱毓仁拜
有寸言
去冬告別又復見長崎秋色往來洋海風波不驚此
叨盛德之所致然無以報高厚并不能答先大父之志
顧毓真罪入釁者得捧玉函知上公招儒納賢誠甚
美擧故與表兄虞山容之訪求博雅得同里張非文

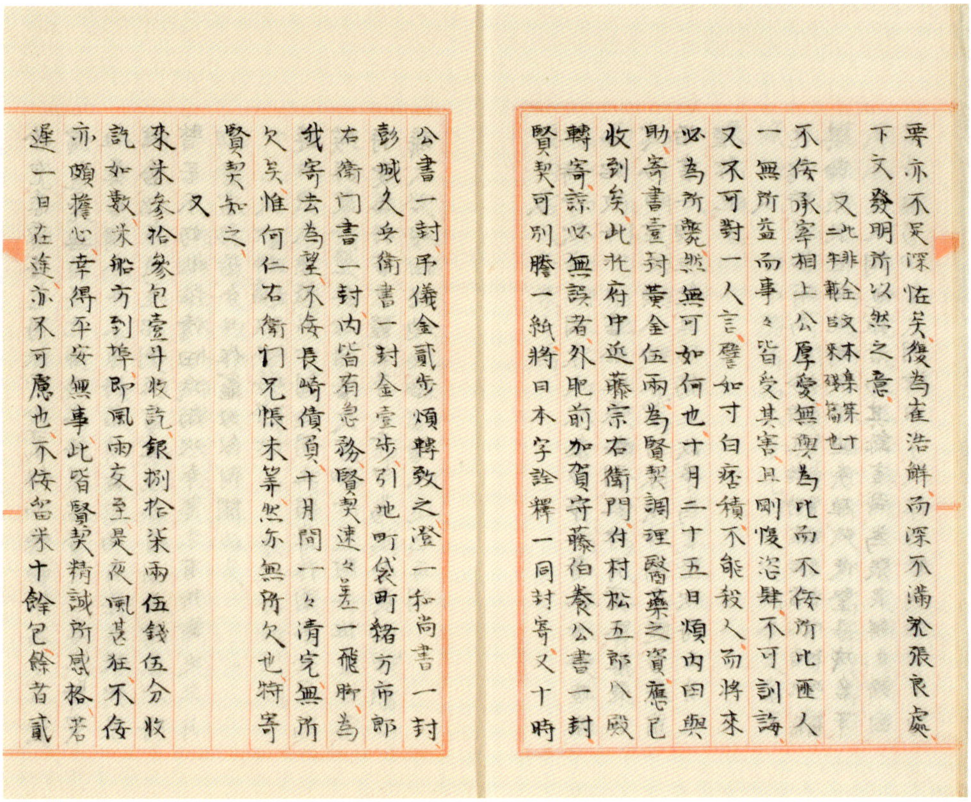
要亦不足深恠矣後為崔浩解而深不滿於張良處
下文發明所以然之意
又 此非全文本集第十二年輯跋林殘篇也
不佞承宰相上公厚愛無與為比而不佞所比匪人
一無所益而事々皆受其害且剛愎滔肆不可訓誨
又不可對一人言譬如寸白瘔積不能殺人而將來
必為所斃然無可如何也十月二十五日煩內田與
助寄書壹封黃金伍兩為賢契調理醫藥之資應已
收到矣此北府中近藤宗右衛門付村松五郎八殿
轉寄諒必無誤者外肥前加賀守藤伯養公書一封
賢契可別謄一紙將日本字詮釋一同封寄又十時
公書一封手儀金貳步煩轉致之澄一和尚書一封
彭城久兵衛書一封金壹步引地町袋町緒方市郎
右衛门書一封內皆有急務賢契速々差一飛脚為
我寄去為望不佞長崎債負十月間一々清完無所
欠矣惟何仁右衛门兄帳未算然亦無所欠也特寄
賢契知之
又
來米參拾參包壹斗收訖銀捌拾柒兩伍錢伍分收
訖如數米船方到埠即風雨交至是夜風甚狂不佞
亦頗擔心幸得平安無事此皆賢契精誠所感格若
遲一日在途亦不可慮也不佞留米十餘包餘首貳

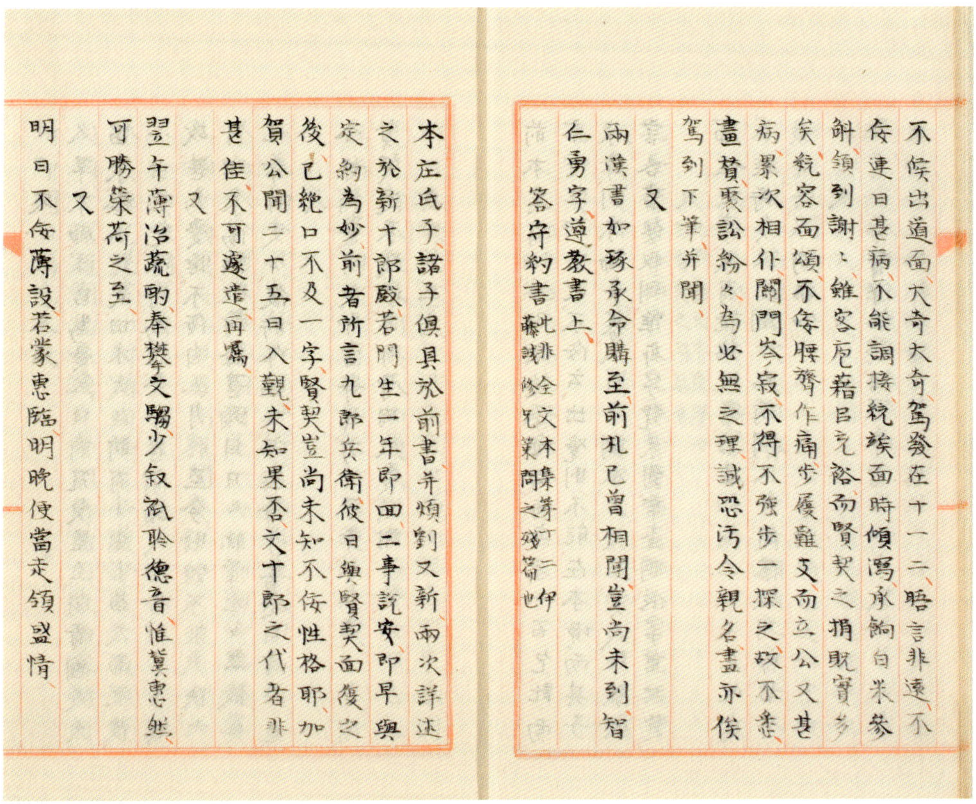
不候出道面大奇大奇駕發在十一二晤言非遠不
佞連日甚病不能調接貌娭面時傾瀉承餉白米參
斛領到謝々雖客厄藉呂乞路而賢契之捐貺實多
矣貌容面頌不佞腰膂作痛步履難支而立公又甚
病累次相仆閉門岑寂不得不強步一探之故不悉
畫贊聚訟紛々為必無之理誠恐污令親名畫亦候
駕到下筆并聞
又
兩漢書如琢承命購至前札已曾相聞豈尚未到智
仁勇字遵教書上
答守約書 此非全文本集第十二伊藤誠修笔策問之殘篇也
本庄氏子諸子俱具於前書并煩劉又新兩次詳述
之於新十郎殿若門生一年即四二事訖安即早與
定約為妙前者所言九郎兵衛彼日與賢契面復之
後已絕口不及一字賢契豈尚未知不佞性格耶加
賀公間二十五日入覲未知果否文十郎之代者非
甚佳不可遽進再囑
又
翌午薄治蔬酌奉攀文驂少敘衷聆德音惟冀惠然
可勝榮荷之至
又
明日不佞薄設若蒙惠臨明晚便當走領盛情

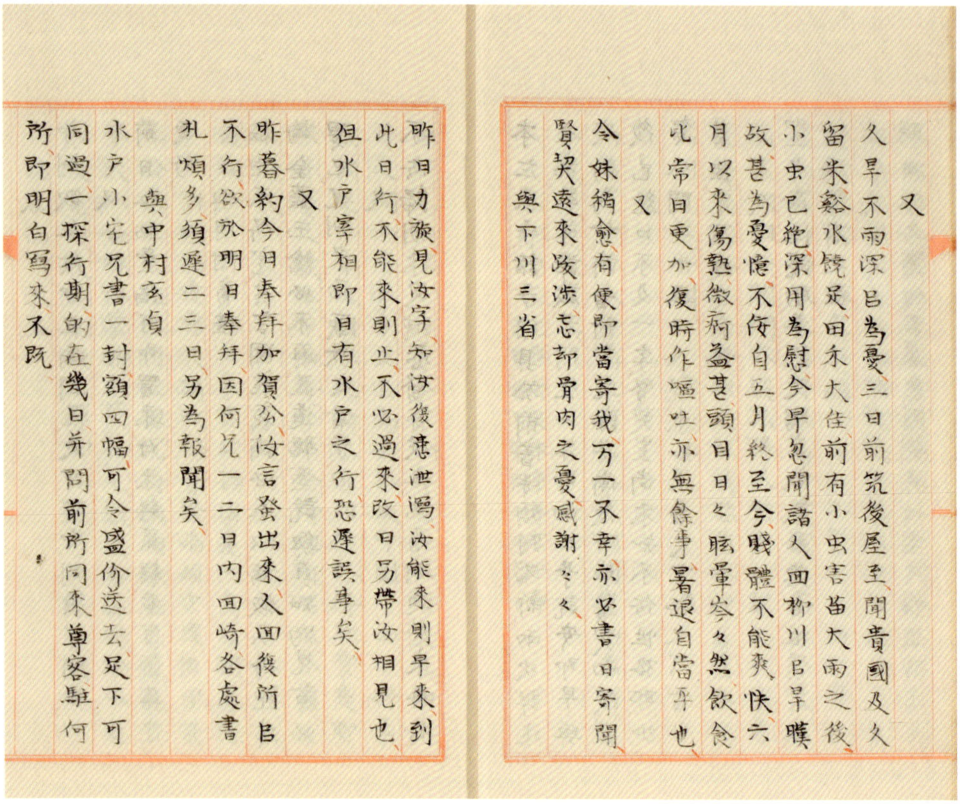

又
久旱不雨深以為憂三日前筑後屋主聞貴國及久
留米谿水僅足田禾大佳前有小虫害苗大雨之後
小虫已絕深用為慰今早忽聞諸人田柳川以旱暵
故甚為憂憶不佞自五月終至今賤體不能爽快六
月以來傷熱微病益甚頭目日々眩暈岑々然飲食
比常日更加復時作嘔吐亦無餘事暑退自當平也
又
令妹稍愈有便即當寄我万一不幸亦必書日寄聞
賢契遠來跋涉忘却骨肉之憂感謝々々
與下川三省

昨日力旋見汝字知汝後患泄瀉汝能來則早來到
此日行不能來則止不必過來改日另帶汝相見也
但水戶宰相即日有水戶之行恐遲誤事矣
又
昨暮約今日奉拜加賀公汝言登出來入田後所以
不行欲於明日奉拜因何兄一二日內田崎各處書
札煩多須遲二三日另為報聞矣
與中村玄貞
水戶小宅兄書一封額四幅可令盛价送去足下可
同過一探行期的在幾日并問前所同來尊客駐何
所即明白寫來不既

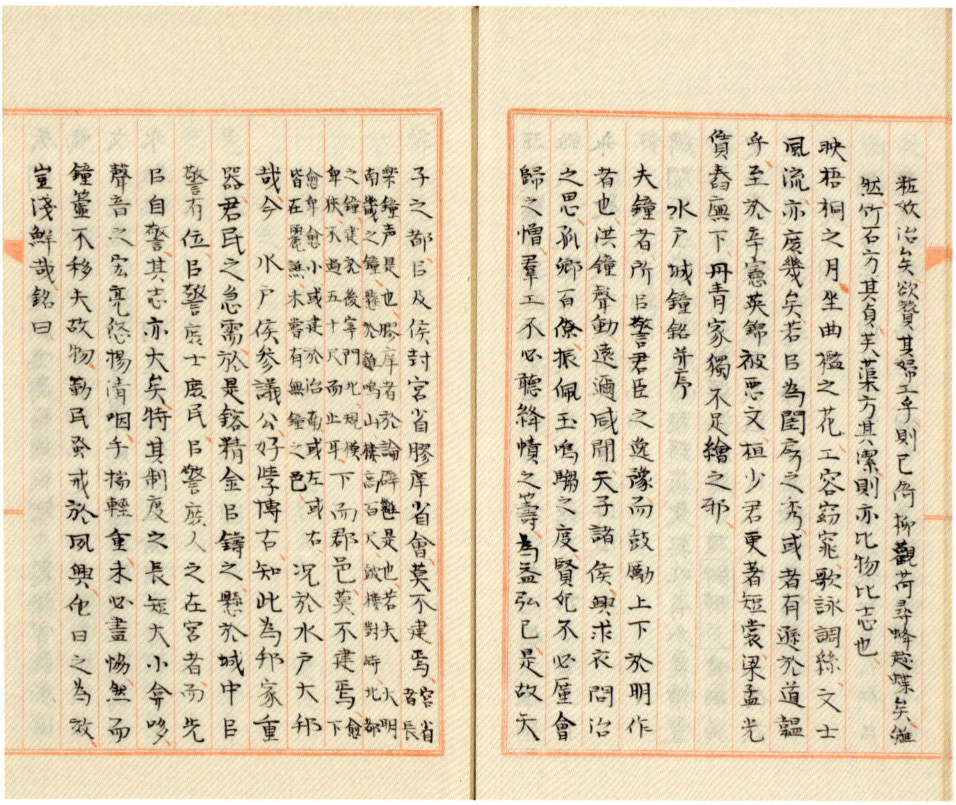

粧妝治矣欲贊其婦工手則已倚柳觀荷尋蜂趁蝶矣雖
然竹石方其貞芙蕖方其潔則亦比物比志也
秋梧桐之月坐曲檻之花工容窈窕歌詠調絲文士
風流亦庶幾矣若以為閨房之秀或者有遜於道韞
乎至於弄寫英錦被惡文桓少君更著短裳梁孟光
貧舂廡下丹青家獨不足繪之邪
水戶城鐘銘并序
夫鐘者所以警君臣之逸豫而鼓勵上下於明作
者也洪鐘聲動遠邇咸聞天子諸侯與求衣問治
之思卿鄉百僚振佩玉鳴璐之度賢妃不必屢會
歸之憎羣工不必聽絳幘之籌為益弘已是故天

子之都以及侯封宮省膠庠省會莫不建焉宮省者長
樂鐘聲是也膠庠者於論辟雍是也若夫大明
南譙之鐘懸於雞鳴山樓高百尺鼓樓對峙北都
之鐘建於後宰門北規模
卑狹不過五十尺而止耳下而郡邑莫不建焉下愈
愈卑愈小或建於治衙或左或右況於水戶大邦
皆在衢無木當有無鐘之邑
哉今水戶侯參議公好學博古知此為邦家重
器君民之急需於是鎔精金以鑄之懸於城中以
警有位以警庶士庶民以警庶人之在宮者而先
以自警其志亦大矣特其制度之長短大小命吟
聲音之宏亮悠揚清咽手揣輕重未必盡協然而
鐘簴不移大政物勤民發戒於夙興作日之為效
豈淺鮮哉銘曰

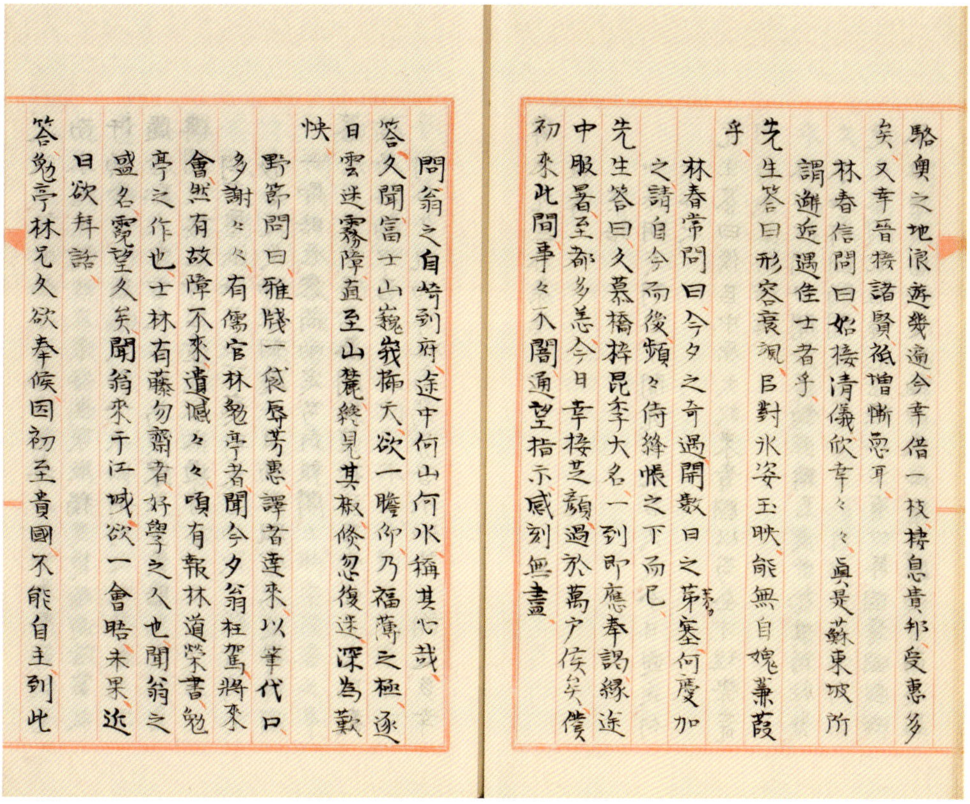
駱奥之地浪遊幾適今幸借一枝棲息貴邦受惠多
矣又幸晉接諸賢祇增慚恧耳
林春信問曰始接清儀欣幸々々真是蘇東坡所
謂邂逅遇佳士者乎
先生答曰形容衰颯目對氷姿玉映能無自媿蒹葭
乎
林春常問曰今夕之奇遇開數日之茅塞何慶加
之請自今而後頻々侍絳帳之下而已
先生答曰久慕橋梓昆季大名一到即應奉謁緣途
中服暑至都多恙今日幸接芝顏過於萬户侯矣償
初來此間事々不闇通望指示感刻無盡

問翁之自崎到府途中何山何水稱其心哉
答久聞富士山巍峩插天欲一瞻仰乃福薄之極逐
日雲迷霧障直至山麓終見其叔倏忽復迷深為歎
快
野節問曰雅賤一袋辱芳惠譯者達來以筆代口
多謝々々有儒官林勉亭者聞今夕翁在駕將來
會然有故障不來遺憾々々頃有報林道榮書勉
亭之作也士林有藤勿齋者好學之人也聞翁之
盛名霓望久矣聞翁來于江城欲一會晤未果近
日欲拜話
答勉亭林兄久欲奉候因初至貴國不能自主到此

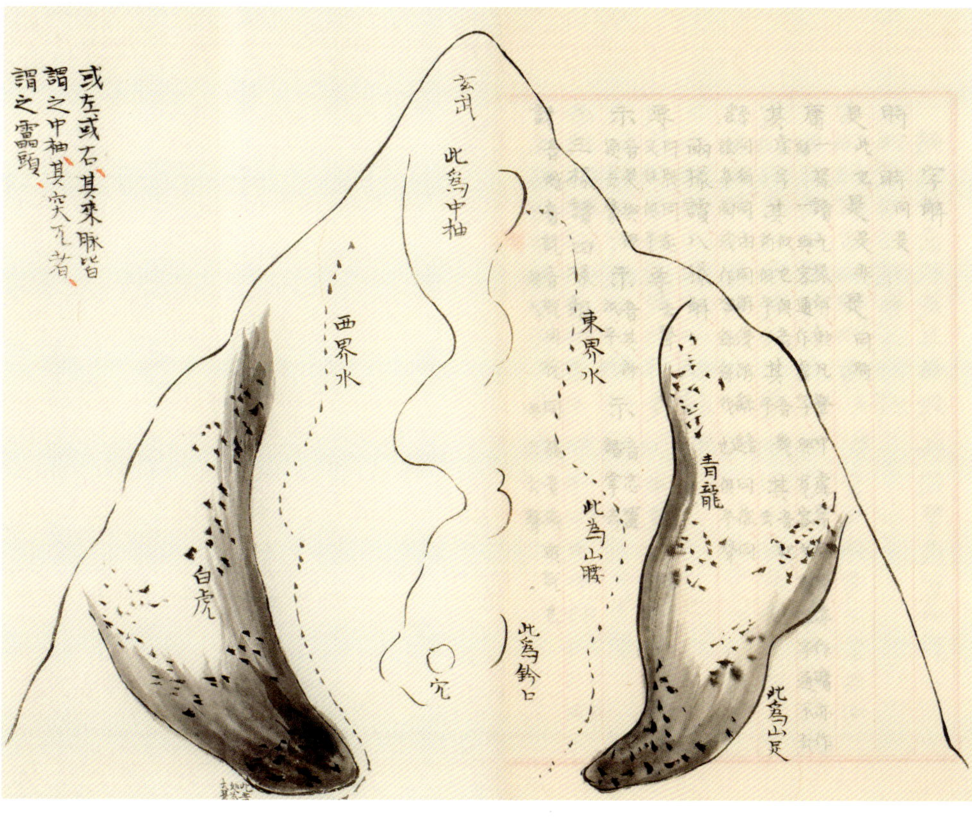

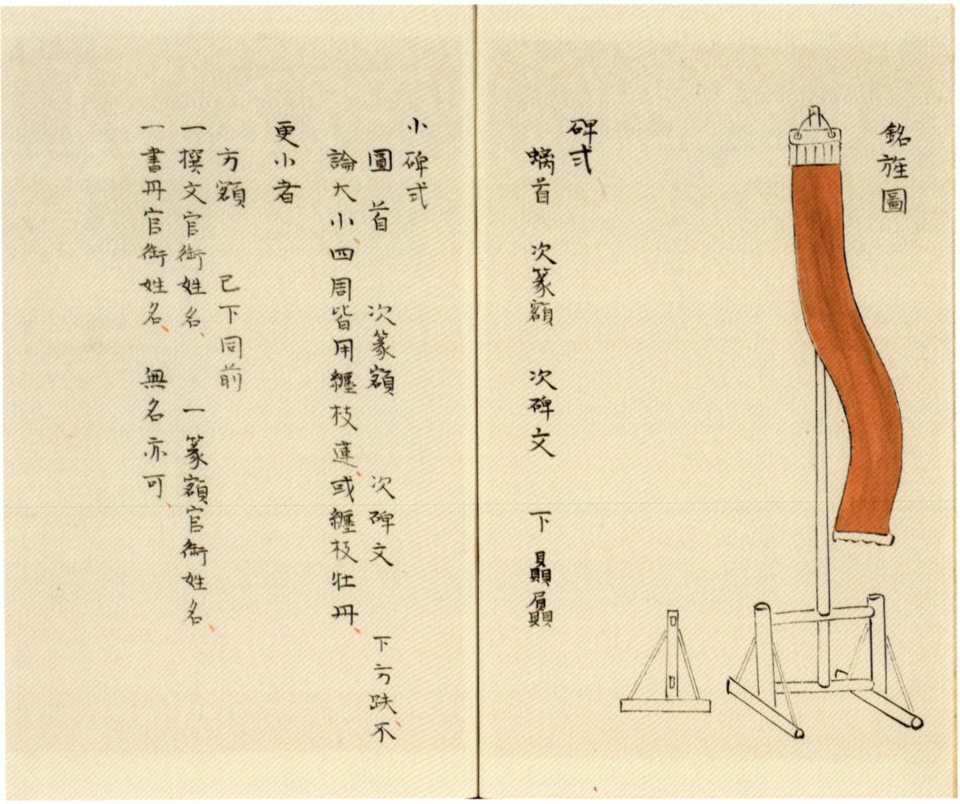

銘旌圖

碑式

螭首　次篆額　次碑文　下贔屓

小碑式

圓首　次篆額　次碑文　下方趺不

論大小四周皆用纏枝蓮或纏枝牡丹

更小者

方額　已下同前

一撰文官銜姓名　一篆額官銜姓名

一書丹官銜姓名　無名亦可

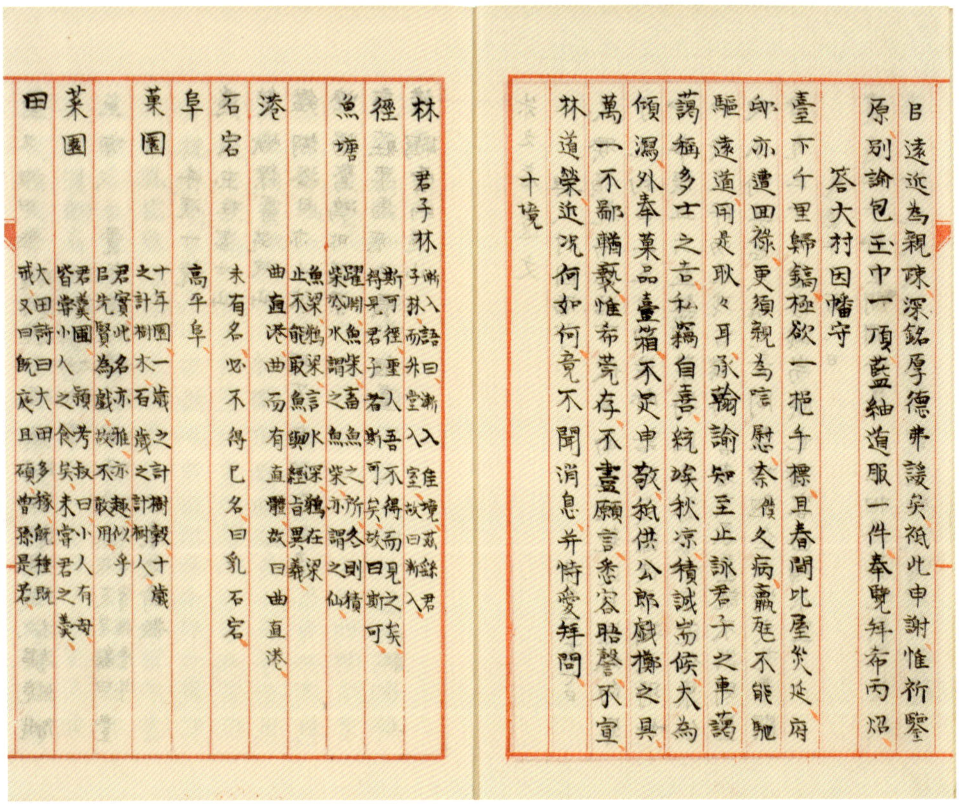

曰遠近為親疎深銘厚德弗諼矣祗此申謝惟祈鑒

原別諭包玉巾一頂藍紬道服一件奉覽拜布丙炤

答大村因幡守

臺下千里歸鎬極欲一把手標且春間比屋災延府

邸亦遭回祿更須親為唁慰奈僕久病羸尫不能馳

驅遠道用是耿々耳承諭知至止詠君子之車藹

藹稱多士之言私竊自喜統竢秋凉積誠嵩候大為

傾瀉外奉菓品臺箱不足申敬祗供公郎戲擲之具

萬一不鄙輶褻惟希莞存不盡願言悉容晤磬不宣

林道榮近況何如何竟不聞消息并特愛拜問

十境

林　君子林　漸入語曰漸入佳境蔗餘君　子林而外堂入室故曰漸入

徑　斯可徑至入吾不得而見之矣　得見君子者斯可矣故曰斯可

魚塘　躍淵魚樂畜魚之所冬則積　樂於水謂之魚樂亦謂之仙

魚梁獨梁言水深鶴在梁　止不能取魚與經吉異義

港　曲直港曲而有直體故曰曲直港

石宕　未有名必不得已名曰乳石宕

皐　高平皐

菓園　十年園一歲之計樹穀十歲　之計樹木百歲之計樹人

君賓此名亦雅亦趣似乎　曰先賢為戲故不敢用

菜園　君羹國頗考叔曰小人有母　皆嘗小人之食矣未嘗君之羹

田　大田詩曰大田多稼既種既　戒又曰既庭且碩曾孫是若

（三）《澹泊齋文集》

27.5×19.5×2.0cm　十一冊　文庫6346~6357

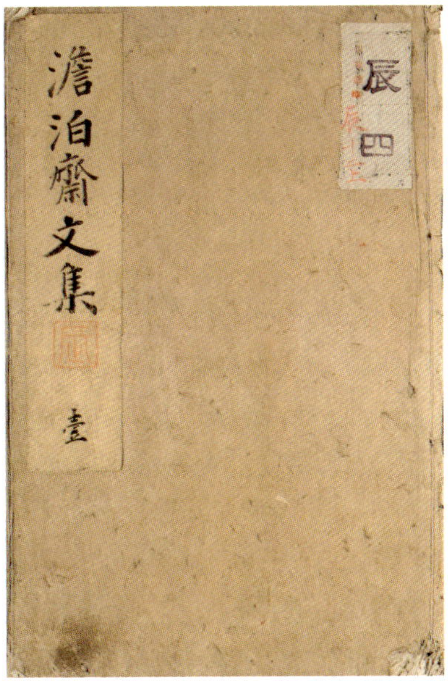

寫本，分為八卷，未署編抄者姓氏及年月。收存于《續々群書類從》（詩文部）中（續群書類從完成會編，國書刊行會，1909年）。

卷一（《澹泊齋文集》一），含裱紙共146頁。與朱舜水相關者，有《祭文恭朱先生墓文》與《明故徵君文恭先生碑陰》二文。除《復湖玄普書》與《伊藤武之進碑陰》之間闕《雪蘭居士碑陰》（移諸卷二）以及《十竹居士佐佐子碑陰》與《與山崎雲碩書》之間闕《安東省庵文集序》（移諸卷七）外，餘幾與《續々》所收《澹泊齋文集》盡同。又，寫本之《子花譜序》于《續々》中被訛作《子花譜代》。蓋“序”與“代”意有所通？未可知也。另，卷一中《帝號議》與《擬豐太閤討明智光秀檄》，被收入高須芳次郎編《安積澹泊集》之《史論史傳》部（《水戶學大系》第六卷，水戶學大系刊行會，1940年），由漢文轉為和譯。

卷二（《澹泊齋文集》二），含裱紙共158頁。除《與村篁溪泉竹軒書》（2首）、《書增補追加家忠日記後》、《帝號義例》、《將軍傳義例》、《村篁溪碑銘》、《書逐日功課自實簿後》等政論性文函外，所餘48篇，均未收諸《續々》之《澹泊齋文集》卷貳中。其未收文稿，與舜水相關者，有《朱氏談綺序》、《舜水先生文集後序》、《舜水先生文集凡例》、《題文恭先生書後》等。他如《杖銘》、《硯屏銘》、《神農像贊》、《跋法華經》、《常照寺藏千字文記》、《題東臯越師書》、《祭村篁溪總裁文》、《寄森復庵書》（中有舜水“儒教不明，佛不可攻；儒教既明，佛不必功”數語）等漢和文化討論文函不一。

卷三（《澹泊齋文集》三、四），含裱紙共238頁。其中，《祭朱文恭先生文（代言）》、《跋蝶夢集》、《寄泉竹軒佐竹暉兩總裁書》、《磐船山法會詩歌序》、《致藤執政書二首》、《跋大洗磯前明神社（“社”字，乃他人補入寫本者，與《續々》本合）本緣》、《草廬三顧圖贊》等，俱收於寫本與《續々》本中。他如《跋小野政員所藏源義公手書》、《源義公尊像（代言）》等三十餘篇，則未見於《續々》本文集。

卷四（《澹泊齋文集》五、六），為澹泊之“史論一”。《帝大友紀議》、《二宮考（上、下）》、《王魏事太宗》、《真西山》、《神功皇后論》、《清談之禍》、《源義家》、《平政子》、《入田親真》諸篇，與《續々》本所收者同。至於《蜀論》、《吴論》、《魏論》、《批瞿昆湖史評》、《中興相業》諸篇，則不見於《續々》本文集。由是而觀《續々》本，則日本史論多而外國史論寡，政事篇幅重而文藝比例輕。其所收《讀焚椒錄》一文並不見於寫本，不知從何竄入。

卷五（《澹泊齋文集》五）。

卷六（《澹泊齋文集》六）（裱紙為四），含裱紙共88頁，為澹泊之“史論二”。《續々》所收《澹泊齋文集》卷五、卷六，基本與之同。

卷七（《澹泊齋文集》七）（裱紙為伍），含裱紙共122頁。篇目、內容與《續々》所收《澹泊齋文集》卷七盡同。

卷八（《澹泊齋文稿》八，裱紙為六上），含裱紙共178頁。從《挹翠亭記》到《賀室鳩巢壽序》，寫本之篇目、內容與《續々》所收《澹泊齋文集》卷八盡同。其與荻生徂徠之六首文通，引人矚目。附於寫本尾部的《澹泊齋文稿》卷之十，《續々》本未收。篇目為：《老牛說》、《跋義公詩》、《德田常村墓碑銘》、《讀月下燕集序序》、《答百拙和尚書》、《復屈南湖書》、《跋古塚記》、《魯溪入穀子墓碣》、《因幡守肥田君墓碑銘》、《書賀村上君六十算詩歌後》、《壽田信齋七十算序》、《寄河菊泉書》、《赤城睡鐵序》、《題百拙和尚墨菊》、《題心越禪師竹雲匾額後》、《賀原浮休八十序》。

卷九（《澹泊齋詩稿》九，裱紙為六下），含裱紙共248頁，《續々》本《澹泊齋文集》未收錄。補遺，含裱紙共14頁，《續々》本《澹泊齋文集》未收錄。有《奉和中秋遊史館韻》、《和百拙和尚元旦韻三首》、《和歲將暮十首》、《和尚又賦同韻山將暮十首》、《跋海棠詩卷》、《檢閱議》六篇。

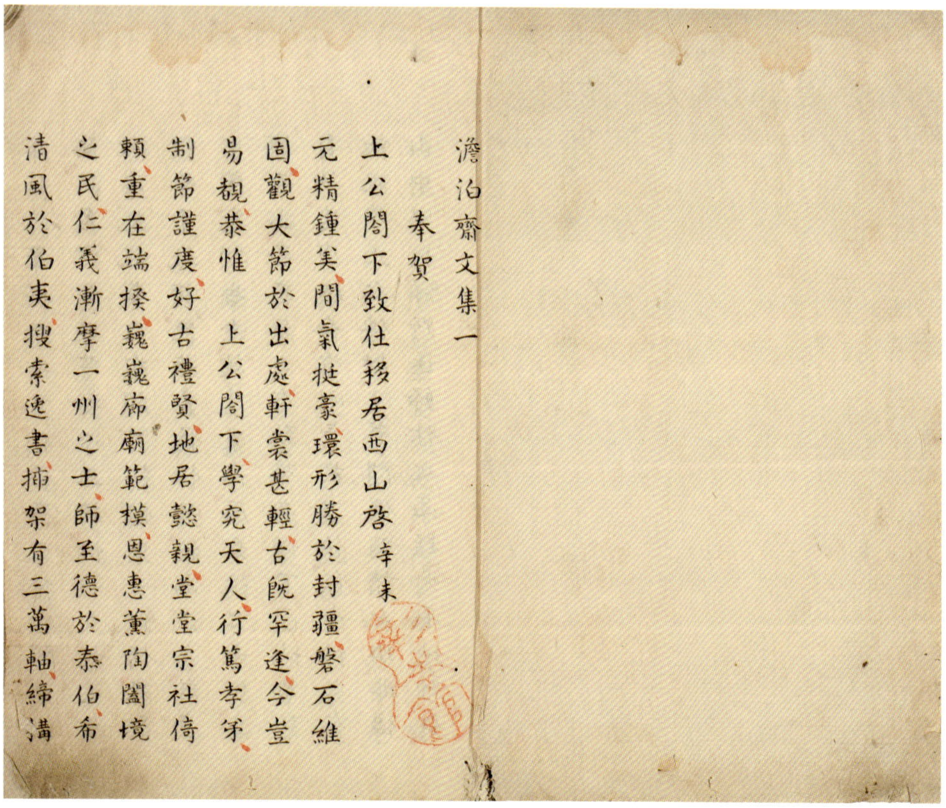
澹泊齋文集一
奉賀
上公閤下致仕移居西山啓　辛未
元精鍾美間氣挺豪環形勝於封疆磐石維
固觀大節於出處軒裳甚輕古既罕逢今豈
易覯恭惟　上公閤下學究天人行篤孝弟
制節謹度好古禮賢地居懿親堂堂宗社倚
賴重在端揆巍巍廊廟範模恩惠薰陶闔境
之民仁義漸摩一州之士師至德於泰伯希
清風於伯夷搜索逸書挿架有三萬軸締構

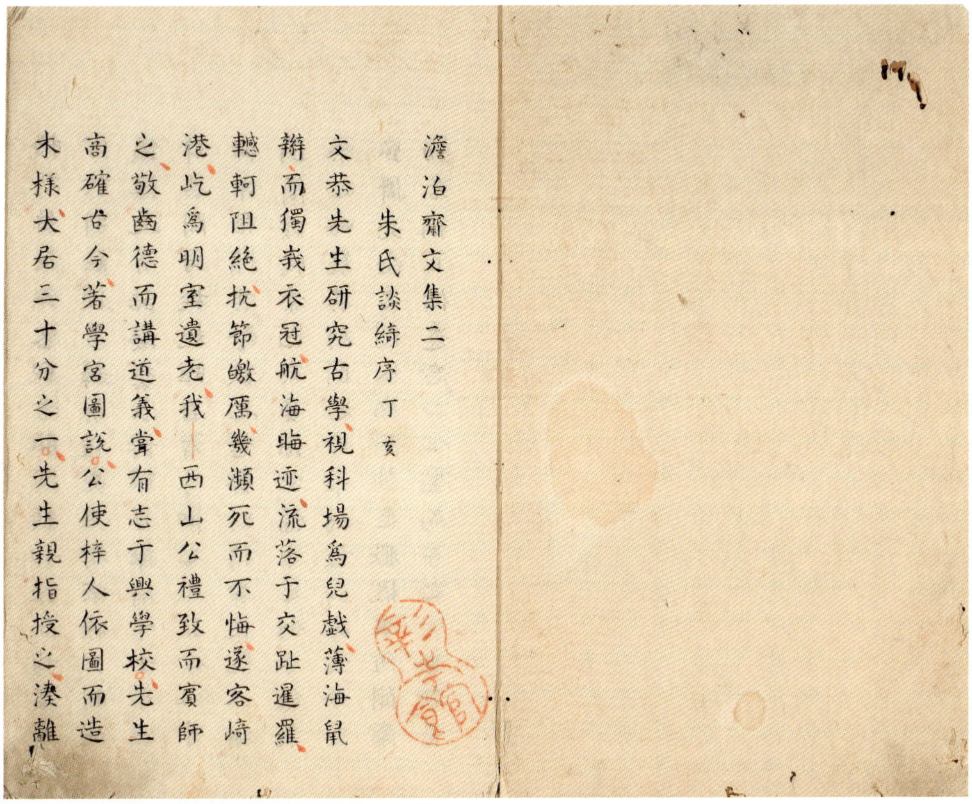

澹泊齋文集二

朱氏談綺序 丁亥

文恭先生研究古學視科場爲兒戲薄海鼠辮而獨莪衣冠航海晦迹流落于交趾暹羅轆軻阻絶抗節皦厲幾瀕死而不悔遂客崎港屹爲明室遺老我——西山公禮致而賓師之敬𠧪德而講道義嘗有志于興學校先生商確古今著學宮圖説公使梓人依圖而造木樣大居三十分之一先生親指授之淒離

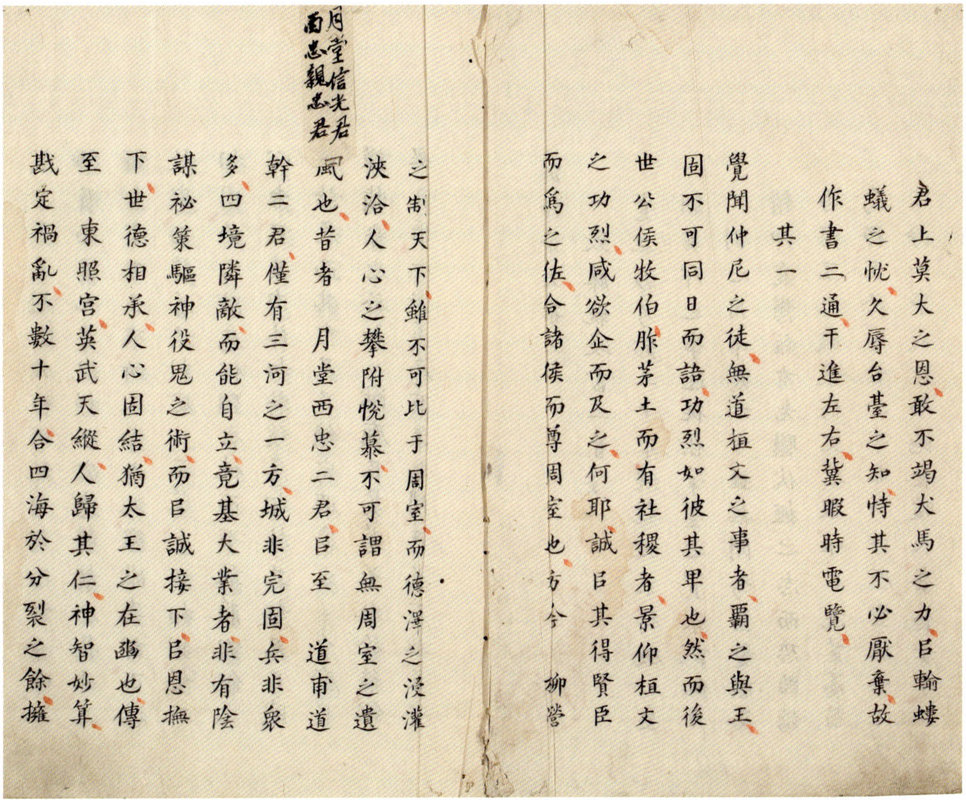

君上莫大之恩敢不竭犬馬之力以輸螻蟻之忱久辱台臺之知特其不必厭棄故作書二通干進左右冀暇時電覽

其一

覺聞仲尼之徒無道桓文之事者覇之與王固不可同日而語功烈如彼其卑也然而後世公侯牧伯胙茅土而有社稷者景仰桓文之功烈咸欲企而及之何耶誠以其得賢臣而爲之佐合諸侯而尊周室也方今 柳營之制天下雖不可比于周室而德澤之浸灌浹洽人心之攀附悦慕不可謂無周室之遺風也昔者月堂西忠二君以至 道甫道幹二君僅有三河之一方城非完固兵非衆多四境隣敵而能自立竟基大業者非有陰謀祕策驅神役鬼之術而已誠接下以恩撫下世德相承人心固結猶太王之在豳也傳至東照宮英武天縱人歸其仁神智妙算戡定禍亂不數十年合四海於分裂之餘擁

月堂信光君
西忠親忠君

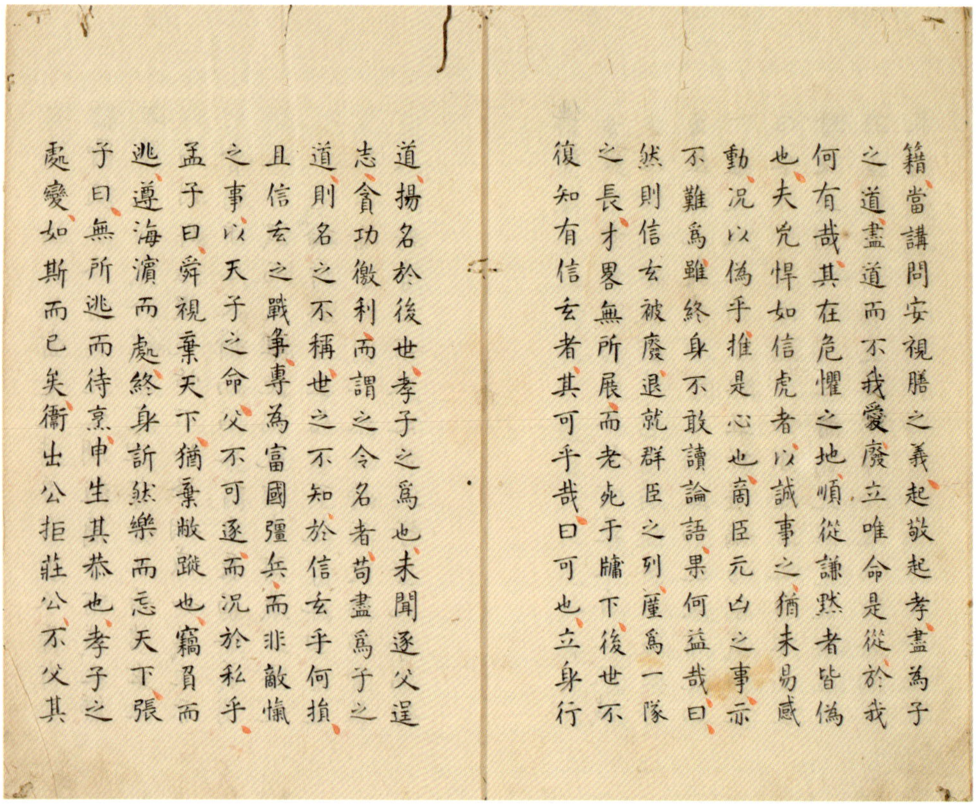
籍當講問安視膳之義起敬起孝盡為子之道盡道而不我愛廢立唯命是從於我何有哉其在危懼之地順從謙默者皆偽也夫兇悍如信虎者以誠事之猶未易感動況以偽乎推是心也商臣元凶之事亦不難為雖終身不敢讀論語果何益哉曰然則信玄被廢退就群臣之列厘為一隊之長才畧無所展而老死于牖下後世不復知有信玄者其可乎哉曰可也立身行道揚名於後世孝子之為也未聞逐父逞志貪功徼利而謂之令名者苟盡為子之道則名之不稱世之不知於信玄乎何損且信玄之戰争專為富國彊兵而非敵愾之事以天子之命父不可逐而況於私乎孟子曰舜視棄天下猶棄敝蹝也竊負而逃遵海濱而處終身訢然樂而忘天下張子曰無所逃而待烹申生其恭也孝子之處變如斯而已矣衛出公拒莊公不父其

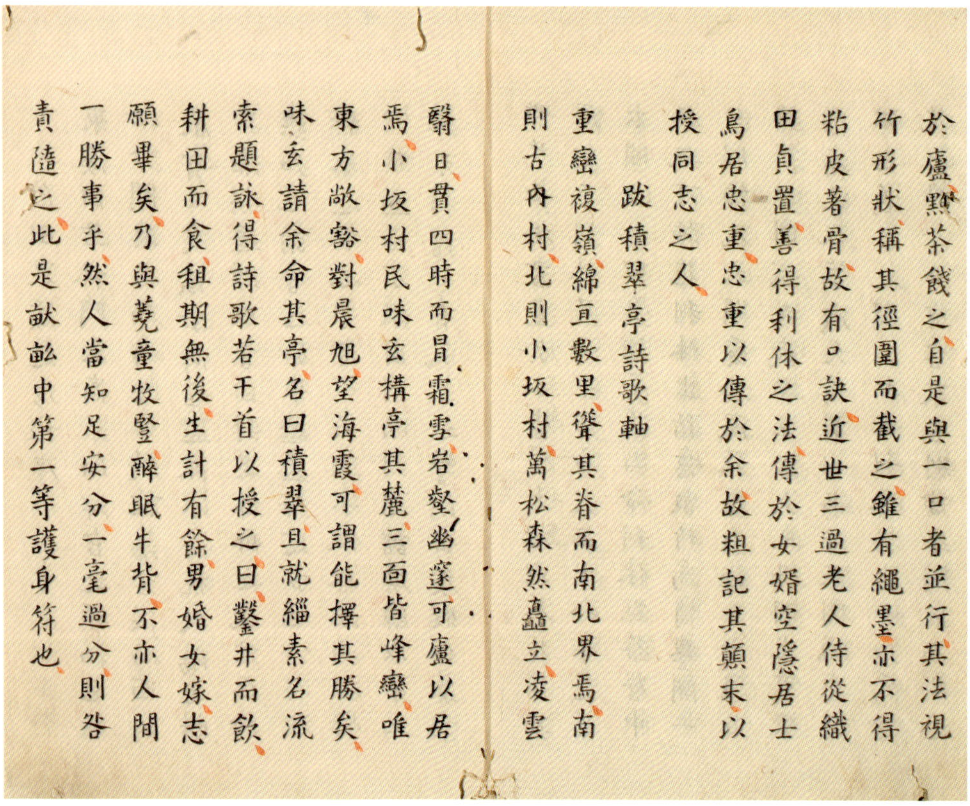
於爐點茶餞之自是與一口者並行其法視竹形狀稱其徑圍而截之雖有繩墨亦不得粘皮著骨故有口訣近世三過老人侍從織田貞置善得利休之法傳於女婿空隱居士鳥居忠重忠重以傳於余故粗記其顛末以授同志之人

跋積翠亭詩歌軸

重巒複嶺綿亘數里聳其脊而南北界焉南則古內村北則小坂村萬松森然矗立凌雲翳日貫四時而冐霜雪岩巒幽邃可廬以居焉小坂村民味玄構亭其麓三面皆峰巒唯東方敞豁對晨旭望海霞可謂能擇其勝矣味玄請余命其亭名曰積翠且就緇素名流索題詠得詩歌若干首以授之曰鑿井而飲耕田而食租期無後生計有餘男婚女嫁志願畢矣乃與蕘童牧豎醉眠牛背不亦人間一勝事乎然人當知足安分一毫過分則咎責隨之此是畎畝中第一等護身符也

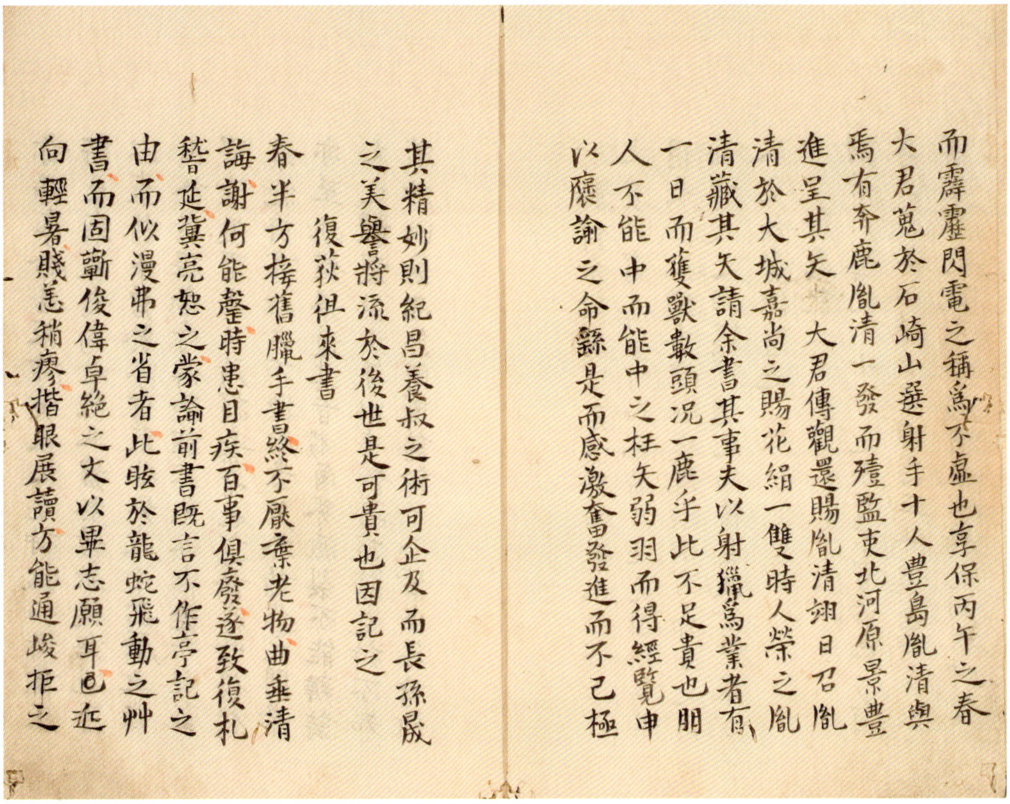

而霹靂閃電之稱爲不虛也享保丙午之春
大君蒐於石崎山選射手十人豐島胤清與
焉有奔鹿胤清一發而殪監吏北河原景豐
進呈其矢　大君傳觀還賜胤清翊日召胤
清於大城嘉尚之賜花絹一雙時人榮之胤
清藏其矢請余書其事夫以射獵爲業者有
一日而獲獸數頭況一鹿乎比不足貴也朋
人不能中而能中之枉矢弱羽而得經覽申
以褒諭之命繇是而感激奮發進而不已極
其精妙則紀昌養叔之術可企及而長孫晟
之美譽將流於後世是可貴也因記之

復荻徂徠書

春半方接舊臘手書慇懃不厭棄老物曲垂清
誨謝何能罄時患目疾百事俱廢遂致復札
稽延冀亮恕之棠論前書既言不作亭記之
由而似漫弗之省者此眩於龍蛇飛動之艸
書而固覩俊偉卓絕之文以畢志願耳邑近
向輕暑賤恙稍瘳揩眼展讀方能通峻拒之

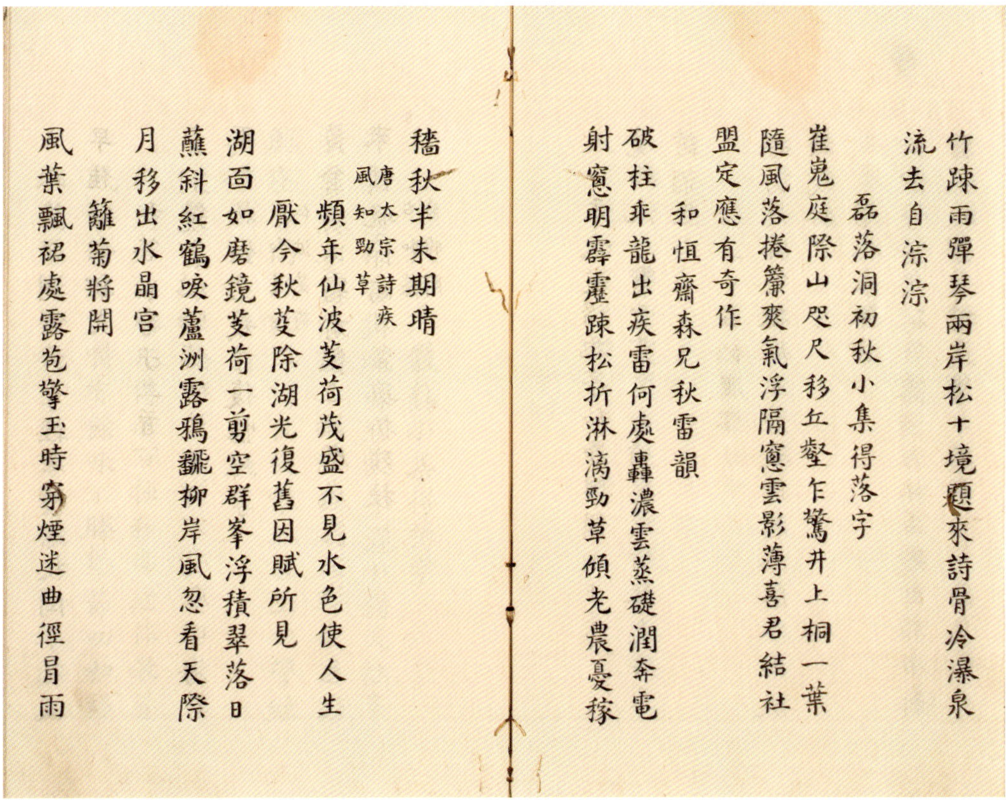

竹踈雨彈琴兩岸松十境題來詩骨冷瀑泉
流去自淙淙

磊落洞初秋小集得落字

崔嵬庭際山咫尺移丘壑乍驚井上桐一葉
隨風落捲簾爽氣浮隔窻雲影薄喜君結社
盟定應有奇作

和恒齋森兄秋雷韻

破柱非龍出疾雷何處轟濃雲蒸礎潤奔電
射窻明霹靂踈松折淋漓勁草傾老農憂稼
穡秋半未期晴

（唐太宗詩疾風知勁草）

頻年仙波芰荷茂盛不見水色使人生
厭今秋芰除湖光復舊因賦所見

湖面如磨鏡芰荷一剪空群峯浮積翠落日
蘸斜紅鶴唳蘆洲露鴉飜柳岸風忽看天際
月移出水晶宮

籬菊將開

風葉飄䬃處露苞擎玉時寒煙迷曲徑冒雨

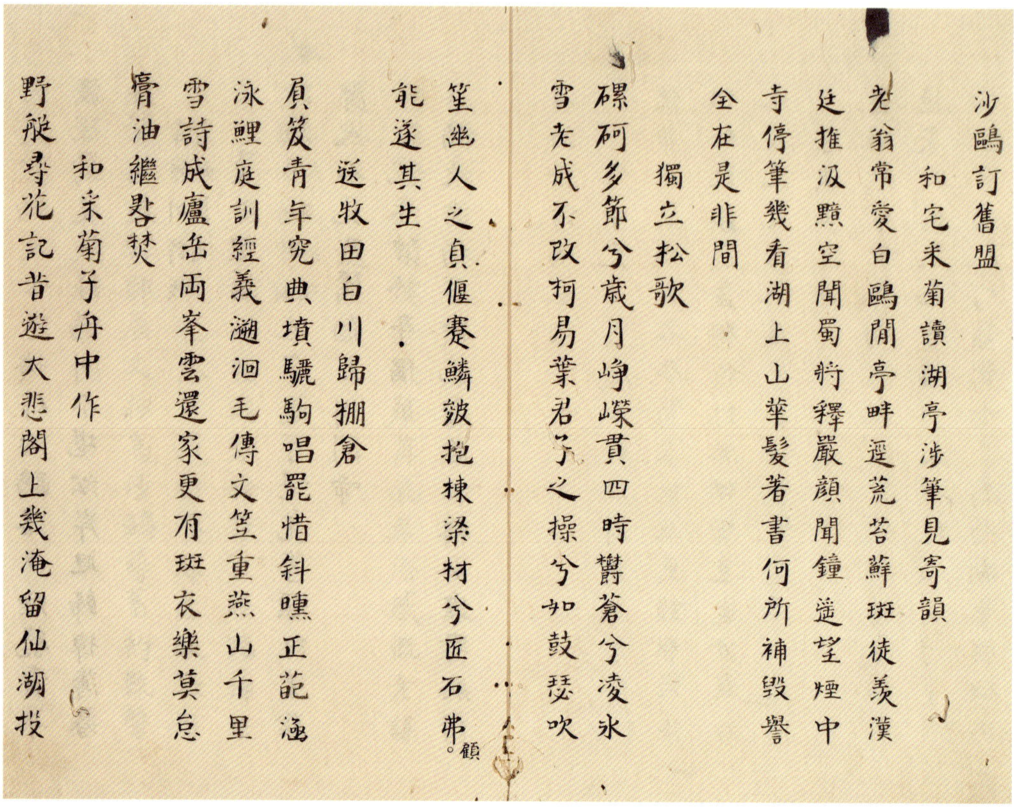
沙鷗訂舊盟
和宅釆菊讀湖亭涉筆見寄韻
老翁常愛白鷗閒亭畔遥荒苔蘚斑徒羨漢
廷推汲黯空聞蜀將釋嚴顔聞鐘遥望煙中
寺停筆幾看湖上山華髮著書何所補毀譽
全在是非間
獨立松歌
磥砢多節兮歲月崢嶸貫四時欝蒼兮凌氷
雪老成不改柯易葉君子之操兮如鼓瑟吹
笙幽人之貞偃蹇鱗皴抱棟梁材兮匠石弗。顧
能遂其生
送牧田白川歸棚倉
肩笈青年究典墳驪駒唱罷惜斜曛正範涵
泳鯉庭訓經義溯洄毛傳文笠重燕山千里
雪詩成廬岳兩峯雲還家更有斑衣樂莫怠
膏油繼晷焚
和釆菊子舟中作
野艇尋花記昔遊大悲閣上幾淹留仙湖投

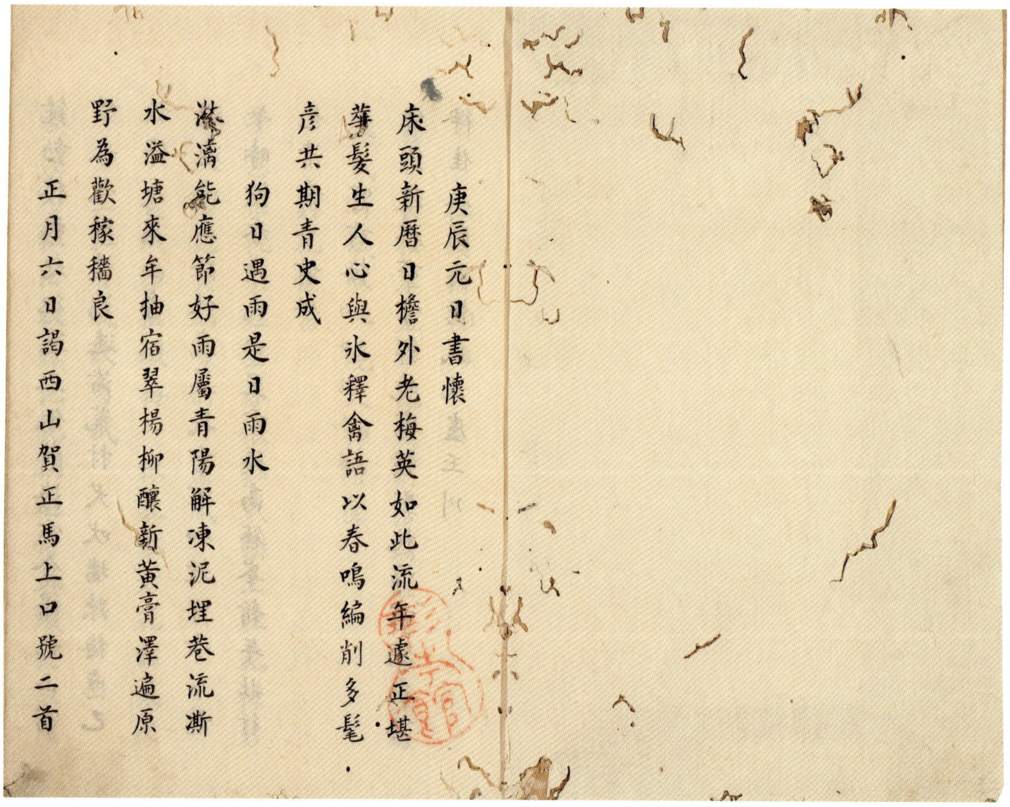
庚辰元日書懐
床頭新曆日檐外老梅英如此流年遠正堪
華髮生人心與氷釋會語以春鳴編削多髦
彦共期青史成
狗日遇雨是日雨水
滋潤能應節好雨屬青陽解凍泥埋巷流澌
水溢塘來年抽宿翠揚柳釀新黄膏澤遍原
野為歡稼穡良
正月六日謁西山賀正馬上口號二首

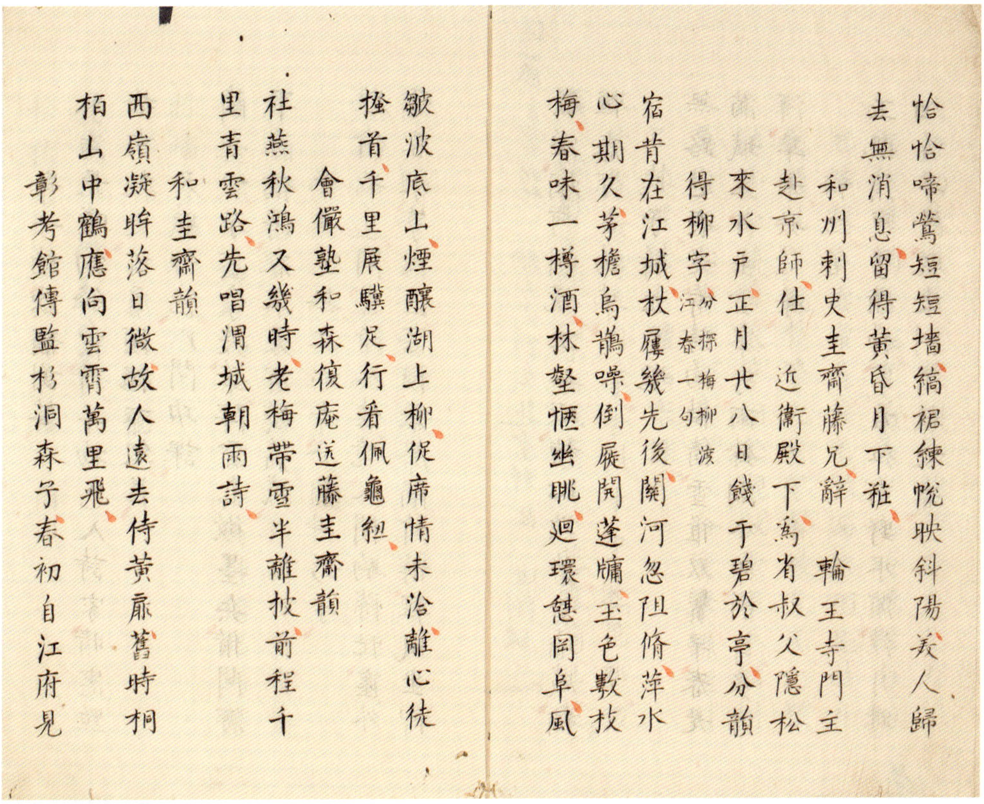
恰恰啼鶯短短墻縞裙練帨映斜陽美人歸
去無消息留得黃昏月下粧
和州刺史圭齋藤兄辭輪王寺門主
赴京師仕近衛殿下爲省叔父隱松
來水戸正月廿八日餞于碧於亭分韻
得柳字（分探梅柳波江春一句）
宿昔在江城杖屨幾先後關河忽阻脩萍水
心期久茅檐烏鵲噪倒屣閒蓬牖玉色數枝
梅春味一樽酒林壑愜幽眺迴環憩岡阜風
皺波底山煙釀湖上柳促席情未洽離心徒
搔首千里展驥足行看佩龜紐
會儼塾和森復庵送藤圭齋韻
社燕秋鴻又幾時老梅帶雪半離披前程千
里青雲路先唱渭城朝雨詩
和圭齋韻
西嶺凝眸落日微故人遠去侍黃扉舊時桐
栢山中鶴應向雲霄萬里飛
彰考館傳監杉洞森子春初自江府見

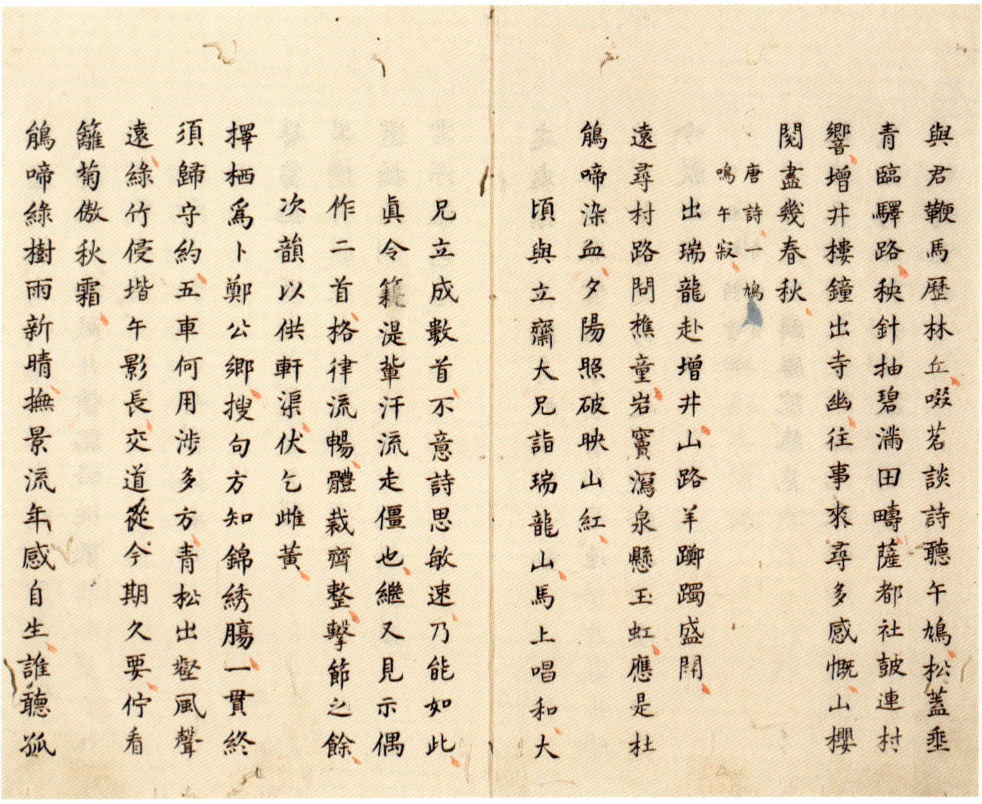
與君鞭馬歷林丘啜茗談詩聽午鳩松蓋垂
青臨驛路秧針抽碧滿田疇薩都社皷連村
響增井樓鐘出寺幽往事來尋多感慨山櫻
閱盡幾春秋
（唐詩一鳩鳴午寂）
出瑞龍赴增井山路羊躑躅盛開
遠尋村路問樵童岩竇瀉泉懸玉虹應是杜
鵑啼染血夕陽照破映山紅
頃與立齋大兄詣瑞龍山馬上唱和大
兄立成數首不意詩思敏速乃能如此
眞令籧篨輩汗流走僵也繼又見示偶
作二首格律流暢體裁齊整擊節之餘
次韻以供軒渠伏乞雌黃
擇栖爲卜鄭公鄉搜句方知錦繡腸一貫終
須歸守約五車何用涉多方青松出壑風聲
遠綠竹侵堦午影長交道從今期久要佇看
籬菊傲秋霜
鵓啼綠樹雨新晴撫景流年感自生誰聽狐

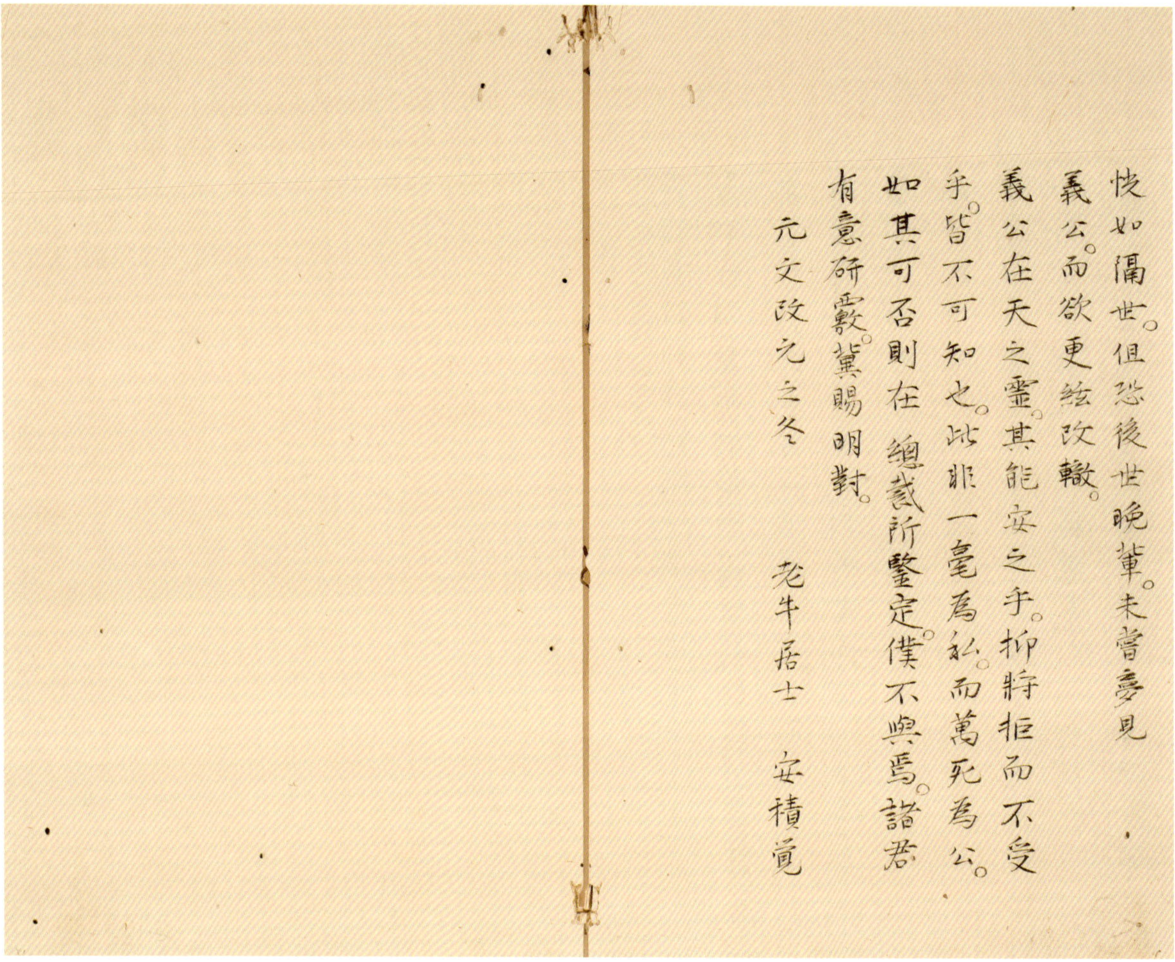
恍如隔世。但恐後世晚輩。未嘗夢見
義公。而欲更絃改轍。
義公在天之靈。其能安之乎。抑將拒而不受
乎。皆不可知也。此非一毫爲私。而萬死爲公。
如其可否則在 總裁所鑒定。僕不與焉。諸君
有意研覈。冀賜明對。
元文改元之冬　　老牛居士　安積覚

（四）《魯齋稿》（今井弘濟遺著）

27.5×19.5×1.2cm　一冊　文庫6341

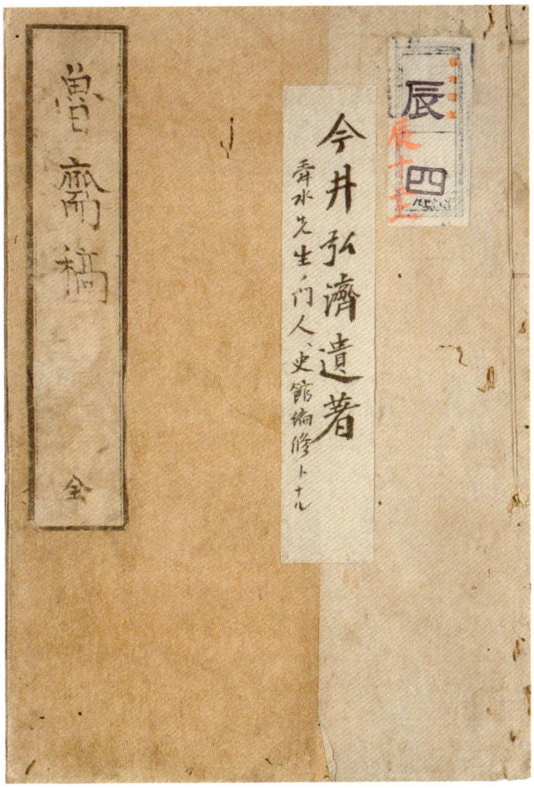

寫本，全一卷，未署編抄者姓氏及年月。含裱紙共86頁。輯有今井氏之部分詩賦、書簡和祭、弔、賀文數十篇。撰寫日期，或自注，或他人標注，間有不明者。

《祭朱先生文》兩篇（含一篇“代言”），為稻葉、謙之本所未收。《送築間玄述遊鎌倉序》中有朱舜水批文，誡其使用成句過多。稻葉、謙之本中有《跋今井魯齋弔楠公文》（《魯齋稿》中名“安積覺跋”，《澹泊齋文集》卷一中名“跋今井魯齋弔楠公文”），而未見《魯齋稿》中今井所撰《攝州湊川弔楠公文》。有述及東皐心越者數處，多為詩文唱和。《儒本草並序》述及儒家漢方醫術之理；《鳥銃書序》論及日本尚武之統與洋務之緒。《讀書對》、《復安積覺書》及《掘井弗及泉論》諸篇所示今井學風與個性，與《文苑遺談》卷一《今井弘濟傳》略同。《行藏先生傳》以節操自勵，為儒者言志篇。《寄心越和尚書》，屢陳心越難詣東都乃洞僧妒賢、小人作祟故，以明不甘心跡。《寄心越和尚送先師留遺書》中“舊秋和尚飛錫于茲，乃聞桑梓之信風，審子孫之舉動，一哀一喜，慷慨疚心。和尚先師，既在咫尺，濟望芳書良夜，同床把臂，談西湖之勝，述江南之景。不圖先師老疾，不能起坐接客，遂至易簀不得如濟所望”一段，與杉村英治“望郷の詩僧　東皐心越”（東京：三樹書房1989年3月）所言，意有不合。今井之書意，蓋謂舜水與心越近在咫尺，然以“先師老疾，不能起坐接客”，而至死（易簀）未曾相見；“桑梓”“子孫”云者，當為心越托今井轉述之辭，似非心越面陳舜水者也。如此，則向所謂心越與舜水相見于水府之說，蓋囿於杉村氏“越忝梓里，幸得遇于江府，雖然萍水相逢，亦可聚譚故園風味”一語，而將“恩遇”之“遇”解作“相遇”之“遇”。即：我（心越）因為是舜水同鄉，才幸蒙恩遇于水府。於是，“雖然萍水相逢，亦可聚譚故園風味”一句，應該是“濟所望”者，蓋非已然事實。

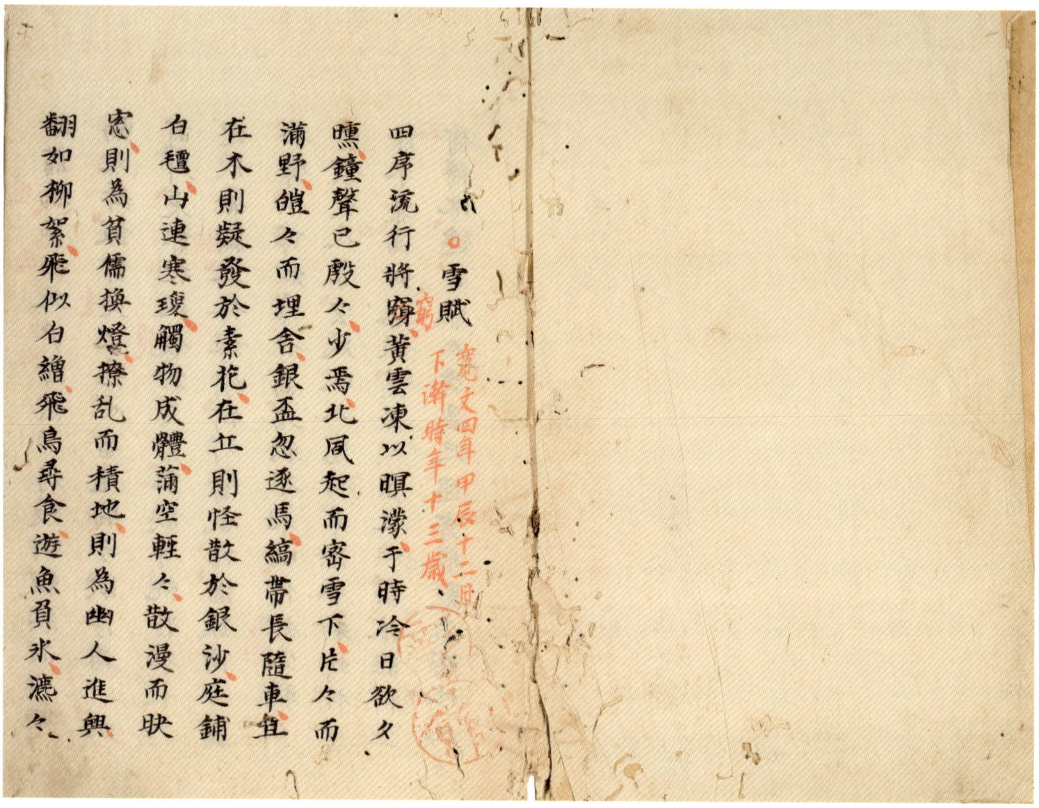

○雪賦　寬文四年甲辰十二月下澣時年十三歲

四序流行將窮黃雲凍以暝濛于時冷日欲夕
曛鐘聲已殷々少焉北風起而密雪下片々而
滿野皚々而埋含銀盃忽逐馬縞帶長隨車宜
在木則疑發於素花在丘則怪散於銀沙庭鋪
白氈山連寒瓊觸物成體滿空輕々散漫而映
窓則為貧儒換燈撩乱而積地則為幽人進興
翻如柳絮飛似白繒飛鳥尋食遊魚負求濾々

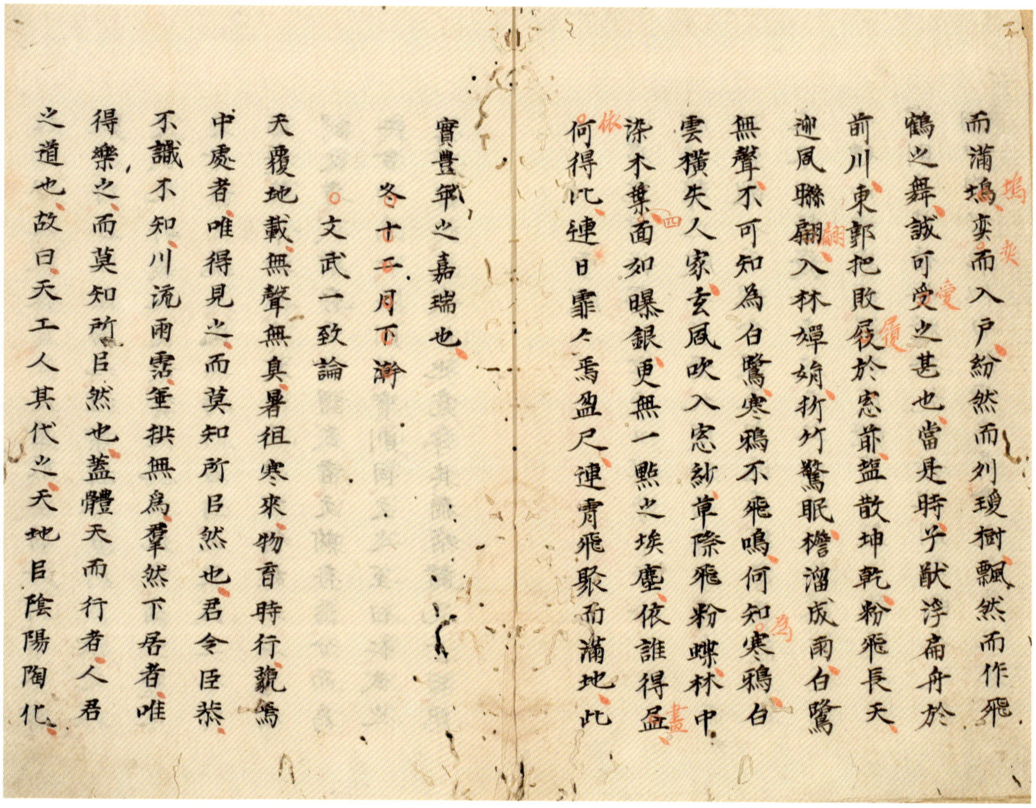

而滿塢奕而入戶紛然而列瓊樹飄然而作飛
鶴之舞誠可受之甚也當是時予猷浮扁舟於
前川東郭把敗屐於窓前盤散坤乾粉飛長天
迎風聯翩入林嬋娟拆竹鷺眠檐溜成雨白鷺
無聲不可知為白鷺寒鴉不飛鳴何知寒鴉白
雲横失人家玄風吹入窓紗草際飛粉蝶林中
漆木葉面如曝銀更無一點之埃塵依誰得盡
何得化連日霏々焉盈尺連霄飛聚而滿地此
實豐年之嘉瑞也
各十二月下澣

○文武一致論

天覆地載無聲無臭暑徂寒來物育時行貌爲
中處者唯得見之而莫知所以然也君令臣恭
不識不知川流雨露垂拱無爲羣然下居者唯
得樂之而莫知所以然也蓋體天而行者人君
之道也故曰天工人其代之天地以陰陽陶化

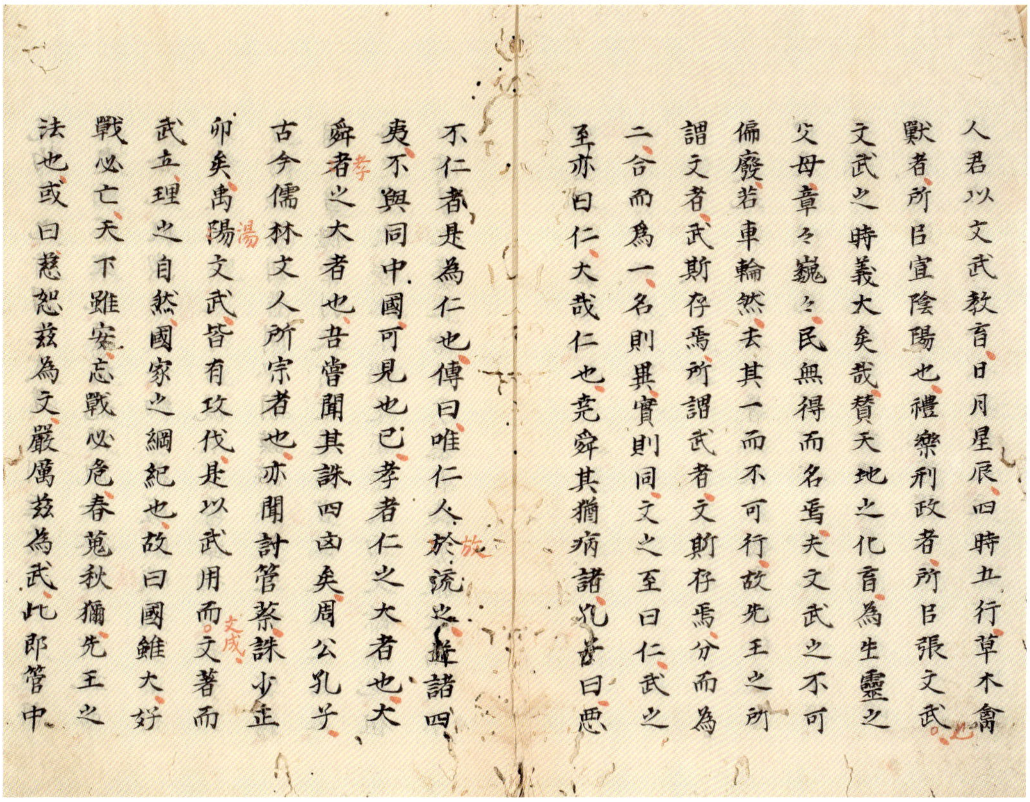
人君以文武教育日月星辰四時五行草木禽
獸者所已宜陰陽也禮樂刑政者所已張文武
文武之時義大矣哉贊天地之化育為生靈之
父母章々巍々民無得而名焉夫文武之不可
偏廢若車輪然去其一而不可行故先王之所
謂文者武斯存焉所謂武者文斯存焉分而為
二合而為一名則異實則同文之至曰仁武之
至亦曰仁大哉仁也堯舜其猶病諸孔子曰悪
不仁者是為仁也傳曰唯仁人於流之迸諸四
夷不與同中國可見也已孝者仁之大者也大
舜者之大者也吾嘗聞其誅四凶矣周公孔子
古今儒林文人所宗者也亦聞討管蔡誅少正
卯矣禹陽文武皆有攻伐是以武用而文著而
武立理之自然國家之綱紀也故曰國雖大好
戰必亡天下雖安忘戰必危春蒐秋獮先王之
法也或曰慈恕茲為文嚴厲茲為武此郎管中

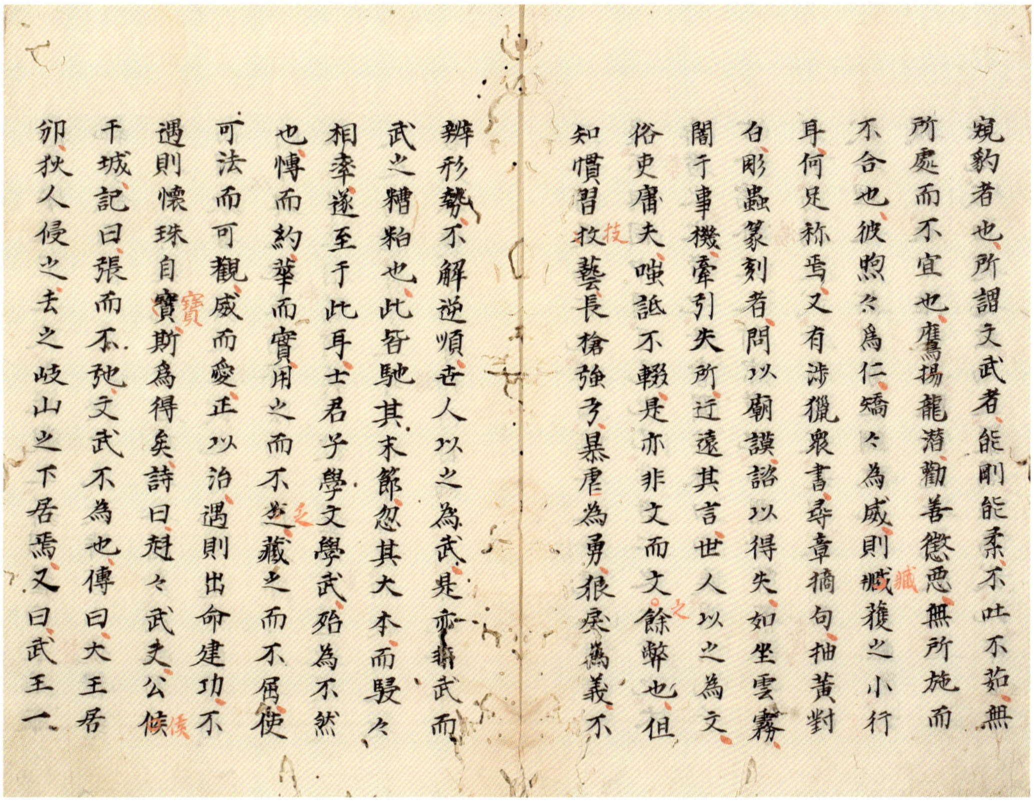
窺豹者也所謂文武者能剛能柔不吐不茹無
所處而不宜也鷹揚龍潛勸善懲悪無所施而
不合也彼煦々為仁嫗々為威則臧獲之小行
耳何足稱焉又有涉獵衆書尋章摘句抽黃對
白彫蟲篆刻者問以嘲譏諂以得失如坐雲霧
闇于事機牽引失所迂遠其言世人以之為文
俗吏庸夫嗤詆不輟是亦非文而文餘弊也但
知慣習技藝長槍強弓暴虐為勇狠戾為義不
辨形勢不解逆順吞人以之為武是亦非武而
武之糟粕也此皆馳其末節忽其大本而駸々
相牽遂至于此耳士君子學文學武殆為不然
也博而約華而實用之而不竭藏之而不屈使
可法而可觀威而愛正以治遇則出命建功不
遇則懷珠自寶斯為得矣詩曰赳々武夫公侯
干城記曰張而不弛文武不為也傳曰大王居
邠狄人侵之去之岐山之下居焉又曰武王一

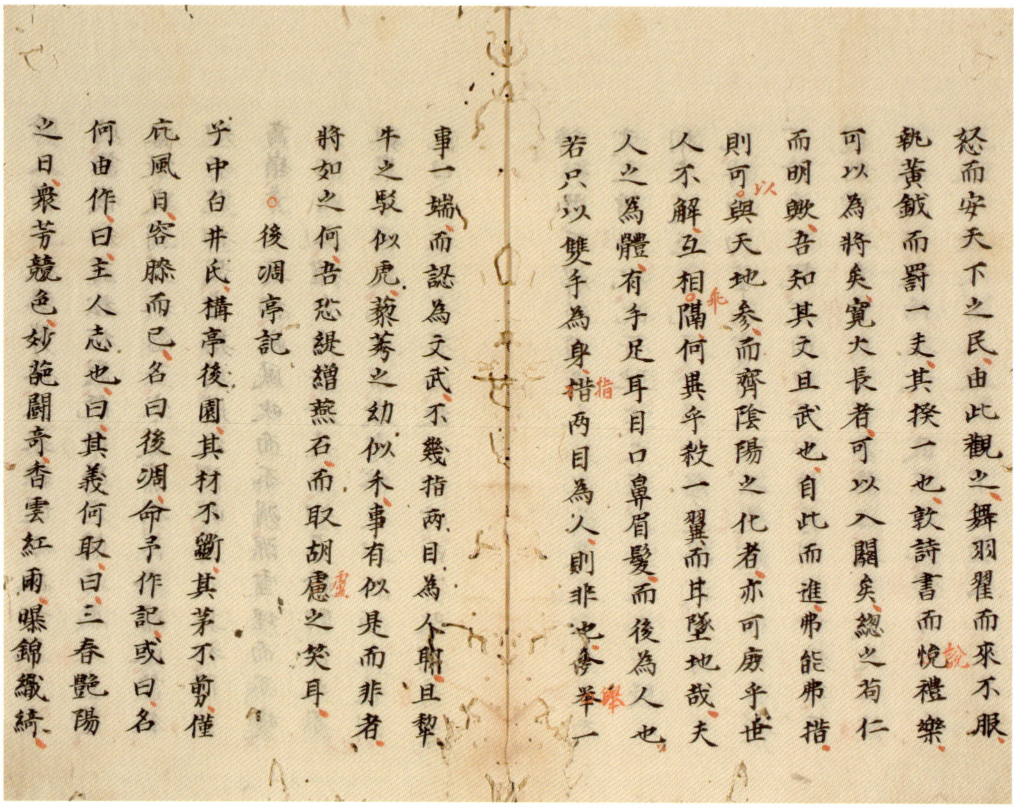
綏而安天下之民由此觀之舞羽翟而來不服
執黃鉞而罰一夫其揆一也歆詩書而悅禮樂
可以為將矣寬大長者可以入關矣總之苟仁
而明敏吾知其文且武也自此而進弗能弗措
則可與天地參而齊陰陽之化者亦可庶乎世
人不解互相隔何異乎殺一翼而共墜地哉夫
人之為體有手足耳目口鼻眉髮而後為人也
若只以雙手為身指兩目為人則非也舉一
事一端而認為文武不幾指兩目為人乎且執
牛之臤似虎蒹葭之幼似禾事有似是而非者
將如之何吾恐緹縉燕石而取胡盧之笑耳
○後凋亭記
予中白井氏構亭後園其材不斲其茅不剪僅
庇風日容膝而已名曰後凋命予作記或曰名
何由作曰主人志也曰其義何取曰三春艷陽
之日衆芳競色妙艷鬬奇杳雲紅雨幈錦纖綺

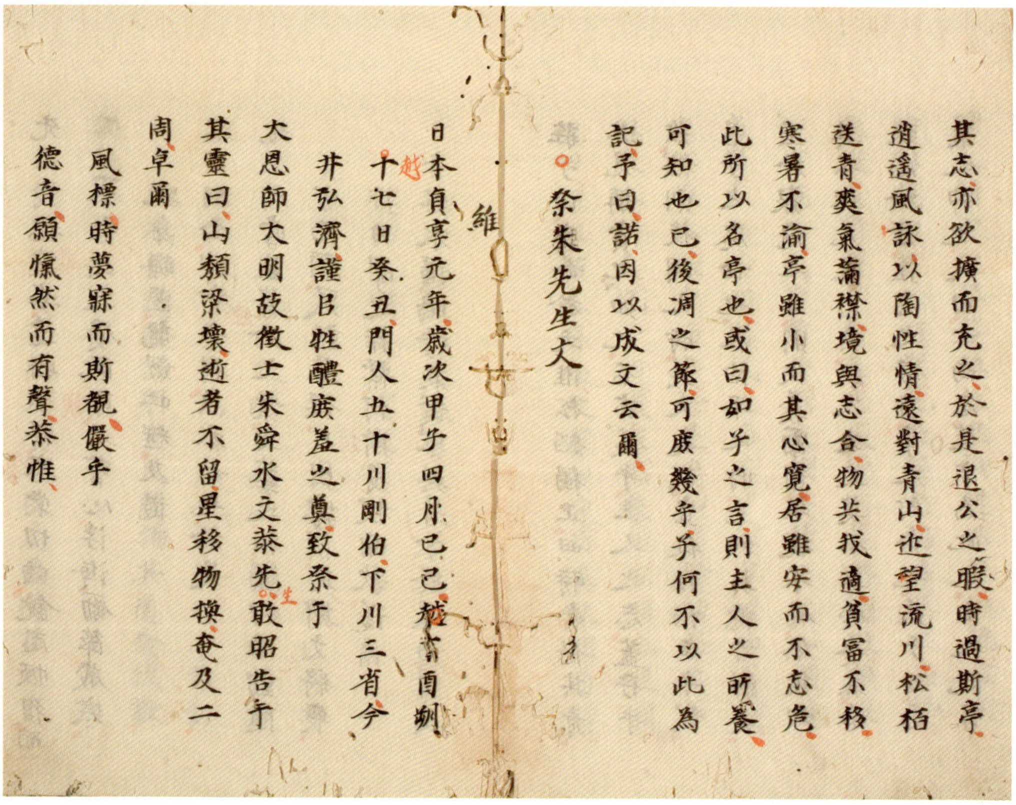
其志亦欲擴而充之於是退公之暇時過斯亭
逍遙風詠以陶性情遠對青山近望流川松栢
送青爽氣滿襟境與志合物共我適貧富不移
寒暑不渝亭雖小而其心寬居雖安而不忘危
此所以名亭也或曰如予之言則主人之所養
可知也已後凋之節可庶幾乎予何不以此為
記予曰諾因以成文云爾
○祭朱先生文
維
日本貞享元年歲次甲子四月己巳越[illegible]酉朔
十七日癸丑門人五十川剛伯下川三省今
井弘濟謹具牲醴庶羞之奠致祭于
大恩師大明故徵士朱舜水文恭先生敢昭告于
其靈曰山頹梁壞逝者不留星移物換奄及二
周卓爾
風標時夢寐而斯觀儼乎
德音類愾然而有聲恭惟

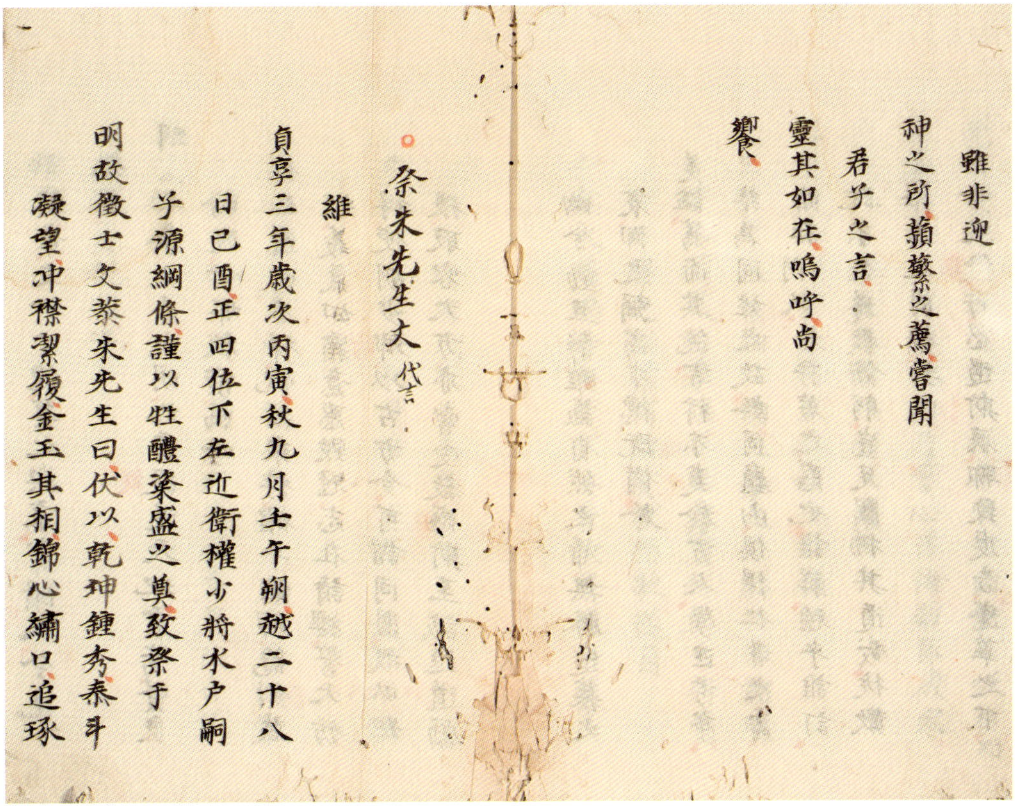

雖非迎
神之所顧蘩之薦嘗聞
君子之言
靈其如在嗚呼尚
饗

祭朱先生文 代言

維
貞享三年歲次丙寅秋九月壬午朔越二十八
日己酉正四位下左近衛權少將水戶嗣
子源綱條謹以牲醴粢盛之奠致祭于
明故徵士文恭朱先生曰伏以乾坤鍾秀泰斗
凝望冲襟潔履金玉其相錦心繡口追琢

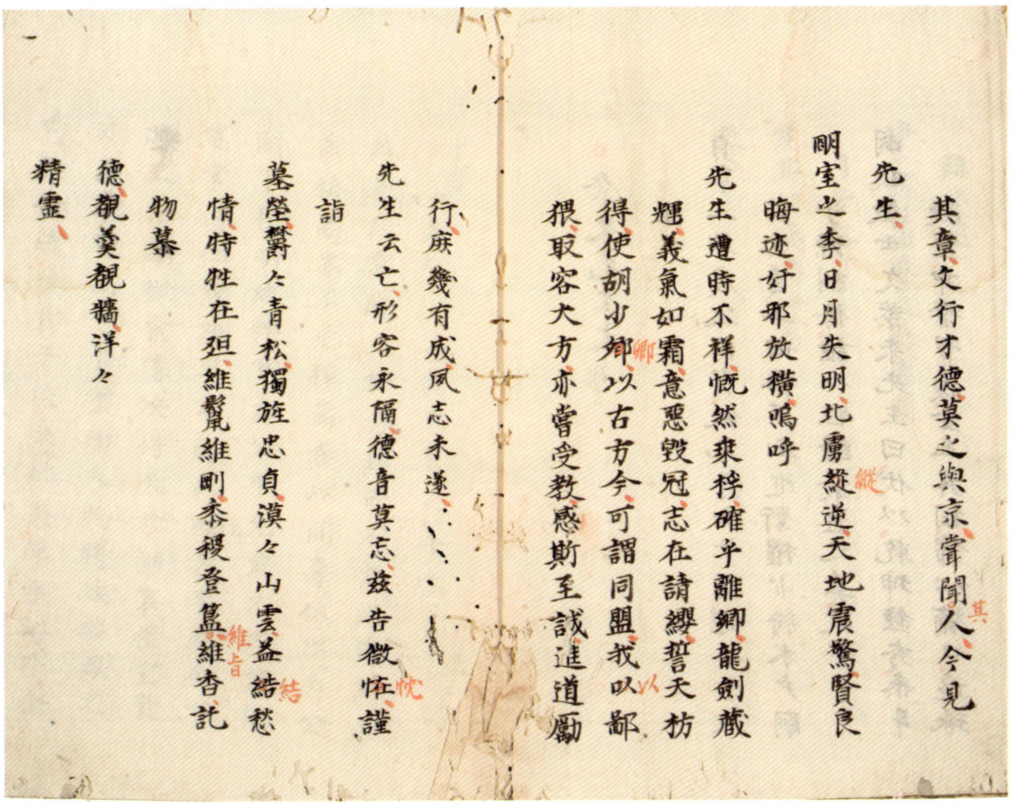

其章文行才德莫之與京嘗聞人今見
先生
明室之季日月失明北虜縱逆天地震驚賢良
晦迹奸邪放橫嗚呼
先生遭時不祥慨然來犇確乎離鄉龍劍藏
輝義氣如霜意惡毀冠志在請纓誓天枋
得使胡少卿以古方今可謂同盟我以鄙
根取容大方亦嘗受教感斯至誠進道勵
行庶幾有成夙志未遂
先生云亡形容永隔德音莫忘茲告徹忱謹
詣
墓塋蔚々青松獨旌忠貞漠々山雲益結愁
情特牲在俎維鬣維剛黍稷登簋維香訖
物幕
德覩美覩牆洋々
精靈

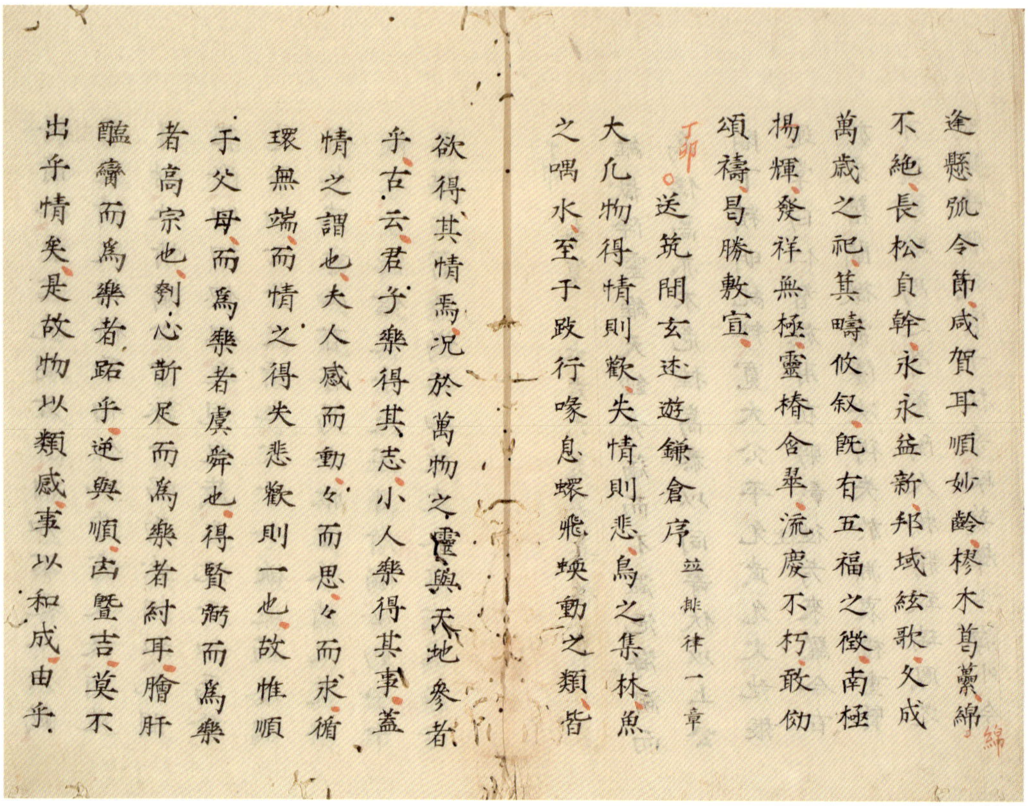
逢懸弧令節咸賀耳順妙齡樛木葛藟綿
不絶長松貞幹永永益新邦域絃歌久成
萬歲之祀箕疇攸叙既有五福之徵南極
揚輝發祥無極靈椿含華流慶不朽敢効
頌禱昌勝敷宣
丁卯 送筑間玄述遊鎌倉序 並排律一章
大凡物得情則歡失情則悲鳥之集林魚
之喁水至于跂行喙息螺飛蠕動之類皆
欲得其情焉況於萬物之靈與天地參者
乎古云君子樂得其志小人樂得其事蓋
情之謂也夫人感而動々而思々而求循
環無端而情之得失悲歡則一也故惟順
于父母而爲樂者虞舜也得賢輔而爲樂
者高宗也刳心斮足而爲樂者紂耳膾肝
臨齋而爲樂者跖乎逆與順凶暨吉莫不
出乎情矣是故物以類感事以和成由乎

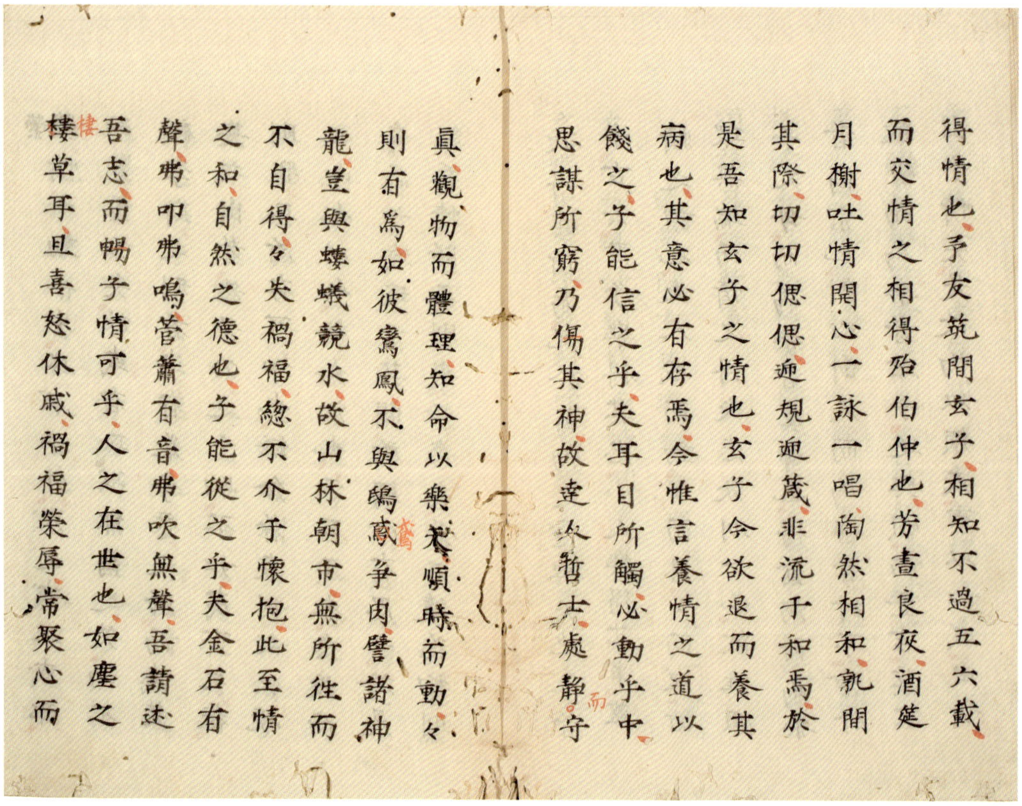
得情也予友筑間玄子相知不過五六載
而交情之相得殆伯仲也芳晝良夜酒筵
月榭吐情開心一詠一唱陶然相和就間
其際切切偲偲迺規迺箴非流于和焉於
是吾知玄子之情也玄子今欲退而養其
病也其意必有存焉今惟言養情之道以
餞之子能信之乎夫耳目所觸必動乎中
思謀所窮乃傷其神故達人哲士處靜守
眞觀物而體理知命以樂天順時而動々
則有爲如彼鸞鳳不與鴟鳶爭肉譬諸神
龍豈與螻蟻競水故山林朝市無所往而
不自得々失禍福總不介于懷抱此至情
之和自然之德也子能從之乎夫金石有
聲弗叩弗鳴管簫有音弗吹無聲吾請述
吾志而暢子情可乎人之在世也如塵之
棲草耳且喜怒休戚禍福榮辱常聚心而

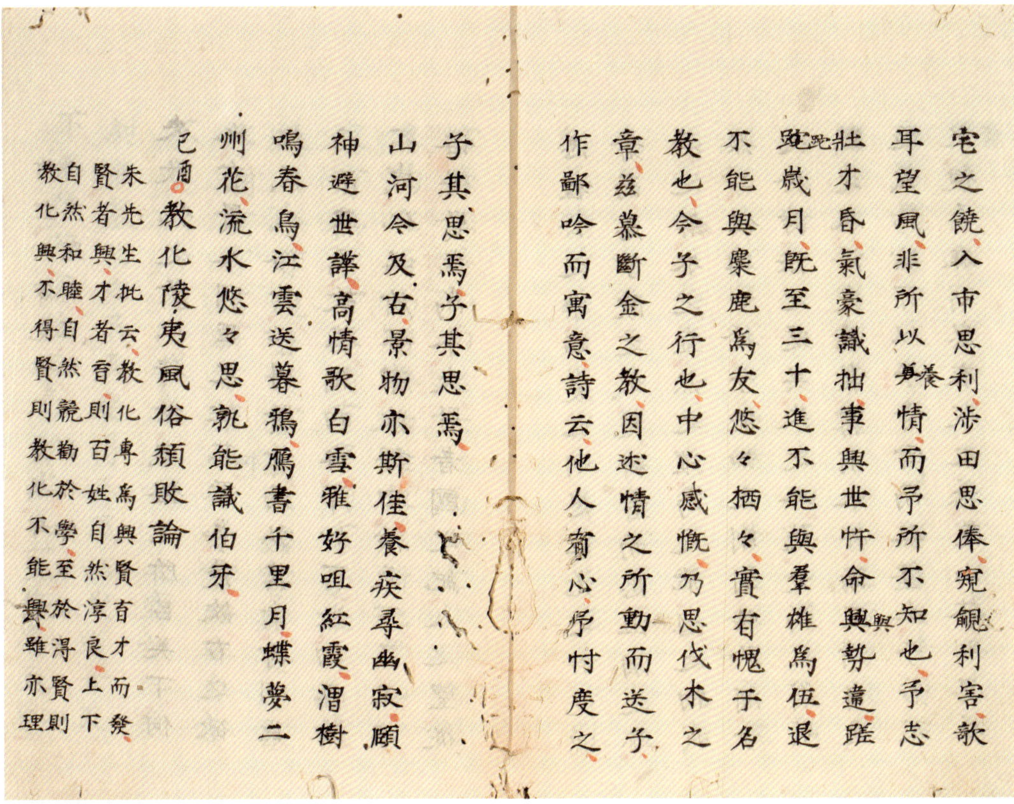
宅之饒入市思利涉田思俸宛覦利害歆
耳望風非所以養情而予所不知也予志
壯才昏氣豪識拙事與世忤命與勢違蹉
跎歲月既至三十進不能與羣雄爲伍退
不能與麋鹿爲友悠々栖々實有愧于名
教也今予之行也中心感慨乃思伐木之
章兹慕斷金之教因述情之所動而送予
作鄙吟而寓意詩云他人有心予忖度之
子其思焉予其思焉
山河令及古景物亦斯佳養疾尋幽寂顧
神避世譁高情歌白雪雅好咀紅霞渭樹
鳴春鳥江雲送暮鴉鴈書千里月蝶夢二
州花流水悠々思孰能識伯牙
己酉教化陵夷風俗頹敗論
朱先生批云教化專爲與賢育才而發
賢者與才者育則百姓自然淳良上下
自然和睦自然競勸於學至於得賢則
教化與不得賢則教化不能興雖亦理

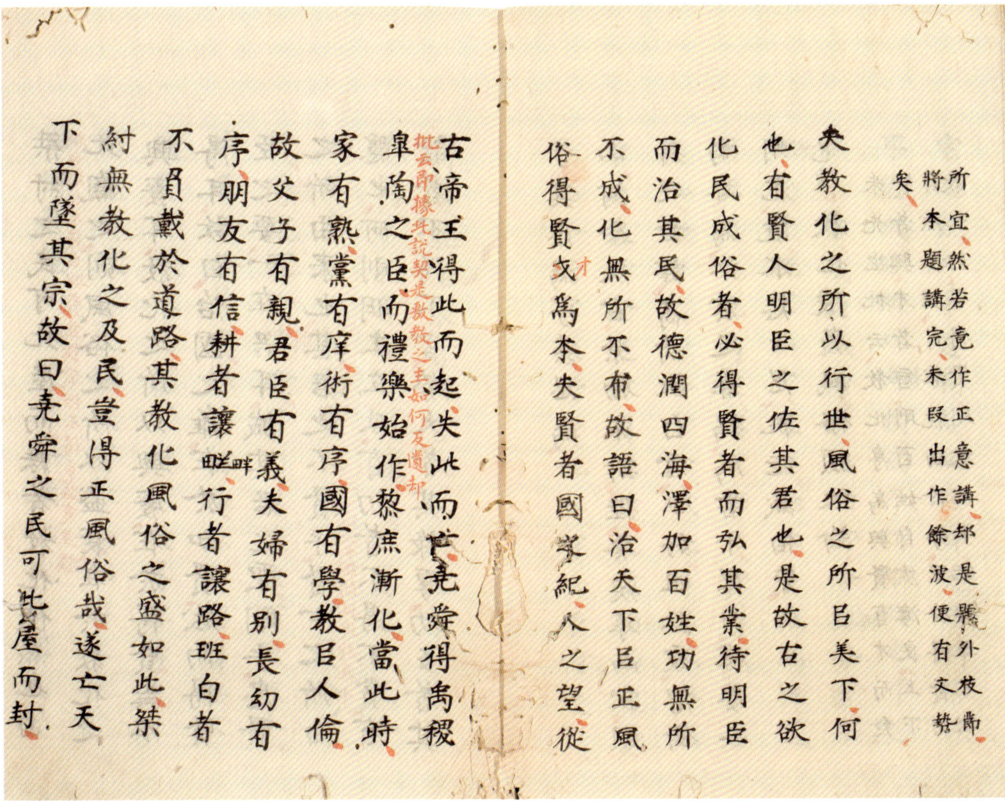
所宜然若竟作正意講却是囊外枝節
將本題講完未段出作餘波便有文勢
矣
夫教化之所以行世風俗之所以美下何
也有賢人明臣之佐其君也是故古之欲
化民成俗者必得賢者而弘其業待明臣
而治其民故德潤四海澤加百姓功無所
不成化無所不布故語曰治天下以正風
俗得賢才爲本失賢者國家紀人之望從
古帝王得此而起失此而亡堯舜得禹稷
批云卽據此說契是敎敎之主如何反遺却
皋陶之臣而禮樂始作黎庶漸化當此時
家有熟黨有庠術有序國有學教以人倫
故父子有親君臣有義夫婦有別長幼有
序朋友有信耕者讓畔行者讓路班白者
不負戴於道路其教化風俗之盛如此桀
紂無教化之及民豈得正風俗哉遂亡天
下而墜其宗故曰堯舜之民可比屋而封

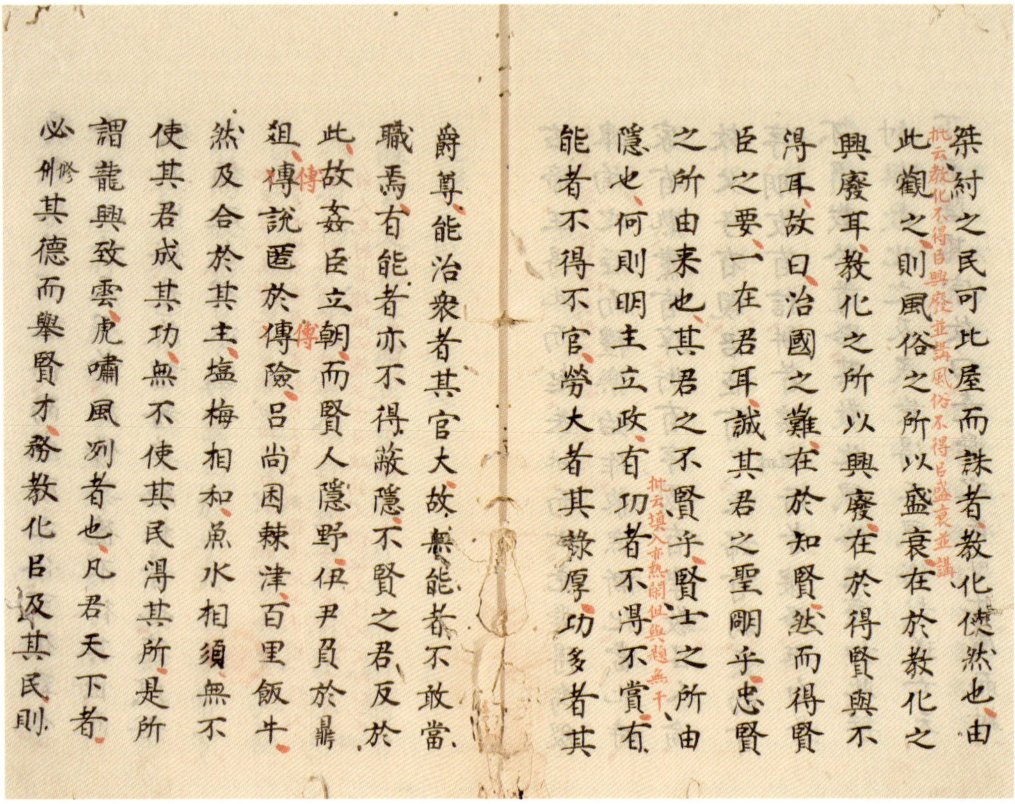

桀紂之民可比屋而誅者教化使然也由
批云教化不得已興廢並講風俗不得已盛衰並講
此觀之則風俗之所以盛衰在於教化之
興廢耳教化之所以興廢在於得賢與不
得耳故曰治國之難在於知賢然而得賢
臣之要一在君耳誠其君之聖明乎忠賢
之所由來也其君之不賢乎賢士之所由
批云填入亦熱鬧但與題無干
隱也何則明主立政有功者不得不賞有
能者不得不官勞大者其祿厚功多者其
爵尊能治衆者其官大故無能者不敢當
職焉有能者亦不得蔽隱不賢之君反於
此故姦臣立朝而賢人隱野伊尹負於鼎
傳
俎傅說匿於傅險呂尚困棘津百里飯牛
傳
然及合於其主鹽梅相和魚水相須無不
使其君成其功無不使其民得其所是所
謂龍興致雲虎嘯風冽者也凡君天下者
必刑修其德而舉賢才務教化已及其民則

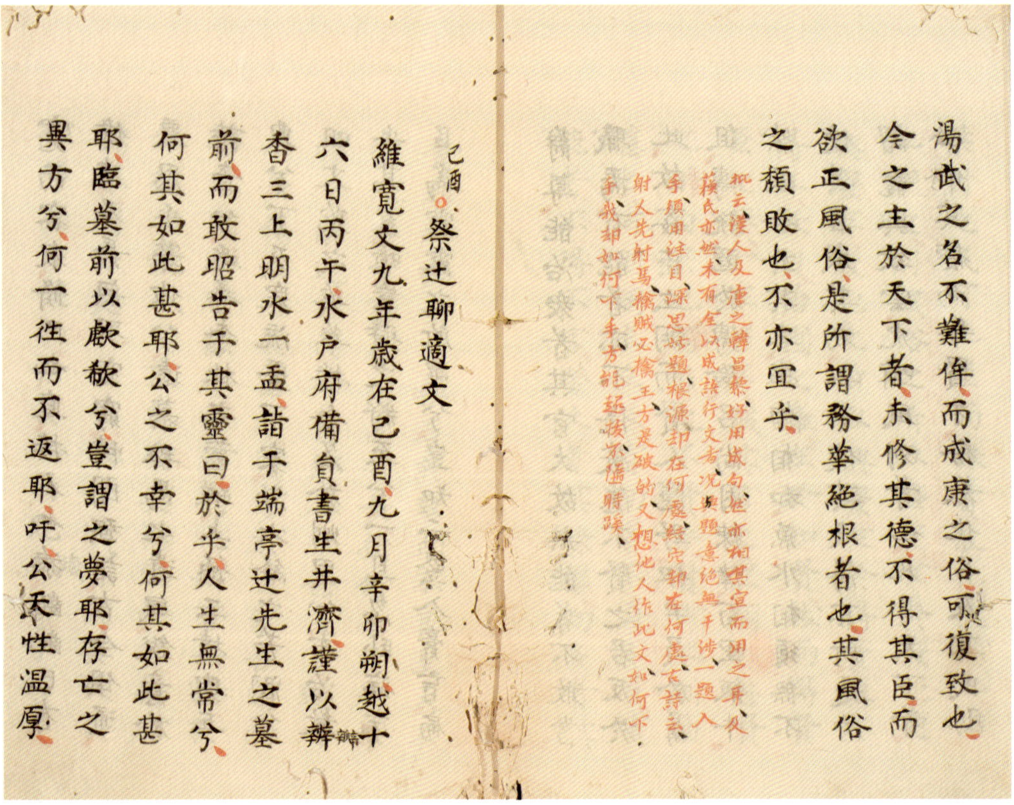

湯武之名不難侔而成康之俗可復致也
今之主於天下者未修其德不得其臣而
欲正風俗是所謂務華絶根者也其風俗
之頽敗也不亦宜乎
批云漢人及唐之韓昌黎好用成句然亦相其宜而用之耳又蘇氏亦然未有全以成語行文者況與題意絶無干涉一題入手須用注目深思此題根源却在何處結完却在何處古詩云射人先射馬擒賊必擒王方是破的又想他人作此文如何下手我却如何下手方能超拔不墮時蹊
己酉　祭辻聊適文
維寛文九年歲在己酉九月辛卯朔越十
六日丙午水戸府備負書生井濟謹以辨
香三上明水一盂詣于端亭辻先生之墓
前而敢昭告于其靈曰於乎人生無常兮
何其如此甚耶公之不幸兮何其如此甚
耶臨墓前以歔欷兮豈謂之夢耶存亡之
異方兮何一往而不返耶吁公天性温厚

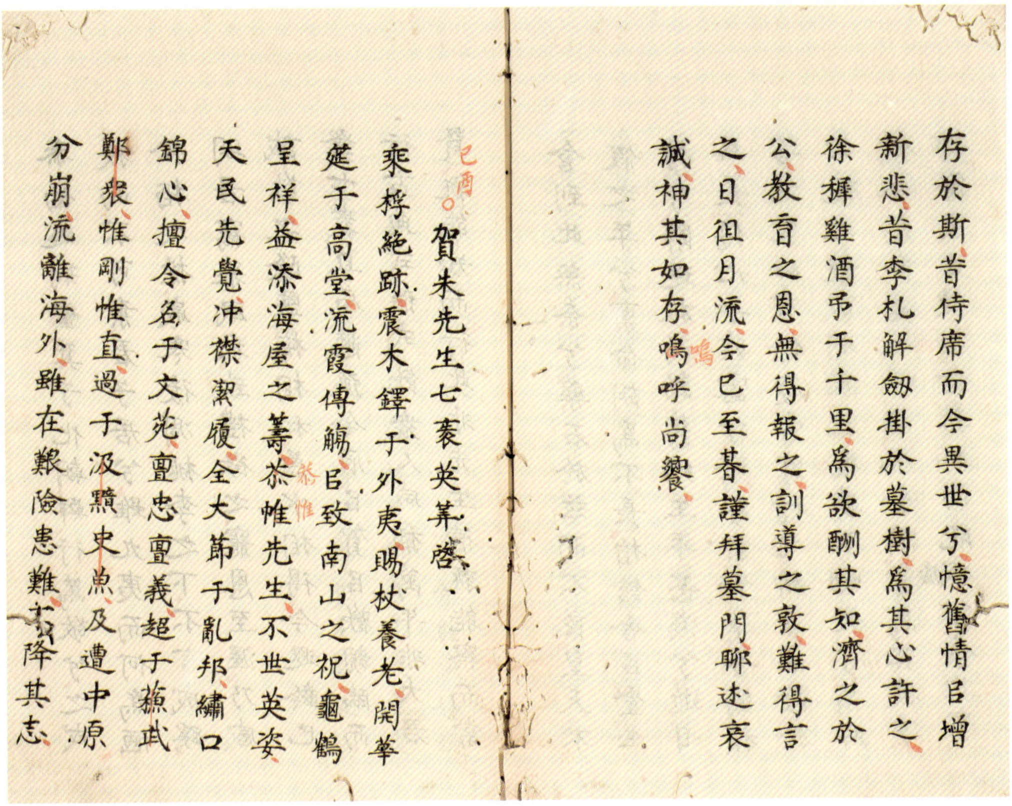

存於斯昔侍席而今異世兮憶舊情以增
新悲昔季札解劍掛於墓樹爲其心許之
徐揮雞酒弔于千里爲欲酬其知濟之於
公教育之恩無得報之訓導之敦難得言
之日徂月流今已至朞謹拜墓門聊述哀
誠神其如存嗚呼尚饗

己酉。賀朱先生七袠英華啓
乘桴絕跡震木鐸于外夷賜杖養老閑華
筵于高堂流霞傳觴以致南山之祝龜鶴
呈祥益添海屋之籌恭惟先生不世英姿
天民先覺沖襟潔履全大節于亂邦繡口
錦心擅令名于文苑亶忠亶義超于蘇武
鄭衆惟剛惟直過于汲黯史魚及遭中原
分崩流離海外雖在艱險患難不降其志

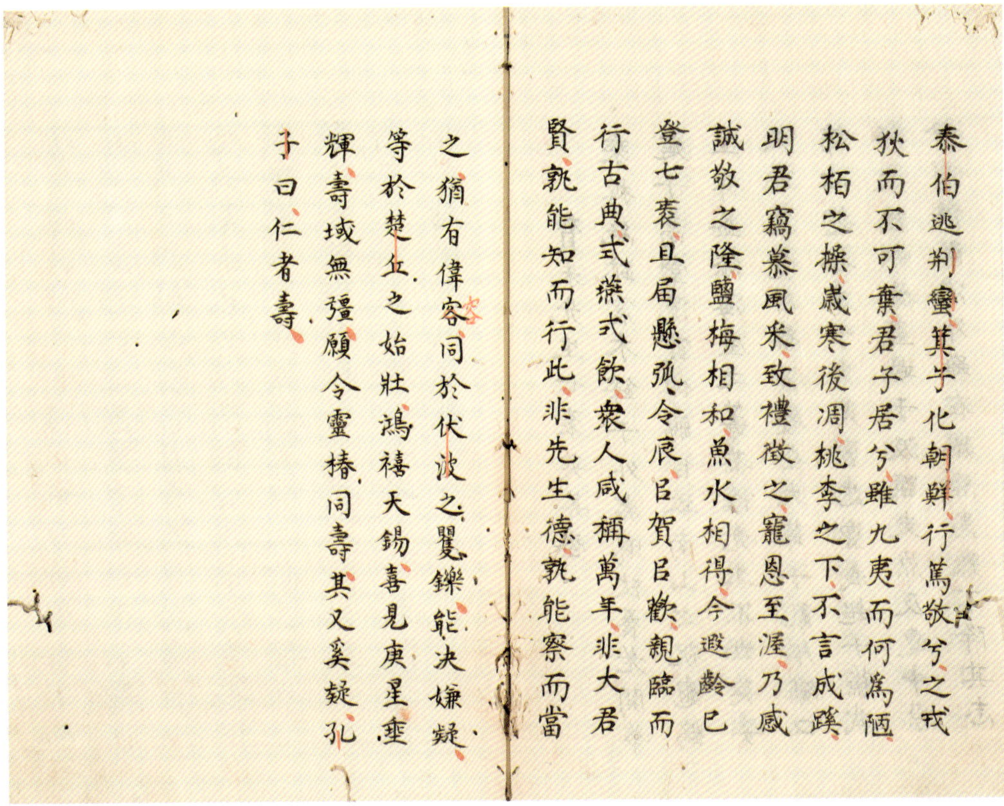

泰伯逃荊蠻其子化朝鮮行篤敬兮之戎
狄而不可棄君子居兮雖九夷而何爲陋
松栢之操歲寒後凋桃李之下不言成蹊
明君竊慕風采致禮徵之寵恩至渥乃感
誠敬之隆鹽梅相和魚水相得今遐齡已
登七袠且屆懸弧令辰以賀以歡親臨而
行古典式燕式飲衆人咸稱萬年非大君
賢孰能知而行此非先生德孰能察而當

之猶有偉容同於伏波之矍鑠能決嫌疑
等於楚丘之始壯鴻禧天錫喜見庚星奎
輝壽域無疆願今靈椿同壽其又奚疑孔
子曰仁者壽

（五）《觀瀾文集》

28.0×19.5×0.7cm　四冊　文庫6370~6373

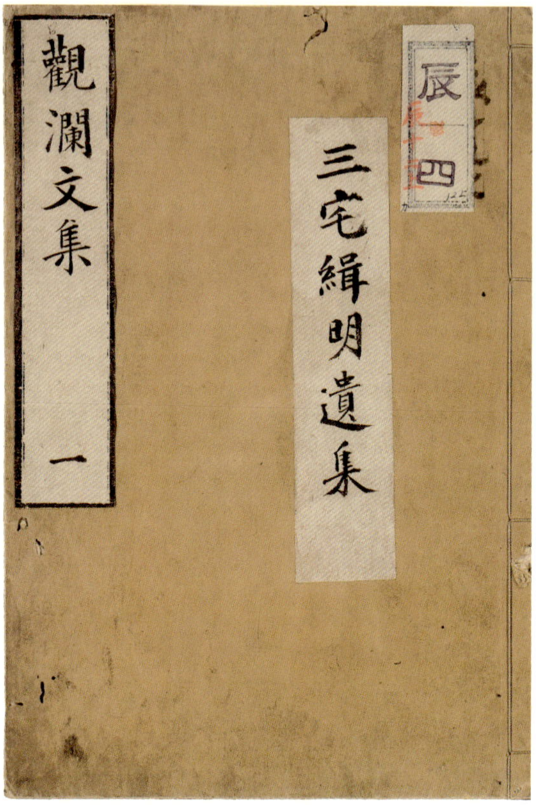

寫本，未署編抄者姓氏及年月。

卷一，又名《三宅緝明遺集》，詩賦集，含裱紙共60頁。

卷二，詩賦集，含裱紙共88頁。兩卷以“五言”、“五言古詩”、“七言”、“七言古詩”、“七言絕句”、“七言律詩”等形式，被整理收錄于《續々》本《觀瀾集》卷尾。

卷三，含裱紙共82頁。該卷29篇文章，均收于《續々》本《觀瀾集》。寫本第12篇《答下里某書》尾句以“書以吟”作結，似未完，故《續々》本《觀瀾集》注有“以下疑有闕文”字樣。第13篇文章之題目《池田子劍法序》，為《續々》本《觀瀾集》所闕如。

卷四，含裱紙共116頁。有目錄，未收于《續々》本《觀瀾集》。其餘，除《泉州佐野垂裕堂八景》未收入《續々》本，以及篇名有所出入外（如第45篇寫本《青野某》見易為《續々》本之《青野欽墓碑》、寫本《安藤居士墓碑銘》見易為《續々》本之《安藤朴翁居士墓碑》、寫本《壽藏碑》見易為《續々》本之《抱琴子壽藏碑》等不一），皆與之同。

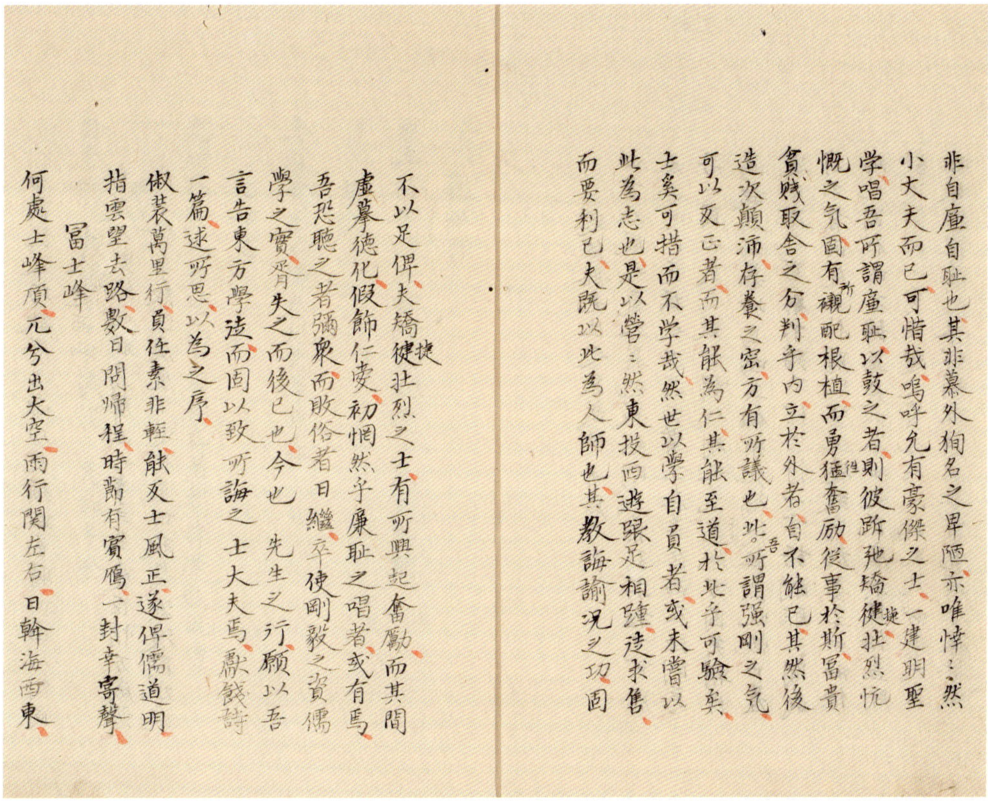

非自廬自耻也其非慕外狥名之卑陋亦唯悻〻然
小丈夫而已可惜哉嗚呼允有豪傑之士一建明聖
学唱吾所謂廬耻以鼓之者則彼跅弛蹻徤捷壮烈忼
慨之気固有所襯配根植而勇猛往奮励従事於斯冨貴
貧賤取舎之分判乎内立於外者自不能已其然後
造次顛沛存養之密方有所議也此吾所謂強剛之気
可以反正者而其能為仁其能至道於此乎可驗矣
士奚可措而不学哉然世以学自負者或未嘗以
此為志也是以営〻然東投西遊踉足相踵逵求售
而要利已夫既以此為人師也其教誨諭況之功固

不以足俾夫蹻徤捷壮烈之士有所興起奮励而其間
虚摹徳化假飾仁愛初惘然乎廉耻之唱者或有焉
吾恐聴之者彌衆而敗俗者日繼卒使剛毅之資儒
學之實胥失之而後已也今也　先生之行願以吾
言告東方學徒而固以致所誨之士大夫焉猷餞詩
一篇述所思以為之序
倣裴萬里行負任素非軽能反士風正遂俾儒道明
指雲望去路數日間帰程時節有賓鴈一封幸寄聲

冨士峰

何處士峰頂兀兮出大空雨行関左右日斡海西東

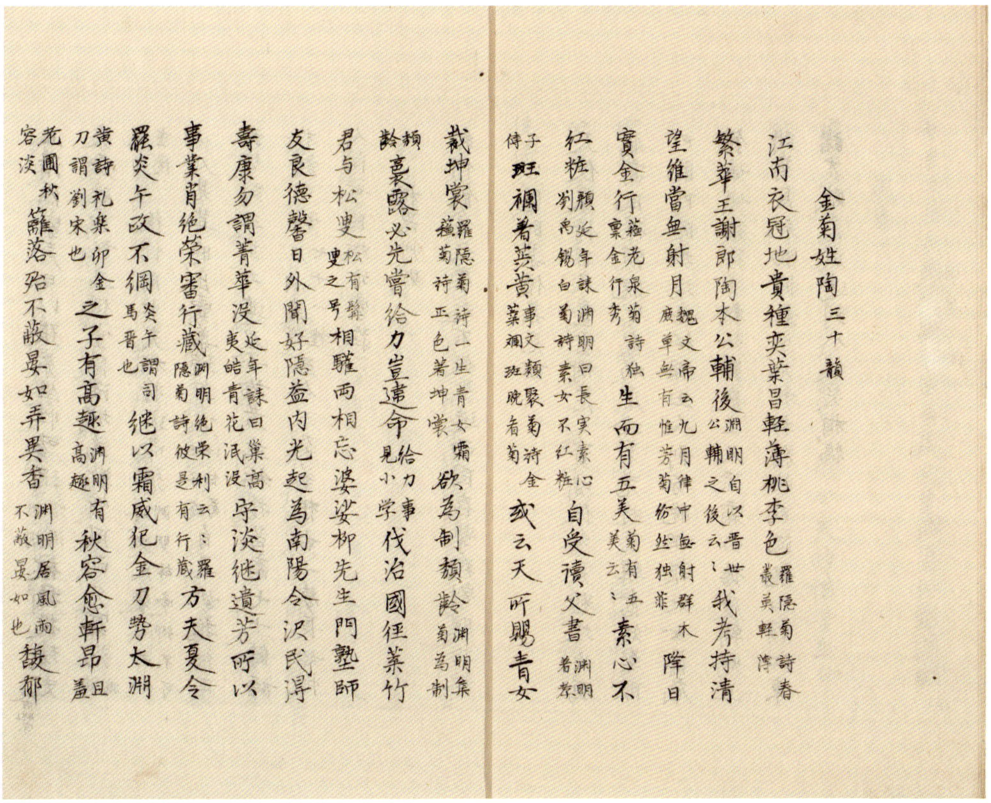

金菊姓陶　三十韻

江南衣冠地貴種奕葉昌軽薄桃李色 羅隠菊詩春叢莫軽薄
繁華王謝郎陶本公輔後 淵明自以晋世公輔之後云〻 我考持清
望維當無射月 魏文帝云九月律中無射群木庶草無有惟芳菊紛然独菲 降日
實金行 蘊光泉菊詩独稟金行秀 生而有五美 菊有五美云〻 素心不
紅粧 顏延年詠淵明曰長實素心劉禹錫白菊詩素女不紅粧 自受讀父書 淵明著祭
子侍 班襉着英黄 事文類聚菊詩金菜襉班脫看菊 或云天所賜青女

裁坤裳 羅隠菊詩一生青女霜蘊菊詩正色著坤裳 欲為制頽齡 淵明集菊為制
頽齡 哀露必先嘗給力豈遠命 給力事見小学 伐治國徑菜竹
君与松叟 松有鬚叟之号 相離两相忘婆娑柳先生門塾師
友良徳馨日外聞好隠益内光起為南陽令沢民溥
壽康勿謂菁華没 延年詠曰巢高夷皓青花泯没 守淡継遺芳所以
事業肖絶栄審行蔵 淵明絶栄利云〻羅隠菊詩彼是有行蔵 方夫夏令
羅炎午改不錮 炎午謂司馬晋也 継以霜威犯金刀勢太淵
黄 詩礼楽卯金刀謂劉宋也 之子有高趣 淵明高趣 有秋容愈軒昂 且蓋
花圃秋容淡 籬落殆不蔽旻如弄異香 淵明居風雨不蔽旻如也 馥郁

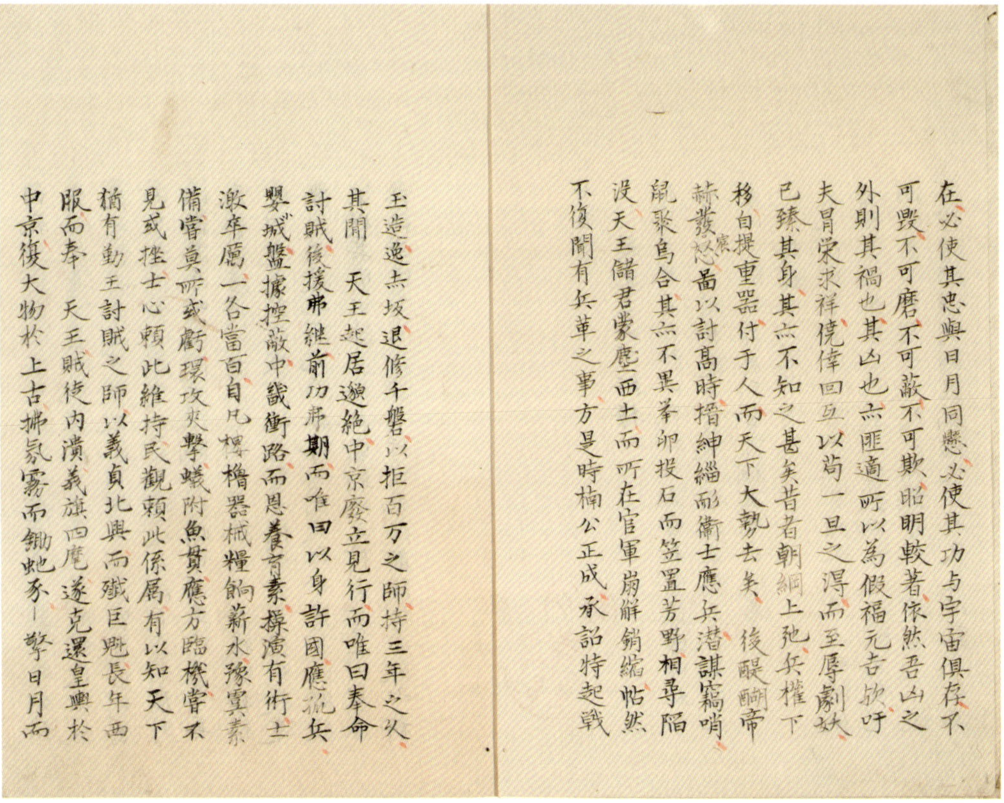
在必使其忠與日月同懸必使其功与宇宙俱存不
可毀不可磨不可蔽不可欺昭明較著依然吾山之
外則其禍也其凶也亦匪適所以為假福元吉歟吁
夫冒栄求祥侥倖回互以苟一旦之得而至辱剥妖
已臻其身其亦不知之甚矣昔者朝綱上弛兵權下
移自提重器付于人而天下大勢去矣　後醍醐帝
赫蒦宸怒畜以討高時搢紳緇彨衞士應兵潛謀竊哨
鼠聚烏合其亦不異笨卯投石而笠置芳野相尋陥
沒天王儲君蒙塵西土而所在官軍崩解銷縮帖然
不復聞有兵革之事方是時楠公正成承詔特起戰
王造逸赤坂退修千磐以拒百万之師持三年之久
其間　天王起居邈絶中京廢立見行而唯曰奉命
討賊後援弗繼前功弗期而唯曰以身許國應兵
嬰城盤據控敵中截衝路而恩養育素撫濇有術士
激卒厲一各當百自凡櫓楯器械糧餉薪水豫寔其素
備嘗奠所或虧環攻夾擊蟻附魚貫應方臨機嘗不
見或挫士心頼此維持民觀頼此係属有以知天下
猶有勤王討賊之師以義貞北與而殲臣兇長年西
服而奉　天王賊徒内潰義旗四麾遂克還皇輿於
中京復大物於上古拂氛霧而鋤虵豕一擎日月而

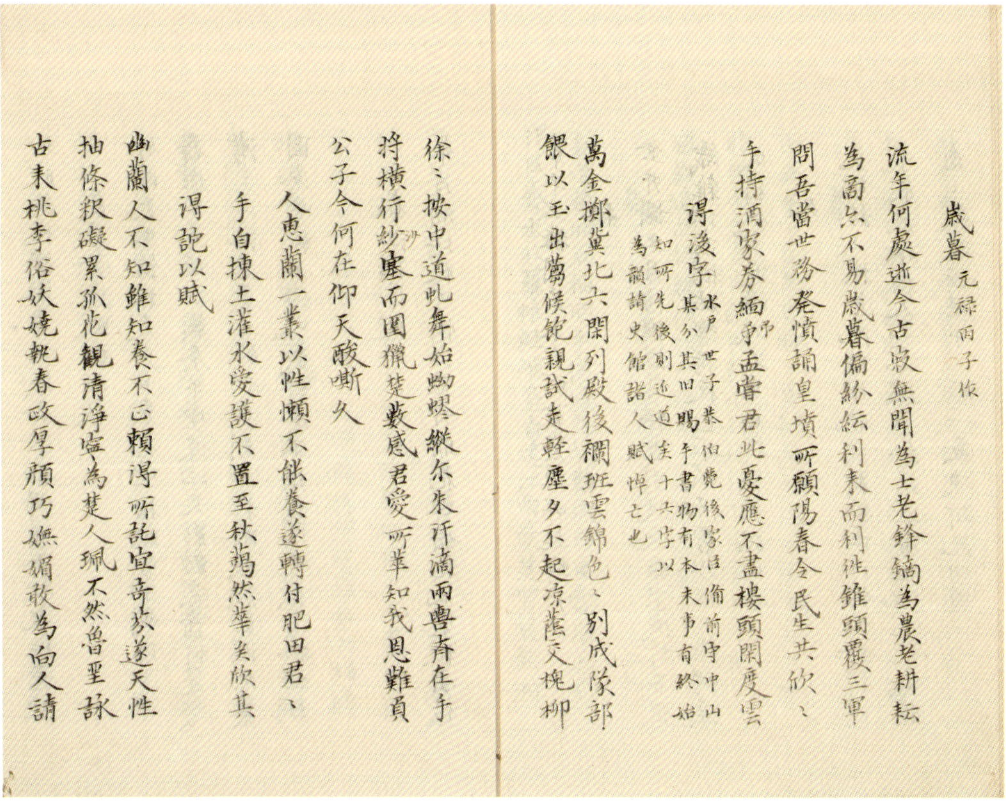
歳暮　元禄丙子作
流年何處逝今古寂無聞為士老鋒鏑為農老耕耘
為商亦不易歳暮偏紛紜利来而利往錐頭覆三軍
問吾當世務発憤誦皇墳所願陽春令民生共欣欣
手持酒家券緬帀爭孟嘗君此憂應不盡樓頭閑度雲
得後字　水戸世子恭伯甞從家臣備前守中山
其分其田賜手書物有本末事有終始
知所先後則近道矣十六字以
為韻請史館諸人賦悼亡也
萬金擲冀北六閑列殿後襴班雲錦色色別成隊部
餵以玉出蒭候飽親試走輕塵夕不起凉蔭文槐柳
徐徐按中道虬舞始蚴蟉縱尓朱汗滴兩豊犇在手
將横行紗沙塞而圍獵楚數感君愛所華知我恩難負
公子今何在仰天酸嘶久
人恵蘭一叢以性懶不能養遂轉付肥田君君
手自揀土灌水愛護不置至秋蔫然萃矣欣其
得訖以賦
幽蘭人不知雖知養不亡頼得所託宜奇芬遂天性
抽條釈礙累孤花觀清浄塩為楚人珮不然魯聖詠
古来桃李俗妖嬈靴春政厚顔巧嫵媚敢為向人請

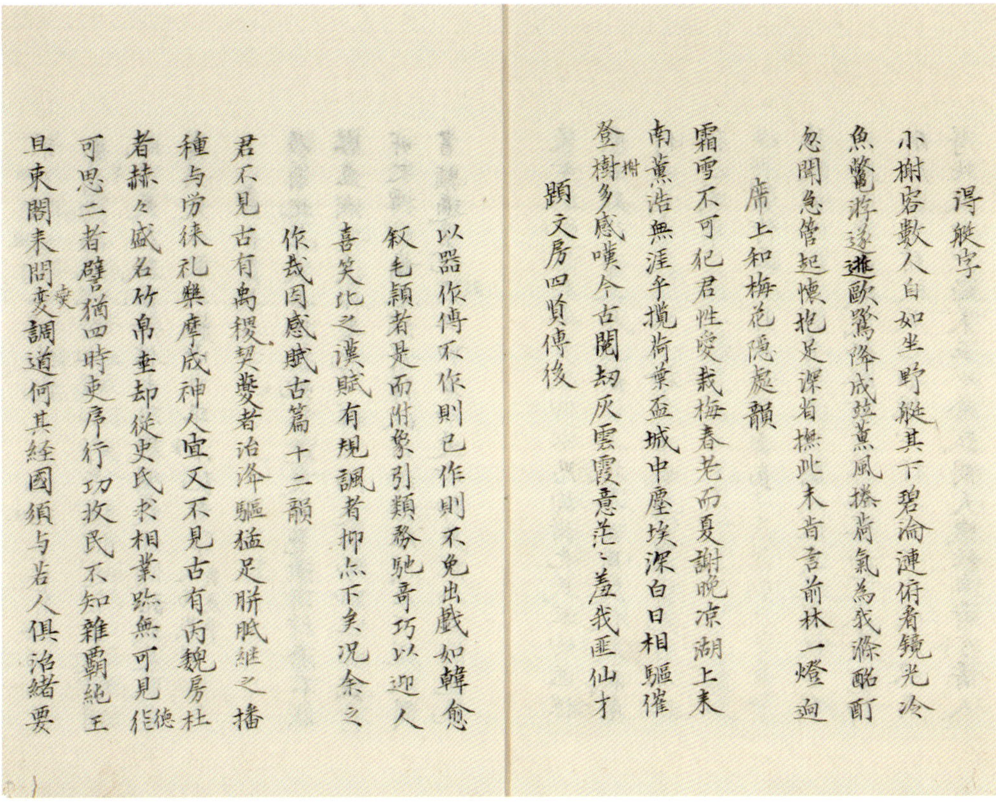

得艇字
小樹容數人自如坐野艇其下碧瀹漣㳙看鏡光冷
魚鶩游遂進歐鷺降成茲薰風撲荷氣為我滌酩酊
忽聞急管起懷抱足深省撫此未肯言前林一燈迥
席上和梅花隱處韻
霜雪不可犯君性愛栽梅春老而夏謝晚涼湖上來
南薰浩無涯乎攬荷葉盃城中塵埃深白日相驅催
登樹（樹）多感嘆今古閱刼灰雲霞意茫々羞我匪仙才
題文房四賢傳後
以器作傳不作則已作則不免出戲如韓愈
叙毛穎者是而附象引類務馳奇巧以迎人
喜笑比之漢賦有規諷者抑亦下矣況余之
作哉因感賦古篇十二韻
君不見古有禹稷契夔者治洚驅猛足胼胝繼之播
種与勞徠礼樂摩成神人宜又不見古有丙魏房杜
者赫々盛名竹帛垂却從吏氏求相業跡無可見佐（德）
可思二者譬猶四時更序行功救民不知雜霸絕王
且東閣未問變（變）調道何其經國須与若人俱治緒要

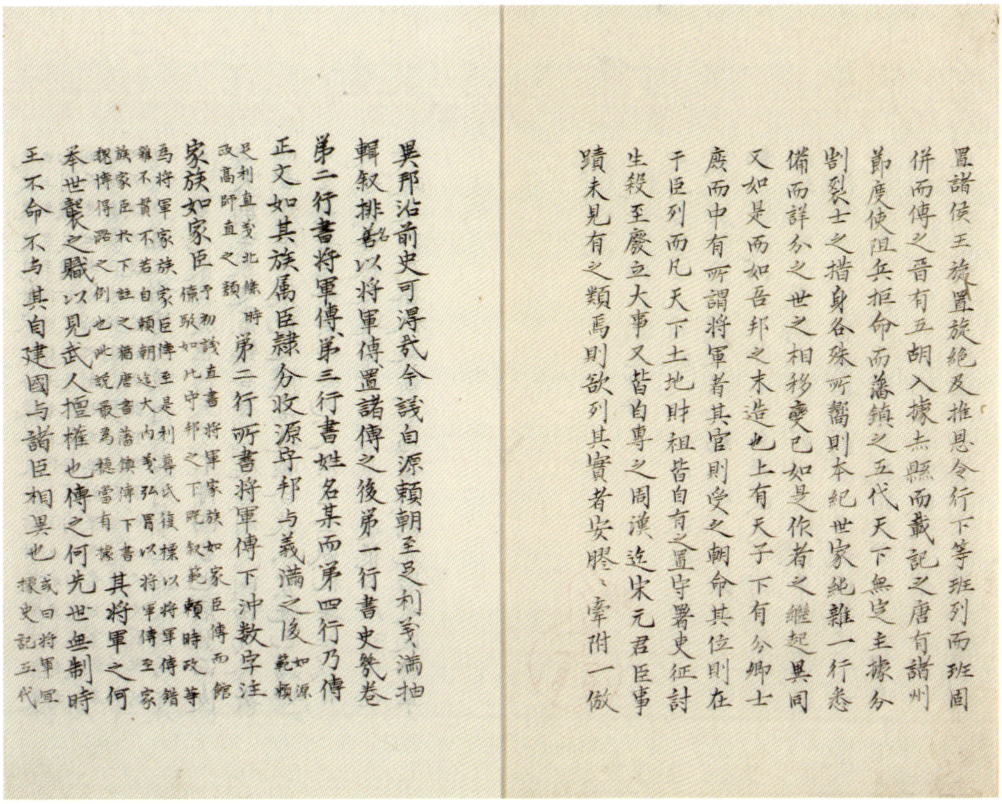

置諸侯王旋置旋絕及推恩令行下等班列而班固
併而傳之晉有五胡入據去縣而載記之唐有諸州
節度使阻兵拒命而藩鎮之五代天下無定主據分
割裂士之措身各殊所觸則本紀世家絕雜一行悉
備而詳分之世之相移變已如是作者之繼起異同
又如是而如吾邦之末造也上有天子下有分卿士
麼而中有所謂將軍者其官則受之朝命其位則在
于臣列而凡天下土地財祖皆自育之置守署吏征討
生殺至廢立大事又皆自專之周漢迄宋元君臣事
蹟未見有之類焉則欲列其實者安睽々牽附一做
異邦沿前史可得哉今議自源賴朝至足利義滿抽
輯叙排銘以將軍傳置諸傳之後第一行書史綮卷
第二行書將軍傳第三行書姓名某而第四行乃傳
正文如其族屬臣隸分收源守邦与義滿之後如源範賴
足利直義北條時政高師直之類第二行所書將軍傳下沖數字注
家族如家臣予初議直書將軍家族如家臣傳而館僚駁如此中邦之下既叙範賴時政等
爲將軍家族家臣傳至是利尊氏復標以將軍傳錯雜不貫不若自賴朝迄大內義弘冒以將軍傳至家
族家臣於下註之猶唐書藩鎮傳下書魏傳得浴之例也此說最爲穩當有據其將軍之何
奉世襲之職以見武人擅權也傳之何先世無制時
王不命不与其自建國与諸臣相異也或曰將軍冝援史記五代

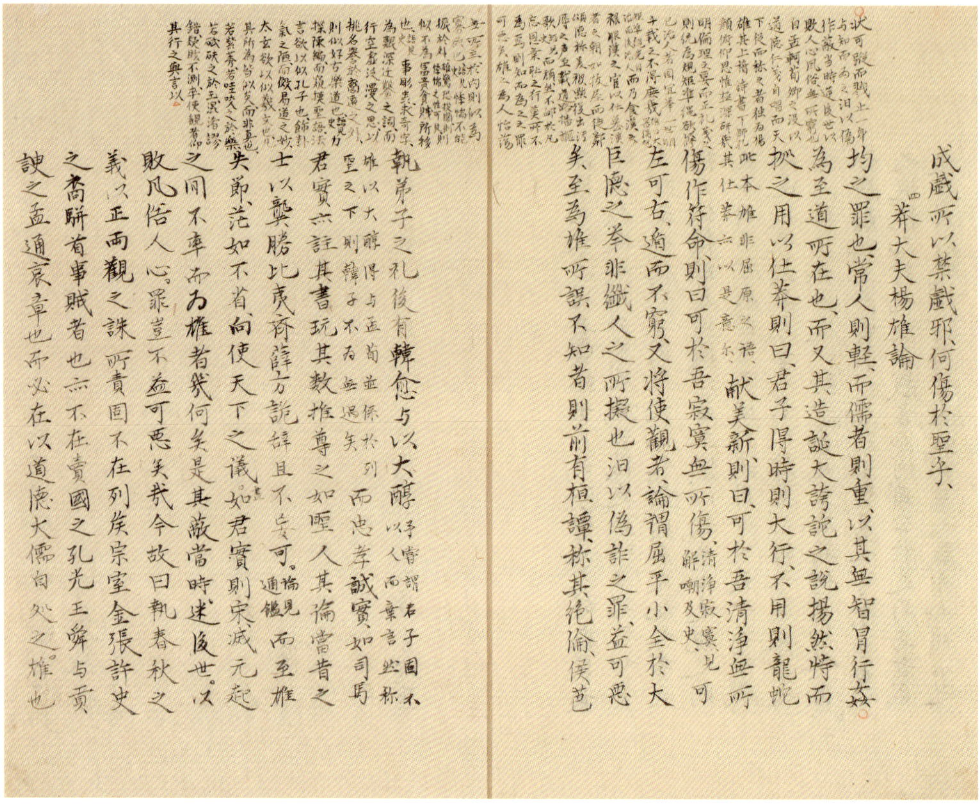
成蔵所以禁戲邪、何傷於聖乎、
四莽大夫楊雄論
均之罪也、常人則輕、而儒者則重、以其無智冒行姦
為至道所在也、而又其造誕大誇詭之説、揚然恃而
抵之用、以仕莽則曰、君子得時則大行、不用則龍蛇
此本雄非屈原之語、亦以是意耳、獻美新則曰、可於吾清淨無所
傷作符命、則曰可於吾寂寞無所傷、清淨寂寞見解嘲及史、可
左可古、適而不窮、又將使觀者、論謂屈平小全於大
臣德之舉非纖人之所擬也、汩以僞詐之罪、益可惡
矣、至為雄所誤不知者、則前有桓譚、称其絶倫、侯芭
執弟子之礼、後有韓愈与以大醇孑嘗謂君子固不以人而棄言然称
雄以大醇得与孟荀並係於列聖之下則韓子不為無過矣、而忠孝誠實、如司馬
君實亦註其書、玩其數、推尊之如聖人、其論當昔之
士以冀勝比虞齊、薛方說辞且不妄可。論見通鑑、而至雄
失節、茫如不省、向使天下之議、如君實則宋、滅元起
之間、不率而為雄者幾何矣、是其蔽當時、迷後世。以
敗风俗人心、罪豈不益可惡矣哉、今故曰執春秋之
義、以正雨觀之誅、所責固不在列侯宗室金張許史
之裔、駢首事賊者也、亦不在責國之孔光王舜与貢
諛之孟通褒章也、而必在以道德大儒自处之雄也

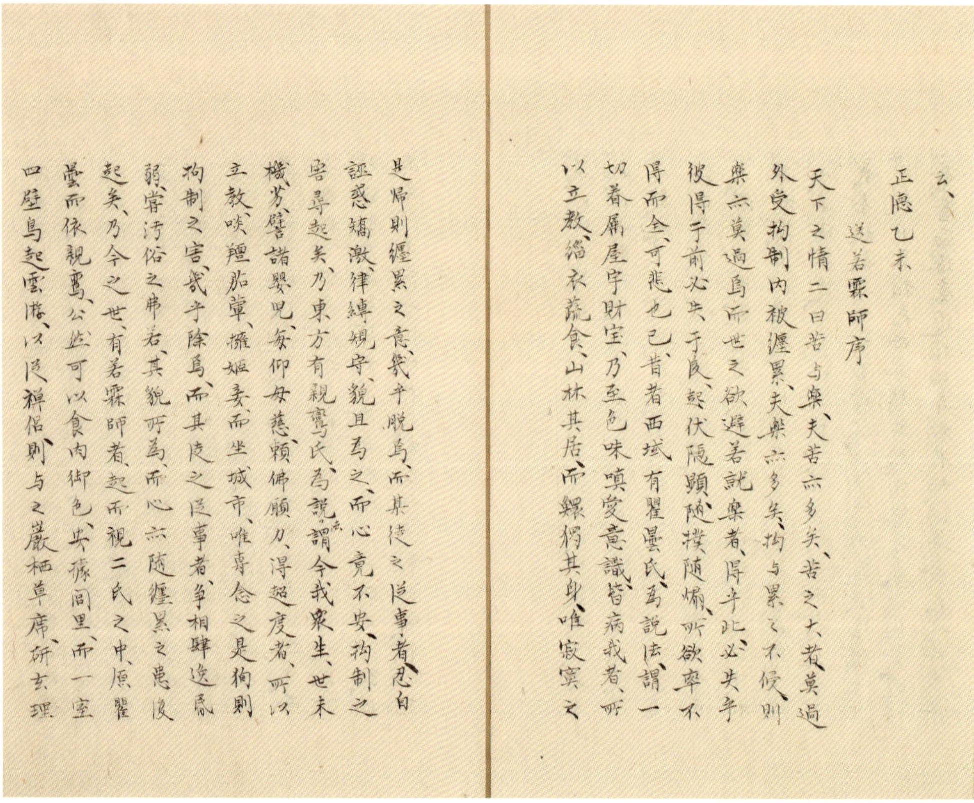
云、
正德乙未
送若霖師序
天下之情二、曰苦与樂、夫苦亦多矣、苦之大、者莫過
外受拘制、内被纏累、夫樂亦多矣、拘与累之不侵、則
樂亦莫過焉、而世之欲避苦就樂者、得乎此、必失乎
彼、得于前、必失于後、起伏隱顯、隨撲隨熾、所欲卒不
得而全、可悲也已、昔者西域有瞿曇氏、為說法、謂一
切眷屬屋宇財寶、乃至色味嗔愛意識、皆病我者、所
以立教、緇衣蔬食、山林其居、而躶裎其身、唯寂寞之
是歸則纏累之意、幾乎脫焉、而其徒之從事者、忍自
誣惑、矯激律縛、規守、貌且為之、而心竟不安、拘制之
害尋起矣、乃東方有親鸞氏、為說法謂今我衆生、世末
機劣、譬諸嬰兒、每仰母慈、頼佛願力、得超度者、所以
立教、啖鱣茹葷、擁姬妾而坐城市、唯専念之是狥、則
拘制之害、幾乎除焉、而其徒之從事者、爭相肆逸、廉
弱嘗汚俗之弗若、其貌所為、而心亦隨纏累之患復
起矣、乃今之世、有若霖師者、起而視二氏之中、原瞿
曇而依親鸞、公然可以食肉御色、安據閭里、而一室
四壁、鳥起雲滯、以從禅侶、則与之巖栖草席、研玄理

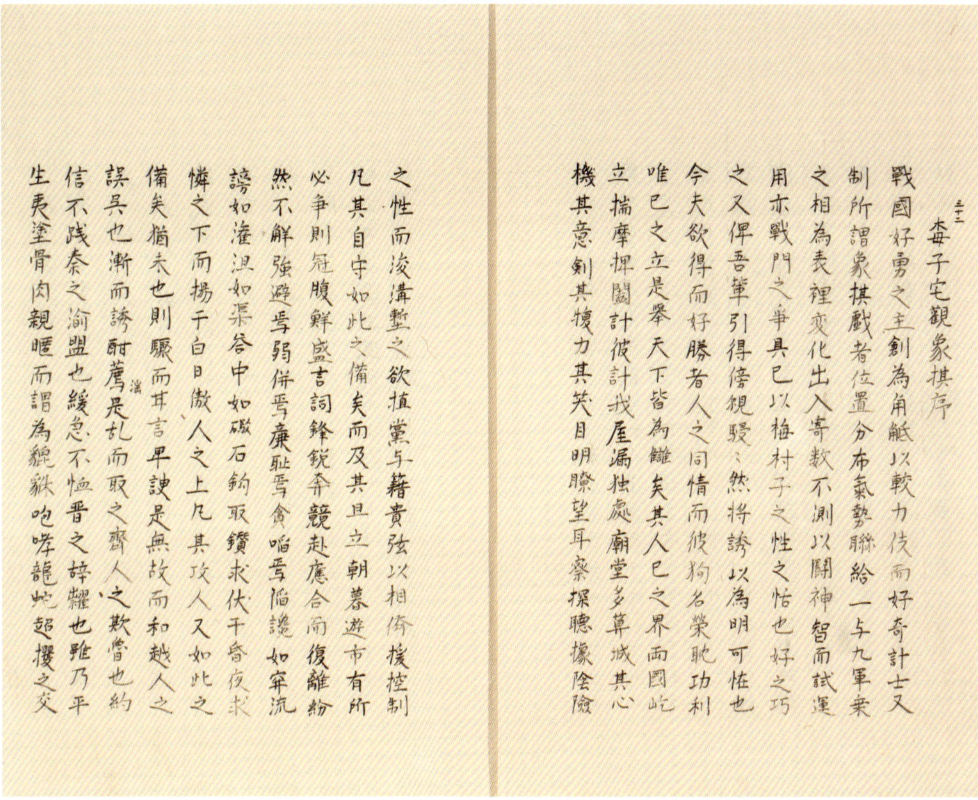

三十三

毎子宅觀象棋序

戰國好勇之主創為角觝以較力伎而好奇計士又制所謂象棋戲者位置分布氣勢聯給一与九軍乘之相為表裡変化出入寄數不測以闘神智而試運用亦戰門之爭具已以梅村子之性之恬也好之巧之又俾吾筆引得僖覩駸〻然將誘以為明可恠也今夫欲得而好勝者人之同情而彼狗名榮耽功利唯已之立是舉天下皆為讎矣其人已之界而國屹立揣摩捭闔計彼計我屋漏独處廟堂多算城其心機其意剣其腹力其笑目明瞭望耳察探聽據陰險之性而浚溝塹之欲植黨与藉貴弦以相倚援控制凡其自守如此之備矣而及其旦立朝暮遊市有所必爭則冠腹鮮盛言詞鋒鋭奔競赴應合而復離紛然不解強避焉弱併焉廉耻焉貪諂焉傷讒如穿流謗如潅沮如渠谷中如磁石鈎取鑽求伏于昏夜求憐之下而揚于白日傲人之上凡其攻人又如此之備矣猶未也則驟而其言甲諛是無故而和越人之誤吳也漸而誘酣（滋）薦是乱而取之齊人之欺魯也約信不践秦之渝盟也緩急不恤晋之辞耀也雖乃平生夷塗骨肉親暱而謂為貔貅咆哮龍蛇起攖之交

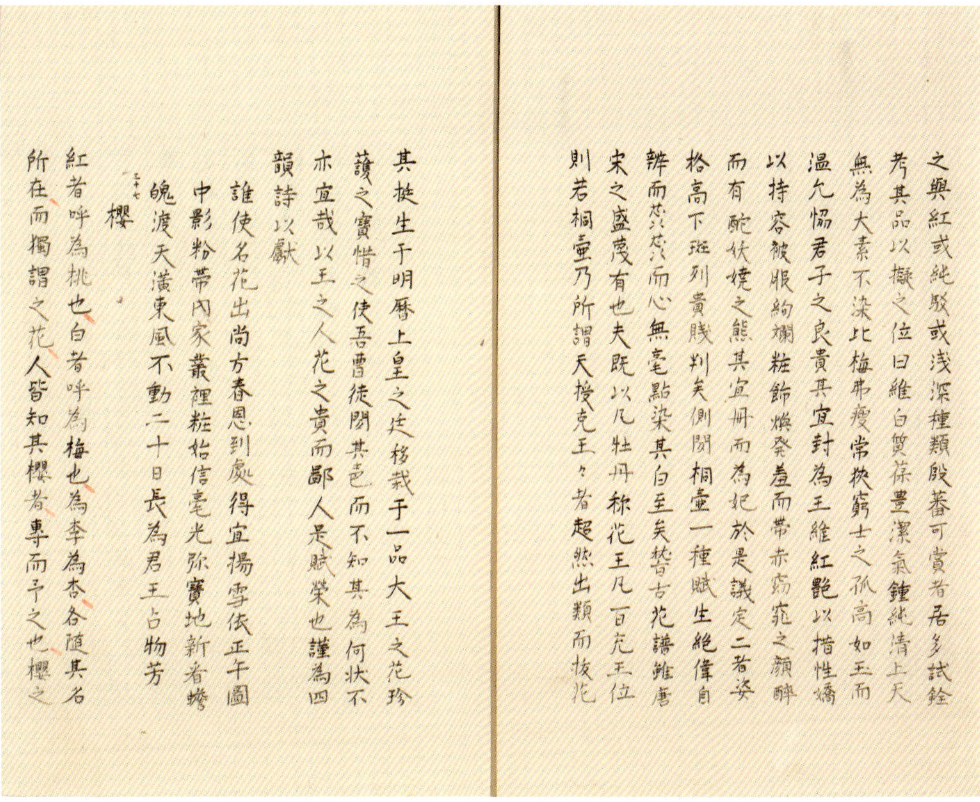

之與紅或純駁或浅深種類殷蕃可賞者居多試銓考其品以擬之位曰維白質葆豊潔氣鐘純清上天無為大素不染比梅弗瘦常狹窮士之孤高如玉而溫允協君子之良貴其宜封為王維紅艶以措性嬌以持容被服約斕粧飾煥発羞而帶赤窈窕之顔酔而有酡妖嬈之態其宜冊而為妃於是議定二者姿格高下班列貴賤判矣側聞桐壷一種賦生絶偉自辨而𦬇𦬇而心無毫點染其白至矣嘗古花譜雖唐宋之盛蔑有也夫既以凡牡丹称花王凡百花王位則若桐壷乃所謂天授克王〻者超然出類而拔花其挺生于明曆上皇之廷移栽于一品大王之花珍護之寶惜之使吾曹徒聞其芭而不知其為何狀不亦宜哉以王之人花之貴而鄙人是賦榮也謹為四韻詩以獻

誰使名花出尚方春恩到處得宜揚雩依正午圖
中影粉帶内家叢裡粧始信毫光弥寶地新看蟾
魄渡天潢東風不動二十日長為君王占物芳

二十七

櫻

紅者呼為桃也白者呼為梅也為李為杏各随其名所在而獨謂之花人皆知其櫻者專而予之也櫻之

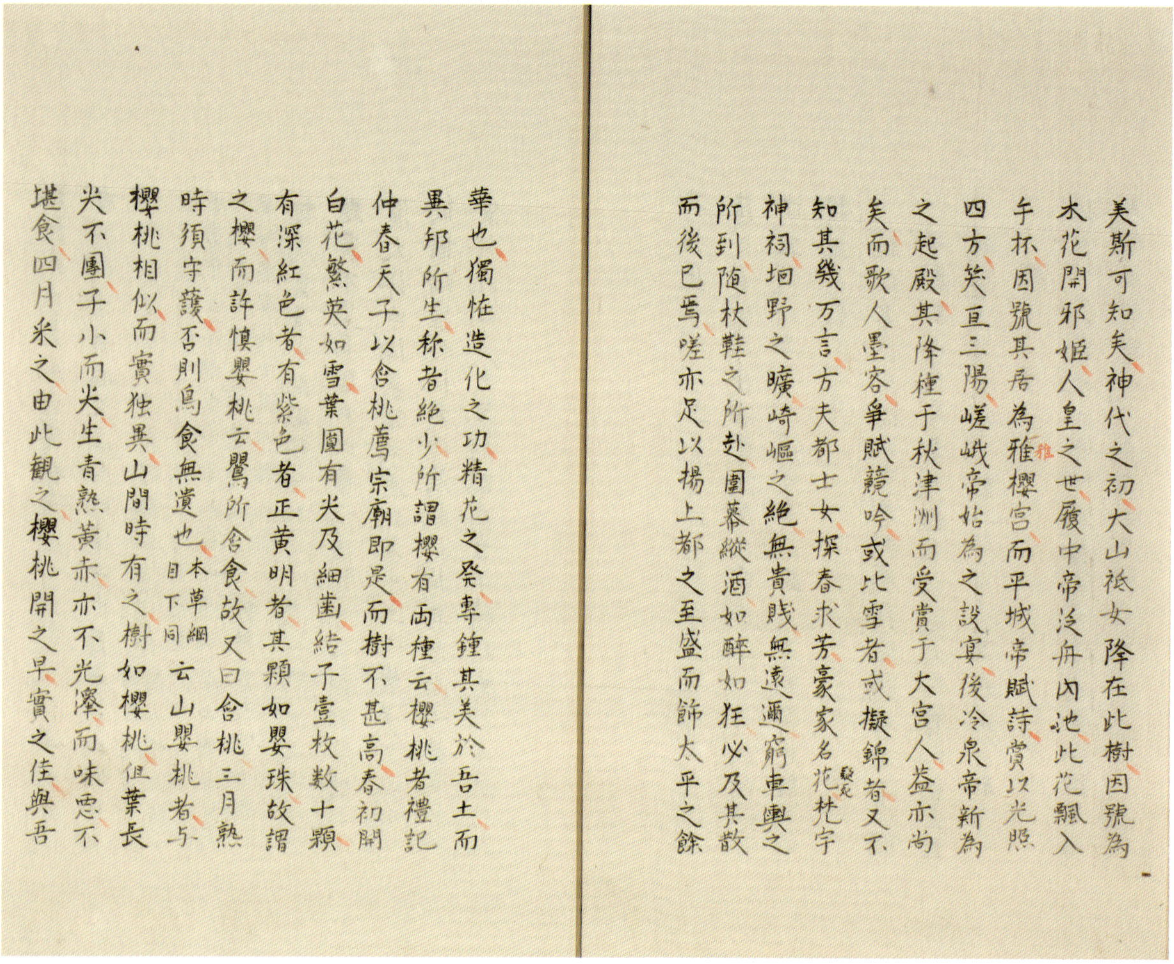
美斯可知矣神代之初大山祇女降在此樹因號為
木花開耶姬人皇之世履中帝泛舟內池此花飄入
手杯因號其居為稚（雅）櫻宮而平城帝賦詩賞以光照
四方矣亘三陽嵯峨帝始為之設宴後冷泉帝新為
之起殿其降種于秋津洲而受賞于大宮人蓋亦尚
矣而歌人墨客爭賦競吟或比雪者或擬錦者又不
知其幾万言方夫都士女探春求芳豪家名花枕（疑充）宇
神祠坰野之曠崎嶇之絕無貴賤無遠邇窮車輿之
所到隨杖鞋之所赴圍幕縱酒如醉如狂必及其散
而後已焉嗟亦足以揚上都之至盛而飾太平之餘

華也獨恠造化之功精花之發專鍾其美於吾土而
異邦所生稀者絕少所謂櫻有兩種云櫻桃者禮記
仲春天子以含桃薦宗廟即是而樹不甚高春初開
白花繁英如雪葉圓有尖及細齒結子壹枚數十顆
有深紅色者有紫色者正黃明者其顆如嬰珠故謂
之櫻而許慎嬰桃云鸎所含食故又曰含桃三月熟
時須守護否則鳥食無遺也本草綱目下同云山嬰桃者与
櫻桃相似而實独異山間時有之樹如櫻桃但葉長
尖不團子小而尖生青熟黃赤亦不光澤而味惡不
堪食四月采之由此觀之櫻桃開之早實之佳與吾

（六）《文恭君遺薫》

27.3×19.9×0.6cm　一冊　文庫11675

寫本，全一卷，未署編抄者姓氏及年月。含裱紙共68頁。通篇為和文體，解意時附有烈公[1]硃批。無刊印本，亦罕見有學者研究或引證。下圖中的“潛龍閣印”為德川齊昭藏書印。

① 烈公為水戶德川家第九代藩主德川齊昭（1800–1860），為德川慶喜之生父。

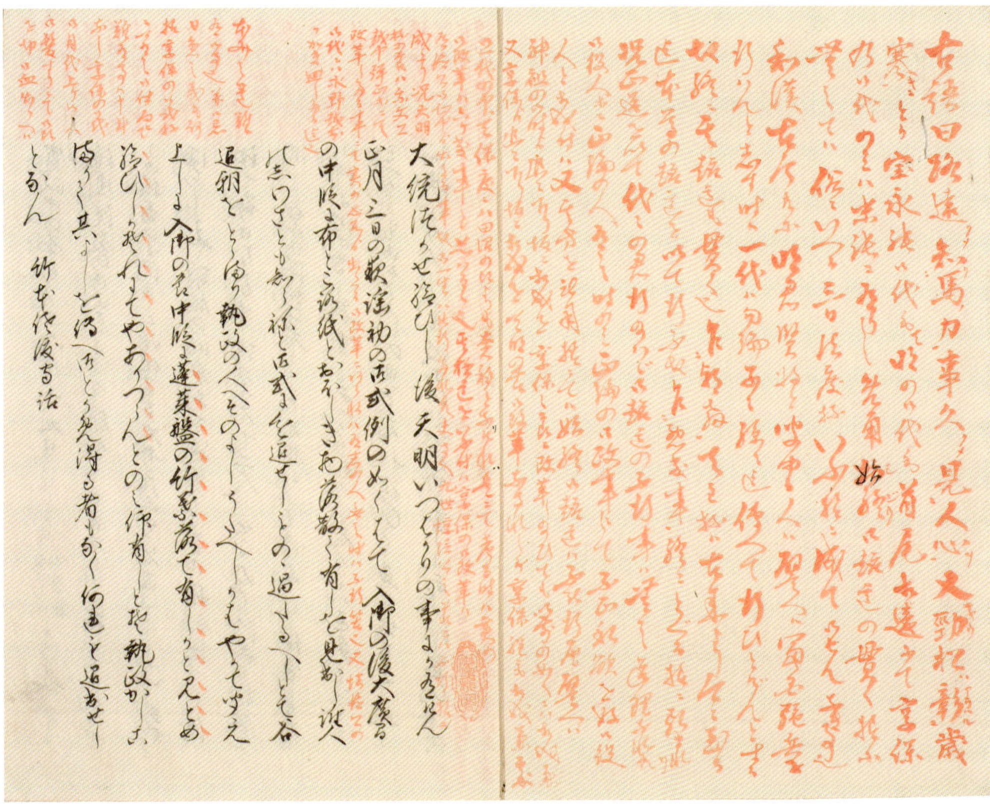

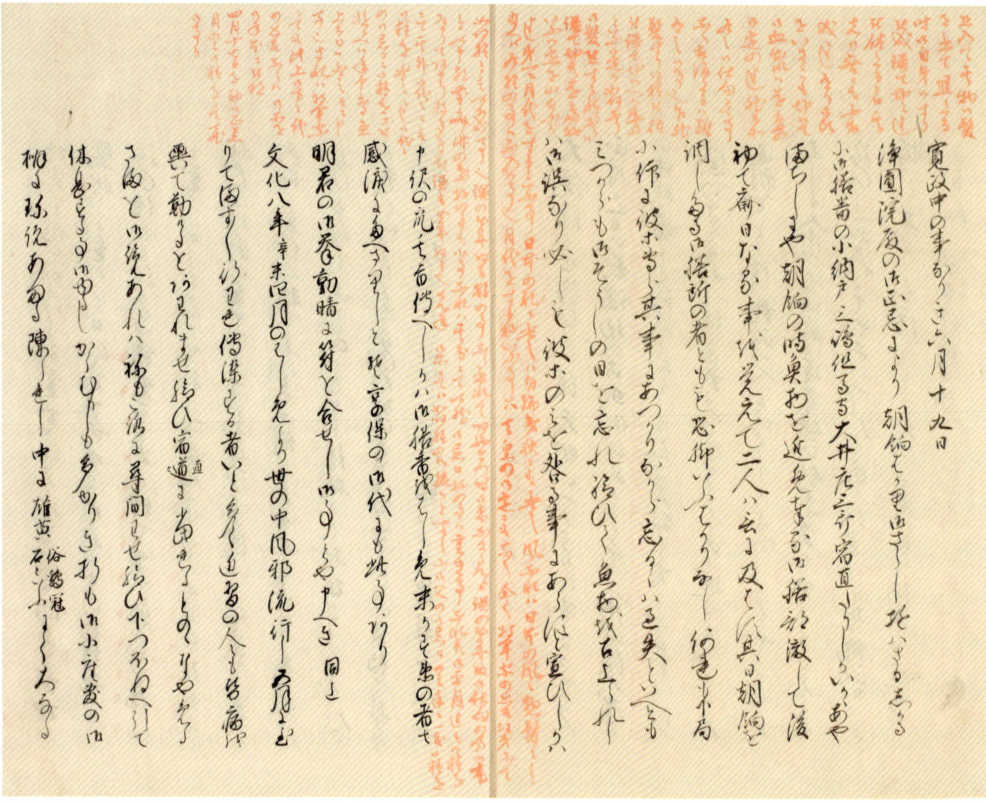

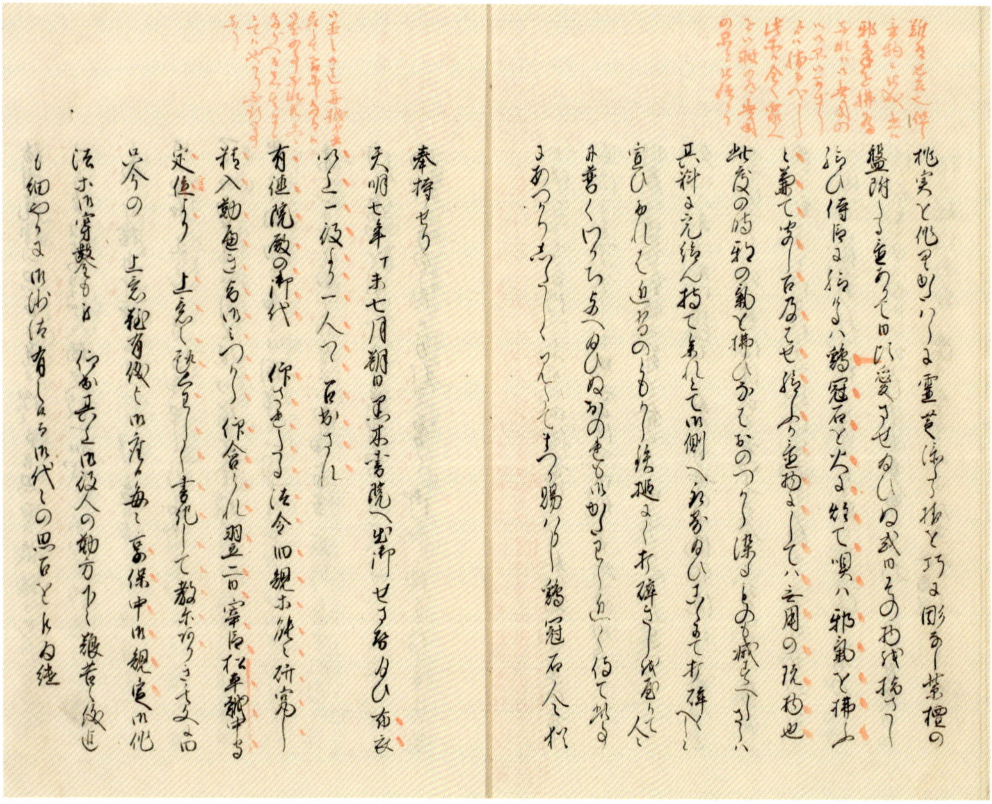

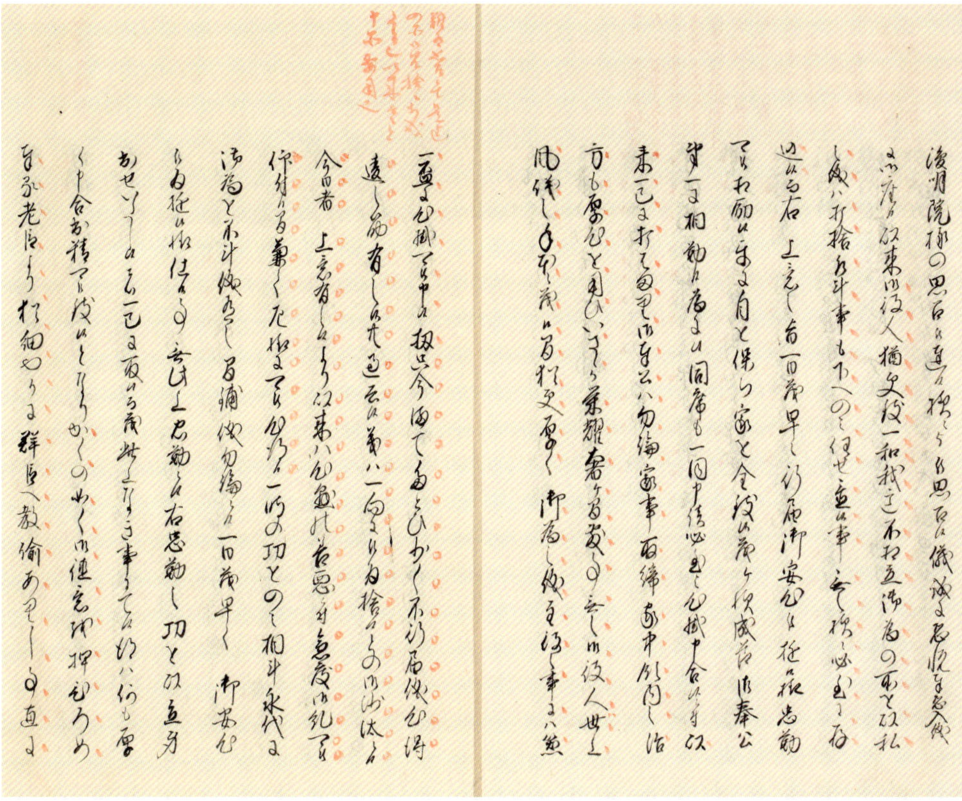

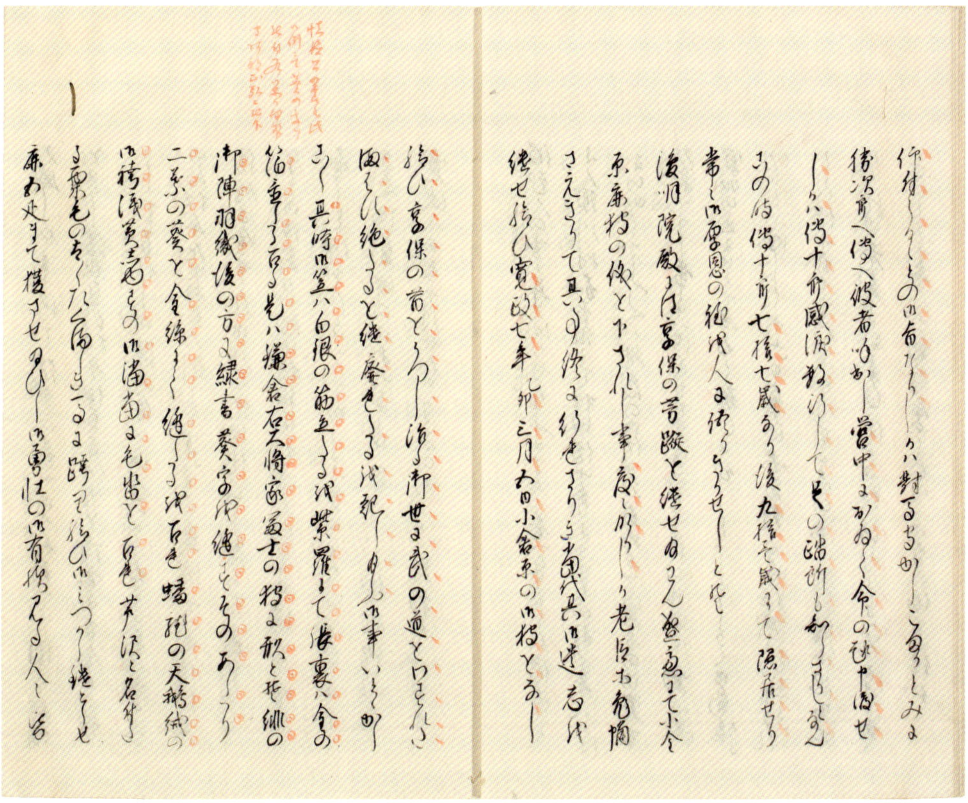

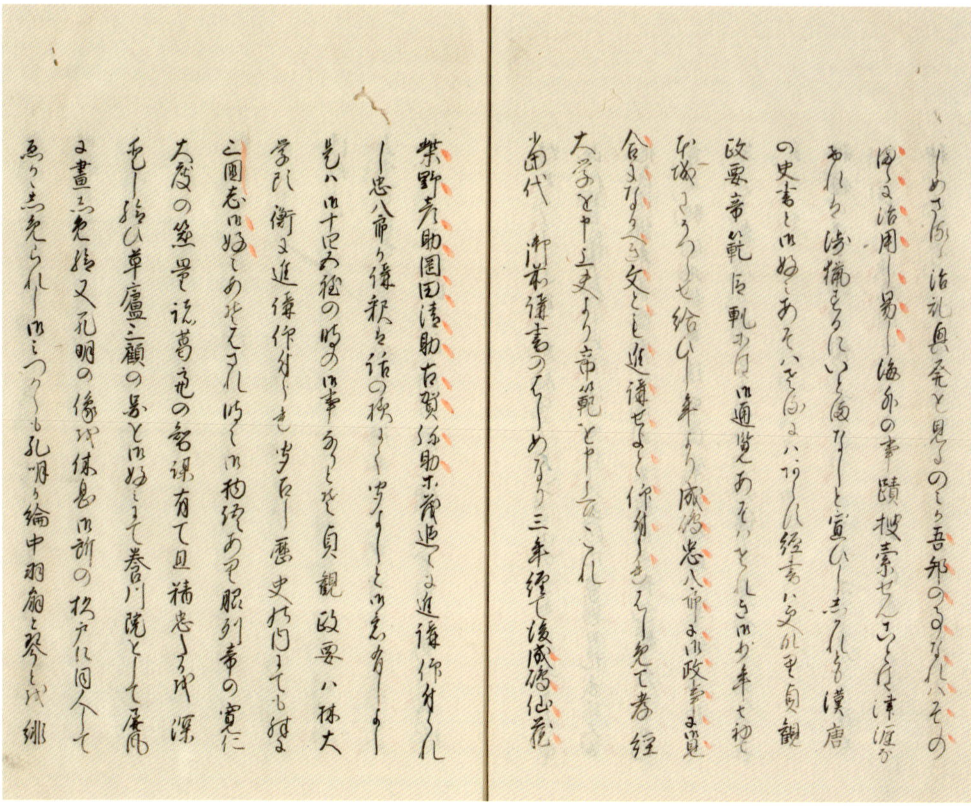

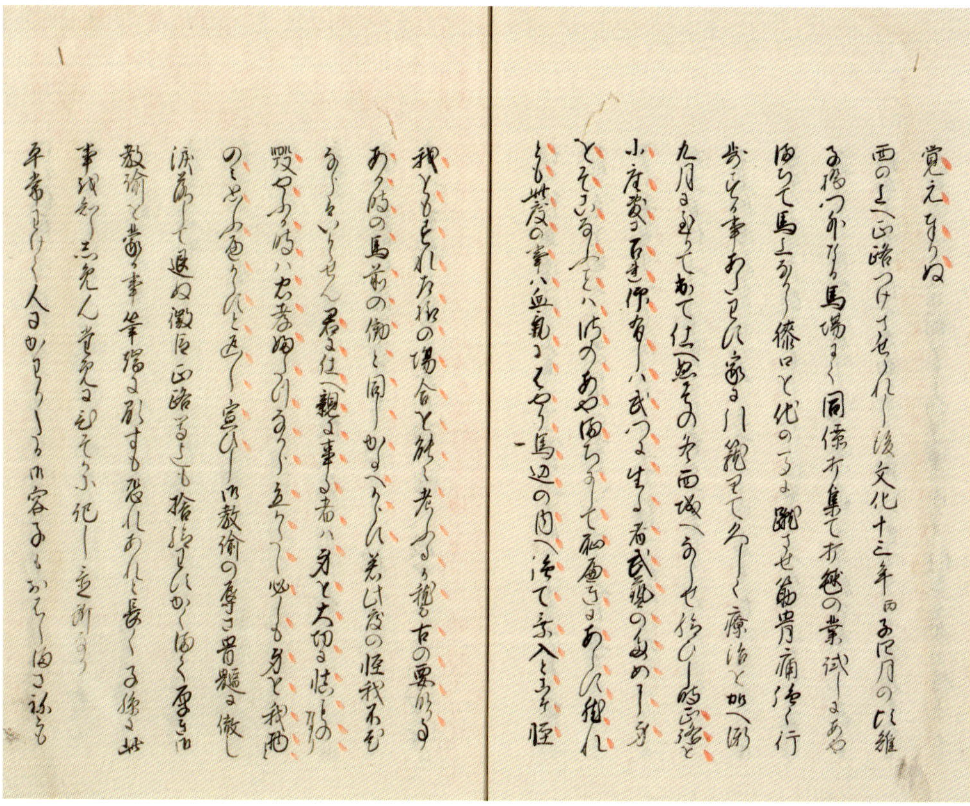

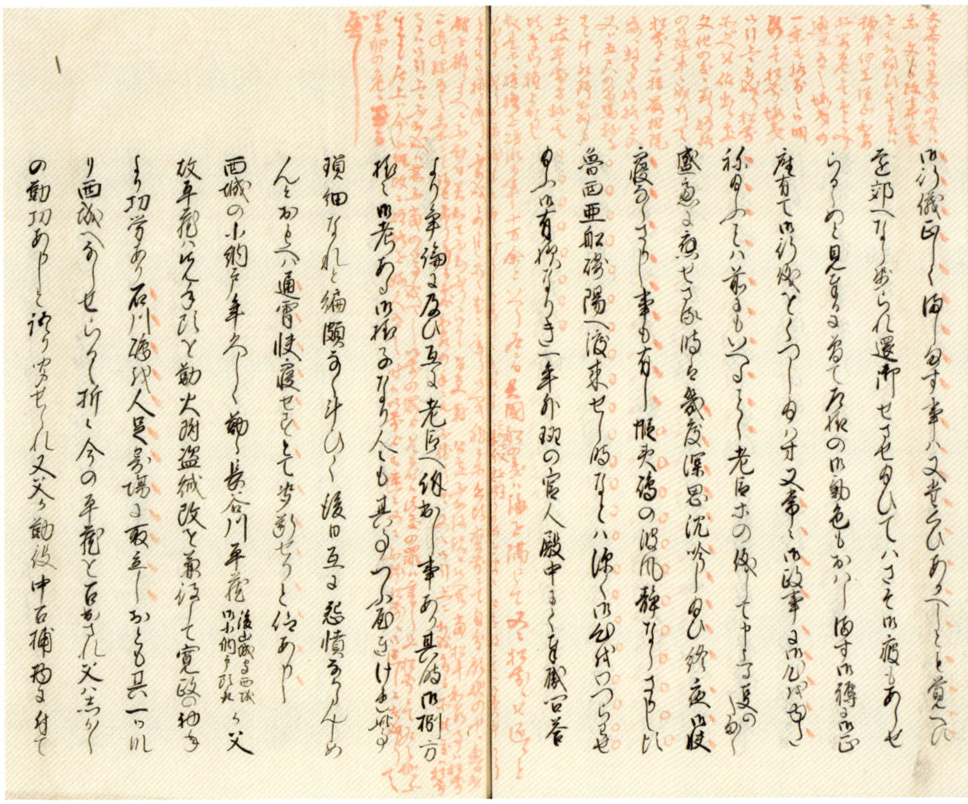

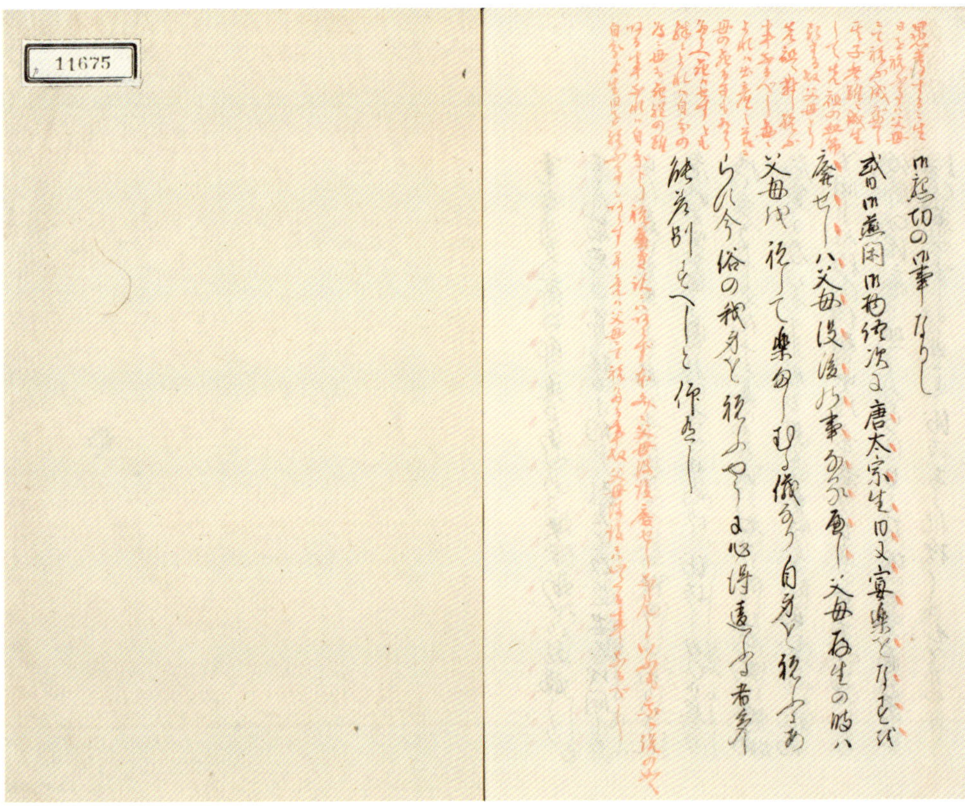
11675

（七）《安積翁筆記》

22.5×15.2×0.4cm　一冊　文庫12720

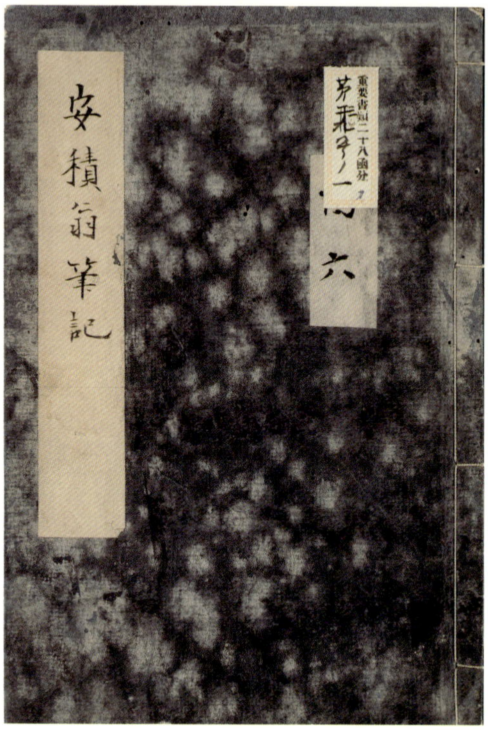

寫本，未署編抄者姓氏及年月。含裱紙共36頁。所述為神代紀及歷代天皇，疑為《大日本史》相關議案。其中“寬文五年乙巳，明舜水朱之瑜字魯璵來化（謚文恭），侯師事之”一段，似云舜水居日乃“歸化”，且謂光圀曾以舜水為師。文字和漢雜糅，為《澹泊齋文集》所未收。

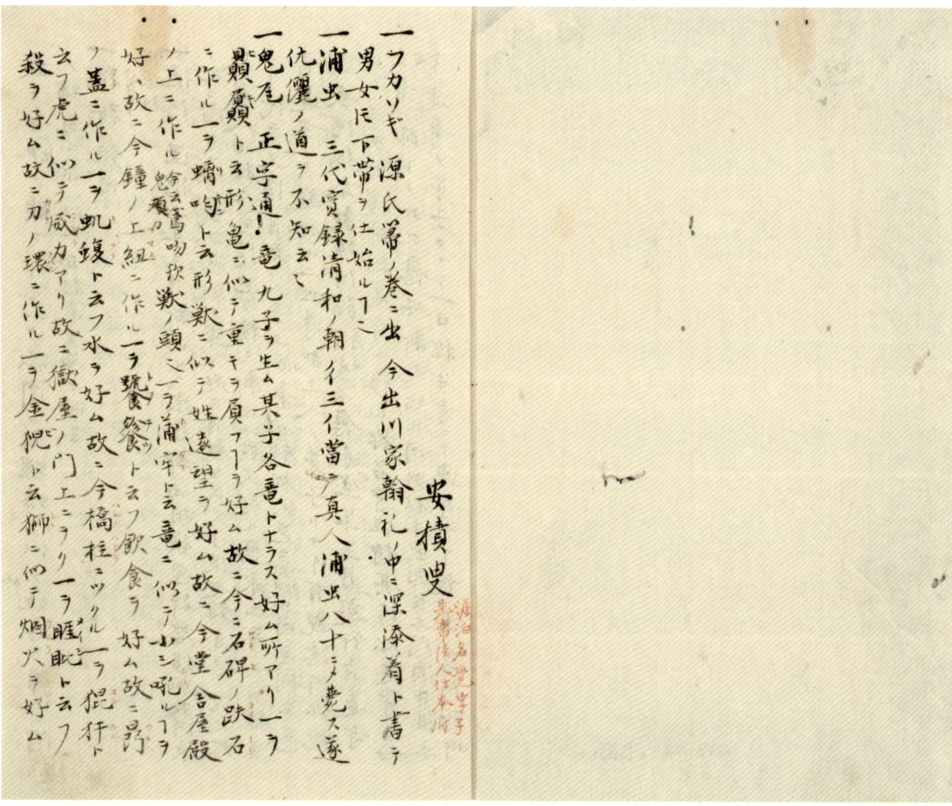

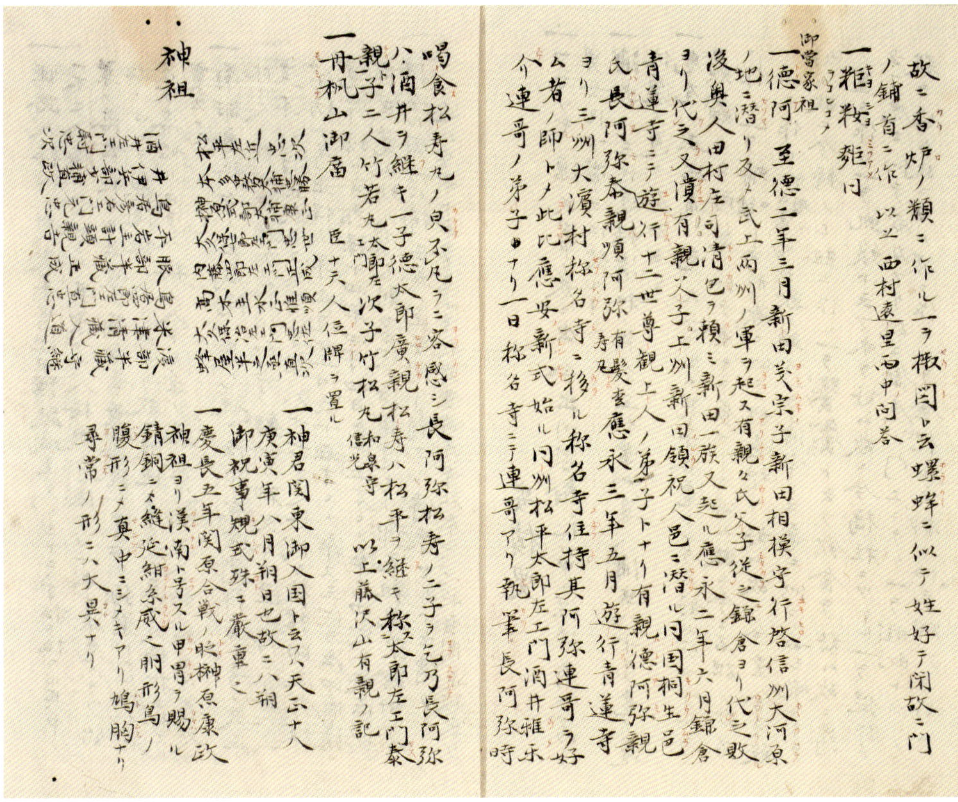
故ニ香炉ノ類ニ作ル一ヲ椒図ト云螺蜂ニ似テ姓好テ閉故ニ門ノ鋪首ニ作 以上西村遠里雨中問答
一猪口 黐 甦日
一御當家祖 徳阿 至徳二年三月新田義宗子新田相模守行啓信州大河原ノ地ニ潜リ又ノ武上両州ノ軍ヲ起ス有親父子従之鎌倉ヨリ代之敗後奥人田村庄司清包ヲ頼ミ新田一族又起ル應永二年六月鎌倉ヨリ代之又潰有親父子上州新田領祝人邑ニ潜ル同国桐生邑青蓮寺ニテ遊行十二世尊観上人ノ弟子トナリ有親徳阿弥親氏長阿弥泰親順阿弥 有髪妻帯 應永三年五月遊行青蓮寺ヨリ三州大濱村称名寺ニ移ル称名寺住持其阿弥連哥ヲ好ム者ノ師トノ此比應安新式始ル同州松平太郎左エ門酒井雅楽介連哥ノ弟子ナリ一日称名寺ニテ連哥アリ執筆長阿弥時唱食松寿丸ノ良不凡ヲ二咨感シ長阿弥松寿ノ二子ヲ乞乃長阿弥ハ酒井ヲ継キ一子徳太郎廣親松寿ハ松平ヲ継キ称ス太郎左エ門泰親子二人竹若丸 太郎左エ門 次子竹松丸 和泉守信光 以上藤沢山有親ノ記
一丹楓山御廟 臣十六人位牌ヲ置ル
一神君関東御入国ト云フハ天正十八庚寅年八月朔日也故ニ八朔御祝事規式殊ニ厳重之
一慶長五年関原合戦ノ時榊原康政神祖ヨリ漢南ト号スル甲冑ヲ賜ル錆銅ニメ縫延紺糸威之胴形鳥ノ腹形ニメ真中ニシメキアリ鳩胸ナリ尋常ノ形ニハ大異ナリ
神祖
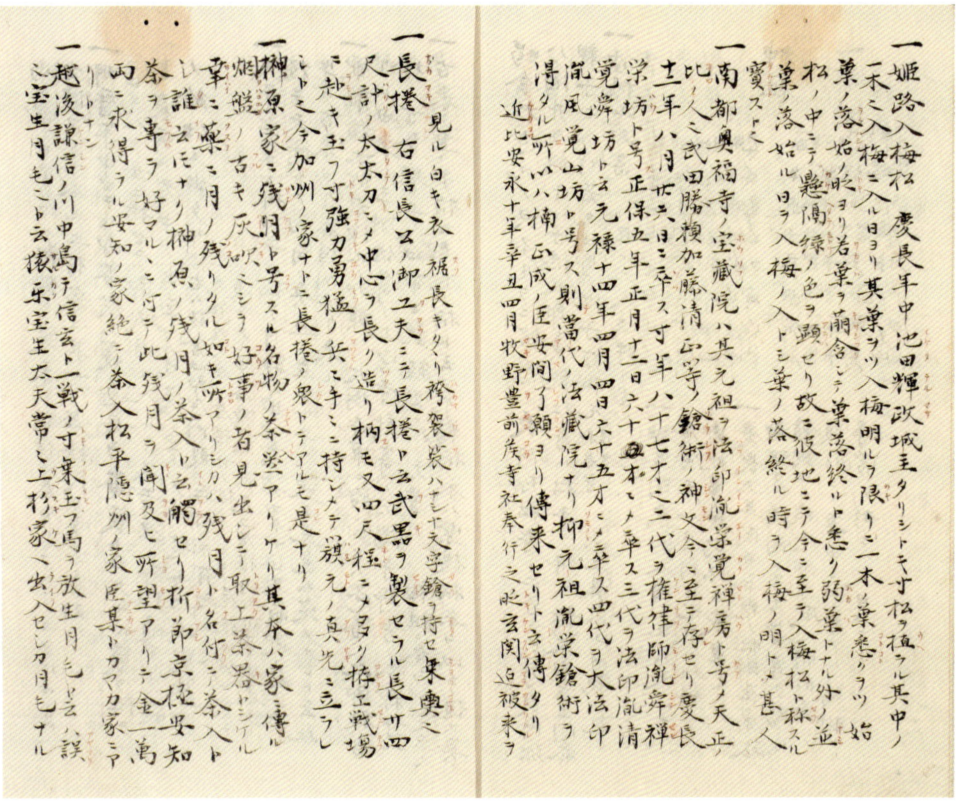
一姫路入梅松 慶長年中池田輝政城主タリシトキ寸松ヲ植ウル其中ノ一木ニ入梅ニ入ル日ヨリ其葉ヲツ入梅明ルヲ限リニ一木ノ葉悉クヲツ始葉ノ落始ノ時ヨリ若葉ヲ萌含ミテ葉落終ルト悉ク弱葉トナル外ノ並松ノ中ニテ懸隔緑ノ色ヲ顕セリ故ニ彼地ニテ今ニ至テ入梅松ト称スル葉ノ落始ル日ヲ入梅ノ入トシ葉ノ落終ル時ヲ入梅ノ明トメ甚人寶ストく
一南都奥福寺ノ宝藏院ハ其元祖ヲ法印胤栄覚禅房ト号ス天正ノ比ノ人ニ武田勝頼加藤清正等ノ鎗術ノ神文今ニ至テ存セリ慶長十二年八月廿六日ニ卒ス寸年八十七才ニ二代ヲ権律師胤舜禅栄坊ト号正保五年正月十二日六十五才ニメ卒ス三代ヲ法印胤清覚舜坊ト云元禄十四年四月四日六十五才ニメ卒ス四代ヲ大法印胤風覚山坊ト号ス則當代ノ法藏院ナリ抑元祖胤栄鎗術ヲ得タル所以ハ楠正成ノ臣安間了願ヨリ傳来セリト云傳タリ近比安永十年辛丑四月牧野豊前侯寺社奉行之時玄関迄被来ヲ
一長捲 見ル白キ衣ノ裾長キタリ袴袈裟ハナシ十文字鎗ヲ持セ東奥ニ右信長公ノ御工夫ニテ長捲ト云武器ヲ製セラル長サ四尺計ノ太太刀ニメ中心ヲ長ク造リ柄モ又四尺程ニメヲタク持エ戦場ニ赴キ玉フ寸強力勇猛ノ兵ニ手ニニ持シメテ旗先ノ真先ニ立ラレシトゾ今加州ノ家ナドニ長捲ノ衆トテアルモ是ナリ
一榊原家ニ残月ト号スル名物ノ茶碗アリケリ其本ハ家ニ傳ル燗盤ノ古キ灰吹ニシテ好事ノ者見出シテ取エ茶器トシケル事ニ薬ニ月ノ残リタル如キ所アリシカハ残月ト名付テ茶入トシ誰云ヒナク榊原ノ残月ノ茶入ト云聞セリ折節京極安知茶ヲ専ラ好マルヽニ付テ此残月ヲ聞及ヒ所望アリテ金一萬両ニ求得ラル安知ノ家絶テノ茶入松平隠州ノ家臣某トカヤカ家ニアリトナン
一越後謙信ノ川中嶋ニテ信玄ト一戦ノ寸乗玉フ馬ヲ放生月毛ト云ハ誤ニ宝生月毛ニト云猿楽宝生太夫常ニ上杉家ヘ出入セシカ月毛ナル

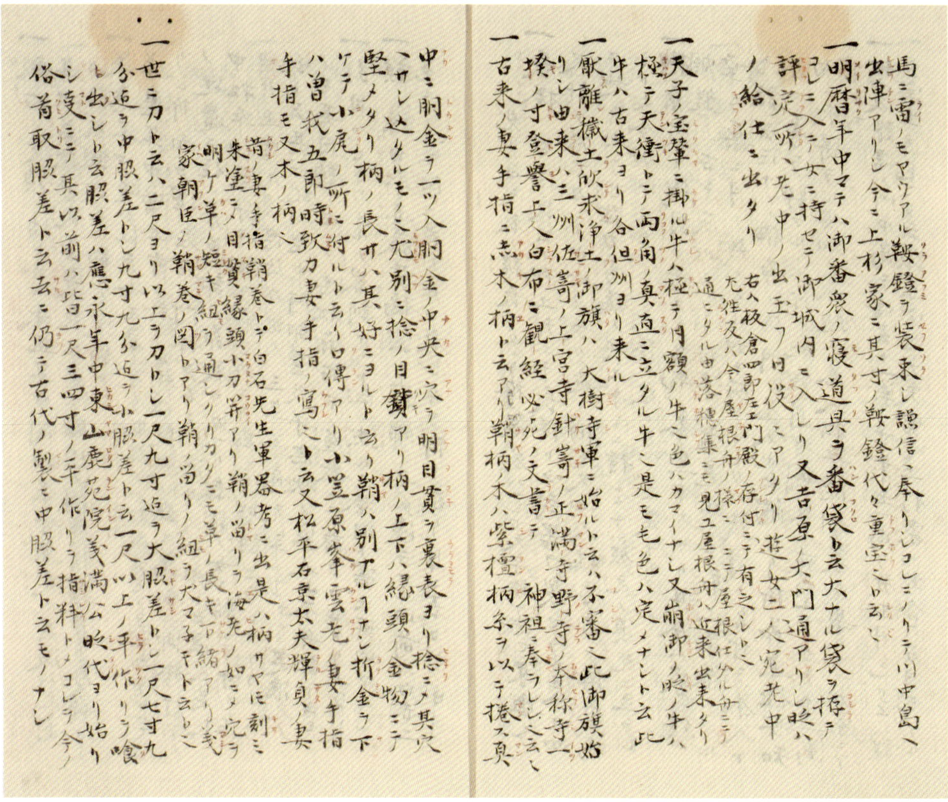

馬ニ雷ニモマケアル鞍鐙ヲ装束シ謙信ヘ奉リシコレニノリテ川中島ヘ
出陣アリシ今ニ上杉家ニ其寸ノ鞍鐙代々重宝ニスト云シ
一明暦年中マテハ御番衆ノ寝道具ヲ番袋ト云大ナル袋ヘ拵テ
コレニ入テ女ニ持セテ御城内ニ入シ又吉原大門通アリシ時ハ
評定所ヘ老中ノ出玉フ日役ニアタリ遊女二人充完中
ノ給仕ニ出タリ
右ハ板倉四郎左衛門殿存付ニテ有之シト
九往交ハ今ノ屋根井ノ様ニ三ノ屋根仕タルヲ見テ
通ニクル由落穂集ニ見ユ屋根井ハ近来出来タリ
一天子ノ全輦ニ掛ル牛ハ極テ月額ノ牛ニ色ハクマーナレ又崩御ノ時ノ牛ハ
極テ天律トテ両角ノ真直ニ立タル牛ニ是モ毛色ハ定メナシト云此
牛ハ古来ヨリ今但州ヨリ来ル
一厭離穢土欣求浄土ノ御旗ハ大樹寺ニテ始ルト云ハ不審ニ此御旗始
リシ由来ハ三州佐寄ノ上宮寺針寄ノ正満寺野寺ノ本称寺ノ一
揆ノ時登誉上人白布ニ観経ノ文言ヲ書テ神祖ニ奉ラレシト云ヽ
一古来ノ鼻手指ニ黒木ノ柄ト云アリ鞘柄木ハ紫檀柄糸ヲ以テ拵ヘ真
中ニ胴金ヲ一ツ入胴金ノ中央ニ穴ヲ明目貫ヲ裏表ヨリ捻ニノ其穴
ニカレ込タルモノニ尤別ニ捻ノ目貫アリ柄ノ上下ハ縁頭ノ金物ニテ
堅メタリ柄ノ長サハ其好ミヨルト云リ鞘ハ別ナルコトナシ折金ヲ下
ケテ小尻ノ所ニ付ルト云ト口傳アリ小笠原家峯雲先生鼻手指
ハ曽我五郎時致カ鼻手指ノ写シト云又松平右京太夫輝貞ノ鼻
手指モ又木ノ柄ヘ
前鼻手指鞘巻トテ白石先生軍器考ニ出是ハ柄サヤ共刻ミ
朱塗ニテ目貫縁頭小刀笄アリ鞘ノ留リヲ海老ノ如クニ究ヲ
明ケ革ノ短キ紐ヲ通シクリカタニモ革ノ長キヲ下緒ニ用ル
家朝臣ノ鞘巻ノ図カアリ鞘ノ留リノ紐ヲ犬マスラト云シニ
一世ニ刀ト云ハ二尺ヨリ以上ヲ刀トシ一尺九寸迄ヲ大脇差トシ一尺七寸九
分迄ヲ中脇差トシ九寸九分迄ヲ小脇差ト云一尺以上ノ平作リヲ喰
ト出シト云脇差ハ應永年中東山慈照院義満公ノ時代ヨリ始リ
シ由ニテ其以前ハ皆一尺三四寸ノ平作リヲ指料トメコレヲ今ノ
俗首取脇差ト云ニ仍テ古代ノ製ニ中脇差ト云モノナシ

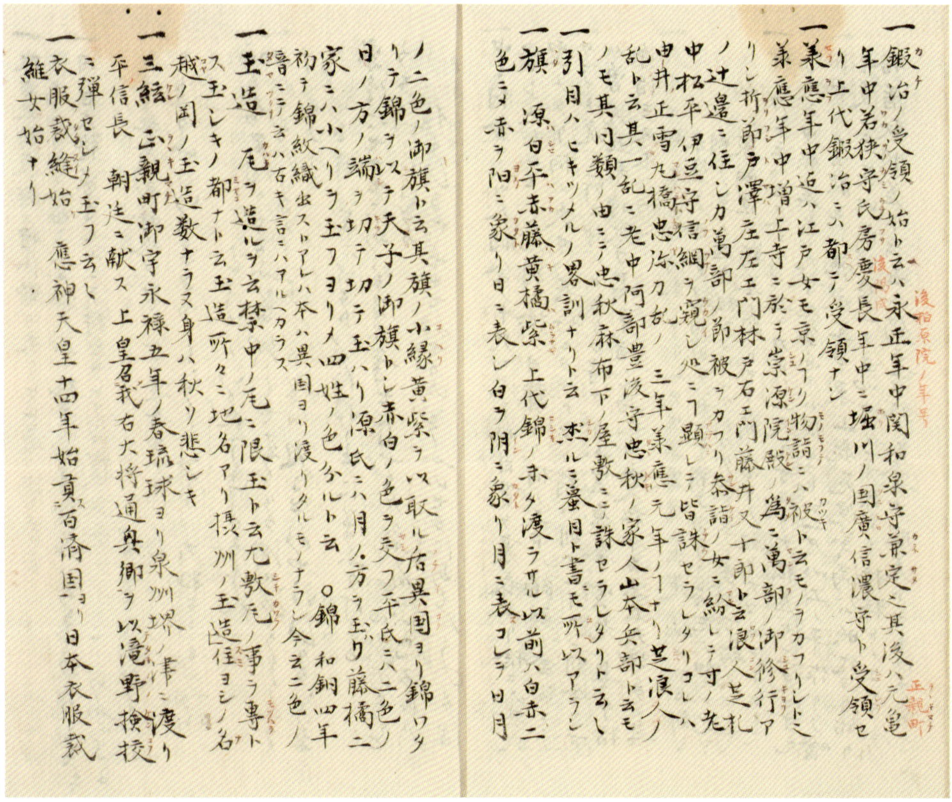

一鍛冶ノ受領ノ始ト云ハ永正年中関和泉守兼定ニ其後ハ元亀　正親町
年中若狭守氏房慶長年中ニ堀川ノ国廣信濃守ト受領セ
リ上代鍛冶ニハ都テ受領ナシ　後柏原院ノ年号
一慶安年中迄ハ江戸女モ京ヨリ物詣ニハ被衣ト云モノヲカブリシトニ
慶安年中増上寺ニ於テ崇源院殿ノ為ニ萬部ノ御修行ア
リシ折節戸澤右京亮石川主殿藤井又十郎ト云浪人共札
ノ辻邉ニ住シカ萬部ノ節被衣ヲカブリ参詣ノ女ニ紛レテ寸ノ老
中松平伊豆守信綱ヲ窺シ処ニ顕レテ皆誅セラレタリコレハ
由井正雪丸橋忠弥カ乱ノ三年先慶安元年ノ丁ト丑浪人共ノ
乱ト云其一乱ニ老中阿部豊後守忠秋ノ家人山本兵部ト云モ
ノモ其同類ノ由ニテ忠秋麻布下屋敷ニテ誅セラレタリト云シ
一引目ハヒキツメルノ略訓ナリト云　本ルニ蟇目ト書モ所以アラン
一旗　源白平赤藤黄橘紫　上代錦ノ未タ渡ラサル以前ハ白赤二
色ニメ赤ヲ陽ニ象リ日ニ表シ白ヲ陰ニ象リ月ニ表コレヲ日月
ノ二色ノ御旗ト云其旗ノ小縁黄紫ヲ以取ル右異国ヨリ錦ワタ
リテ錦ヲ以テ天子ノ御旗トシ赤白ノ色ヲ交ヘテ平氏ニハ二色ノ
日ノ方ノ端ヲ切テ玉ハリ源氏ニハ月ノ方ヲ玉ワリ藤橘二
家ニハ小ヘリヲ玉フヨリメ四姓ノ色分ルト云　○錦　和銅四年
初テ錦紋織出スアレハ本ハ異国ヨリ渡リタルモノナラン今云ニ色ノ
緒ニテ云ハ右キ言ニハアルヘカラス
一玉造　尾ヲ造ルヲ云禁中ノ尾ニ限玉ト云尤數尾ノ事ヲ専ト
ス玉レキノ都ナト云玉造所々ニ地名アリ摂州ノ玉造住ヨシノ名
越ノ岡ノ玉造数ナラス身ハ秋ソ悲シキ
一三絃　正親町御宇永禄五年ノ春琉球ヨリ泉州堺ノ津ニ渡リ
平信長　朝廷ニ献ス上皇召我右大将通興卿ヲ以滝野検校
ニ弾セシメ玉フト云シ
一衣服裁縫ノ始　應神天皇十四年始真百済国ヨリ日本衣服裁
縫女始ナリ

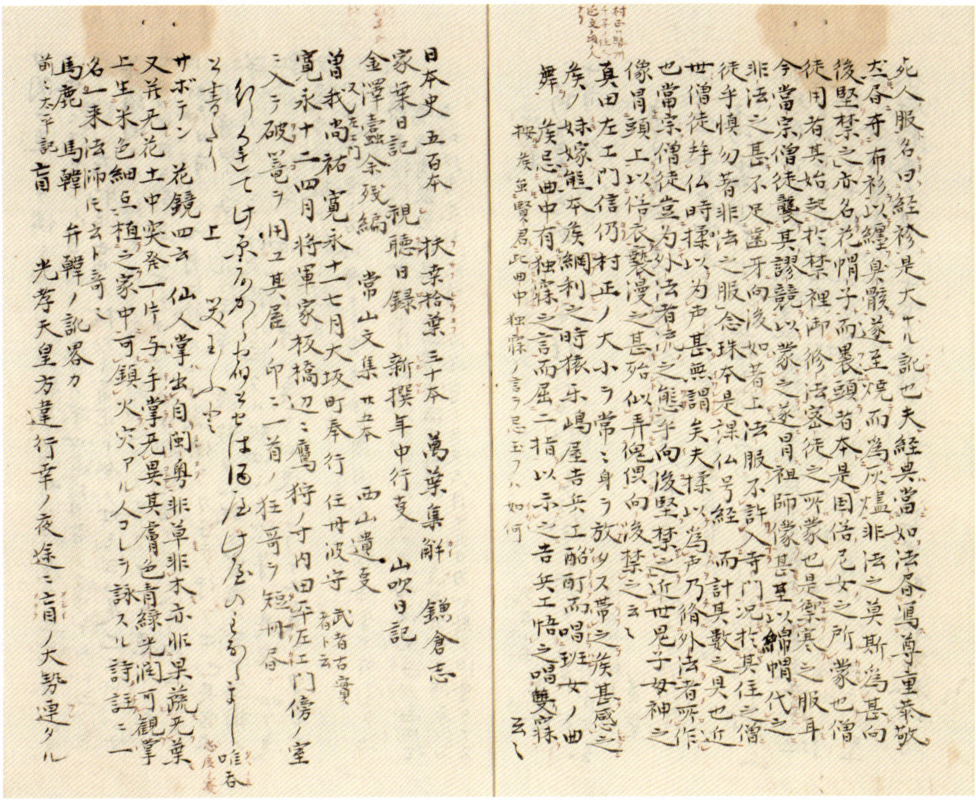

村正ハ勢州千子住之近支鍛人ナリ

死人服名曰經衫是大ナル訛也夫經典當如法尊重恭敬
大谷寺布衫以纏臭骸遂至燒而為灰燼非法之莫斯為甚向
後堅禁之亦名花帽子而裹頭者本是因倍尼女之所蒙也僧
徒用者其始起於禁裡御修法密徒之所蒙也是禦寒之服耳
今當宗僧徒襲其謬競以蒙之遂冒祖師像甚至以綿帽代之
非法之甚不足齒牙向後如著上法服不許入寺門况於其住之僧
徒乎慎勿著非法之服念珠本是課仏号經而計其數之具也近
世僧徒拜仏時揉以為声甚無謂矣夫揉以為声乃循外法者所作
也當宗僧徒豈為外法者流之態乎向後堅禁之近世晃子女神之
像冒頭上以倍衣褻漫之甚殆似弄傀儡向後禁之云々
真田左エ門信仍村正ノ大小ヲ常ニ身ヲ放タス帶之矣甚感之
矣ノ妹嫁態本矣綱利之時猿樂嶋屋吉兵エ酩酊而唱班女ノ曲
舞ヲ矣忌曲中有独寐之言而屈二指以示之吉兵エ悟之唱雙寐 云々
按矣虽賢君此曲中独寐ノ言ヲ忌玉フハ如何

日本史 五百本　扶桑拾葉 三十本　萬葉集解　鎌倉志
家乘日記　視聴日録　新撰年中行事　山吹日記
金澤蠹余残編　常山文集 廿五本　西山遺事
曾我又左エ門尚祐 寛永十一七月大坂町奉行 任丹波守 武者古實者ト云
寛永十二四月将軍家板橋辺ニ鷹狩ノ寸内田平左エ門傍ノ室
ニ入テ破簑ヲ用ユ其屋ノ卯ニ一首ノ狂哥ヲ短册ニ
[illegible]
サボテン 花鏡四云 仙人掌出自閩粵非草非木亦非果蔬无葉
又并无花土中突発一片似手掌无異其膚色青緑光潤可觀掌
上生米色細刺植之家中可鎮火災アル人コレヲ詠スル詩註ニ一
名一乗法師ト云ト奇ニ
馬鹿 馬韓 弁韓ノ訛畧カ
前ニ太平記 盲 光孝天皇方違行幸ノ夜途ニ盲ノ大勢連タル

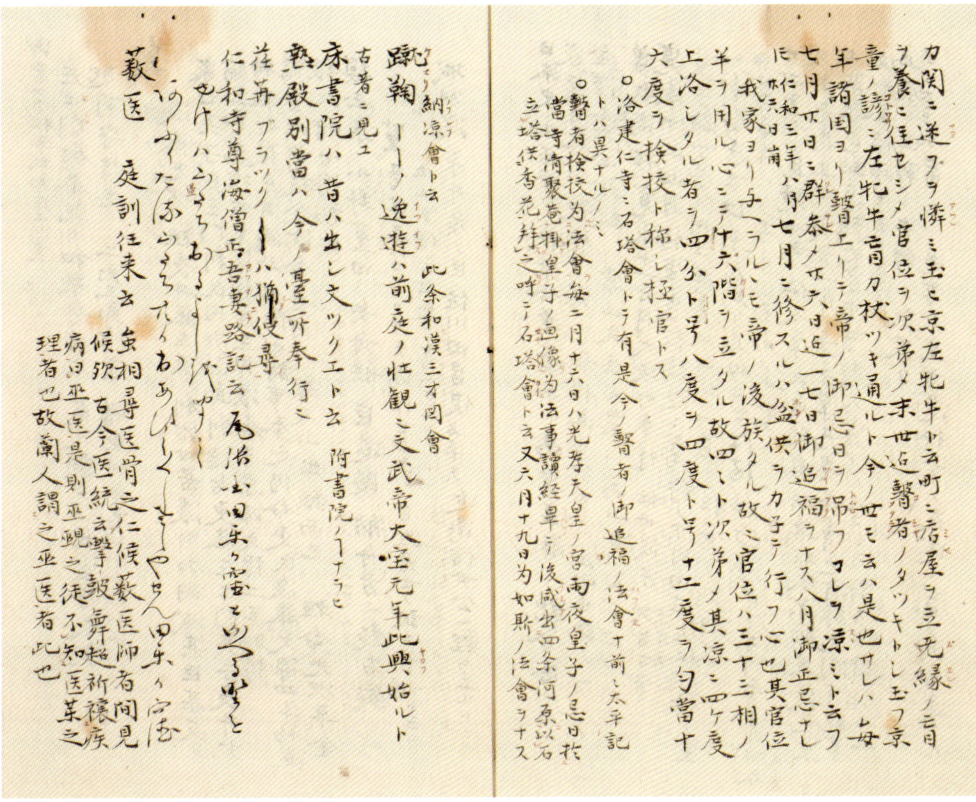

カ関ニ迷フヲ憐ミ玉ヒ京左牝牛ト云町ニ店屋ヲ立无縁ノ盲目
ヲ養ニ住セシメ官位ヲ次第メ末世迄瞽者ノタツキトシ玉フ京
童ノ諺ニ左牝牛盲ノ杖ツキ通ルト今ノ世ニモ云ハ是也サレハ毎
年諸国ヨリ瞽工リテ帝ノ御忌日ヲ弔フコレヲ涼ミト云フ
七月廿日ニ群参メ廿六日迄一七日御追福ヲナス八月御正忌ナレ
ハ仁和三年八月廿六日崩 七月ニ修スルハ盆供ヲカ子テ行フ心也其官位
我家ヨリ手ヘラルヽモ帝ノ後族タル故ニ官位ハ三十三相ノ
半ヲ用ル心ニテ十六階ヲ立タル故四ニト次第メ其涼ニ四ケ度
上洛シタル者ヲ四分ト号ハ度ヲ四度ト号ス十二度ヲ勾當十
六度ヲ検校ト称シ極官トス
○洛建仁寺ニ石塔會トテ有是今ノ瞽者ノ御追福ノ法會ナ前ニ太平記
トハ異ナルノミ
○瞽者検校為法會毎二月十六日ハ光孝天皇ノ宮雨夜皇子ノ忌日於
當寺清聚菴掛皇子ノ画像為法事讀經畢テ後咸出四条河原以石
立塔供香花拜之呼テ石塔會ト云又六月十九日為如斯ノ法會ヲナス

蹴鞠 納涼會ト云　此条和漢三才図會
蹴鞠一ノ逸遊ハ前庭ノ壮観ニ文武帝大宝元年此興始ルト
古書ニ見ユ
床書院ハ昔ハ出シ文ツクエト云　附書院ノ一ナラヒ
熟殿別當ハ今ノ臺所奉行ニ
茬苒ブラツク 一ハ彷徨 尋
仁和寺尊海僧正吾妻路記云 [illegible]
[illegible]
藪医　庭訓往来云　虽相尋医骨之仁候藪医師者間見
候歟　古今医統云　撃鼓舞趨祈禳疾
病曰巫医是則巫覡之徒不知医業之
理者也故蘭人謂之巫医者此也

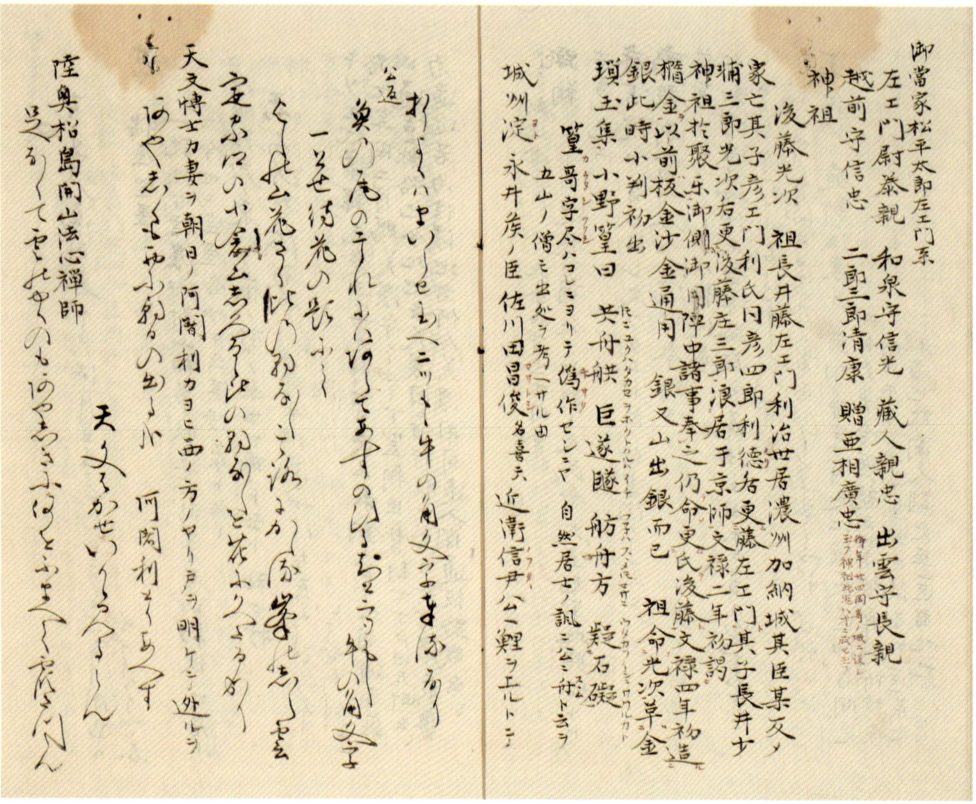

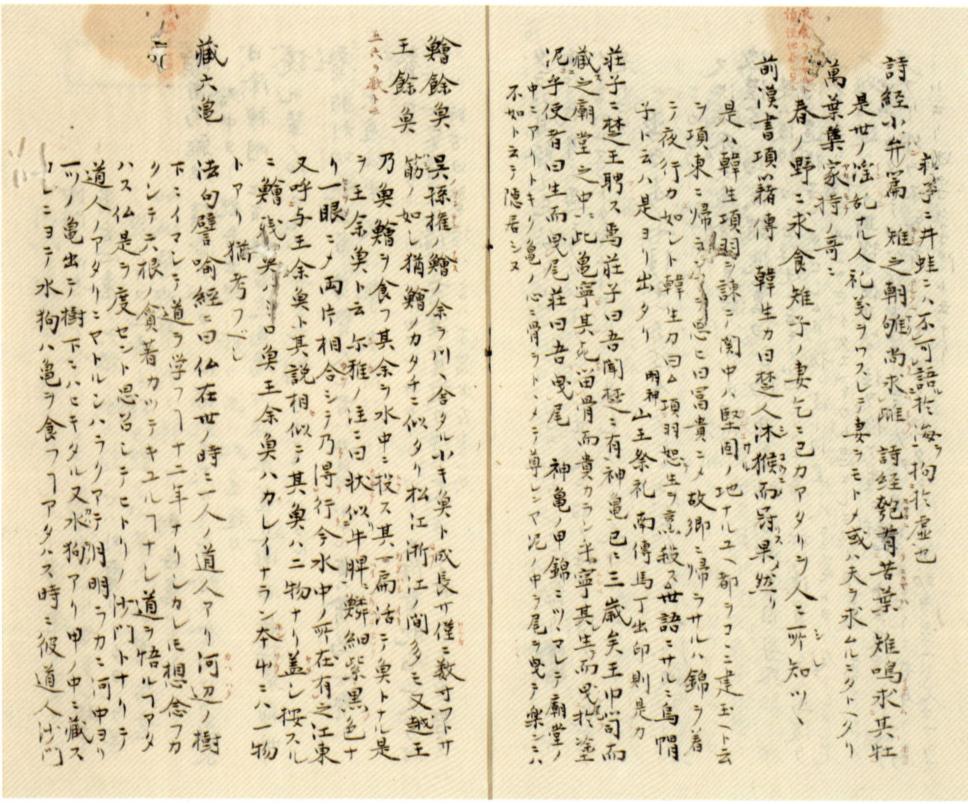

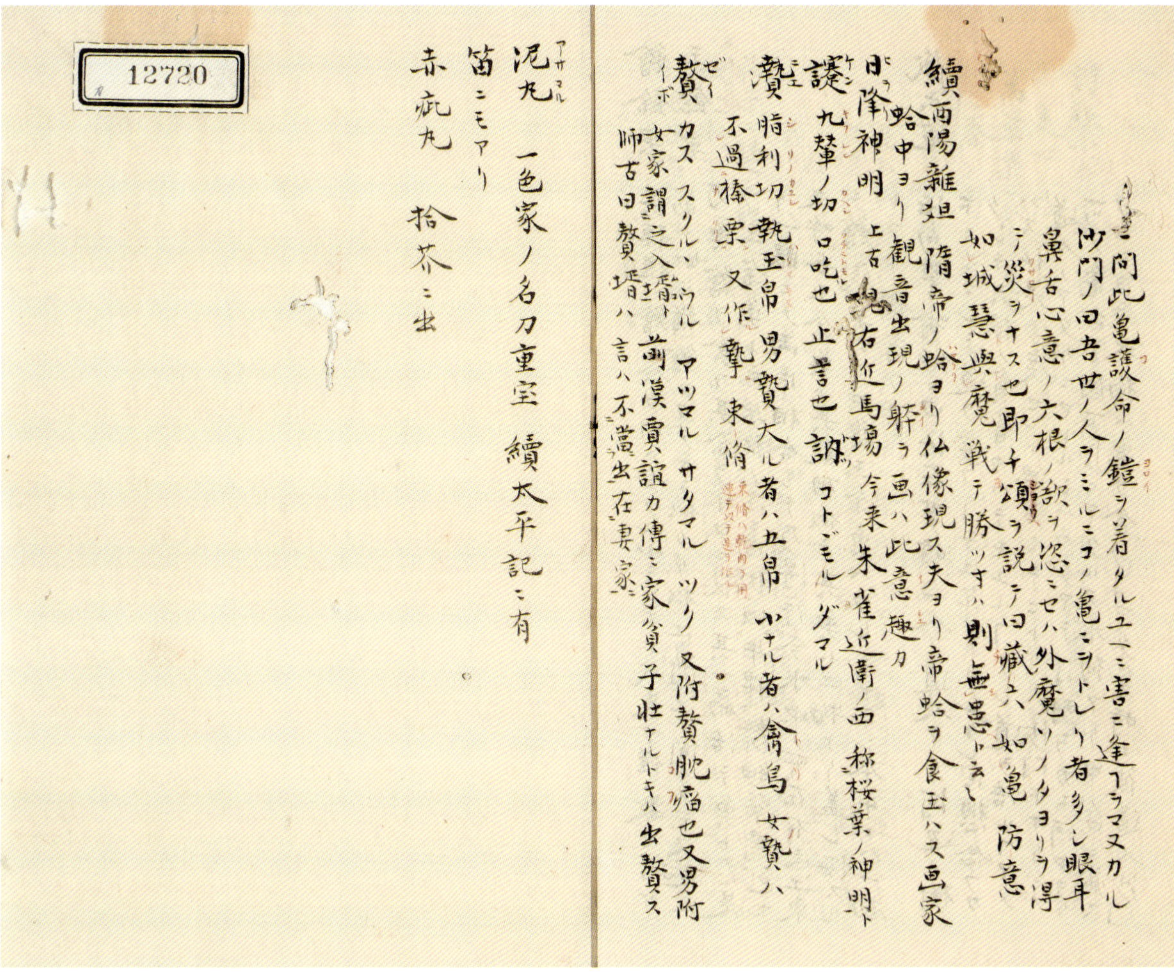

問此亀護詼命ノ鎧ヲ着タル工ノ一ニ害ニ逢フヲマヌカル
沙門ノ曰吾世ノ人ヲミルニコノ亀ニヲトレリ者多シ眼耳
鼻舌心意ノ六根ノ欲ヲ恣ニセハ外魔ソノタヨリヲ得
テ災ヲナス也即チ頌ヲ説テ曰蔵六如亀防意
如城慧與魔戦テ勝ツナハ則無患トニ云し
續 西陽雜俎 隋帝ノ蛤ヨリ仏像現スルヨリ帝蛤ヲ食玉ハス画家
蛤中ヨリ観音出現ノ軆ヲ画ハ此意趣カ
日降神明 上古右近馬場今ハ朱雀近衛ノ西 称桜葉ノ神明ト
謇 九輦ノ切 口吃也 止言也 訥 コトゴモル ドモル
贄 脂利切 執玉帛 男贄大ル者ハ玉帛 小ナル者ハ禽鳥 女贄ハ
不過榛栗 又作摯 束脩
贅 カス スクル、ウル アツマル サタマル ツリ 又附贅肬瘤也又男附
女家謂之入贅ト 前漢賈誼カ傳ニ家貧子壮ナルトキハ出贅ス
师古曰贅壻ハ 言ハ不當出在妻家

12720

泥丸 一色家ノ名刀重宝 續太平記ニ有
笛ニモアリ
赤疵丸 拾芥ニ出

四、朱舜水之書、印與畫

解說：計文淵

（一）《小李將軍畫卷》並題跋（朱舜水舊藏）

28.3×123.2cm　一卷　書畫39①

傳唐《小李將軍畫卷》絹本，為朱舜水遺物。據記載朱舜水生平愛惜此畫，流離漂泊，未嘗去身，今見存此跡殊為不易。

小李將軍即李昭道（713–741），為唐李思訓之子。善山水、鳥獸，繁巧智思。其金碧山水，變父之勢妙又過之。所畫層樓疊閣，界畫精細，寸馬豆人，鬚眉畢具。《歷代名畫記》、《宣和畫譜》等均有記載。

唐李昭道傳世畫跡稀少，歷來流傳之跡質疑頗多，而舜水所藏這件畫跡當亦屬此。朱舜水在畫卷後的題跋中同樣表述了這一觀點。至於傳世李昭道畫跡數量，不免眾說紛紜，莫衷一是。若論此《小李將軍畫卷》，當為明代風俗畫之一種，與唐代山水人物畫風自然相去甚遠。

關於這件畫卷的後續情況，安積覺在《書逐日功課自實簿後》云："小李將軍畫軸，義公鐫'朱舜水遺物也'六字押印，鐫刻紫檀筆筩，並是先生歿後義公所賜覺者。片言隻字，皆藏而寶之。"上述文獻記述均收錄《朱舜水集》中。

如今《小李將軍畫卷》為德川博物館所藏。雙重盒裝，保存完好，裝潢精緻，外配套盒墨漆金字，外題"小李將軍畫一軸"。內題："小李將軍畫一軸，舜水先生所深愛惜者，義公賜之先臣安積覺，今相公觀覽之，有所追感，乃有命新製作內外匣，賜於覺子直行，使之永傳其家寶。曆戊寅之冬，鈴木重祐謹識。"

此畫卷描繪童戲人物達二百餘人，從郊外到庭園，從河塘到山間，所繪兒童形態各異，伶俐活潑，增加了畫面的美感和情趣。技法採用較為純正的大青綠山水畫法，精工而巧麗。具有民間通俗化，又有較強的娛樂性和觀賞性。

畫小孩人物畫可追溯唐代張萱和周昉，又至宋代蘇漢臣和李嵩更是畫小孩的高手，宋《宣和畫譜》評述："寫嬰兒，此尤為難。蓋嬰兒形貌態度，自是一家，要於大小歲數間定其面目髫稚。""杜甫詩有'小兒五歲氣食牛，滿堂賓客皆回頭'，此豈可以常兒比也。"

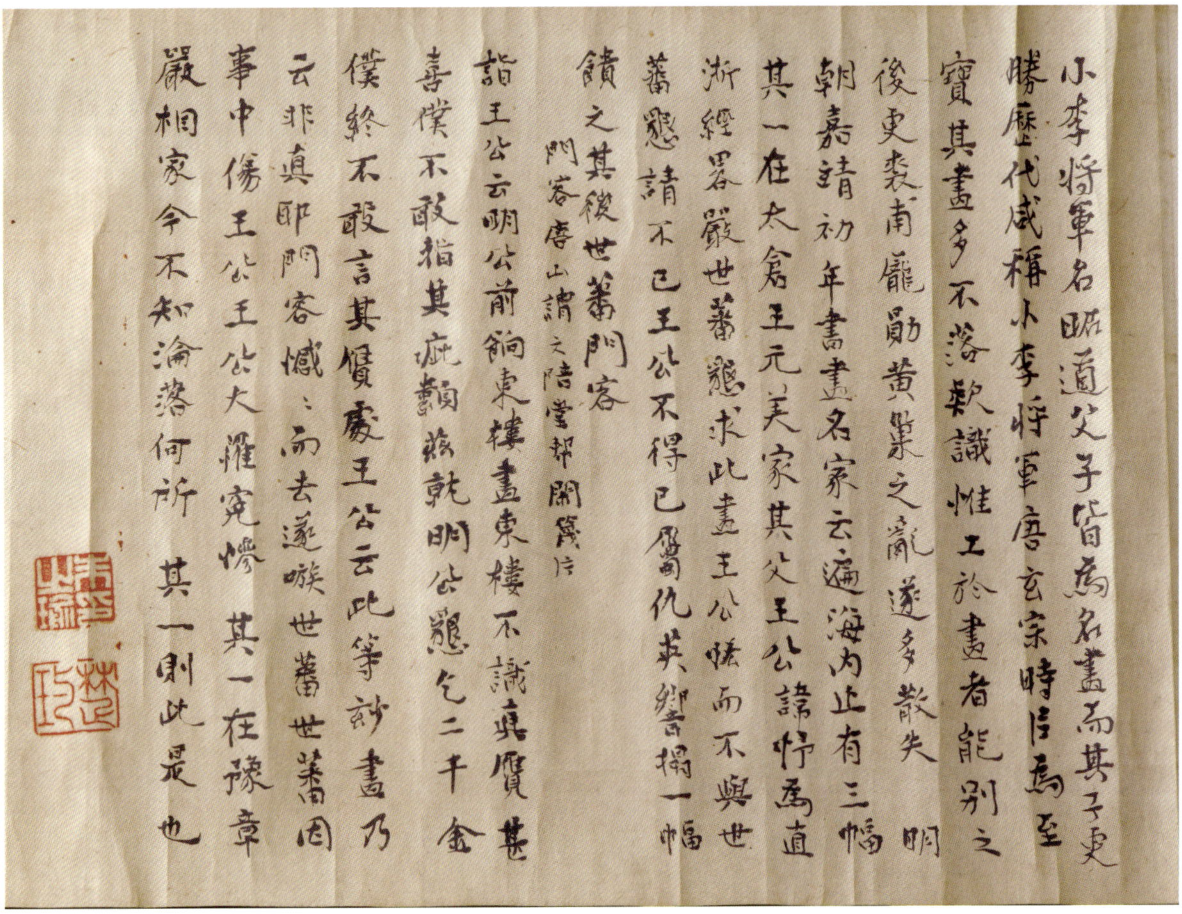

小李將軍名昭道父子皆為名畫而其子更
勝歷代咸稱小李將軍唐玄宗時以為至
寶其畫多不落款識惟工於畫者能別之
後更裘甫龐勛黃巢之亂遂多散失 明
朝嘉靖初年書畫名家云遍海內止有三幅
其一在太倉王元美家其父王公諱忬為直
浙經略嚴世蕃懇求此畫王公恡而不與世
蕃懇請不已王公不得已屬仇英響搨一幅
饋之其後世蕃門客
門客唐山謂之陪堂幫閑篾片
詒王公云明公前餉東樓畫東樓不識真贋甚
喜僕不敢指其疵纇茲就明公懇乞二千金
僕終不敢言其贋處王公云此等妙畫乃
云非真耶門客憾憾而去遂嗾世蕃世蕃因
事中傷王公王公大罹冤慘 其一在豫章
嚴相家今不知淪落何所 其一則此是也

附：朱舜水《小李將軍畫卷》題跋釋文

小李將軍名昭道，父子皆為名畫，而其子更勝，歷代咸稱小李將軍。唐玄宗時以為至寶。其畫多不落款識，惟工於畫者能別之。後更裘甫、龐勛、黃巢之亂，遂多散失。明朝嘉靖初年，書畫名家云：遍海內止有三幅。其一在太倉王元美家。其父王公諱忬，為直、浙經略。嚴世藩懇求此畫，王公恡而不與；世蕃懇請不已，王公不得已，屬仇英響搨一幅饋之。其後，世蕃門客（門客，唐山謂之陪堂、幫閑、篾片）詒王公云："明公前餉東樓畫，東樓不識真贋，甚喜。僕不敢指其疵纇，茲就明公懇乞二千金，僕終不敢言其贋處。"王公云："此等妙畫，乃云非真耶？"門客憾憾而去，遂嗾世蕃。世蕃因事中傷王公，王公大罹冤慘。其一在豫章嚴相家，今不知淪落何所。其一則此是也。

（二）朱舜水印譜

26.4×16.9×0.3cm　一冊　文庫13148

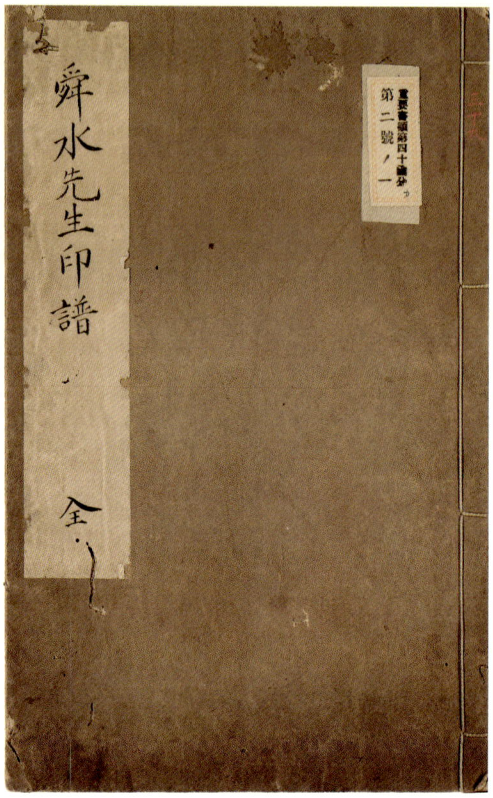

德川博物館館藏“重要書類”之一的《舜水先生印譜》，凡一冊，內收朱舜水常用印五枚。另又鈐印十六枚，皆為心越禪師等常用印稿。清《廣印人傳》載：朱舜水穎悟夙成，精研六經，通《毛詩》，精篆刻。此冊《舜水先生印譜》的存世，又是唯一保存完整的朱氏印稿實物。白文“朱之瑜印”取典型的漢印風格，平正豐滿。朱文“楚璵”，婉轉舒雅，多為明人作篆遺韻。“溶霜齋”朱文長形書齋印，工穩平整，氣韻沉厚醇古。大朱文“朱之瑜印”刀法嚴謹，線條流美靈動，方圓相兼，至繁至簡統攝一局。“楚璵父”白文印法，有漢鑄印之樸茂與漢鑿印之勁健，刀意筆意，生猛老辣，渾厚奇逸。以上五印是否出舜水之手，尚待佐證，然確為舜水常用之印，在《朱文恭遺事》卷二，記載朱舜水遺留的常用印五枚，即為上述五印。此印譜應為朱氏去世後所鈐印稿，而印章實物存世與否，更期待再次整理館藏藏品時的發現。其他印稿多為東皐心越俗名興疇常用印。心越，浙江浦江人，曹洞宗高僧，明亡後東渡日本，傳揚佛法。他善書畫，尤工於篆刻，長於撫琴，大多印章均為心越自刻。

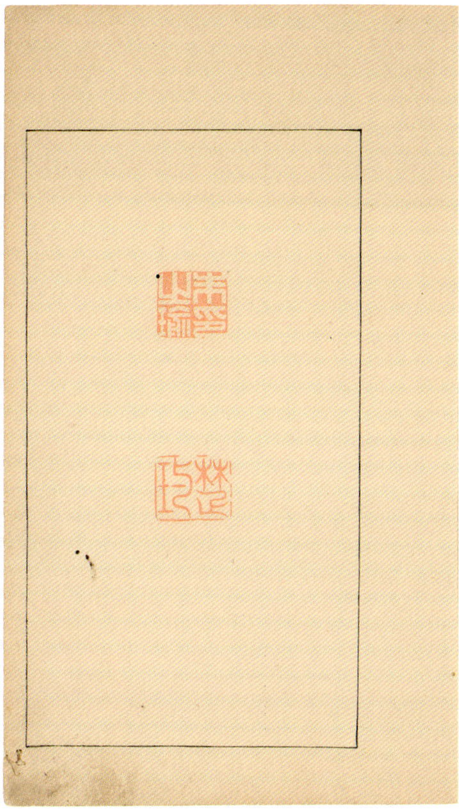

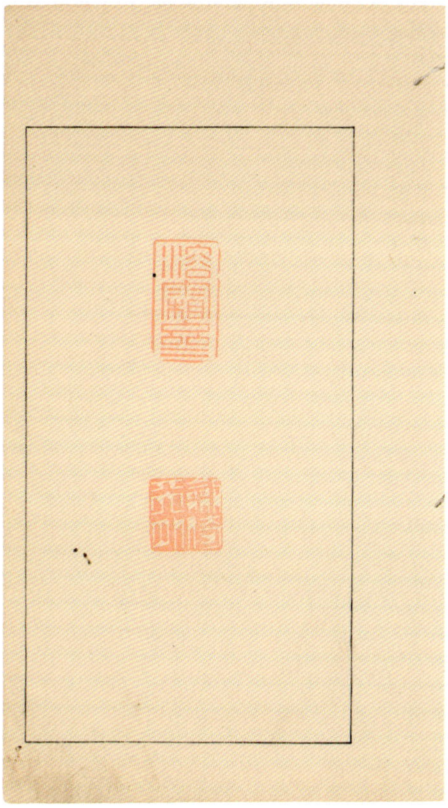

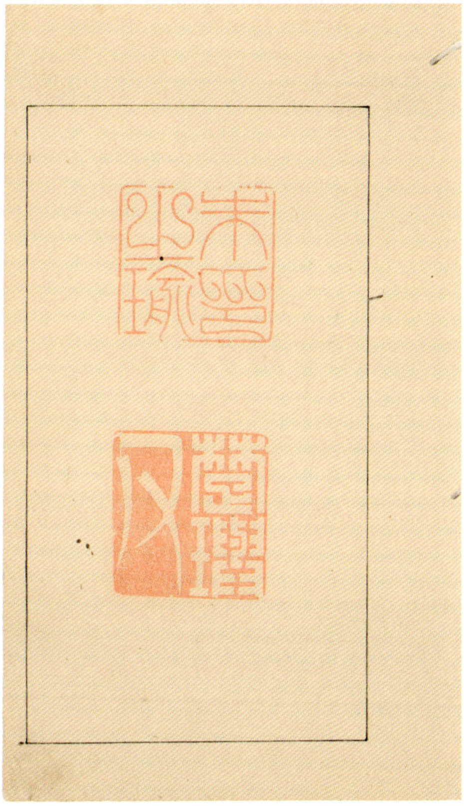

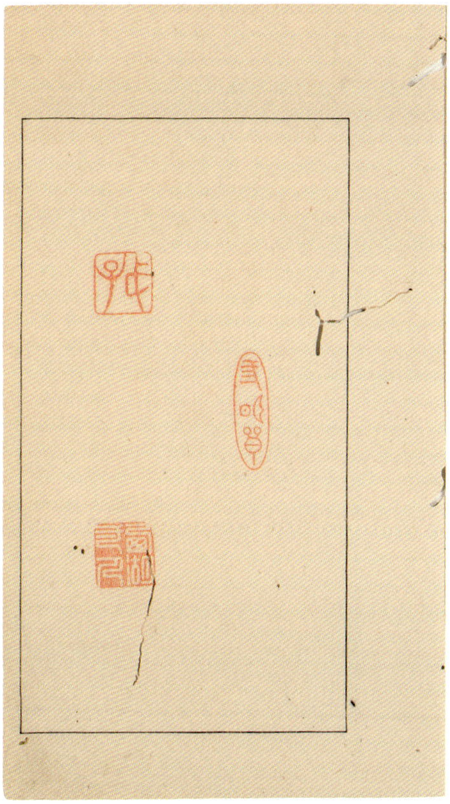

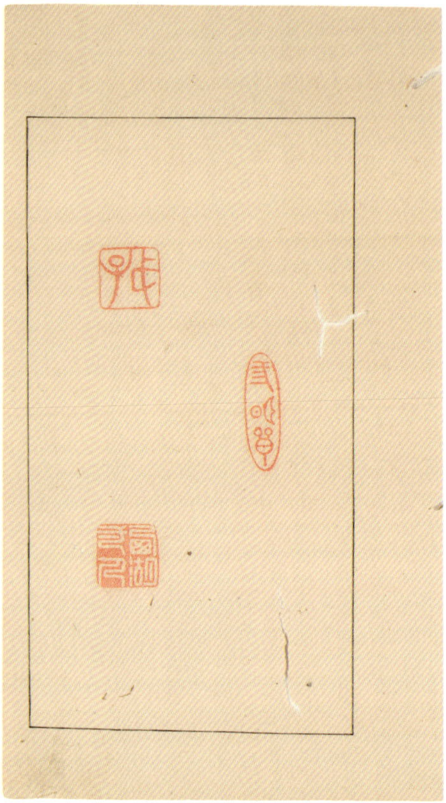

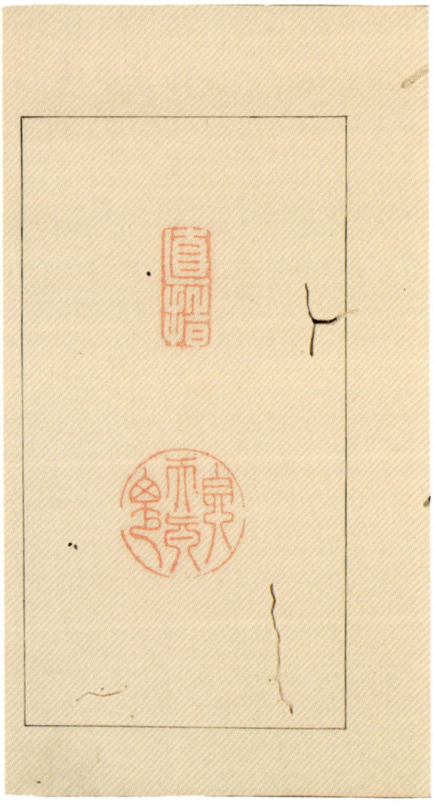

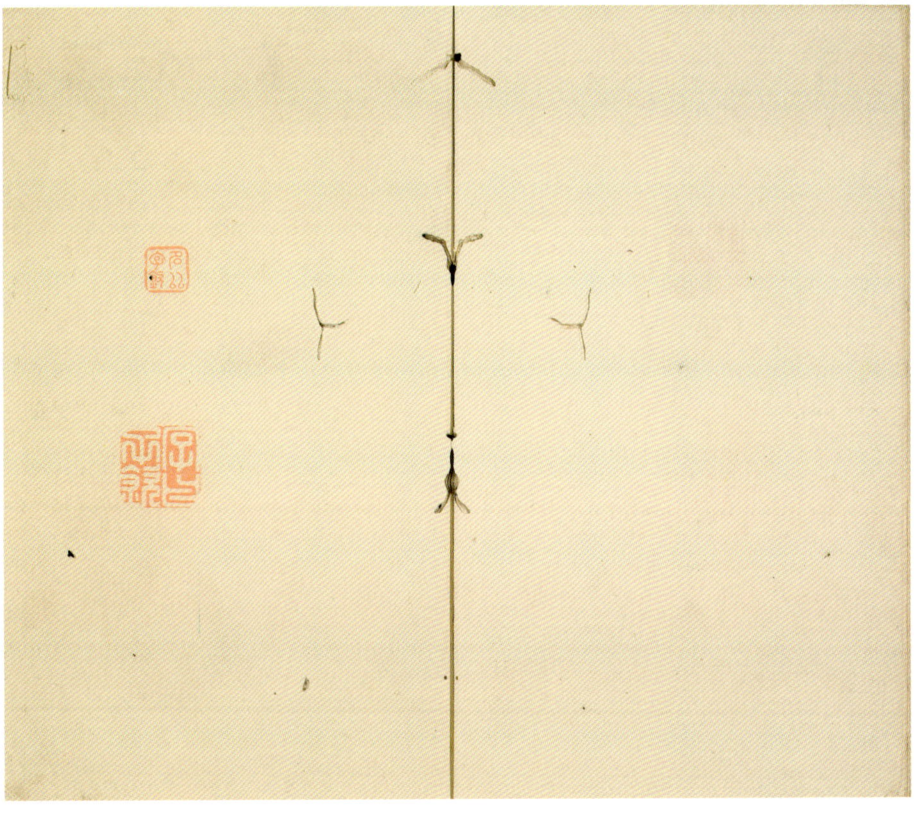

（三）朱舜水畫像並詩題

109.6×54.6cm　一幅　書畫29

水戶德川家舊藏朱舜水畫像一幀，紙本，水墨設色。畫像上部詩堂處係朱舜水墨跡。此畫為朱舜水晚年寫真。老年斑痕，描寫精到。筆法簡練，而神態逼肖。畫像呈現了朱舜水耄耋之年的真實形狀。

畫像上部有詩一首，為朱舜水書錄杜甫《秋興》八首之一，紙本質地，略有殘損，鈐“溶霜齋”、“朱之瑜印”、“楚璵”三印，根據書風及印痕，係朱氏七十歲前後時期手筆。畫像與杜詩書跡，是後人裝裱時因寬度尺寸相近而配製，由於此書墨跡與畫像創作時間不一，故而紙本質地色差較為明顯。畫像外箱題“朱舜水畫像並詩題”，也可資源流之佐證。

又德川家另藏朱舜水畫像一幀，圖片影印，流布甚廣，但同上述畫像相較，模寫年代已近江戶中晚期。

附：《朱舜水畫像》題詩釋文

瞿塘峽口曲江頭，萬里風煙接素秋。
花萼夾城通御氣，芙蓉小苑入邊愁。
珠簾繡柱圍黃鵠，錦纜牙檣起白鷗。
回首可憐歌舞地，秦中自古帝王州。

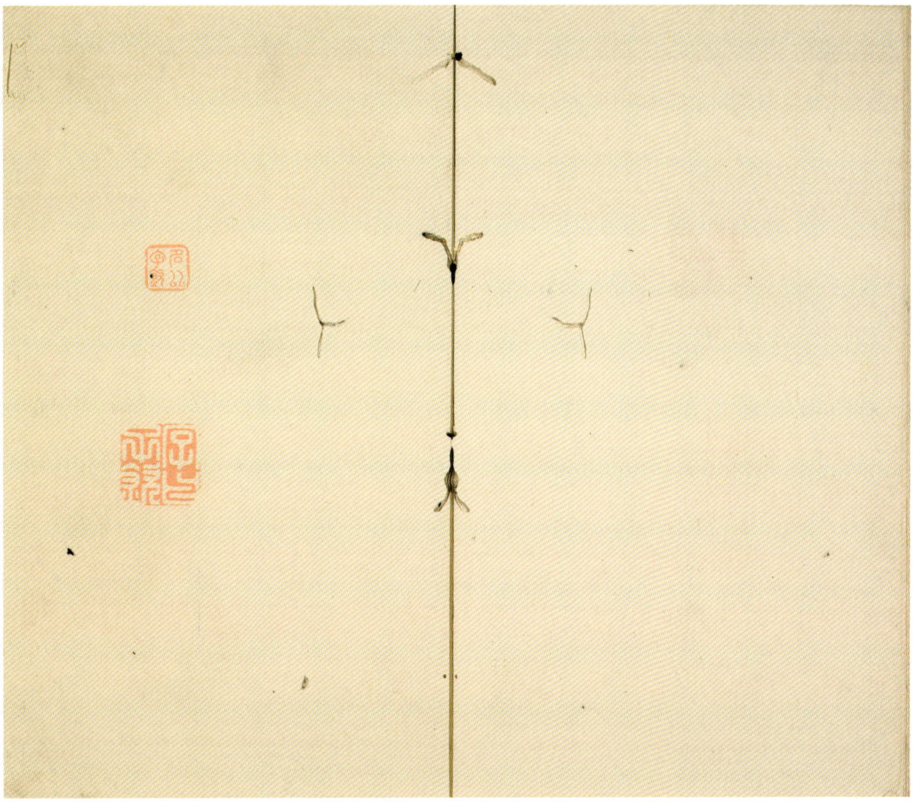

（三）朱舜水畫像並詩題

109.6×54.6cm　一幅　書畫29

水戶德川家舊藏朱舜水畫像一幀，紙本，水墨設色。畫像上部詩堂處係朱舜水墨跡。此畫為朱舜水晚年寫真。老年斑痕，描寫精到。筆法簡練，而神態逼肖。畫像呈現了朱舜水耄耋之年的真實形狀。

畫像上部有詩一首，為朱舜水書錄杜甫《秋興》八首之一，紙本質地，略有殘損，鈐“溶霜齋”、“朱之瑜印”、“楚璵”三印，根據書風及印痕，係朱氏七十歲前後時期手筆。畫像與杜詩書跡，是後人裝裱時因寬度尺寸相近而配製，由於此書墨跡與畫像創作時間不一，故而紙本質地色差較為明顯。畫像外箱題“朱舜水畫像並詩題”，也可資源流之佐證。

又德川家另藏朱舜水畫像一幀，圖片影印，流布甚廣，但同上述畫像相較，模寫年代已近江戶中晚期。

附：《朱舜水畫像》題詩釋文

瞿塘峽口曲江頭，萬里風煙接素秋。
花萼夾城通御氣，芙蓉小苑入邊愁。
珠簾繡柱圍黃鵠，錦纜牙檣起白鷗。
回首可憐歌舞地，秦中自古帝王州。

附一：德川齊昭銘文端石抄手硯

24.8×14.8×8.3cm　一面　硯5

此端溪石硯，溫潤細膩。為德川齊昭常用硯之一。硯形制前承宋代，又具明代遺規。硯臺呈長方形，寬厚莊重，硯池雕刻有紋圖，背藏多眼。邊刻齊昭稱譽此硯的自作銘文，隸書字體，百餘文字，靜穆古雅，足可陶冶性情。

德川齊昭（1800–1860），水戶藩第九代藩主。幼名虎三郎、敬三郎。字子信，號景山、潛龍閣。謚號烈公。1829年齊昭入手藩政改革。1841年設立藩校弘道館，創建以"神教一致"、"忠孝一致"、"文武一致"、"學問事業一致"、"治教一致"的五項辦學精神。此自作端石硯銘文便是其仁愛思想的體現。

附: 德川齊昭端石抄手硯銘文

端硯之有名尚矣。余所常用蓋其物也。或曰: 硯之用在發墨, 質苟堅微, 木凡亦可, 何以端硯為況? 皇國不乏其產乎? 余謂不然, 克明四目所以治天下, 硯獨不當尚眼乎, 乃作銘曰: 硯面之眼仰兮, 可以觀天象。硯背之眼俯兮, 可以察下土。豈為觀美而已哉!

天保貳年歲次辛卯春三月三日記, 齊昭(印) 子信(印)

附二：張斐詩文墨跡卷

30.9×858.4cm　第一卷　書畫97①

34.5×571.8cm　第二卷　書畫97②

34.6×658.1cm　第三卷　書畫97③

墨跡卷彙集張斐致大串元善、下川三省二人手劄三件，其一收入《莽蒼園文稿餘》中，題為“復大串元善書”。另書錄《東國紀行古詩》、《東國紀行近體》、《長崎漫言三十六韻》等詩稿均收入《莽蒼園詩稿餘》內，印本刊誤處當以此墨跡為准。又小楷書《復子平論華夷書》、《至長崎告朱楚瑜先生文》、《祭楚瑜先生文》文稿皆收入《莽蒼園文稿餘》中。

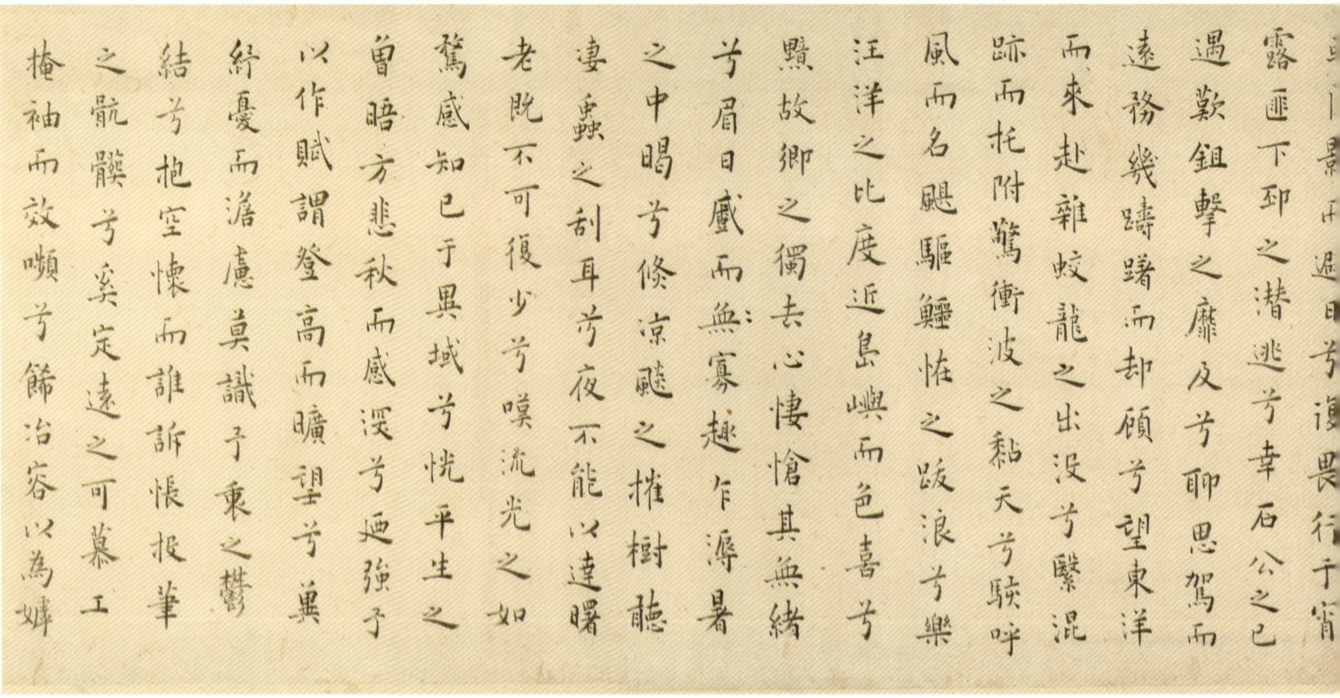

張斐（約1635–約1687），字非文，初名宗升，號霞池，浙江餘姚人。明亡後，捨棄舉業，絕意仕進，浪跡江湖。因家在嚴子陵客星山下，故自號客星山人。康熙二十五年（1686）張斐經朱舜水之孫朱毓仁引薦至日本長崎，受水戶藩德川光圀之聘，相繼與大串元善數度會晤，有《張斐筆語》、《續西遊手錄》等傳世。

此處張斐詩文墨跡手稿，便是當時與大串元善等交往時的行跡記錄，尤為難得。由於文獻闕失，有關張斐行跡在中國國內文獻記述已無多，大量詩文手稿現都分別保存在日本德川博物館及柳川古文書館中。

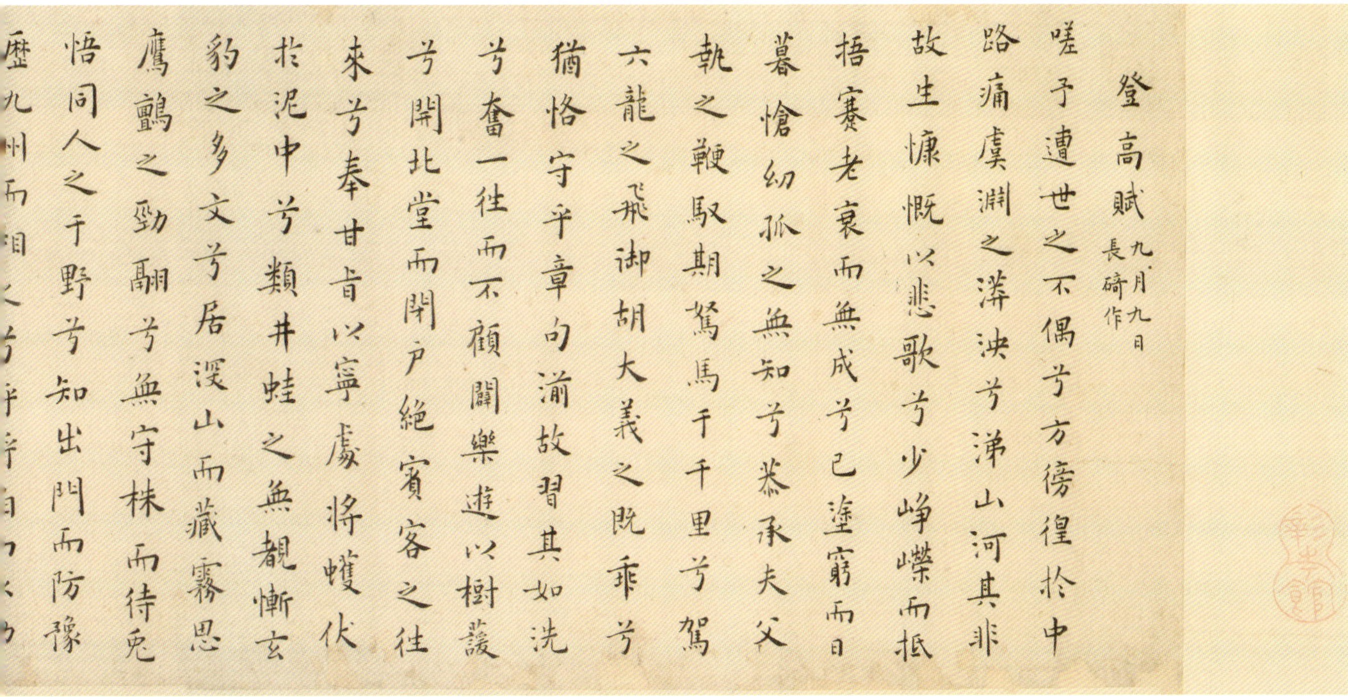
登高賦 九月九日長碕作
嗟予遭世之不偶兮方傍徨於中路痛虞淵之滐泱兮涕山河其非故生慷慨以悲歌兮少峥嶸而抵牾蹇老衰而無成兮已塗窮而日暮愴幼孤之無知兮荼承夫父執之鞭馭期駕馬千千里兮駕六龍之飛御胡大義之既乖兮猶恪守乎章句湔故習其如洗兮奮一往而不顧闢樂遊以樹蘐兮開北堂而閉户絶賓客之往來兮奉甘旨以寧處將蠖伏於泥中兮類井蛙之無覩慚玄豹之多文兮居深山而藏霧思鷹鸇之勁翮兮無守株而待兔悟同人之于野兮知出門而防豫歷九州而

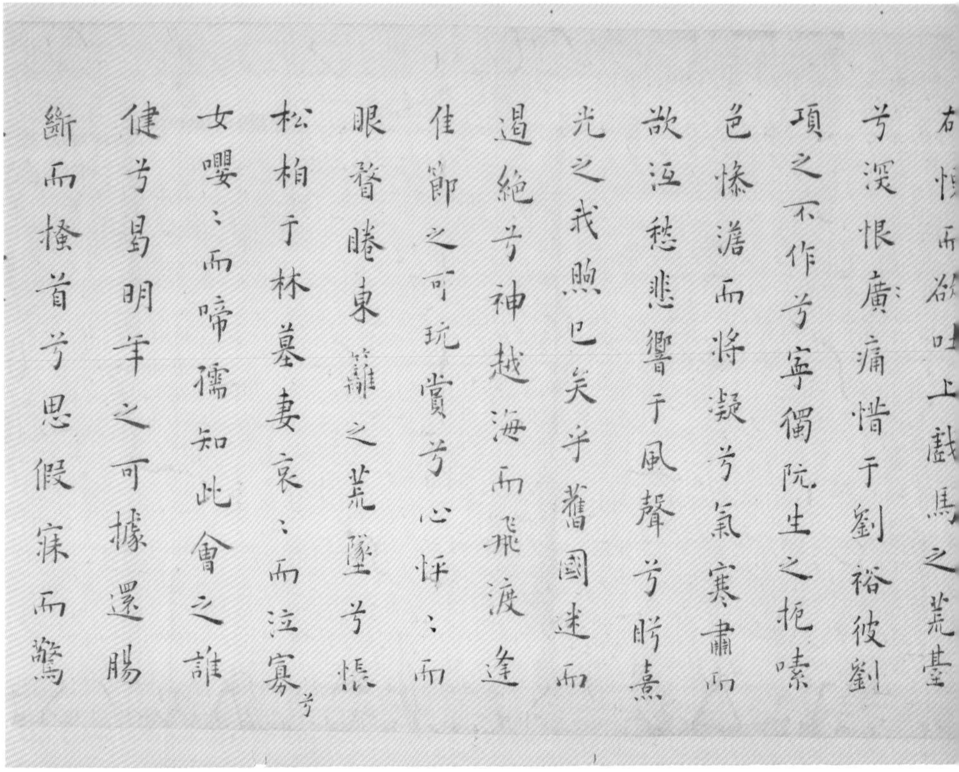
右悵而欲吐上戲馬之荒臺
兮溪恨廣痛惜于劉裕彼劉
項之不作兮寧獨阮生之扼嗉
色慘澹而將凝兮氣寒肅而
欲泣愁悲響于風聲兮盻熹
光之我照已矣乎舊國迷而
遏絕兮神越海而飛渡逢
佳節之可玩賞兮心怦怦而
眼瞀睠東籬之荒墜兮悵
松柏于林墓妻哀哀而泣寡兮
女嚶嚶而啼孺知此會之誰
健兮曷明年之可據還腸
斷而搔首兮思假寐而驚

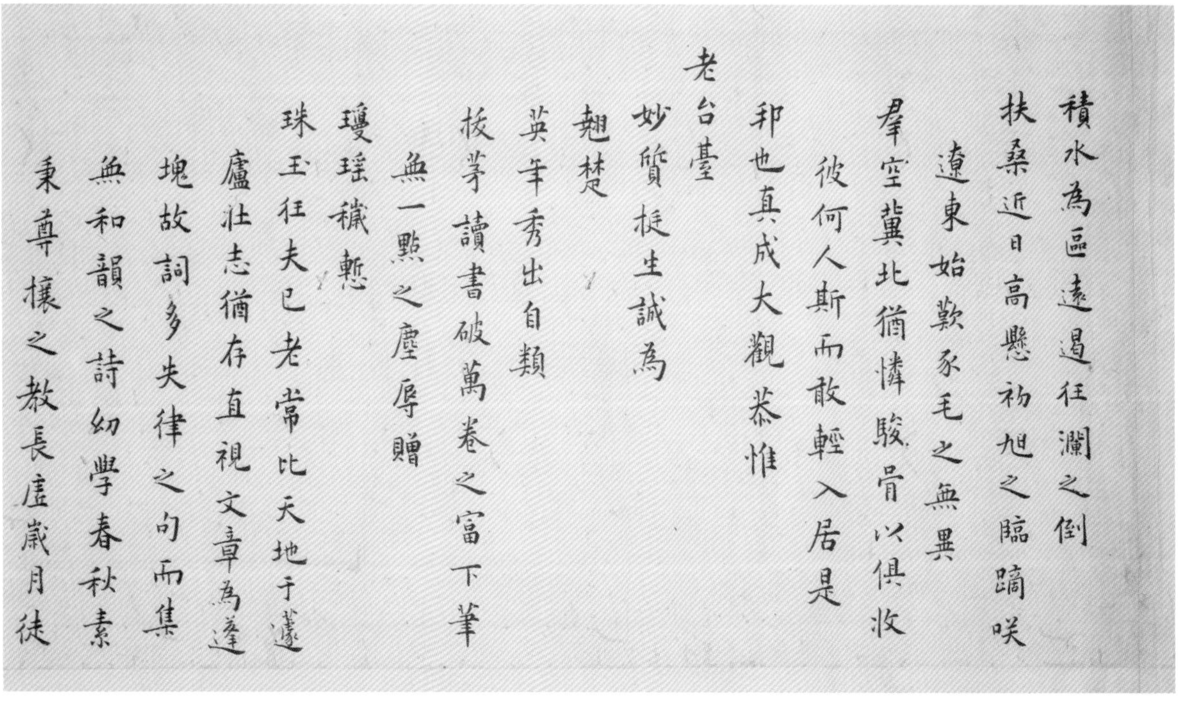
積水為區遠遏往瀾之倒
扶桑近日高懸初旭之臨蹢咲
遼東始歎豕毛之無異
群空冀北猶憐駿骨以俱收
彼何人斯而敢輕入居是
邦也真成大觀恭惟
老台臺
妙質挺生誠為
翹楚
英年秀出自類
拔萃讀書破萬卷之富下筆
無一點之塵辱贈
瓊瑤穢甎
珠玉往夫已老常比天地于蘧
廬壯志猶存直視文章為蓬
塊故詞多失律之句而集
無和韻之詩幼學春秋素
秉尊攘之教長虛歲月徒

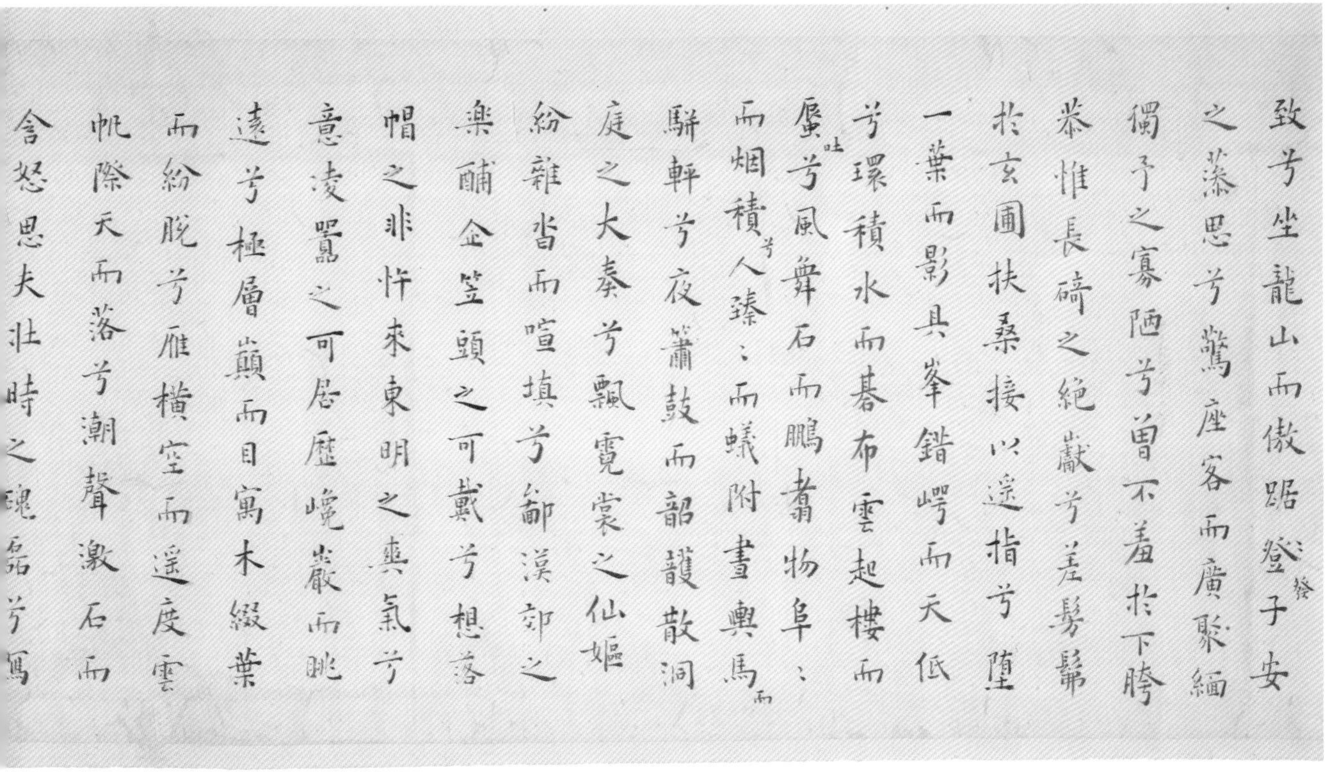

致兮坐龍山而傲踞登子安
之落思兮驚座客而廣聚緬
獨予之寡陋兮曾不羞於下勝
恭惟長碕之絕巘兮差髣髴
於玄圃扶桑接以遠指兮墮
一葉而影具峯錯崿而天低
兮環積水而碁布雲起樓而
蜃兮風舞石而鵬翥物阜〻
而烟積兮人臻〻而蟻附畫輿馬
駢軒兮夜簫鼓而韶頀散洞
庭之大秦兮飄霓裳之仙嫗
紛雜沓而喧填兮節漢郊之
樂酺佥笠頭之可戴兮想落
帽之非忤來東明之奭氣兮
意凌嚣之可居歷嶢巖而眺
遠兮極層巔而目寓木綴葉
而紛脫兮雁橫空而遙度雲
帆際天而落兮潮聲激石而
含怒思夫壯時之魂磊兮寫

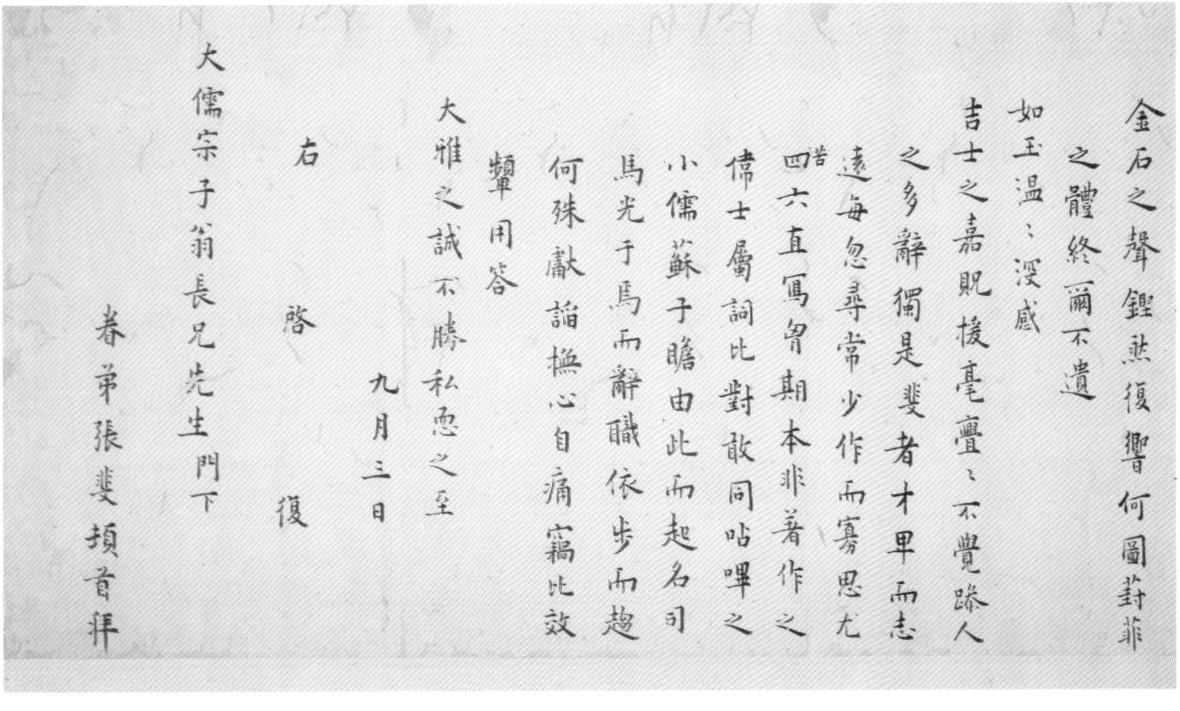

金石之聲鏗然復響何圖菲
之體終爾不遺
如玉溫〻涙感
吉士之嘉貺接毫疊〻不覺踰人
之多辭獨是斐者才卑而志
遠每忽尋常少作而寡思尤
四六直寫胸期本非著作之
儒士屬詞比對敢同呫嗶之
小儒蘇子瞻由此而起名司
馬光于馬而辭職依步而趨
何殊獻諂撫心自痛竊比效
顰用答
大雅之誠不勝私恧之至
九月三日
右　啓　復
大儒宗子翁長兄先生門下
眷弟張斐頓首拜

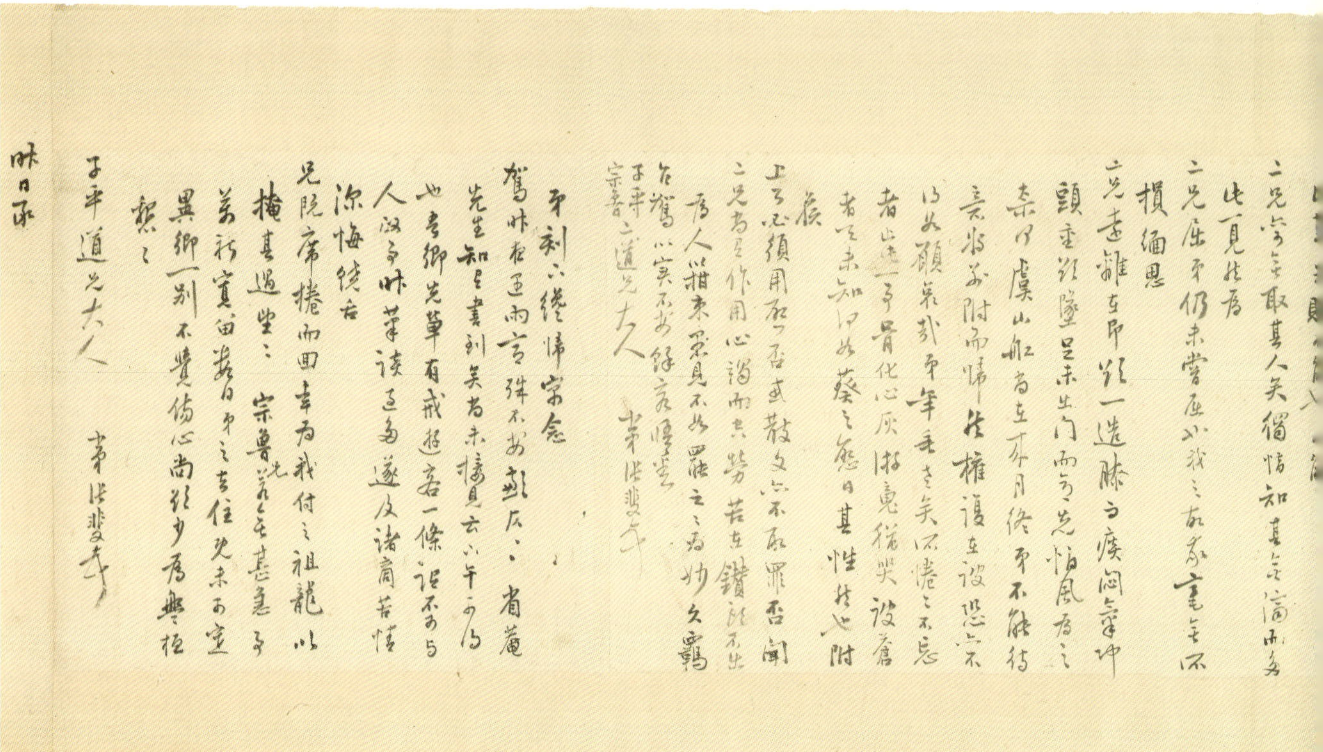

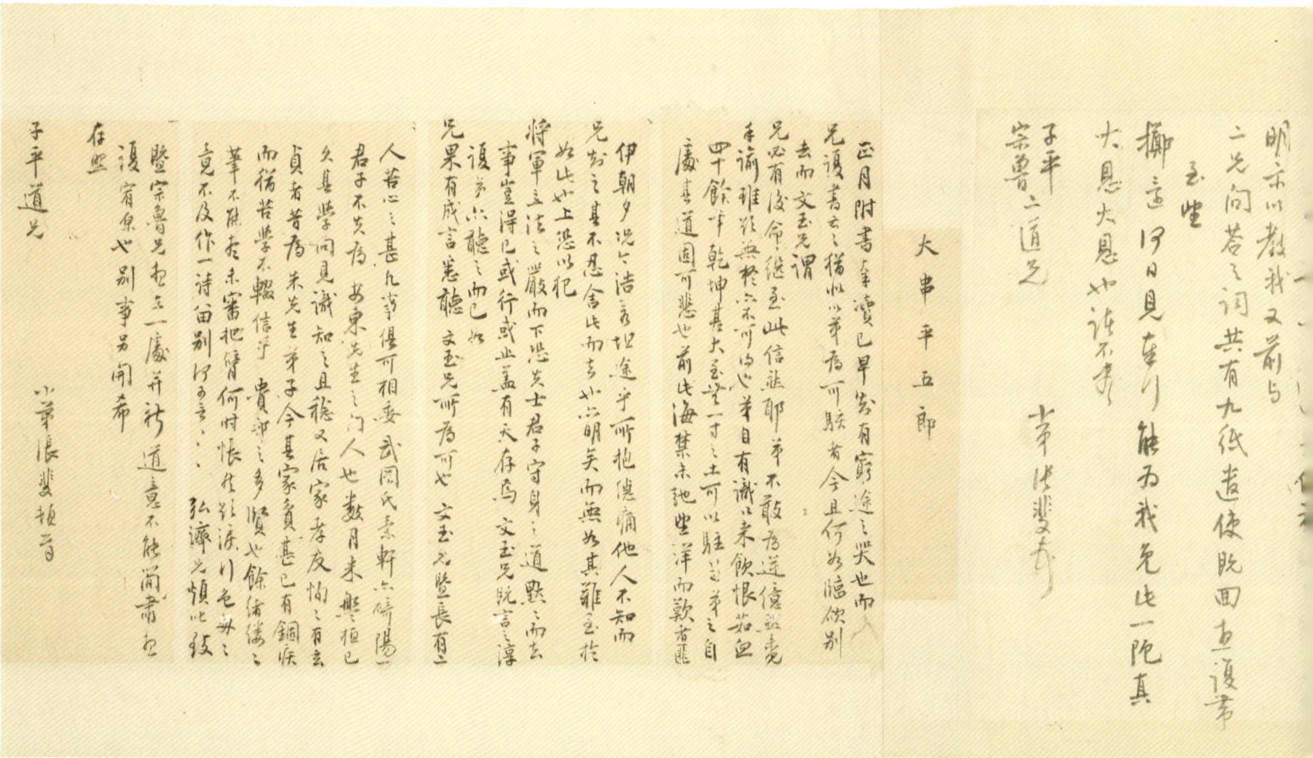

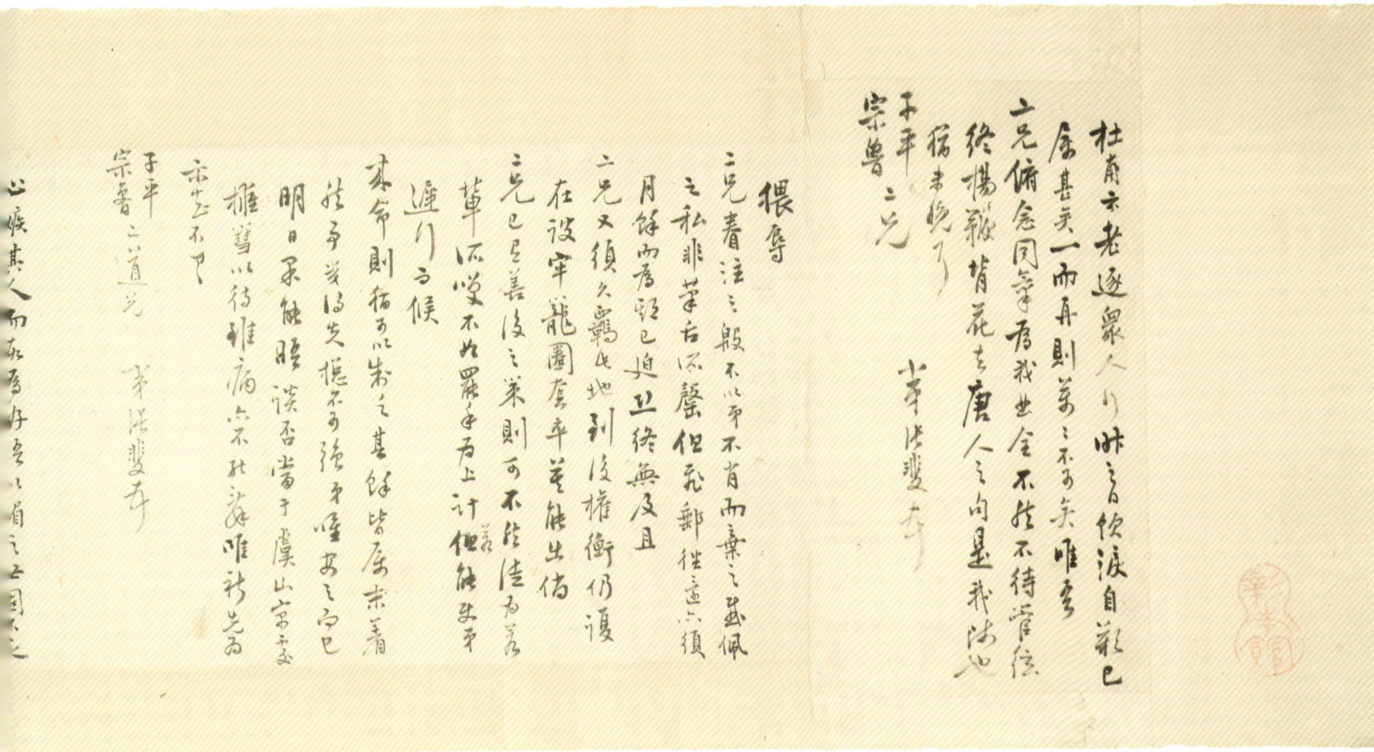

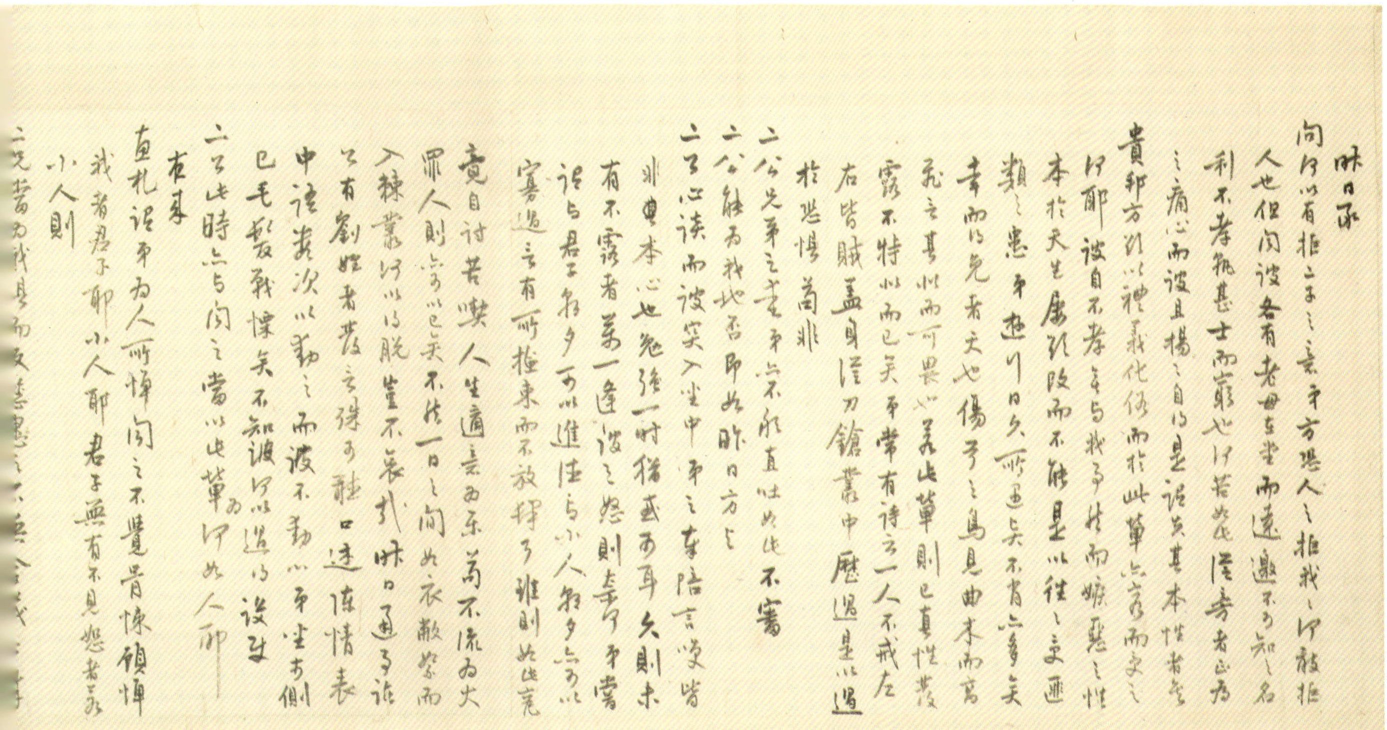

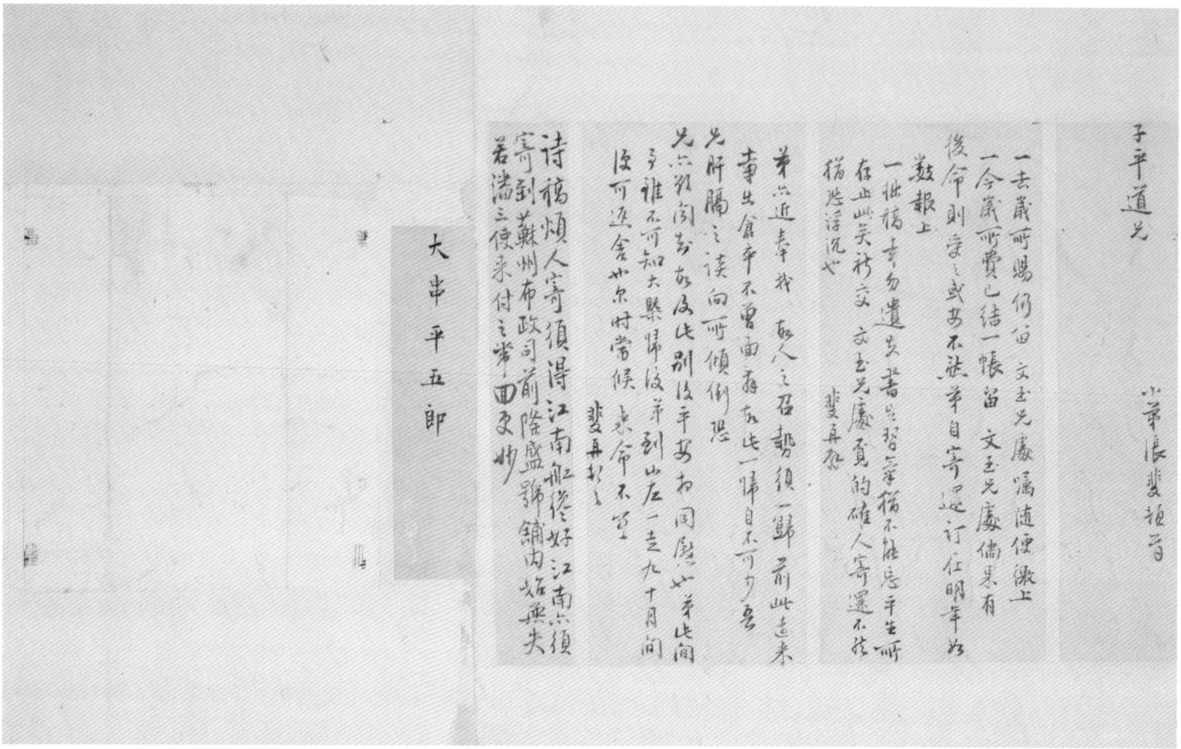

子平道兄　小弟張斐頓首

一去歲所賜何由　文玉兄處囑隨便繳上
一今歲所費已結一帳留　文玉兄處備來有
後命則寄之或者不然弟自寄還　訂在明年如
數報上
一拙稿書多遺失　蓋其習業猶不能忘平生所
在止此矣　於文　文玉兄處覓的確人寄還不拘
猶悲淒況也　斐再叙

弟亦近奉我　故人之召　勢須一歸　前此遠來
專出倉卒　不曾面辭左右　此一歸自不可少　吾
兄所囑之讀向所傾倒　恐
兄亦難閒於故及此　別後平安　勿同慮　如弟此間
事雖不可知　大槩歸後弟到山左一走　九十月間
後可返舍　亦未時常候　來命不具　斐再叙之

詩稿頗人寄須得江南船後　好江南亦須
寄到蘇州布政司前陰盛錦鋪內始無失
若諸之便來付之　常[illegible]田更妙

大串平五郎

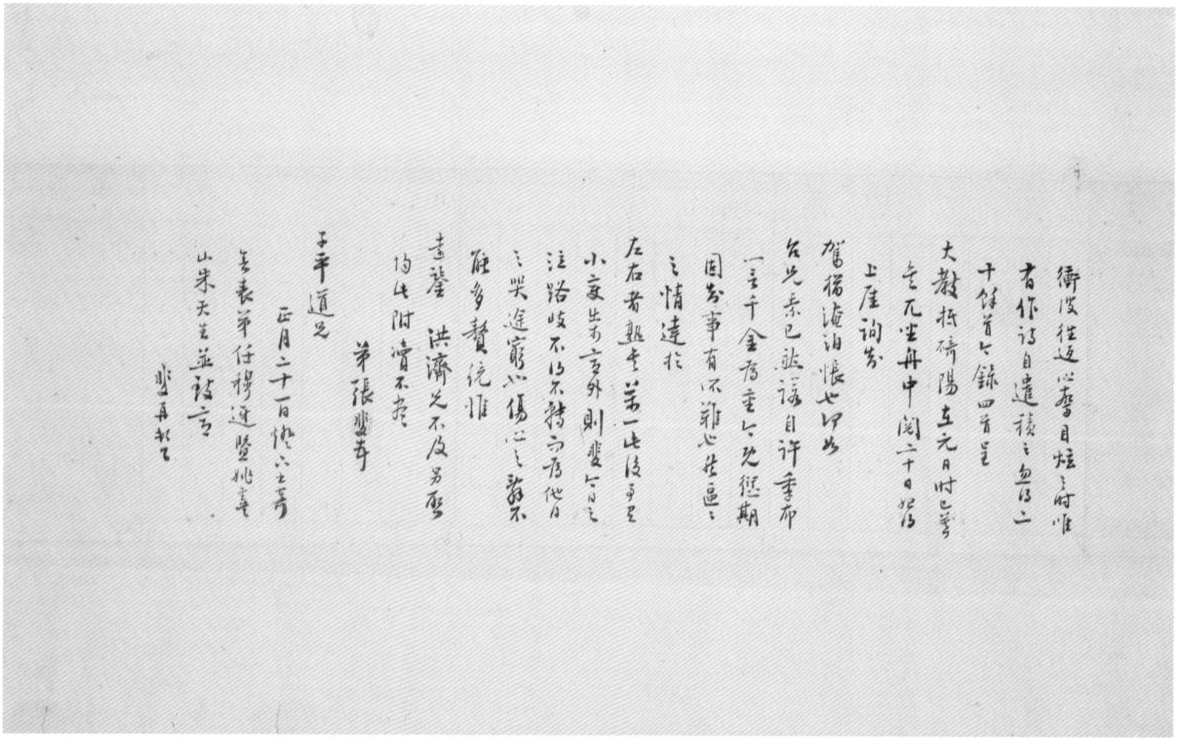

衛伋往返　必當日炷之時　惟
者作詩自遣　積之無慮二
十餘首　今錄四首呈
大教　於瑞陽立元月時已[illegible]
金兀坐舟中　閏二十日抵
上崖詢苦
舊猶淹泊　悵也　如
台兄亦已[illegible]自許　季布
一言千金　為重之　恐期
國家事有不難必在區區
之情　達於
左右者　[illegible]　第一此後
小弟出於言外　則斐之自之
注路岐　不得不轉而為他日
之哭　途窮心傷　心之[illegible]不
離多贅　伏惟
垂鑒　洪濟之不及另懇
而此附　續不具
弟張斐再
子平道兄
正月二十一日　作八十壽
賀表　弟任撰述　[illegible]
山宋先生　並致言
斐再叙

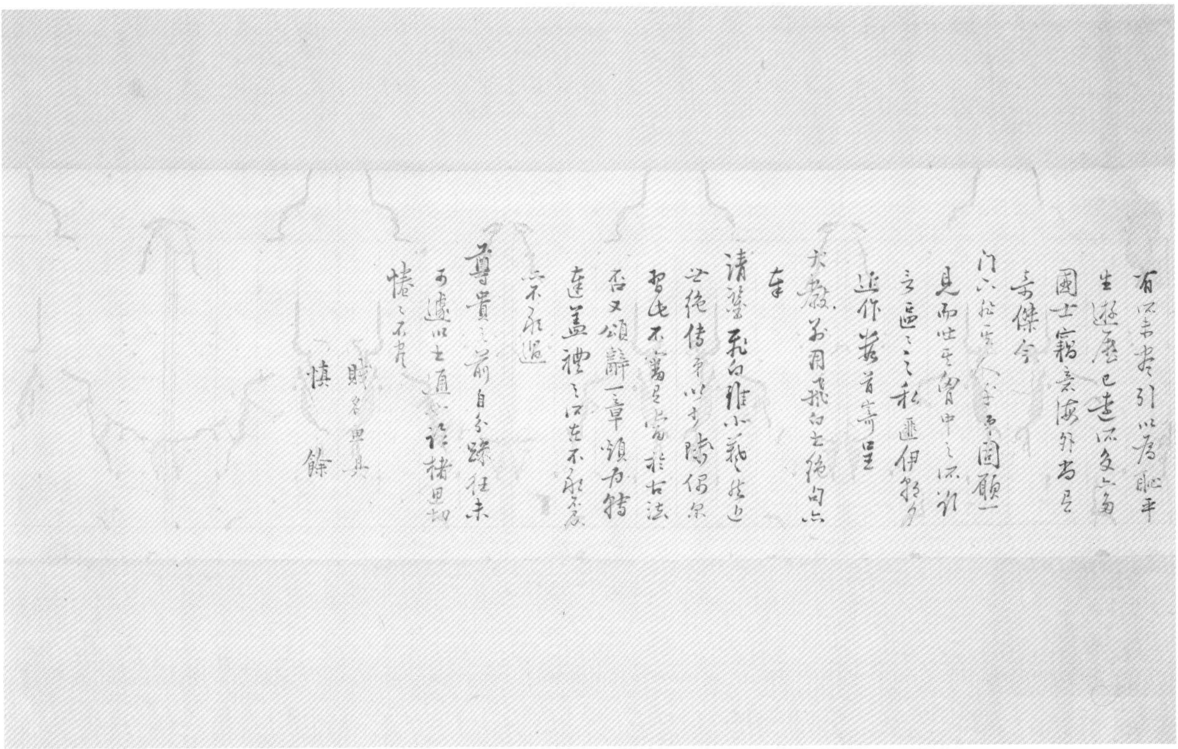

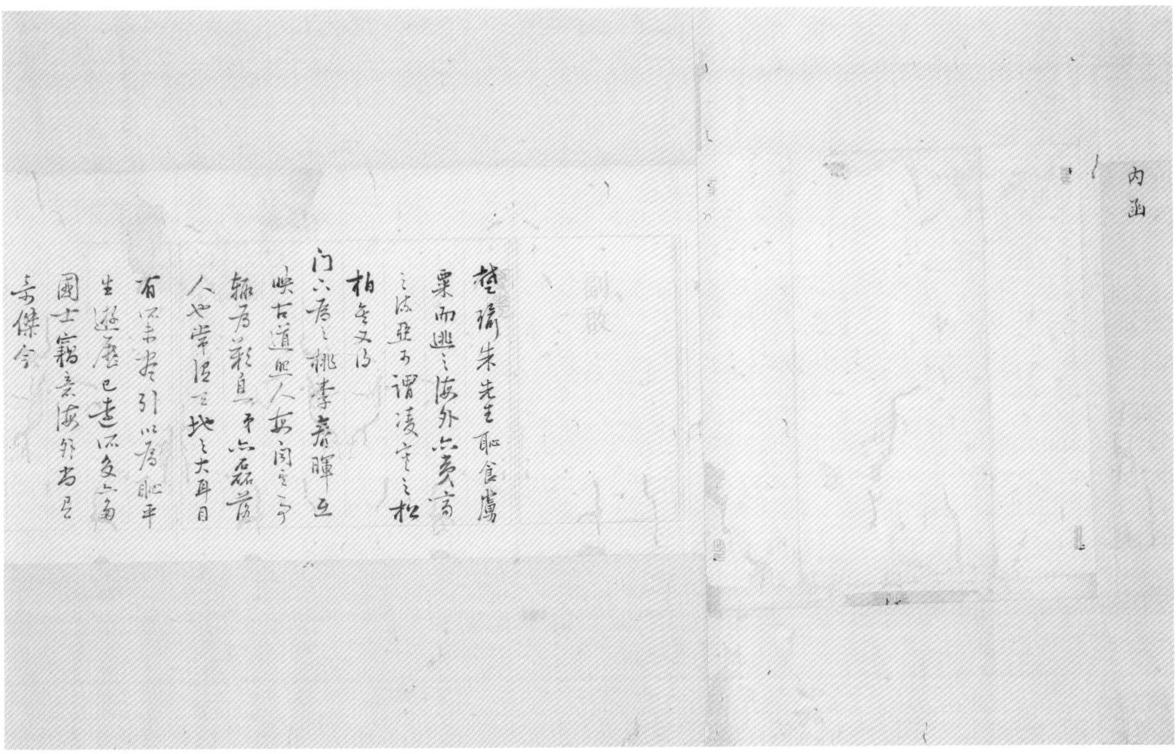

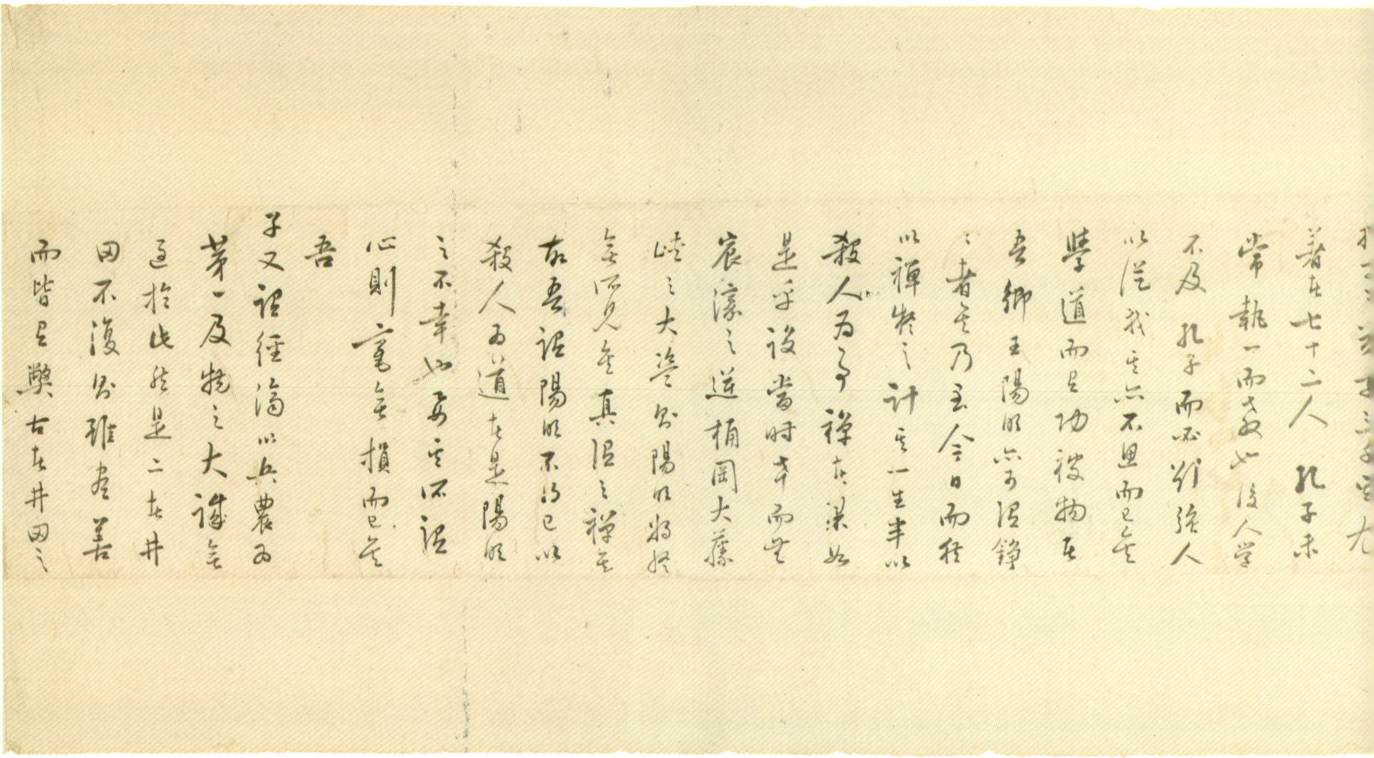

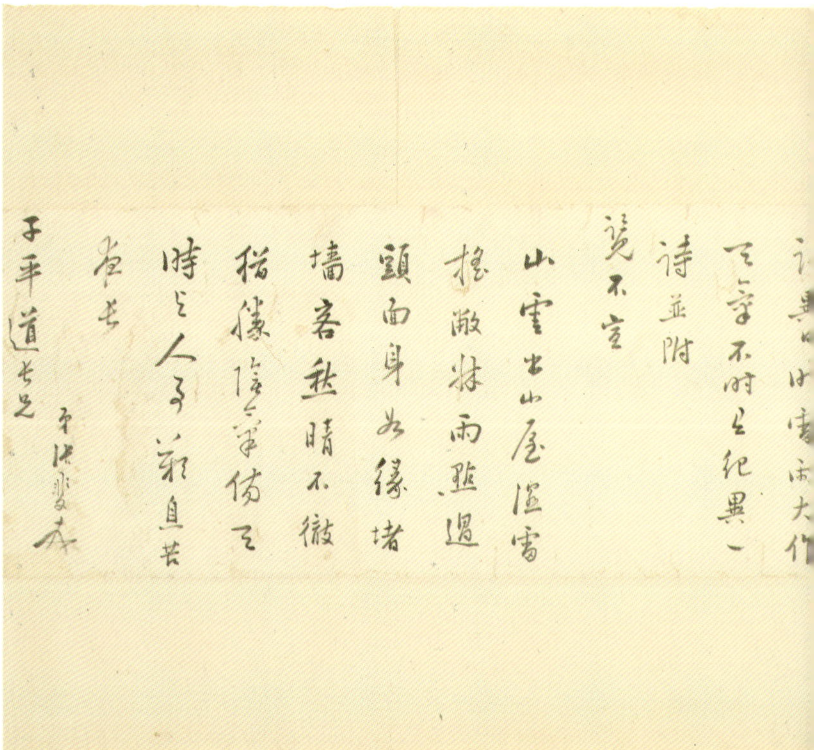

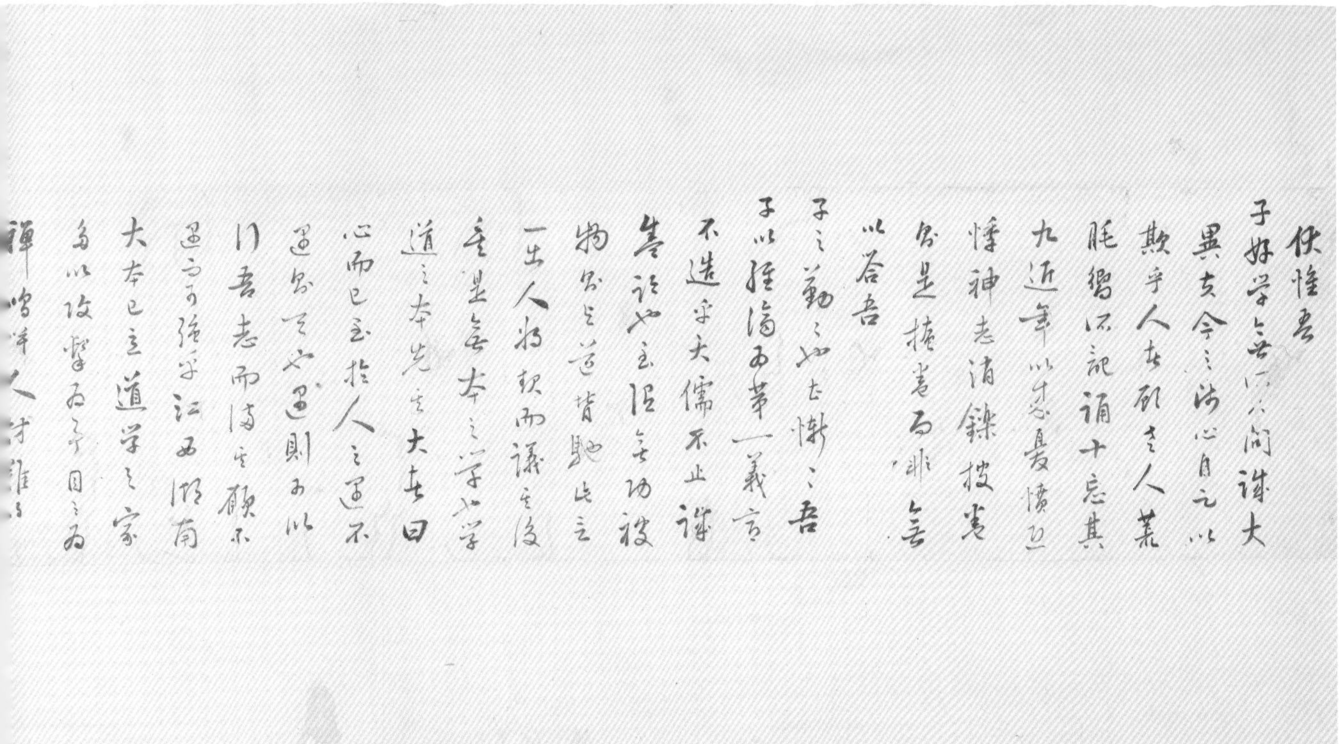

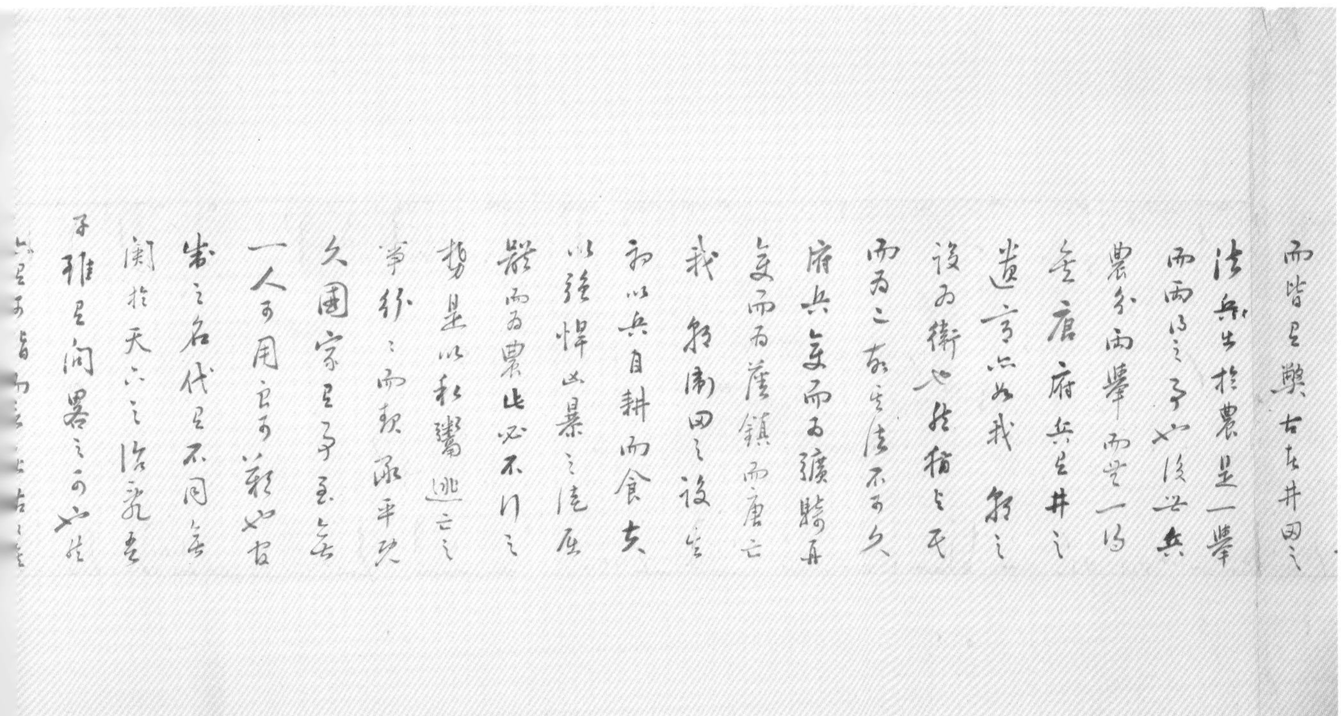

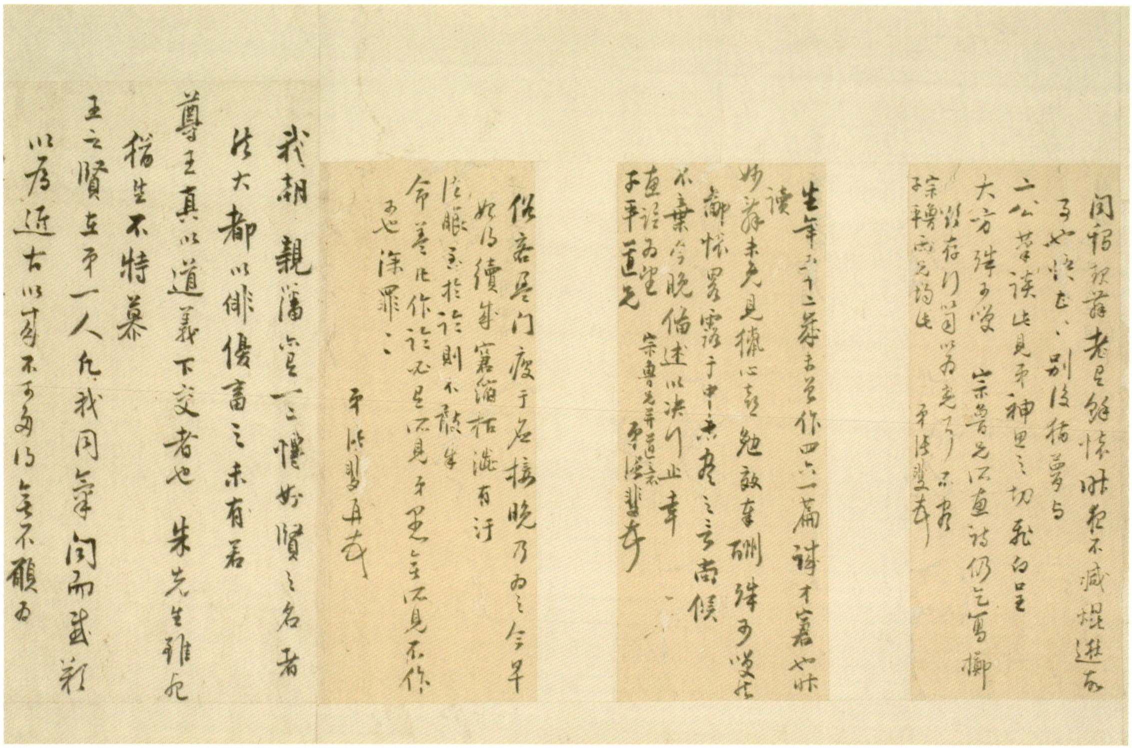

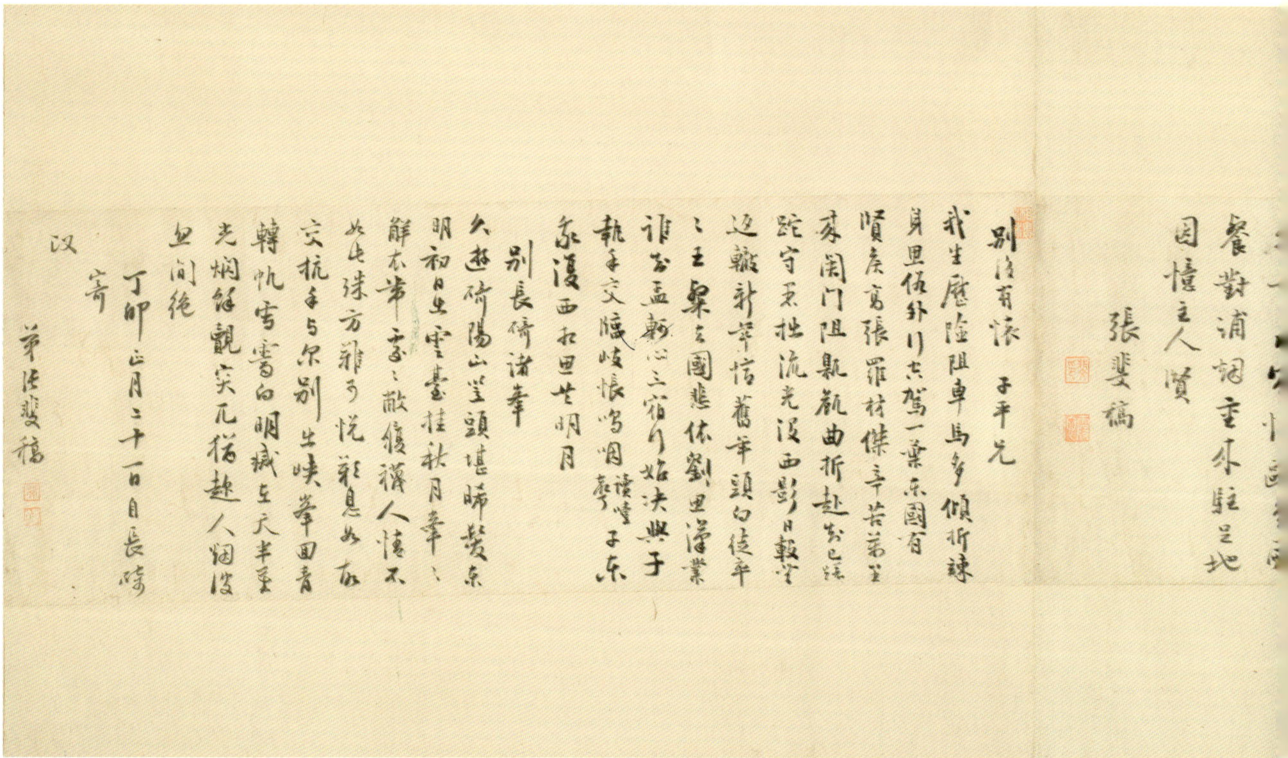

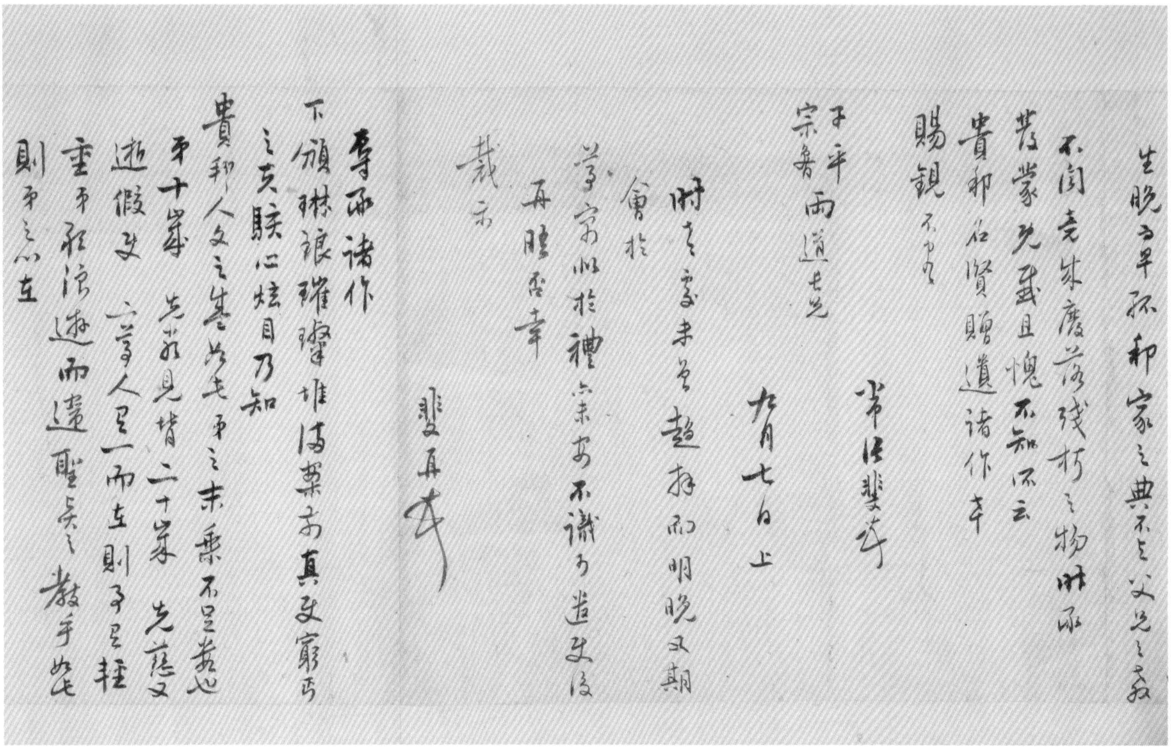

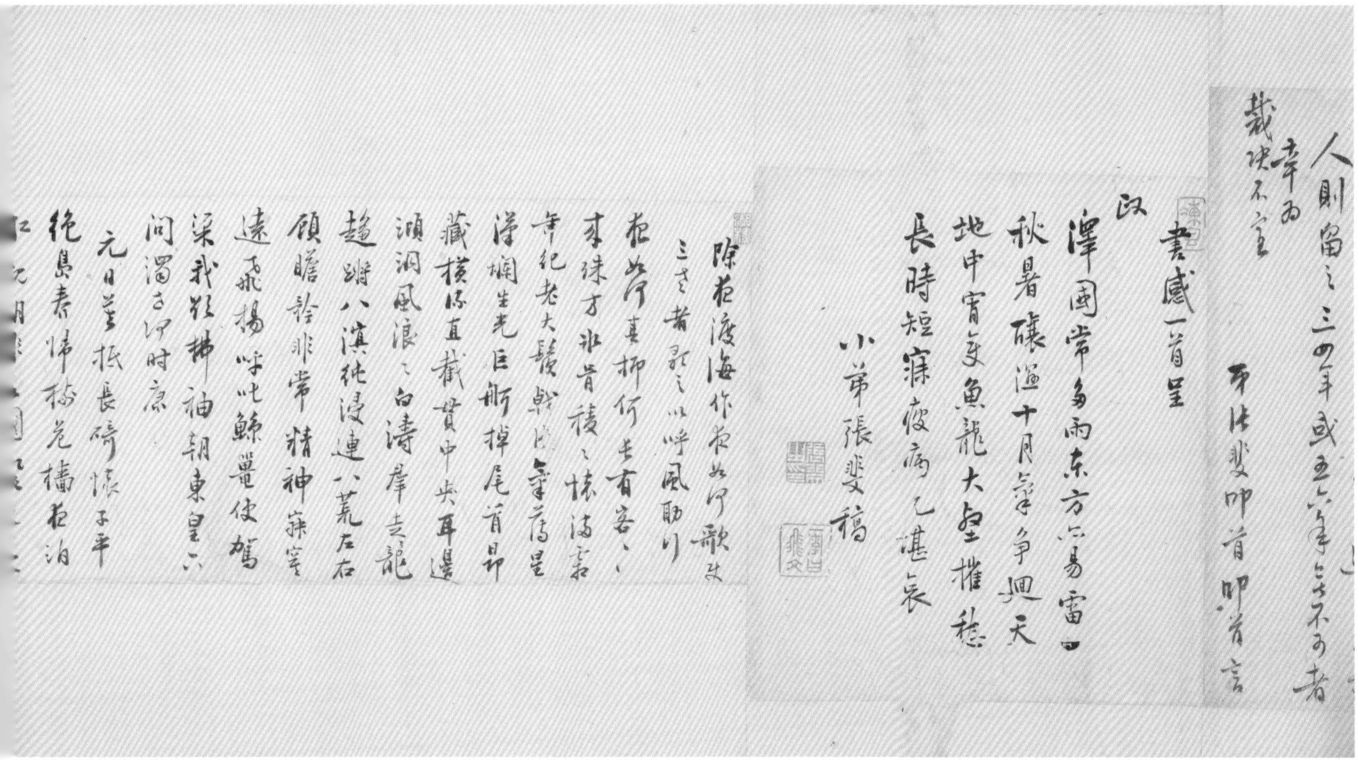

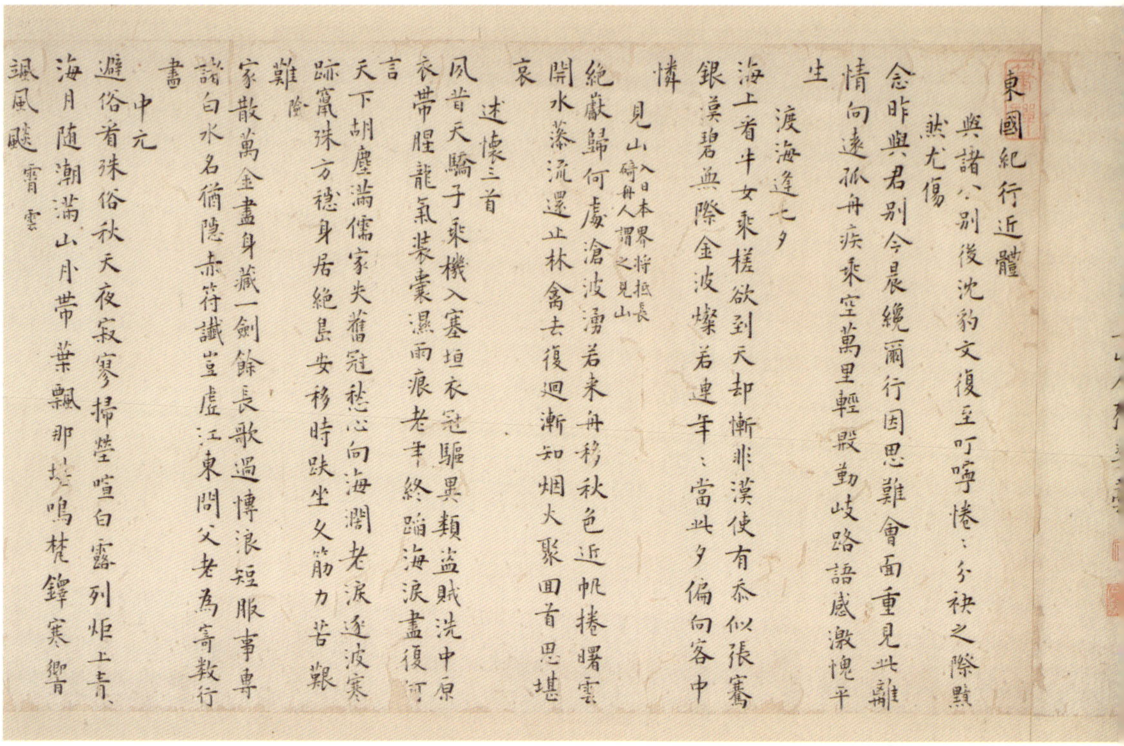
東國紀行近體
與諸公別後沈豹文復至叮嚀惓惓分袂之際黯然尤傷
念昨與君別今晨纔爾行因思難會面重見此離情向遠孤舟疾乘空萬里輕殷勤岐路語感激愧平生
渡海逢七夕
海上看牛女乘槎欲到天却慚非漢使有忝似張騫銀漢碧無際金波燦若連年年當此夕偏向客中憐
見山（入日本界將抵長碕舟人謂之見山）
絕巘歸何處滄波湧若來舟移秋色近帆捲曙雲開水落流還止林禽去復迴漸知烟火聚回首思堪哀
述懷三首
夙昔天驕子乘機入塞垣衣冠驅異類盜賊洗中原衣帶腥龍氣裳裹濕雨痕老身終蹈海淚盡復何言
天下胡塵滿儒家失舊冠愁心向海濶老淚逐波寒跡竄珠方穩身居絕島安移時趺坐久筋力苦艱難（險）
家散萬金盡身藏一劍餘長歌過博浪短服事專諸白水名猶隱赤符讖豈虛江東問父老為寄數行書
中元
避俗看殊俗秋天夜寂寥掃塋喧白露列炬上青霄海月隨潮滿山月帶葉飄那堪鳴梵鐘寒響颯風飈（霄雲）

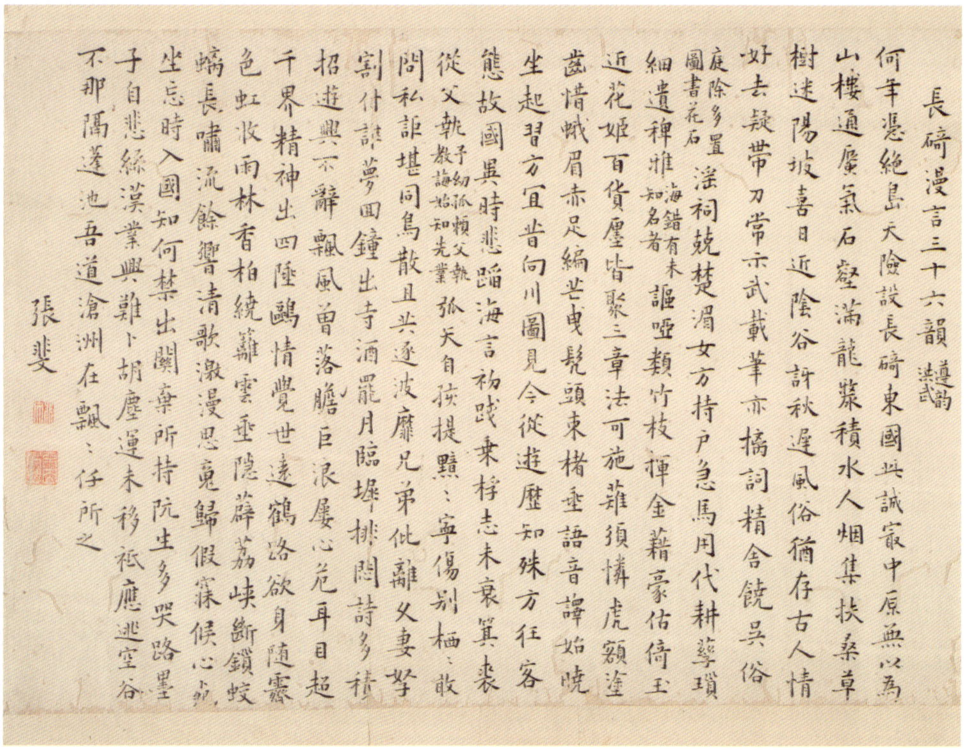
長碕漫言三十六韻（遵洪武韻）
何年憑絕島天險設長碕東國與誠寂中原無以為山樓通廣氣石壁滿龍篆積水人烟集扶桑草樹迷陽坡喜日近陰谷許秋遲風俗猶存古人情好去疑帶刀常示武載筆亦摛詞精舍饒吳俗（庭除多置圖書花石）淫祠競楚渦女方持戶急馬用代耕孳瑣細遺稗稚（海錯有未知名者）謳啞類竹枝揮金藉豪估倚玉近花姬百貨塵皆聚三章法可施薙須憐虎額塗齒惜蛾眉赤足編芒曳髡頭束楮垂語音譚始曉生起習方宜昔向川圖見今從遊歷知殊方往客態故國異時悲蹈海言初踐乘桴志未衰箕裘從父執（子幼孤賴父執教誨始知先業）孤矢自茕提黯黯寧傷別栖栖敢問私訴堪同鳥散且共逐波靡兄弟仳離久妻孥割什詩夢回鐘出寺酒罷月臨墀排悶詩多積招遊興不辭飄風曾落膽巨浪屢心危耳目超千界精神出四陲鷗情覺世遠鶴路欲身隨露色虹收雨林香柏繞蘿雲垂隱薜荔峽斷鎖蛟螭長嘯流餘響清歌激漫思寬歸假寐候心知坐忘時入國知何禁出關棄所持阮生多哭路墨子自悲絲漢業興難卜胡塵運未移祇應逃空谷不那隔蓬池吾道滄洲在飄飄任所之
張斐

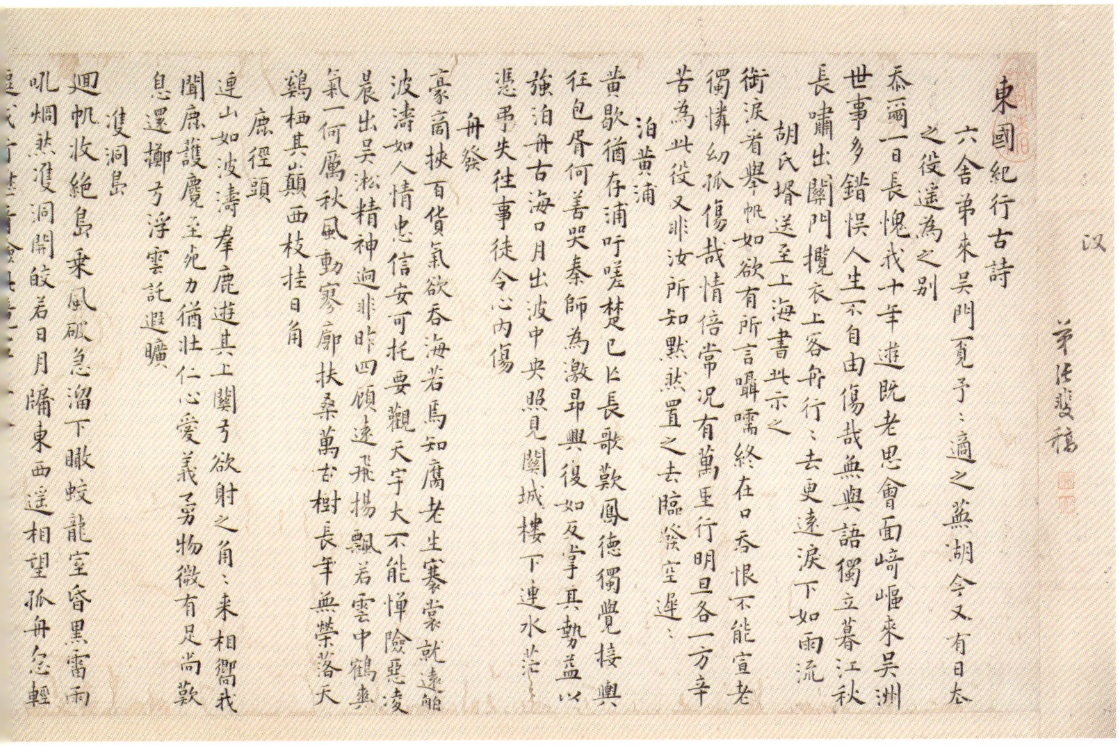

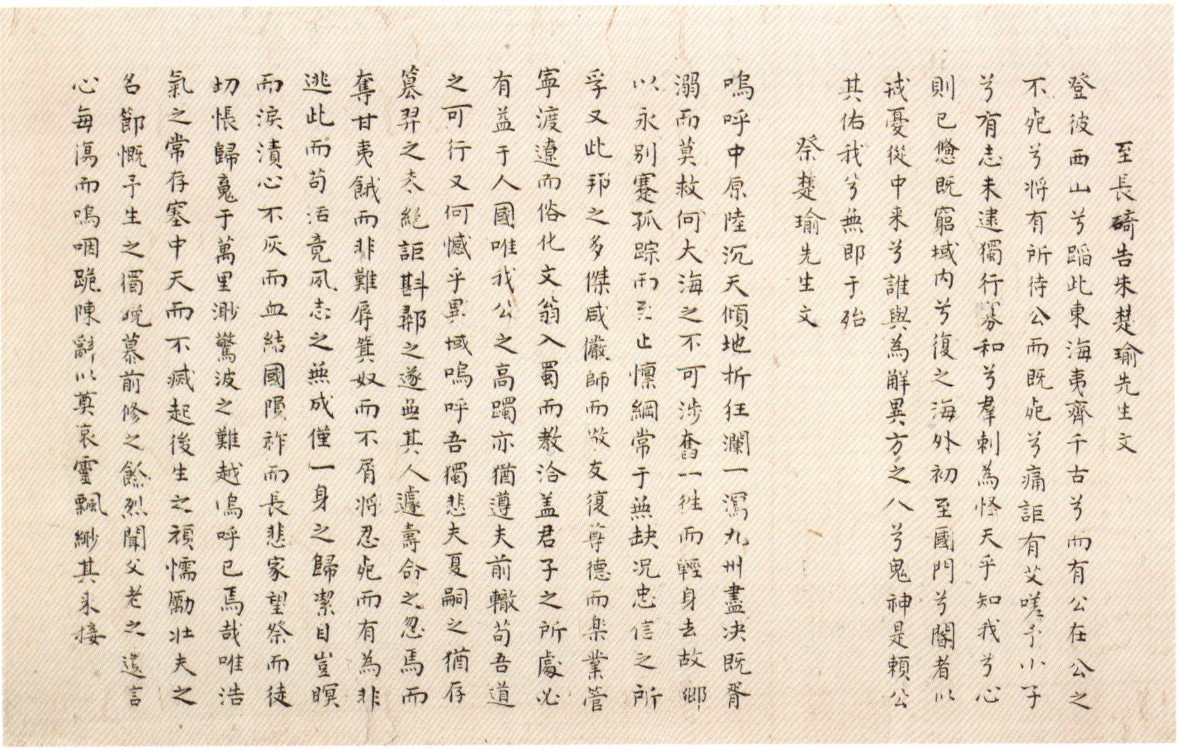

附三：陳元贇墨跡

31.5×288.2cm　一卷　書畫42

解說：徐興慶　計文淵

陳元贇（1587–1671）原名珦，字義都、士昇，有芝山、虎魄道人、瀛壺逸史、菊秀軒、既白山人等別號及筆名。其出身地，眾說紛紜，但曾有“大明國虎林既白山人”之署名。元贇幼年好學，多才藝，曾入河南登封少林寺習武術，通經史、書法、繪畫、建築、製陶及醫術，尤喜老、莊之學。陳元贇在明朝屢應科舉不第，復逢國亂，為避明末亂世，於1619年東渡長崎，以授書法自給，在日本流寓整整五十二年。他積極地向日本文化界推薦明公安派袁宏道的“性靈說”，提出獨抒靈性，不拘於格律和形式，其大量詩文散落在日本，後人整理出版了《陳元贇集》。

彰考館所藏《陳元贇墨跡》一卷，尺寸不一。原為德川圀順①舊藏。此卷引首隸書題“仙客”兩字。

前行書詩一首，題云：

芳櫻林下奉恩光②，席地笙歌醉一場。

細雨清明今日節，曲江上巳詰朝觴。

落英③滿襯氍毹④碧，淑氣輕飄舞裏香。

天意似從人意樂，瑞雲靄靄慶明良⑤。

慶安己丑（1649）上巳⑥前一日，記有“陪大納君⑦賞御園櫻花時微雨”，是相當難得一見的珍貴作品。次又書楷書一首：

四壁蕭然跡篆蝸，閉門車馬絕無譁。

象蹄案面攤黃卷，鵲尾爐腰噴紫霞。

靜對盆山吟賈島，慵拈架筆擱劉乂。

冰壺心地琉璃性，亦是仙家亦佛家。

繼而是《怪雨篇》、《致正隆契友手劄》共四種。

① 德川圀順（1886–1969）為水戶第十三代當主，設立財團法人“德川博物館”，並保存了德川光圀的茶室遺跡。
② 意指榮寵。
③ “落英”典與出晉陶淵明《桃花源記》。
④ 毛織的地毯。
⑤ 《新唐書》卷九十六《房玄齡傳》贊曰：“君臣明良，志協議從。”
⑥ 漢以前定農曆的三月上旬巳日為“上巳”。宋吳自牧《夢粱錄》卷二“三月”：“三月三日上巳之辰，曲水流觴故事，起于晉時。唐朝賜宴曲江，傾都禊飲踏青，亦是此意。”
⑦ 陳元贇曾為尾張藩第一代藩主德川直義（家康九男，1601–1650）的儒臣，直義為幕府“御三家”，官從二位權大納言，陳元贇稱義直為“大納君”，此詩為陳元贇在名古屋任職時的作品。

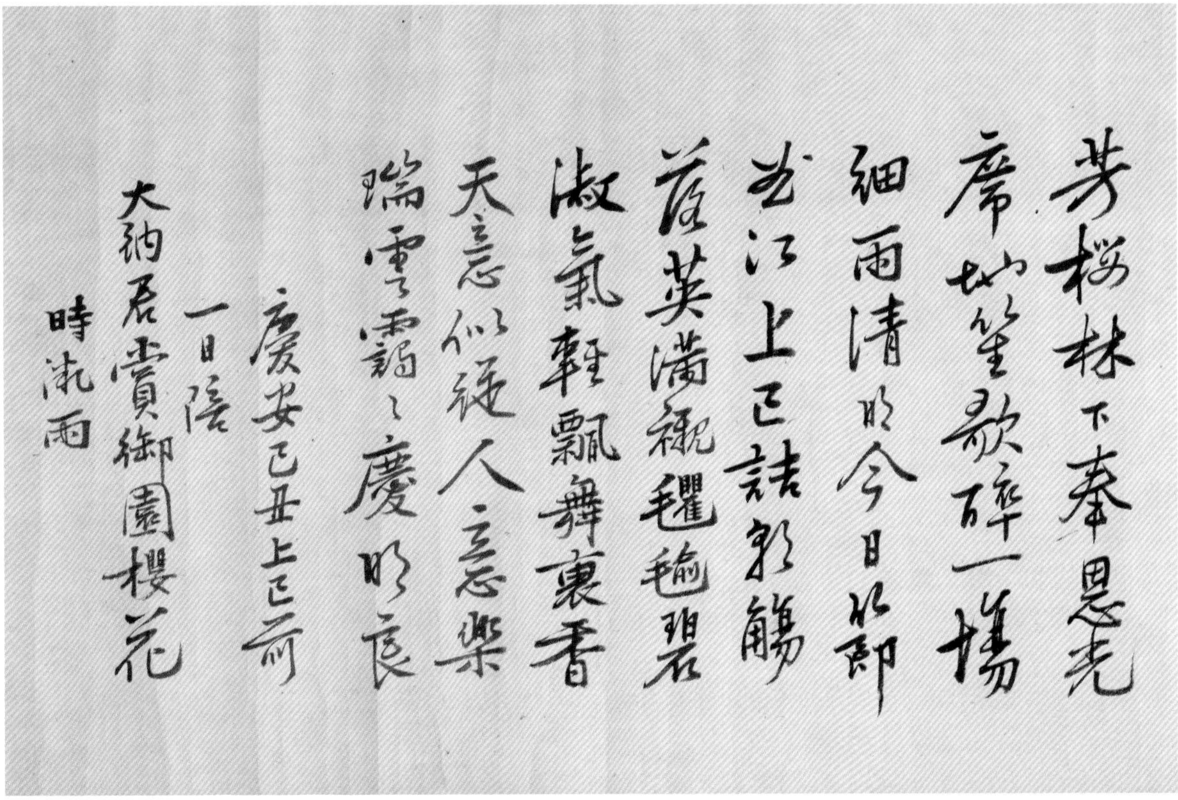
芳櫻林下奉恩光
席妙筆歎辞一場
細雨清明今日節
曲江上巳話新觴
落英滿襯氍毹碧
淑氣輕飄舞裏香
天意似從人意樂
瑞雲靄靄慶明良
慶安己丑上巳前
一日陪
大納言賞御園櫻花
時流雨

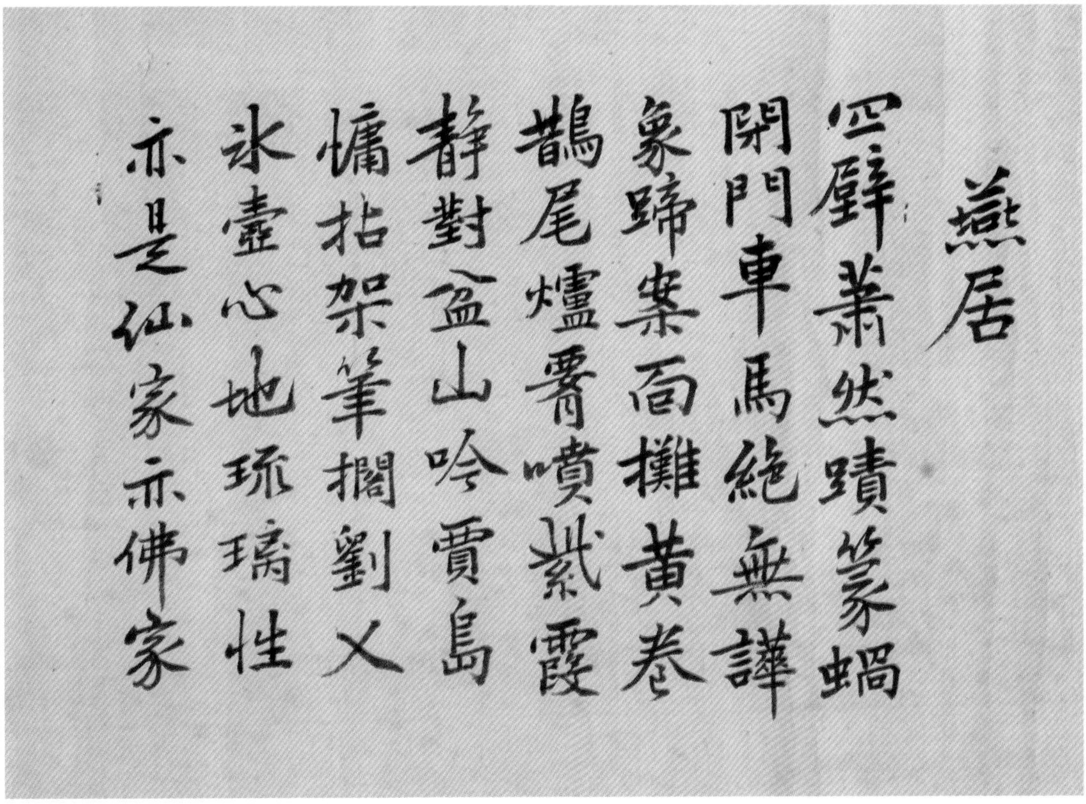
燕居
四壁蕭然蹟篆蝸
閑門車馬絕無譁
象蹄案面攤黃卷
鵲尾爐香噴紫霞
靜對盆山吟賈島
慵拈架筆擱劉乂
氷壺心地琉璃性
亦是仙家亦佛家

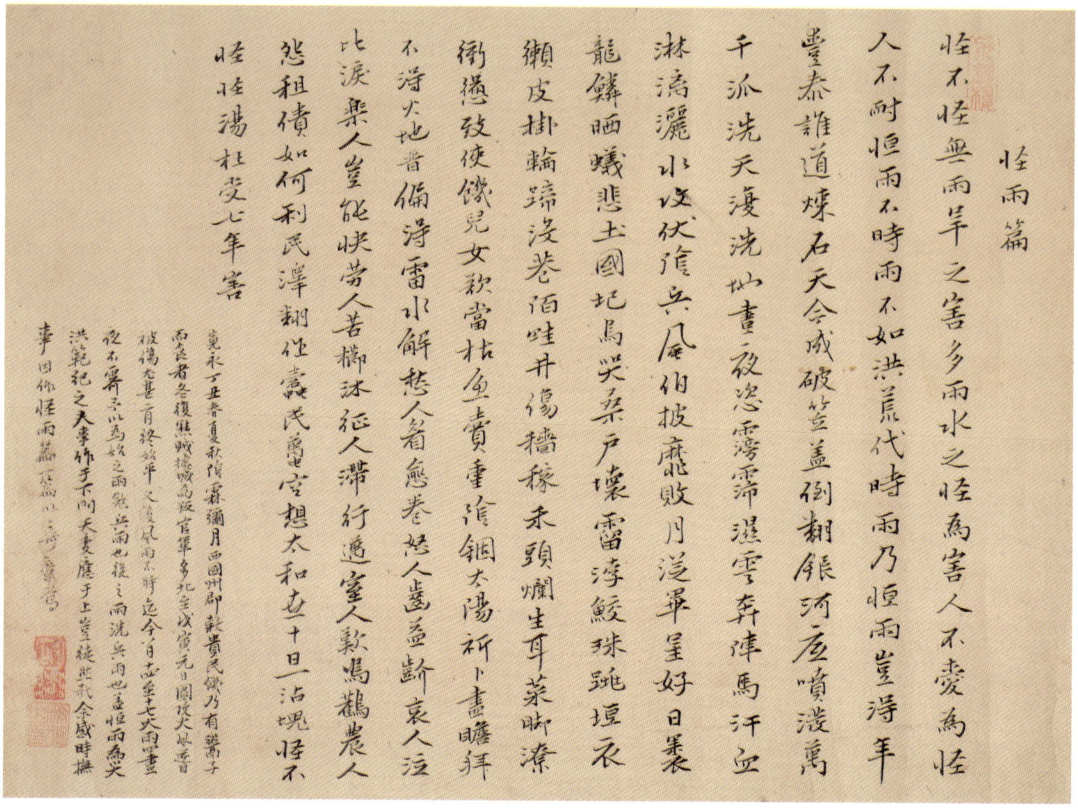

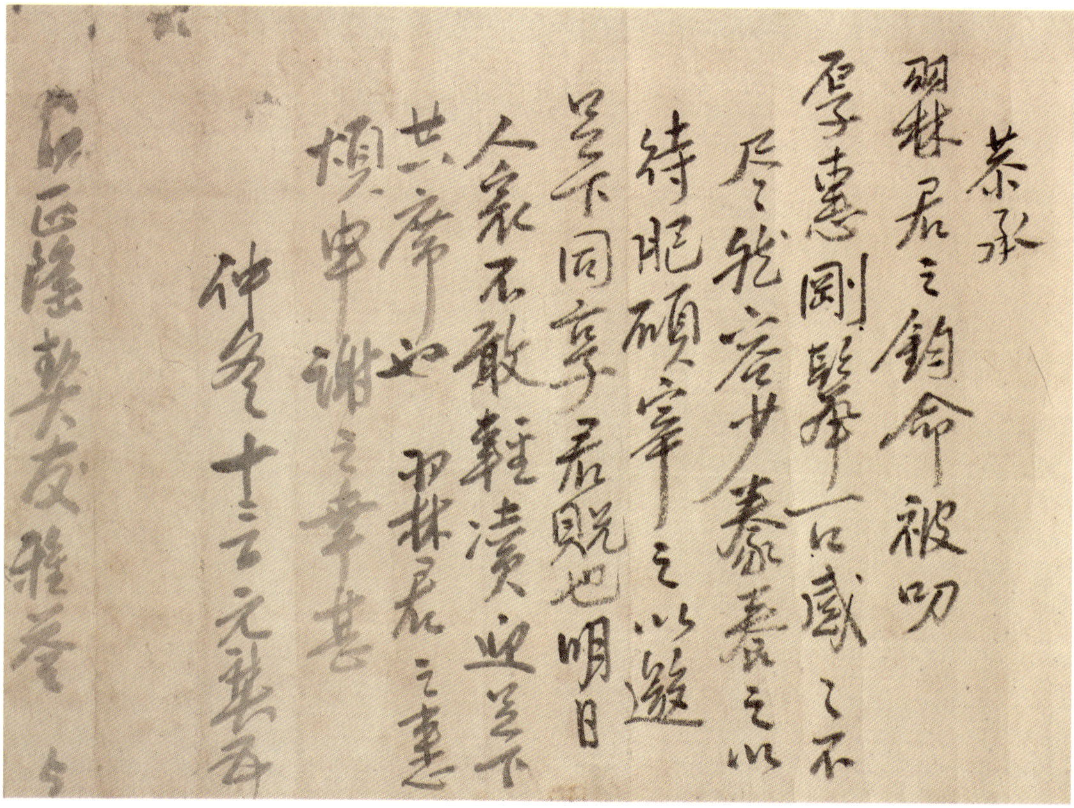

五、朱舜水與禮儀、祭祀

解說：(日)鍋島亞朱華

關於禮儀與祭祀方面的資料，可分為釋奠類、喪禮祭祀類、祭典類。與朱舜水、朱子學有關的資料集中於釋奠類、喪禮祭祀類，故解說以這兩類為主。

(一)《釋奠習禮儀》(朱舜水指授)

28.0×19.5×1.0cm　一冊　文庫4985

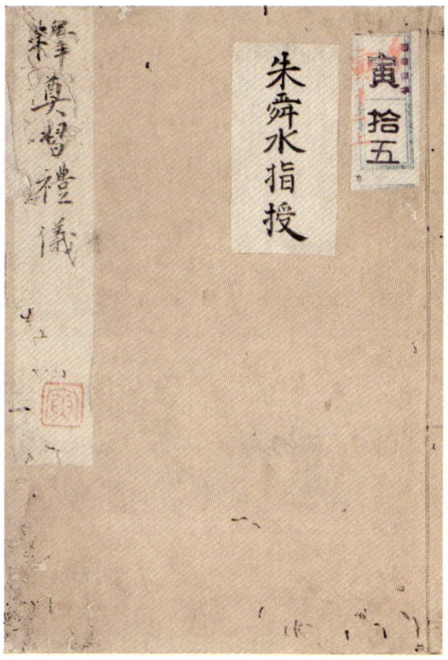

本書在封面除了書名《釋奠習禮儀》外，再另外貼上"朱舜水指授"。收錄《禮樂疏釋奠儀注》、《儀注》(以上兩篇為漢文)、《釋奠儀》(以和文說明第一篇《禮樂疏釋奠儀注》)、《陳設目》、《陳設圖》等。在以上諸篇後，有朱舜水所寫的一段文章值得注意："之瑜不知　本邦各官職司，異邦之人，又引嫌不敢每事問，而外州郡則僚屬，非君臣，於例不合。今不得已，但以天朝為則，而藩封則推類而行。"並在此段文字後記載釋奠次第。此段文章顯示朱舜水到日本後，製訂禮儀制度時所面臨的困難、不得已之處。

《釋奠習禮儀》(朱舜水指授)應是為了學習明代的釋奠所編撰之書。水戶藩欲學習異於傳統(王朝時代之儀[①])之釋奠，因此請朱舜水指授。在《陳設目》首頁，以紅字註明"此朱字朱點皆抄朱先生之直筆(原和文)"，記錄著朱舜水批改之處。其中有一頁以紅字寫著"此圖大錯"，可知水戶藩原有的資料與朱舜水所知悉的釋奠禮儀有所不同。

此資料提供了江戶時代在學習新制度時，將中日之間不同的風俗習慣融入其中的模式，亦可理解朱舜水在"異邦"教授禮儀、制度時所費的苦心。

① 彰考館另有《釋奠(王朝時代ノ儀)》、《釋奠次第》、《釋奠　大原野祭　春日祭》等關於傳統釋奠儀式的藏書。

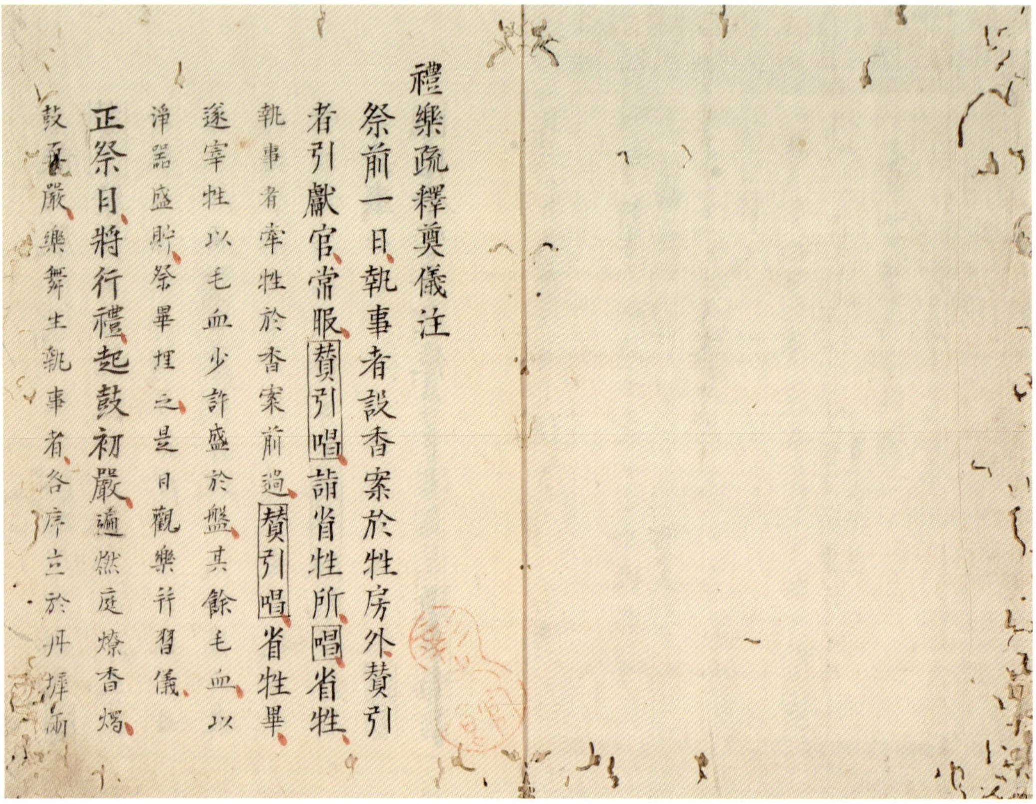

禮樂疏釋奠儀注
祭前一日執事者設香案於牲房外贊引
者引獻官常服[贊引唱]詣省牲所[唱]省牲
執事者牽牲於香案前過[贊引唱]省牲畢
遂宰牲以毛血少許盛於盤其餘毛血以
淨器盛貯祭畢埋之是日觀樂并習儀
正祭日將行禮起鼓初嚴遍燃庭燎香燭
鼓再嚴樂舞生執事者各序立於丹墀兩

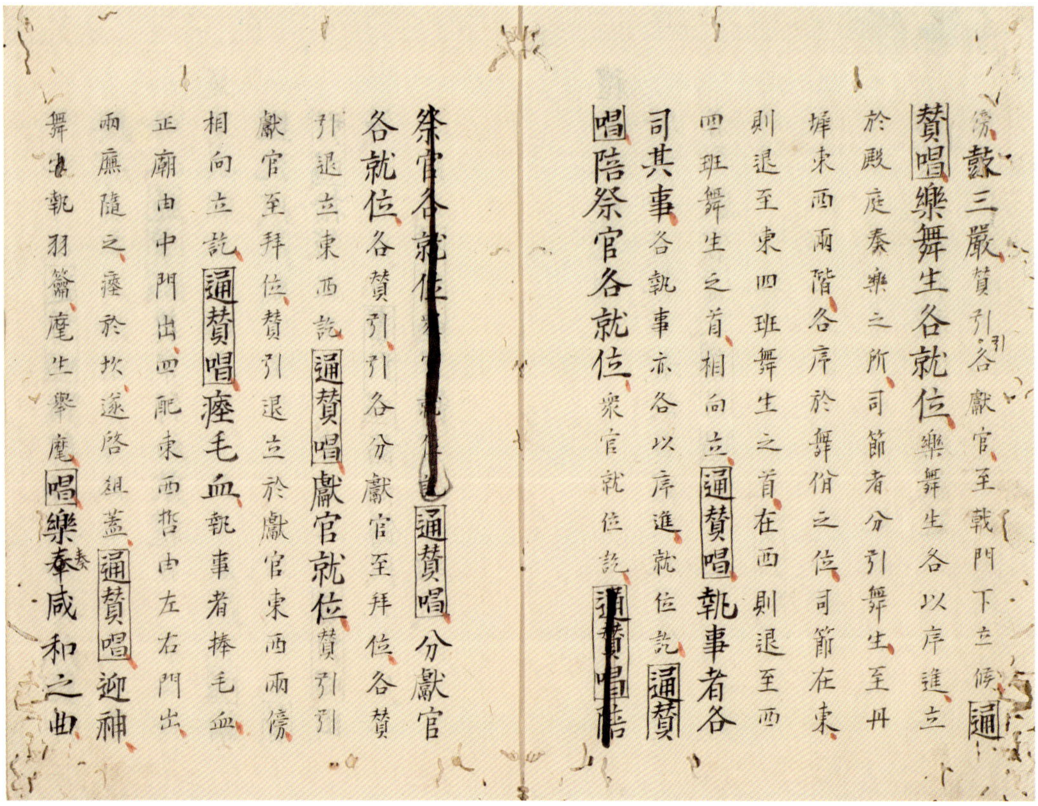

傍鼓三嚴贊引引各獻官至戟門下立候[通
贊唱]樂舞生各就位樂舞生各以序進立
於殿庭奏樂之所司節者分引舞生至丹
墀東西兩階各序於舞佾之位司節在東
則退至東四班舞生之首在西則退至西
四班舞生之首相向立[通贊唱]執事者各
司其事各執事亦各以序進就位訖[通贊
唱]陪祭官各就位衆官就位訖~~[通贊唱陪]~~
~~祭官各就位衆官就位訖~~[通贊唱]分獻官
各就位各贊引引各分獻官至拜位各贊
引退立東西訖[通贊唱]獻官就位贊引引
獻官至拜位贊引退立於獻官東西兩傍
相向立訖[通贊唱]瘞毛血執事者捧毛血
正廟由中門出四配東西哲由左右門出
兩廡隨之瘞於坎遂啓俎蓋[通贊唱]迎神
舞生執羽籥麾生舉麾[唱]樂奏咸和之曲

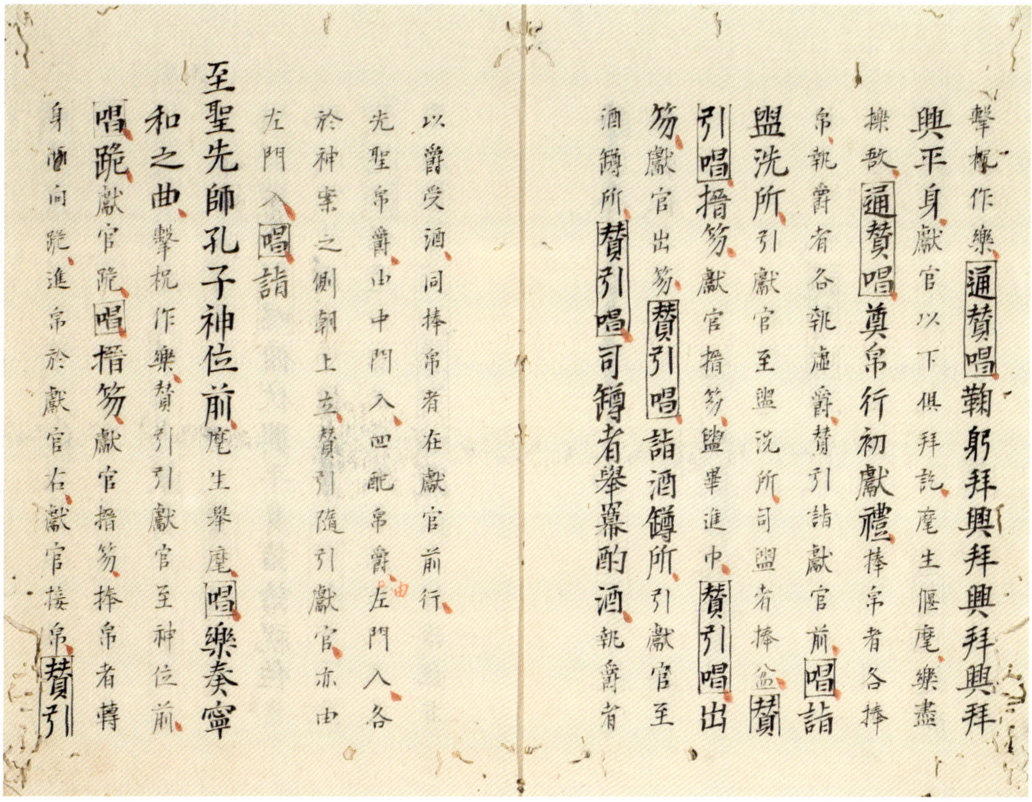

擊柷作樂通贊唱鞠躬拜興拜興拜興拜
興平身獻官以下俱拜訖麾生偃麾樂盡
擽敔通贊唱奠帛行初獻禮捧帛者各捧
帛執爵者各執虛爵贊引詣獻官前唱詣
盥洗所引獻官至盥洗所司盥者捧盆贊
引唱搢笏獻官搢笏盥畢進巾贊引唱出
笏獻官出笏贊引唱詣酒罇所引獻官至
酒罇所贊引唱司罇者舉冪酌酒執爵者
以爵受酒同捧帛者在獻官前行
先聖帛爵由中門入四配帛爵左門入各
於神案之側劉上立贊引隨引獻官亦由
左門入唱詣
至聖先師孔子神位前麾生舉麾唱樂奏寧
和之曲擊柷作樂贊引引獻官至神位前
唱跪獻官跪唱搢笏獻官搢笏捧帛者轉
身西向跪進帛於獻官右獻官接帛贊引

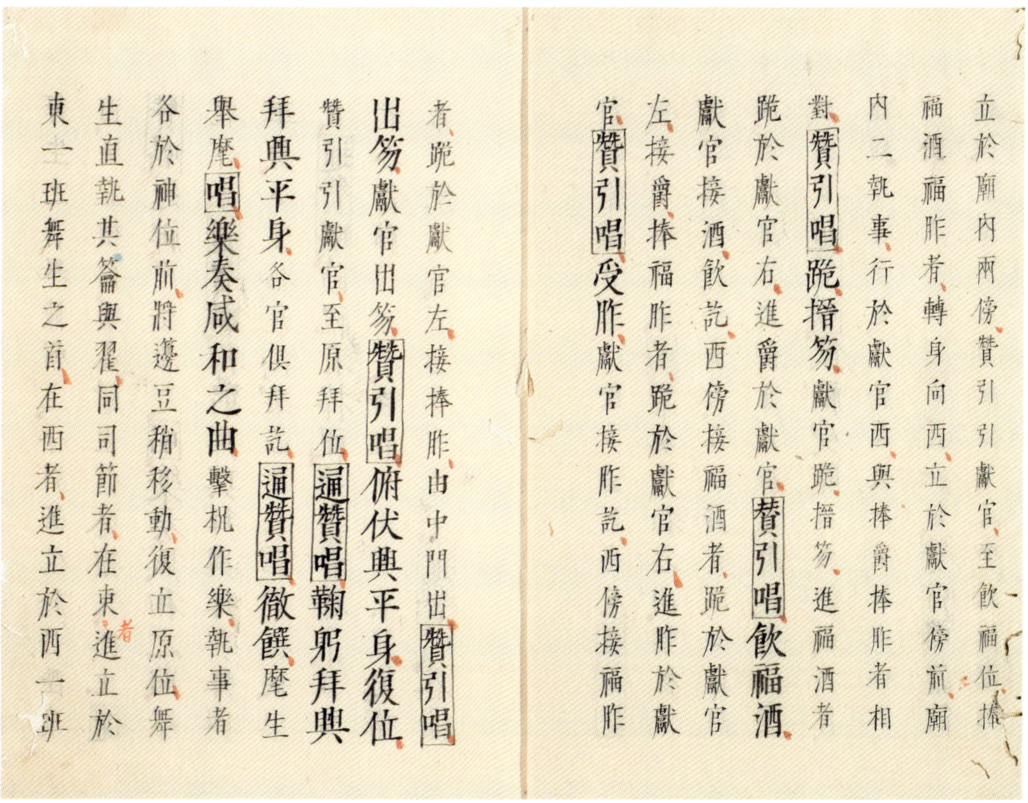

立於廟內兩傍贊引引獻官至飲福位捧
福酒福胙者轉身向西立於獻官傍前廟
內二執事行於獻官西與捧爵捧胙者相
對贊引唱跪搢笏獻官跪搢笏進福酒者
跪於獻官右進爵於獻官贊引唱飲福酒
獻官接酒飲訖西傍接福酒者跪於獻官
左接爵捧福胙者跪於獻官右進胙於獻
官贊引唱受胙獻官接胙訖西傍接福胙
者跪於獻官左接捧胙由中門出贊引唱
出笏獻官出笏贊引唱俯伏興平身復位
贊引引獻官至原拜位通贊唱鞠躬拜興
拜興平身各官俱拜訖通贊唱徹饌麾生
舉麾唱樂奏咸和之曲擊柷作樂執事者
各於神位前將籩豆稍移動復立原位舞
生直執其籥與翟同司節者在東進立於
東一班舞生之首在西者進立於西一班

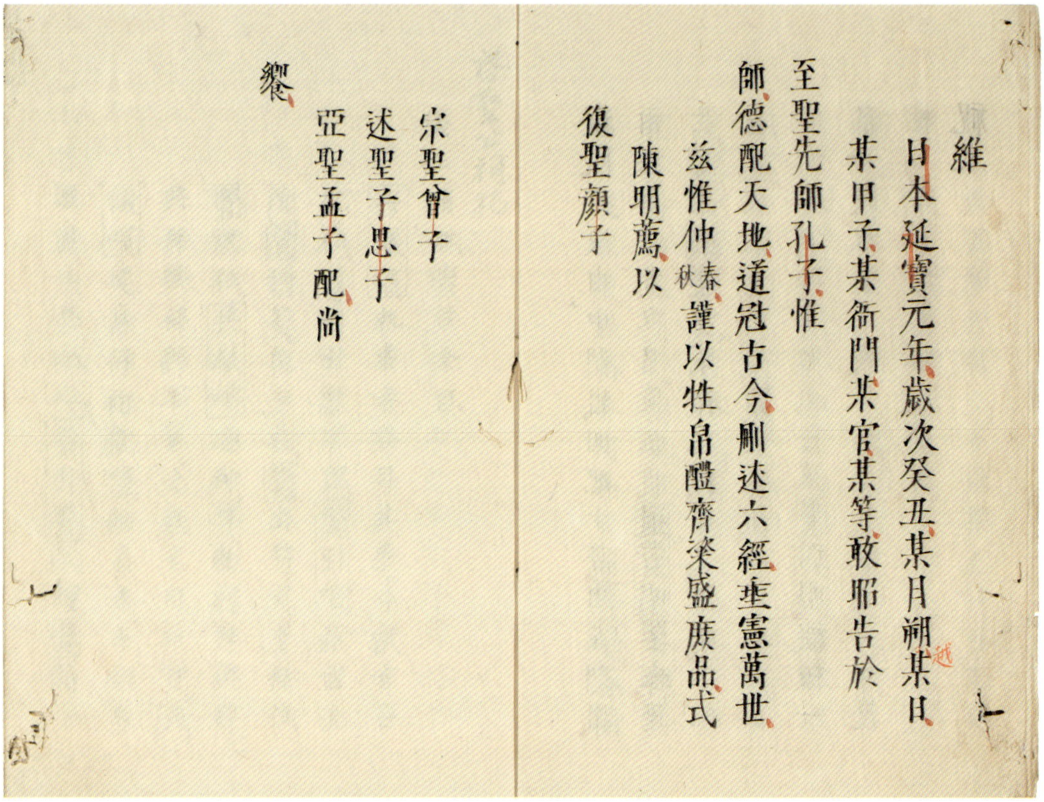

維
日本延寶元年歲次癸丑某月朔某日
某甲子某衙門某官某等敢昭告於
至聖先師孔子惟
師德配天地道冠古今删述六經垂憲萬世
玆惟仲春秋謹以牲帛醴齊粢盛庶品式
陳明薦以
復聖顏子
宗聖曾子
述聖子思子
亞聖孟子配尚
饗

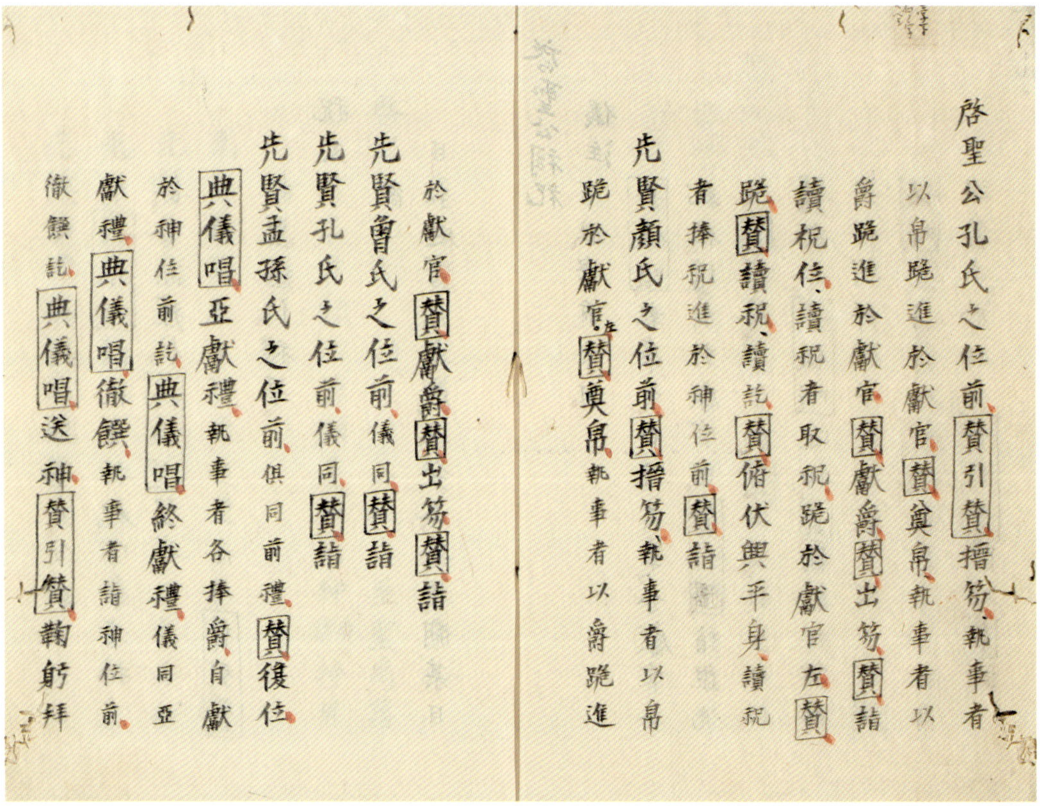

啓聖公孔氏之位前贊引贊搢笏執事者
以帛跪進於獻官贊奠帛獻爵贊出笏贊詣
讀祝位讀祝者取祝跪於獻官左贊
跪贊讀祝讀訖贊俯伏興平身讀祝
者捧祝進於神位前贊詣
先賢顏氏之位前贊搢笏執事者以帛
跪於獻官贊奠帛執事者以爵跪進
於獻官贊獻爵贊出笏贊詣
先賢曾氏之位前儀同贊詣
先賢孔氏之位前儀同贊詣
先賢孟孫氏之位前俱同前禮贊復位
典儀唱亞獻禮執事者各捧爵自獻
於神位前訖典儀唱終獻禮儀同亞
獻禮典儀唱徹饌執事者詣神位前
徹饌訖典儀唱送神贊引贊鞠躬拜

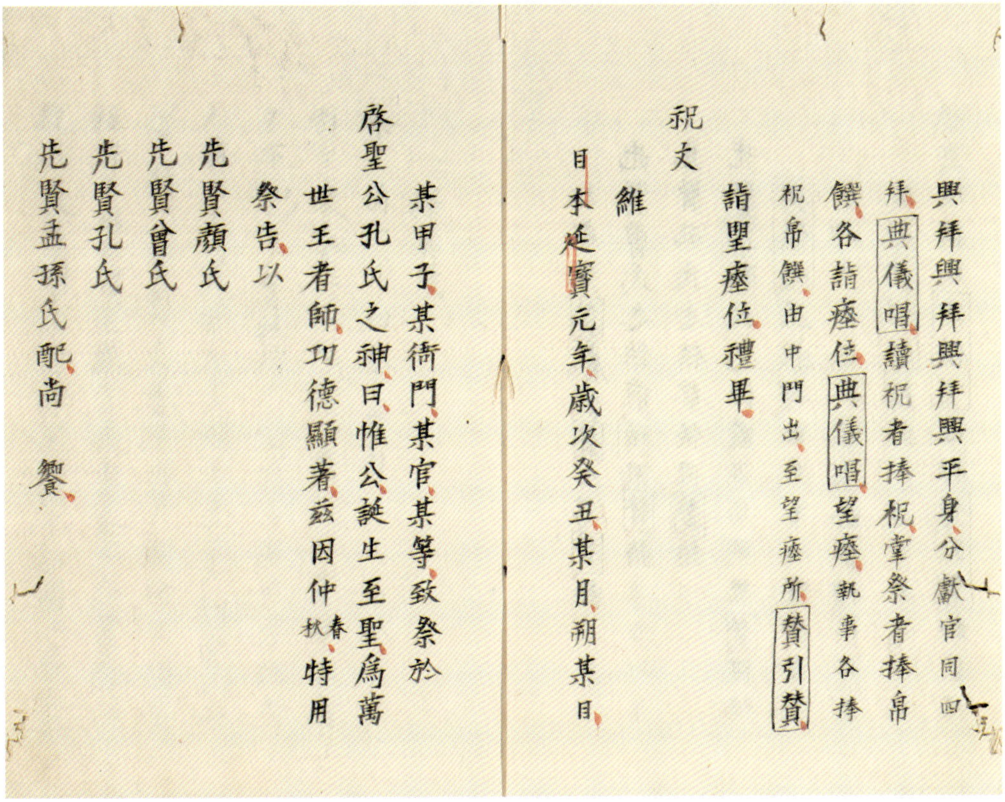

興拜興拜興拜興平身分獻官同四
拜典儀唱讀祝者捧祝案祭者捧帛
饌各詣瘞位典儀唱望瘞執事各捧
祝帛饌由中門出至望瘞所贊引贊
詣望瘞位禮畢

祝文

維

日本延寶元年歲次癸丑某月朔某日
某甲子某衛門某官某等致祭於
啓聖公孔氏之神曰惟公誕生至聖爲萬
世王者師功德顯著茲因仲春秋特用
祭告以
先賢顏氏
先賢曾氏
先賢孔氏
先賢孟孫氏配尚　饗

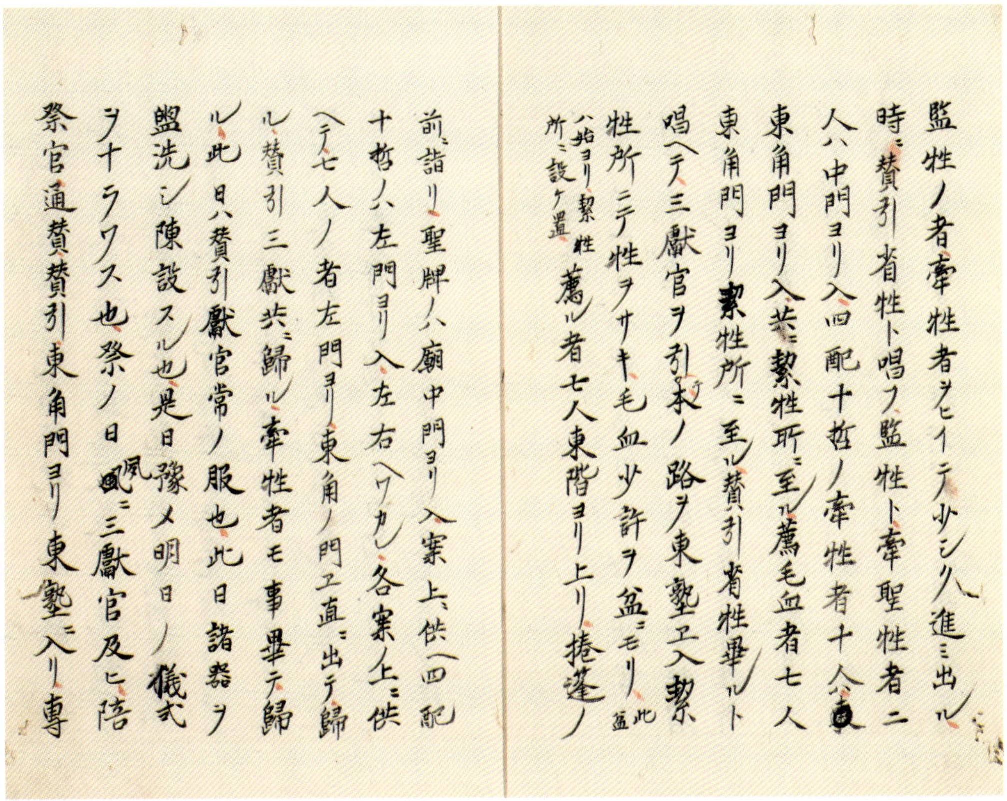

監牲ノ者牽牲者ヲヒイテ少シク進ミ出ル
時ニ贊引省牲ト唱フ監牲ト牽聖牲者二
人ハ中門ヨリ入四配十哲ノ牽牲者十人ハ
東角門ヨリ入共ニ絜牲所ニ至ル薦毛血者七人
東角門ヨリ絜牲所ニ至ル贊引省牲畢ルト
唱ヘテ三獻官ヲ引テ本ノ路ヲ東塾ヱ入絜
牲所ニテ牲ヲサキ毛血少許ヲ盆ニモリ此盆ハ始ヨリ絜牲所ニ設ケ置
薦ル者七人東階ヨリ上リ捲蓬ノ
前ニ詣リ聖牌ノハ廟中門ヨリ入案上ニ供ヘ四配
十哲ハ左門ヨリ入左右ヘワカレ各案ノ上ニ供
ヘテ七人ノ者左門ヨリ東角ノ門ヱ直ニ出テ歸
ル贊引三獻共ニ歸ル牽牲者モ事畢テ歸
ル此日ハ贊引獻官常ノ服也此日諸器ヲ
盥洗シ陳設スル也是日豫メ明日ノ儀式
ヲナラワス也祭ノ日夙ニ三獻官及ヒ陪
祭官通贊贊引東角門ヨリ東塾ニ入リ專

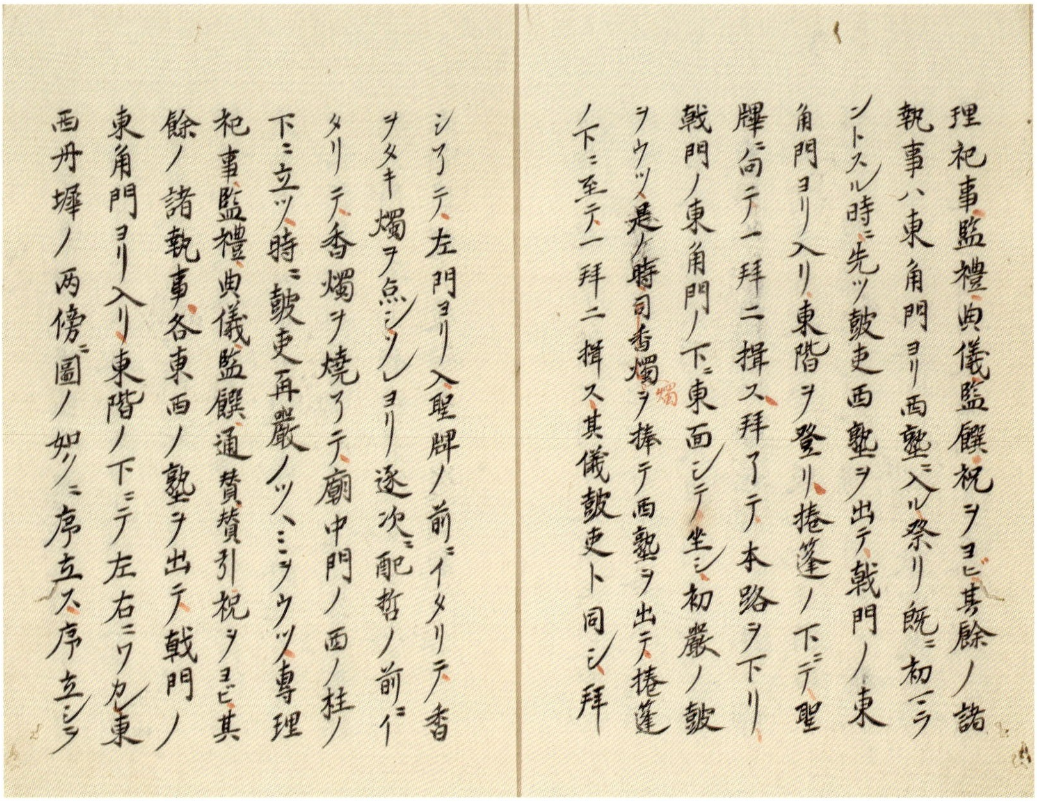
理祀事監禮與儀監饌祝ヲヨビ其餘ノ諸
執事ハ東角門ヨリ西塾ニ入ル祭リ既ニ初ニラ
ントスル時ニ先ツ皷吏西塾ヲ出テ戟門ノ東
角門ヨリ入リ東階ヲ登リ捲簾ノ下デ聖
牌ニ向テ一拜ニ揖ス拜了テ本路ヲ下リ
戟門ノ東角門ノ下デ東面シテ坐シ初嚴ノ皷
ヲウツ是ノ時司香燭ヲ捧テ西塾ヲ出テ捲簾
ノ下ニ至テ一拜ニ揖ス其儀皷吏ト同シ拜
シ了テ左門ヨリ入聖牌ノ前ニイタリテ香
ヲタキ燭ヲ点シ又ソレヨリ逐次ニ配哲ノ前ニイ
タリテ香燭ヲ燒了テ廟中門ノ西ノ柱ノ
下ニ立ツ時ニ皷吏再嚴ノツヽミヲウツ専理
祀事監禮與儀監饌通贊贊引祝ヲヨビ其
餘ノ諸執事各東西ノ塾ヲ出テ戟門ノ
東角門ヨリ入リ東階ノ下ニテ左右ニワカレ東
西丹墀ノ両傍ニ圖ノ如クニ序立ス序立シテ

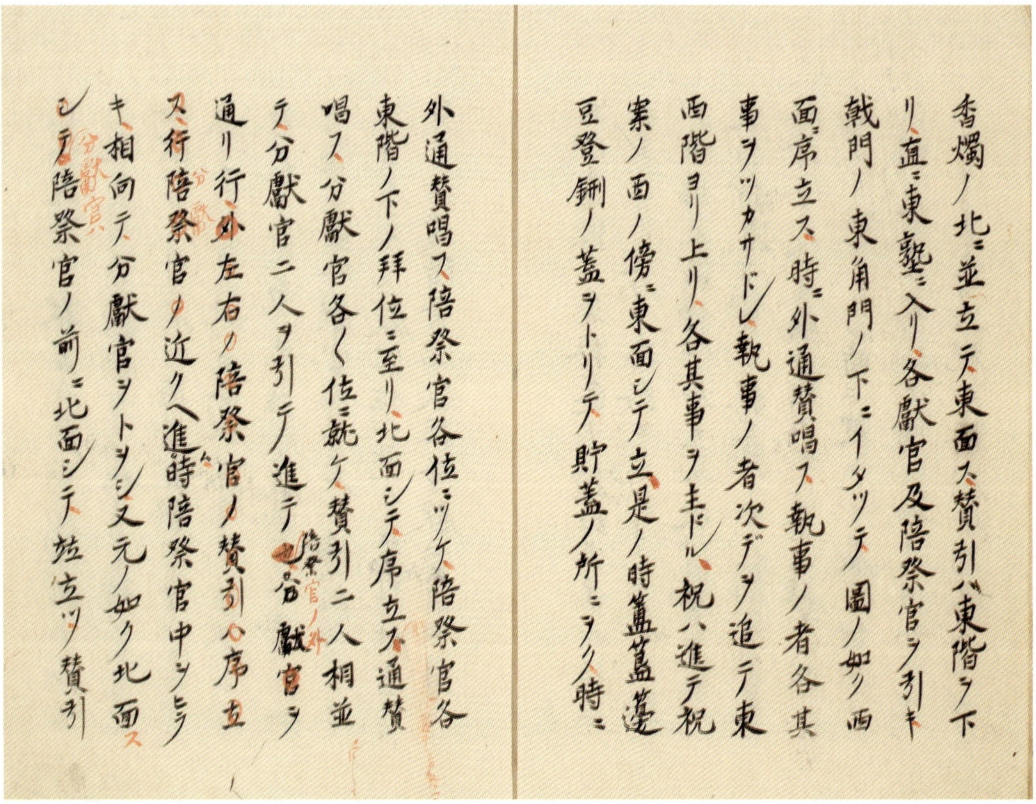
香燭ノ北ニ並立テ東面ス贊引ハ東階ヲ下
リ直ニ東塾ニ入リ各獻官及陪祭官ヲ引キ
戟門ノ東角門ノ下ニイタツテ圖ノ如ク西
面ニ序立ス時ニ外通贊唱ス執事ノ者各其
事ヲツカサドレ執事ノ者次デヲ追テ東
西階ヨリ上リ各其事ヲ主ドル祝ハ進テ祝
案ノ西ノ傍ニ東面シテ立是ノ時簠簋簠籩
豆登鉶ノ蓋ヲトリテ貯盞ノ所ニヲク時ニ
外通贊唱ス陪祭官各位ニツケ陪祭官各
東階ノ下ノ拜位ニ至リ北面シテ序立ス通贊
唱ス分獻官各く位ニ就ケ贊引二人相並
テ分獻官二人ヲ引テ進テ陪祭官ノ外分獻官ヲ
通リ行外左右ノ陪祭官ノ贊引ハ序立
ス衍陪祭官ノ近クヘ進時陪祭官中ヨリヒラ
キ相向テ分獻官ヲトヲシ又元ノ如ク北面ス
シテ陪祭官ノ前ニ北面シテ並立ツ贊引

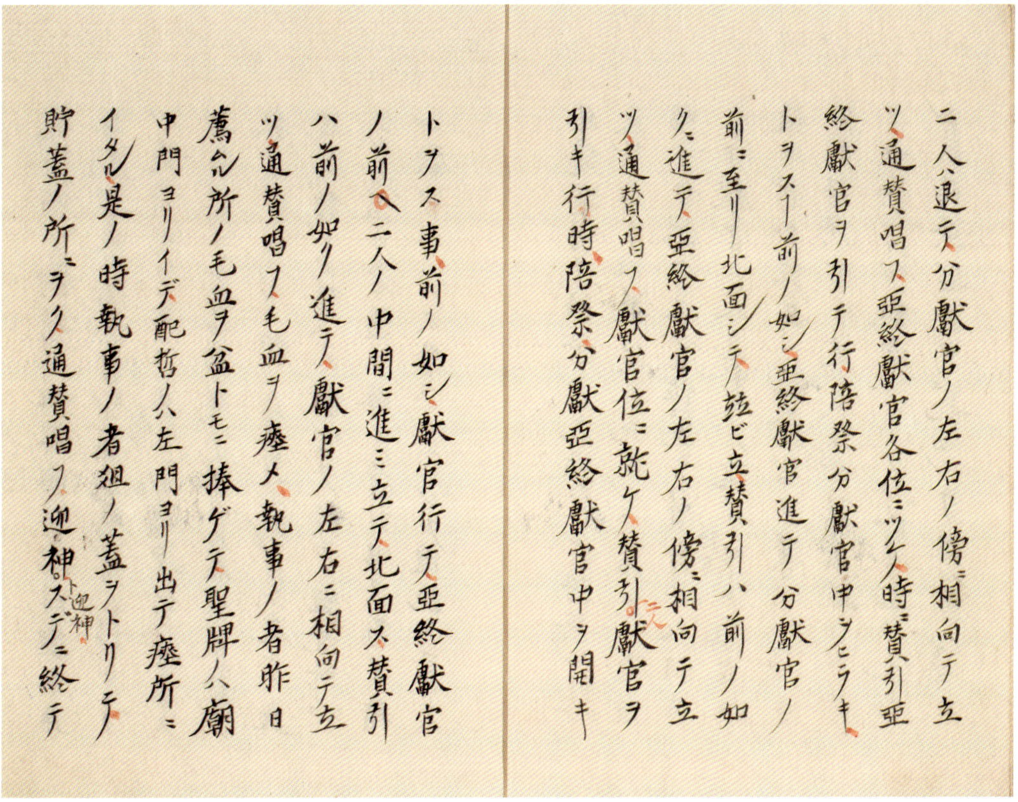

二人ハ退テ分獻官ノ左右ノ傍ニ相向テ立
ツ通贊唱ス亞終獻官各位ニツク時ニ贊引亞
終獻官ヲ引テ行陪祭分獻官中ヲヒラキ
トヲス一前ノ如シ亞終獻官進テ分獻官ノ
前ニ至リ北面シテ並ビ立贊引ハ前ノ如
クニ進テ亞終獻官ノ左右ノ傍ニ相向テ立
ツ通贊唱ス獻官位ニ就ケ贊引獻官ヲ
引キ行時陪祭分獻亞終獻官中ヲ開キ
トヲス事前ノ如シ獻官行テ亞終獻官
ノ前ヘ二人ノ中間ニ進ミ立テ北面ス贊引
ハ前ノ如ク進テ獻官ノ左右ニ相向テ立
ツ通贊唱ス毛血ヲ瘞メ執事ノ者昨日
薦ムル所ノ毛血ヲ盆トモニ捧ゲテ聖牌ハ廟
中門ヨリイデ配哲ハ左門ヨリ出テ瘞所ニ
イタル是ノ時執事ノ者俎ノ蓋ヲトリテ
貯蓋ノ所ニヲク通贊唱ス迎神スデニ終テ

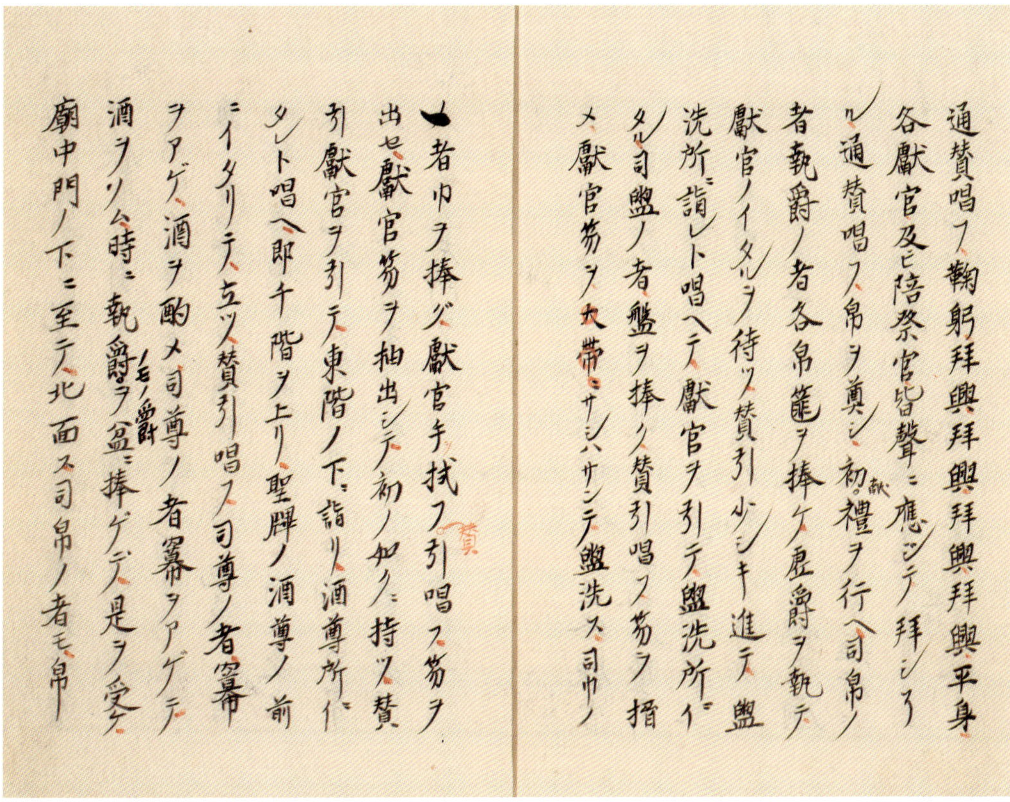

通贊唱ス鞠躬拜興拜興拜興拜興平身
各獻官及ビ陪祭官皆聲ニ應ジテ拜シヲ
ル通贊唱ス帛ヲ奠シ初獻禮ヲ行ヘ司帛ノ
者執爵ノ者各帛篚ヲ捧ケ虚爵ヲ執テ
獻官ノイタルヲ待ツ贊引少シキ進テ盥
洗所ニ詣レト唱ヘテ獻官ヲ引テ盥洗所ニイ
タル司盥ノ者盤ヲ捧ク贊引唱ス笏ヲ搢
メ獻官笏ヲ大帶ニサシハサンテ盥洗ス司巾ノ
者巾ヲ捧グ獻官手ヲ拭フ贊引唱ス笏ヲ
出セ獻官笏ヲ抽出シテ初ノ如クニ持ツ贊
引獻官ヲ引テ東階ノ下ニ詣リ酒尊所ニイ
タレト唱ヘ即チ階ヲ上リ聖牌ノ酒尊ノ前
ニイタリテ立ツ贊引唱ス司尊ノ者羃
ヲアゲ酒ヲ酌メ司尊ノ者羃ヲアゲテ
酒ヲツム時ニ執爵ノ者爵ヲ盆ニ捧ゲテ是ヲ受ケ
廟中門ノ下ニ至テ北面ス司帛ノ者モ帛

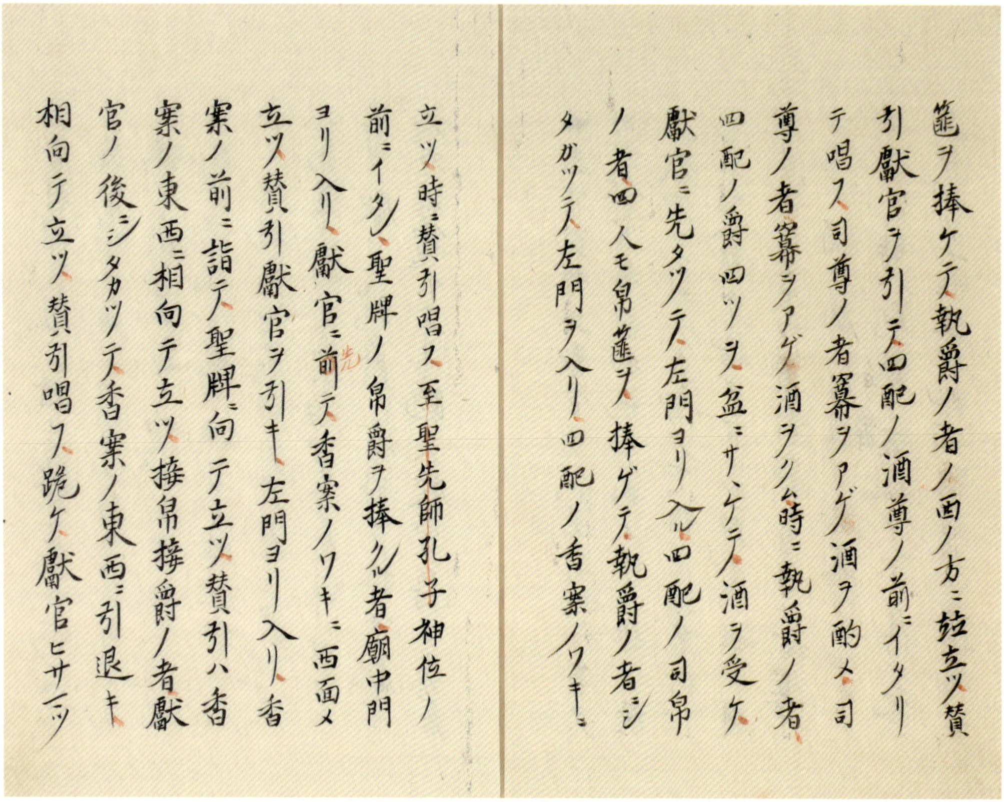
篚ヲ捧ケテ執爵ノ者ノ西ノ方ニ竝立ツ賛
引獻官ヲ引テ四配ノ酒尊ノ前ニイタリ
テ唱ス司尊ノ者冪ヲアゲ酒ヲ酌ム司
尊ノ者冪ヲアゲ酒ヲクム時ニ執爵ノ者
四配ノ爵四ツヲ盃ニサヽケテ酒ヲ受ケ
獻官ニ先タツテ左門ヨリ入ル四配ノ司帛
ノ者四人モ帛篚ヲ捧ゲテ執爵ノ者ニシ
タガツテ左門ヲ入リ四配ノ香案ノワキニ
立ツ時ニ賛引唱ス至聖先師孔子神位ノ
前ニイタル聖牌ノ帛爵ヲ捧クル者廟中門
ヨリ入リ獻官ニ前テ香案ノワキニ西面ス
立ツ賛引獻官ヲ引キ左門ヨリ入リ香
案ノ前ニ詣テ聖牌ニ向テ立ツ賛引ハ香
案ノ東西ニ相向テ立ツ捧帛捧爵ノ者獻
官ノ後ニシタカツテ香案ノ東西ニ引退キ
相向テ立ツ賛引唱ス跪ケ獻官ヒザヲツ

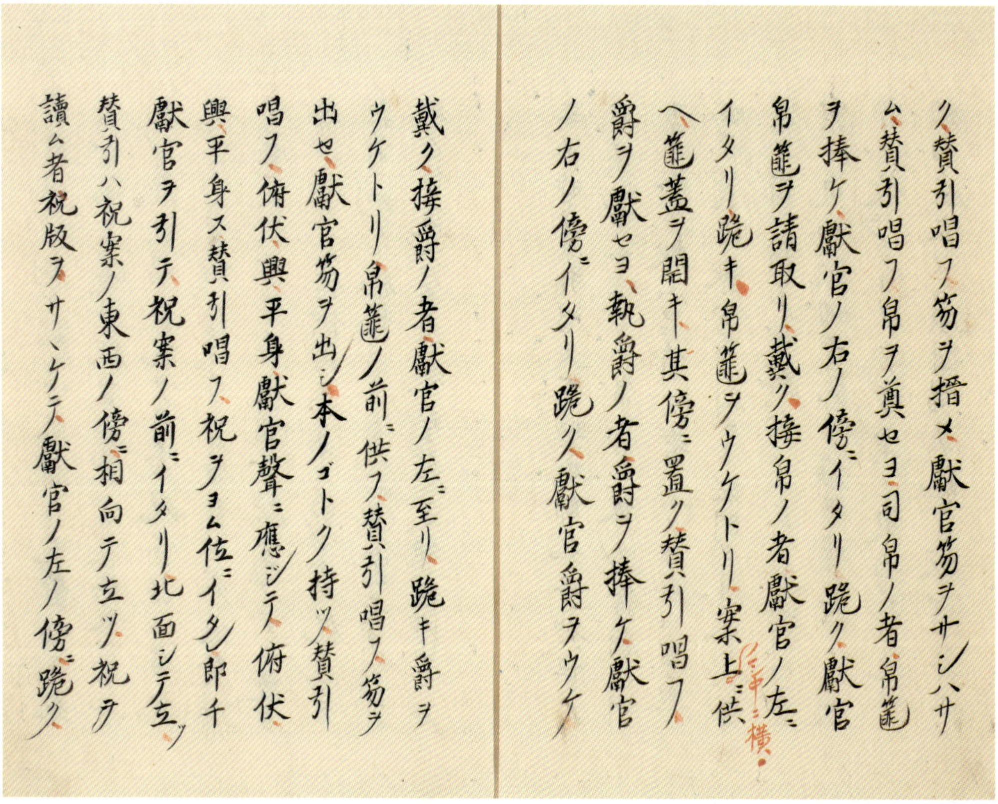
ク賛引唱ス笏ヲ搢メ獻官笏ヲサシハサ
ム賛引唱ス帛ヲ奠セヨ司帛ノ者帛篚
ヲ捧ケ獻官ノ右ノ傍ニイタリ跪ク獻官
帛篚ヲ請取リ戴ク捧帛ノ者獻官ノ左ニ
イタリ跪キ帛篚ヲウケトリ案上ニ供
ヘ篚蓋ヲ闔キ其傍ニ置ク賛引唱ス
爵ヲ獻セヨ執爵ノ者爵ヲ捧ケ獻官
ノ右ノ傍ニイタリ跪ク獻官爵ヲウケ
戴ク捧爵ノ者獻官ノ左ニ至リ跪キ爵ヲ
ウケトリ帛篚ノ前ニ供ス賛引唱ス笏ヲ
出セ獻官笏ヲ出シ本ノゴトク持ツ賛引
唱ス俯伏興平身獻官聲ニ應シテ俯伏
興平身ス賛引唱ス祝ヲヨム位ニイタル即チ
獻官ヲ引テ祝案ノ前ニイタリ北面シテ立ツ
賛引ハ祝案ノ東西ノ傍ニ相向テ立ツ祝ヲ
讀ム者祝版ヲサヽケテ獻官ノ左ノ傍ニ跪ク

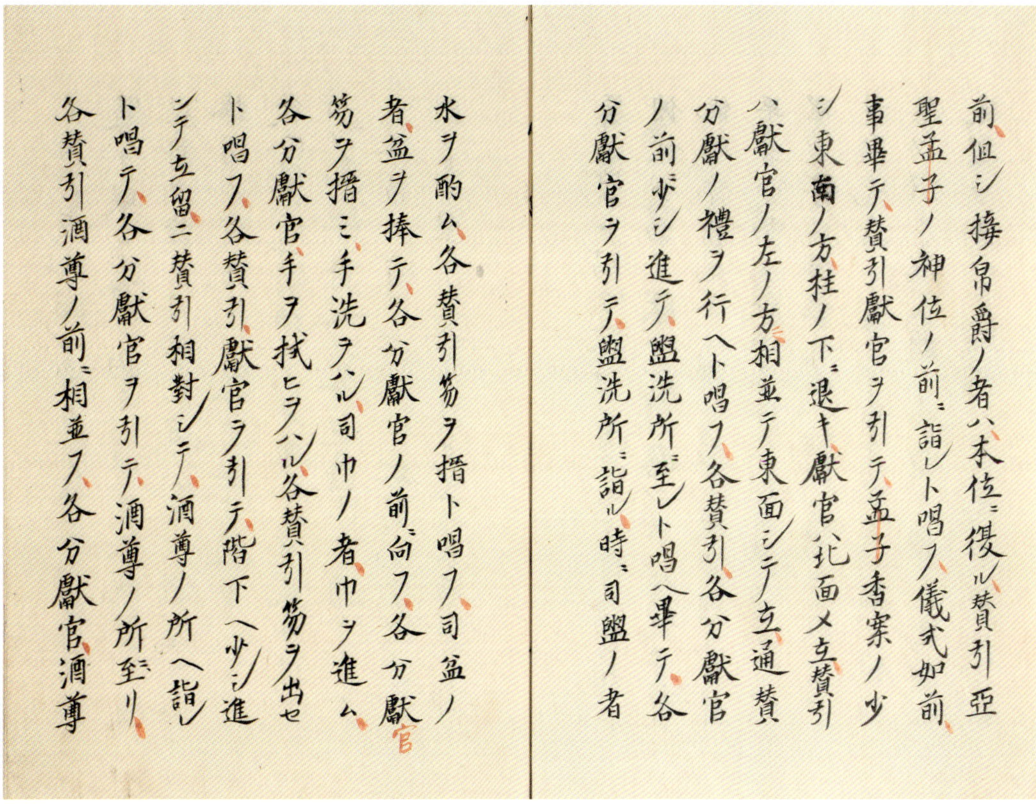

前但シ揖帛爵ノ者ハ本位ニ復ル贊引亞
聖孟子ノ神位ノ前ニ詣レト唱ヘ儀式如前
事畢テ贊引獻官ヲ引テ孟子香案ノ少
シ東南ノ方柱ノ下ニ退キ獻官ハ北面メ立贊引
ハ獻官ノ左ノ方相並テ東面シテ立通贊
分獻ノ禮ヲ行ヘト唱ヘ各贊引各分獻官
ノ前ニ少シ進テ盥洗所ニ至レト唱ヘ畢テ各
分獻官ヲ引テ盥洗所ニ詣ル時ニ司盥ノ者
水ヲ酌ム各贊引笏ヲ搢ト唱ヘ司盥ノ
者盥ヲ捧テ各分獻官ノ前ニ向ヘ各分獻官
笏ヲ搢ミ手洗ヲハル司巾ノ者巾ヲ進ム
各分獻官手ヲ拭ヒヲハル各贊引笏ヲ出セ
ト唱ヘ各贊引獻官ヲ引テ階下ヘ少シ進
シテ立留ニ贊引相對シテ酒尊ノ所ヘ詣レ
ト唱テ各分獻官ヲ引テ酒尊ノ所ニ至リ
各贊引酒尊ノ前ニ相並ヘ各分獻官酒尊

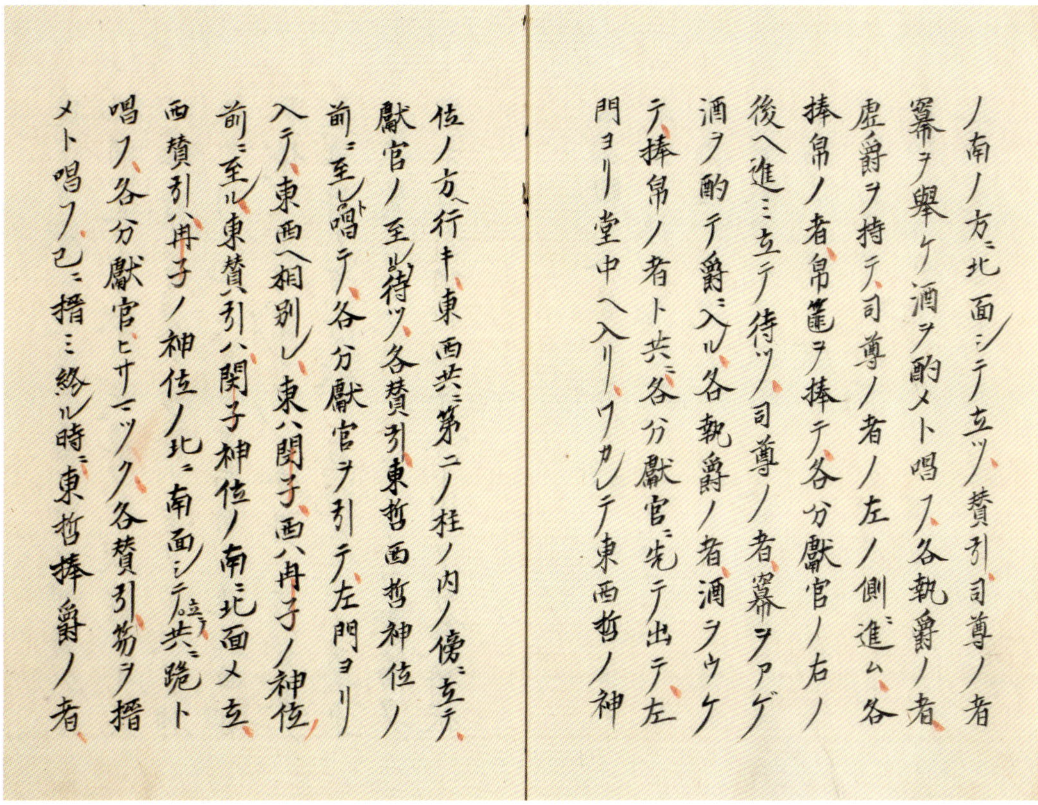

ノ南ノ方ニ北面シテ立ツ贊引司尊ノ者
冪ヲ擧ケ酒ヲ酌メト唱ヘ各執爵ノ者
虛爵ヲ持テ司尊ノ者ノ左ノ側ニ進ム各
捧帛ノ者帛篚ヲ捧テ各分獻官ノ右ノ
後ヘ進ミ立テ待ツ司尊ノ者冪ヲアゲ
酒ヲ酌テ爵ニ入ル各執爵ノ者酒ヲウケ
テ捧帛ノ者ト共ニ各分獻官ニ先テ出テ左
門ヨリ堂中ヘ入リワカレテ東西哲ノ神
位ノ方ヘ行キ東西共ニ第二ノ柱ノ内ノ傍ニ立テ
獻官ノ至ルヲ待ツ各贊引東哲西哲神位ノ
前ニ至レト唱テ各分獻官ヲ引テ左門ヨリ
入テ東西ヘ相別レ東ハ閔子西ハ冉子ノ神位
前ニ至ル東贊引ハ閔子神位ノ南ニ北面メ立
西贊引ハ冉子ノ神位ノ北ニ南面シテ立共ニ跪ト
唱ヘ各分獻官ヒサマツク各贊引笏ヲ搢
メト唱ヘ已ニ搢ミ終ル時ニ東哲捧爵ノ者

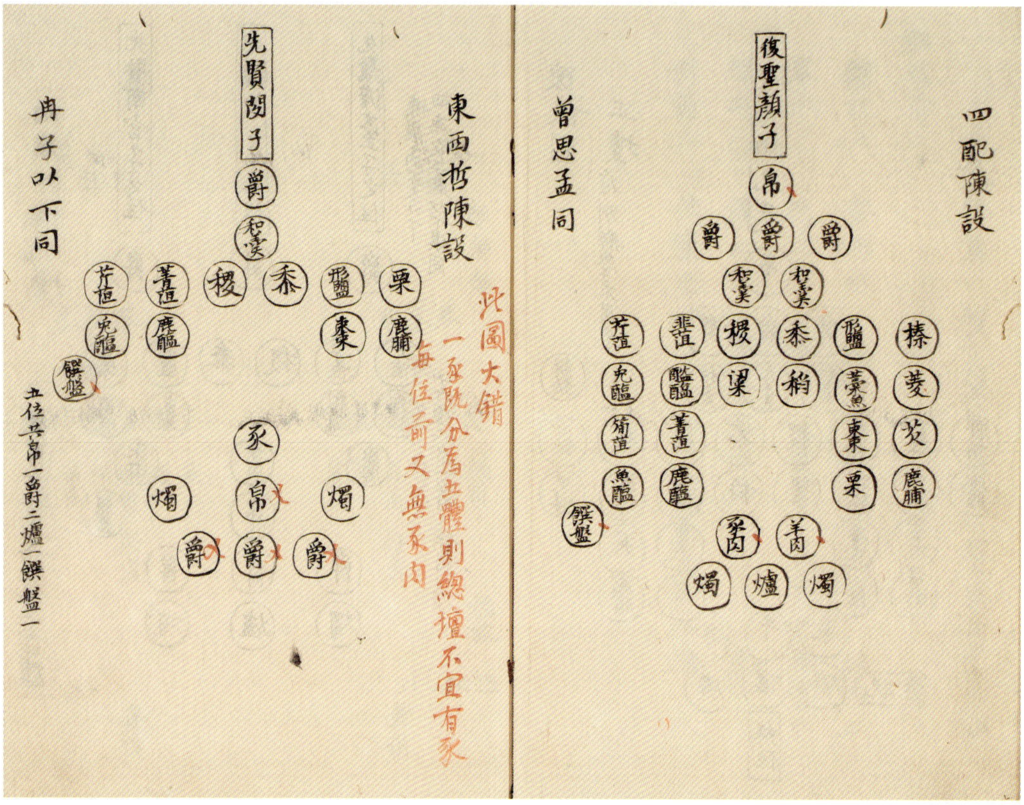
四配陳設
復聖顏子
曾思孟同
東西哲陳設
先賢閔子
冉子以下同
五位共帛一爵二爐一饌盤一
此圖大錯
一豕既分居五體則總壇不宜有豕
每位前又無豕肉

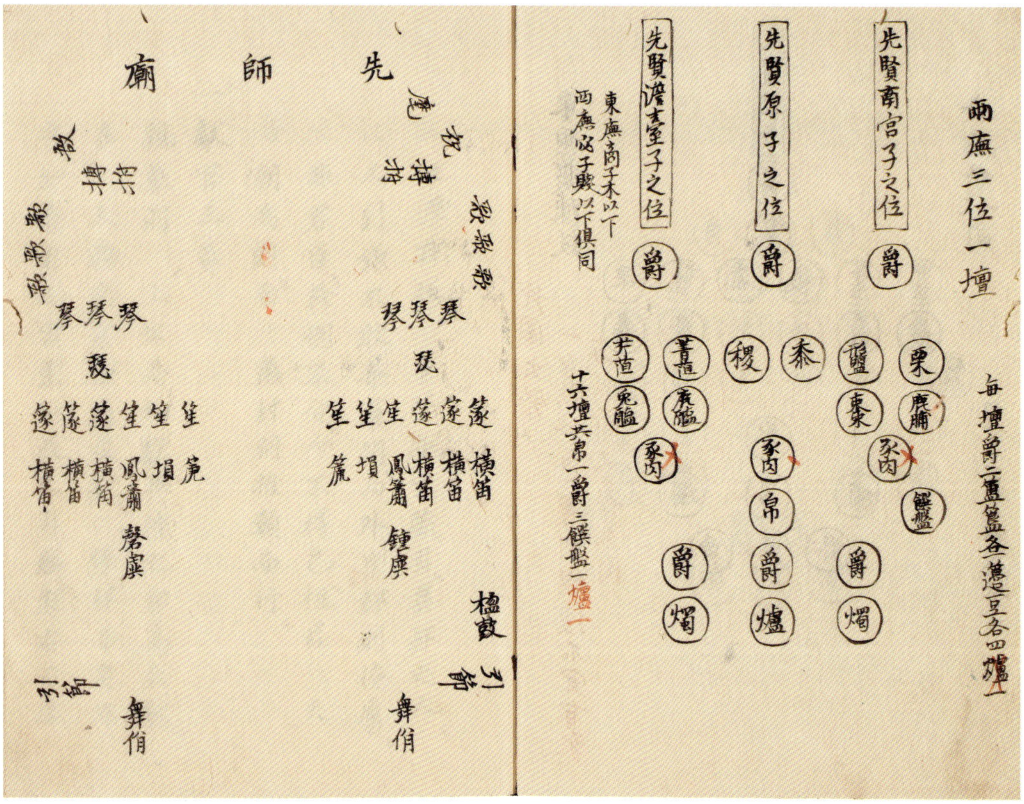
兩廡三位一壇
先賢南宮子之位
先賢原子之位
先賢澹臺子之位
東廡商子木以下
西廡以子賤以下俱同
十六壇共帛一爵三饌盤一爐一
先
師
廟

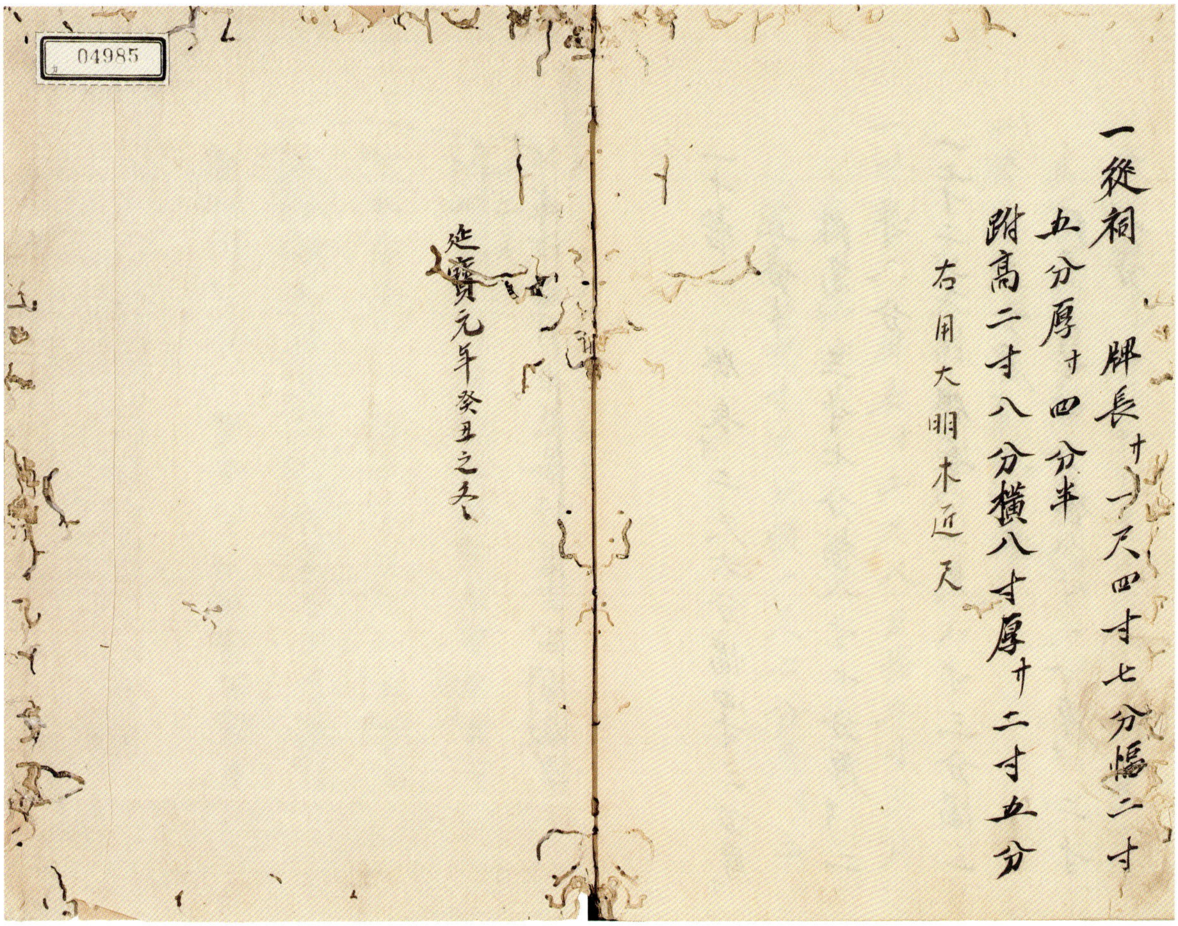
04985
一從祠
牌長十一尺四寸七分幅二寸
五分厚十四分半
跗高二寸八分横八寸厚十二寸五分
右用大明木近天
延寶元年癸丑之冬

（二）《釋奠儀註》（朱舜水指授）

29.2×19.5×0.3cm　一册　文库4986

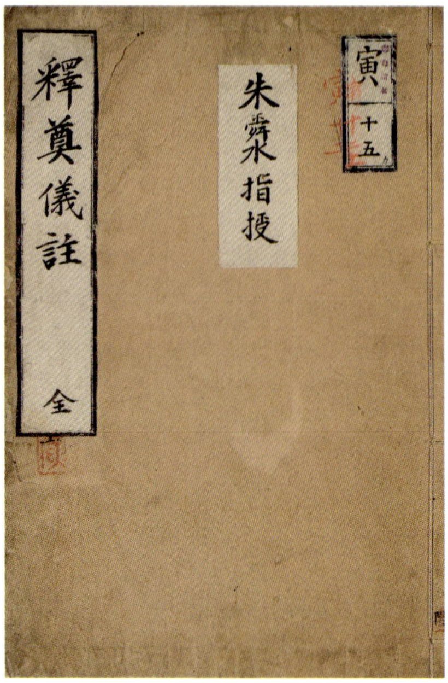

本書如同《釋奠習禮儀》（朱舜水指授），書名外再貼上“朱舜水指授”字樣。而內容則與《釋奠習禮儀》（朱舜水指授）的《儀注》部分幾乎相同，其中亦有朱舜水所寫的文章與釋奠次第。特別之處在於，書後附史館諸生請教朱舜水的問題（十六題）與“別問（十題）”。其中“別問”中的問題非常微小，卻富有時代特徵。如：“脫履於何處乎”，反應了實際執行時面臨的疑問，以及中日習慣不同而產生的問題。根據上述觀點，此資料亦是研究江戶時期釋奠制度史的重要資料。

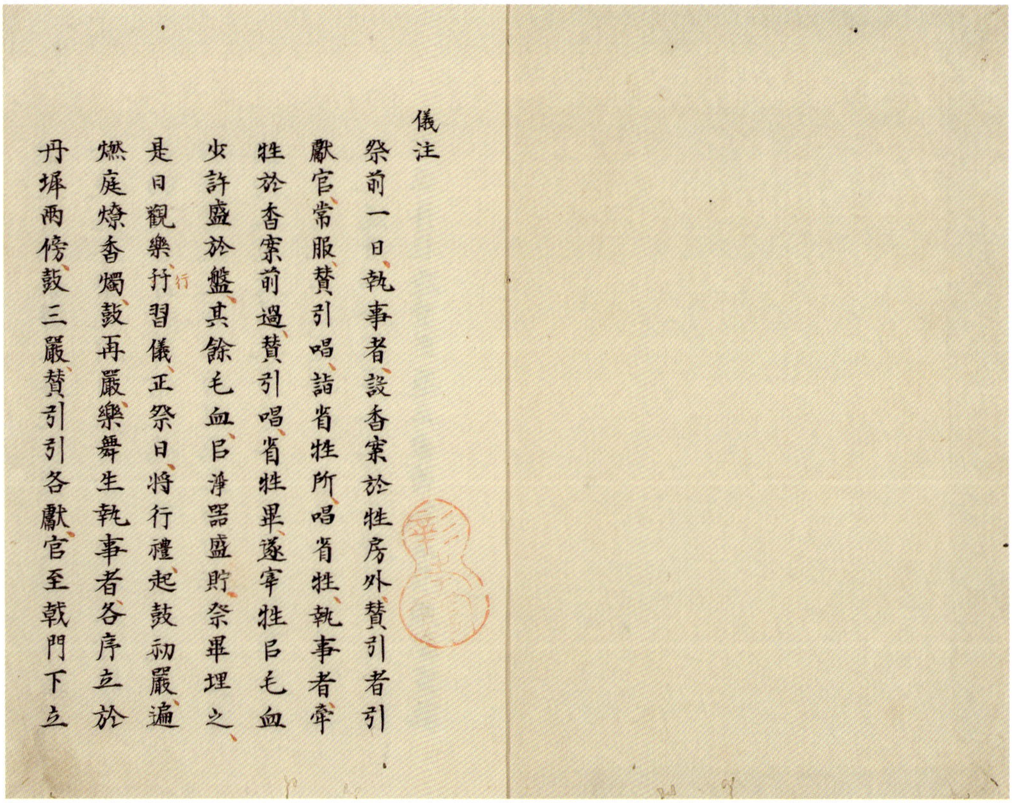
儀注
祭前一日執事者設香案於牲房外贊引者引
獻官常服贊引唱詣省牲所唱省牲執事者牽
牲於香案前過贊引唱省牲畢遂宰牲以毛血
少許盛於盤其餘毛血以淨器盛貯祭畢埋之
是日觀樂行習儀正祭日將行禮起鼓初嚴遍
燃庭燎香燭鼓再嚴樂舞生執事者各序立於
丹墀兩傍鼓三嚴贊引引各獻官至戟門下立

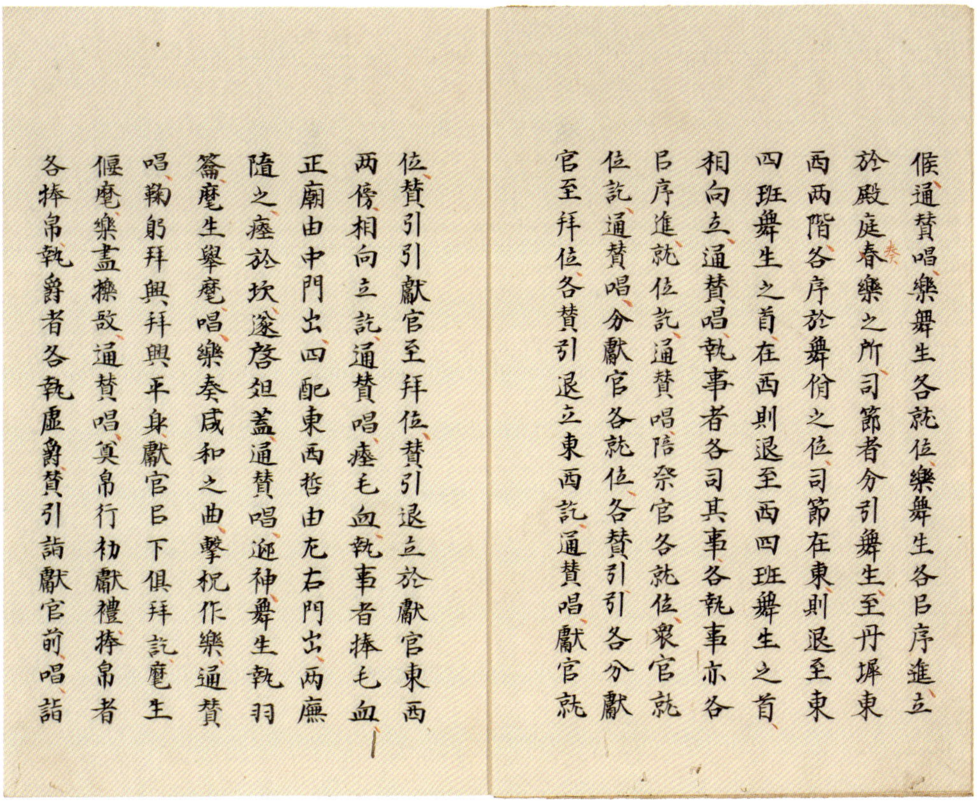
候通贊唱樂舞生各就位樂舞生各已序進立
於殿庭春樂之所司節者分引舞生至丹墀東
西兩階各序於舞佾之位司節在東則退至東
四班舞生之首在西則退至西四班舞生之首
相向立通贊唱執事者各司其事各執事亦各
已序進就位訖通贊唱陪祭官各就位衆官就
位訖通贊唱分獻官各就位各贊引引各分獻
官至拜位各贊引退立東西訖通贊唱獻官就
位贊引引獻官至拜位贊引退立於獻官東西
兩傍相向立訖通贊唱瘞毛血執事者捧毛血
正廟由中門出四配東西哲由左右門出兩廡
隨之瘞於坎遂啓俎蓋通贊唱迎神舞生執羽
籥麾生舉麾唱樂奏咸和之曲擊柷作樂通贊
唱鞠躬拜興拜興平身獻官已下俱拜訖麾生
偃麾樂盡櫟敔通贊唱奠帛行初獻禮捧帛者
各捧帛執爵者各執虛爵贊引詣獻官前唱詣

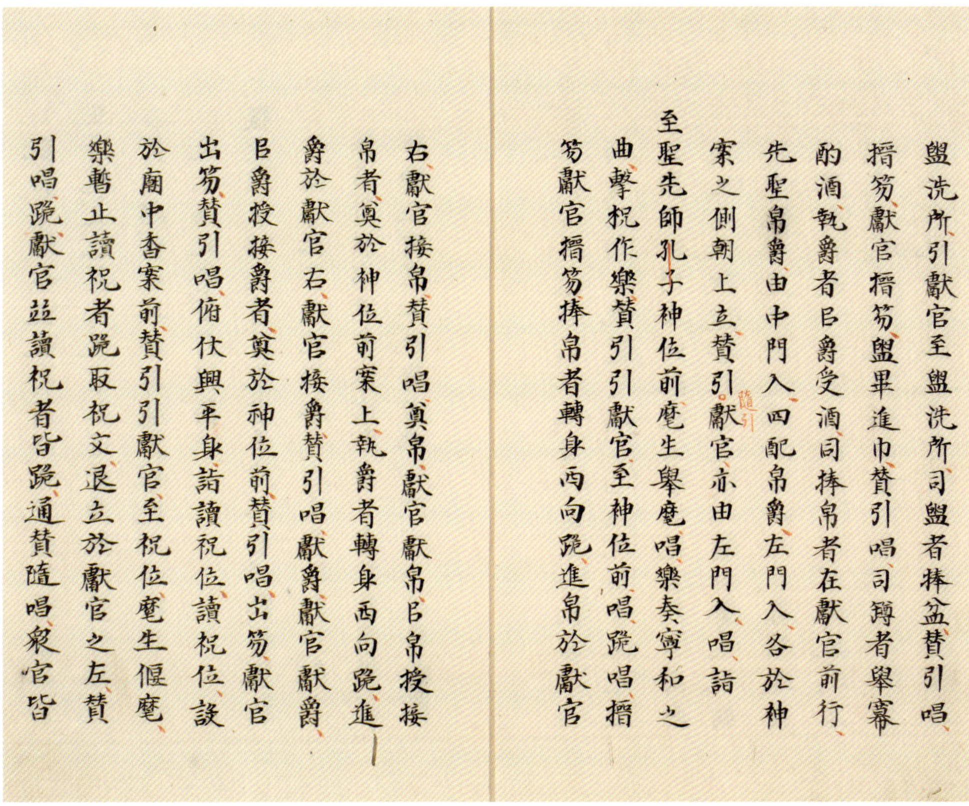
盥洗所引獻官至盥洗所司盥者捧盆贊引唱
搢笏獻官搢笏盥畢進巾贊引唱司罇者舉冪
酌酒執爵者已爵受酒司捧帛者在獻官前行
先聖帛爵由中門入四配帛爵左門入各於神
案之側朝上立贊引隨引獻官亦由左門入唱詣
至聖先師孔子神位前麾生舉麾唱樂奏寧和之
曲擊柷作樂贊引引獻官至神位前唱跪唱搢
笏獻官搢笏捧帛者轉身西向跪進帛於獻官
右獻官接帛贊引唱奠帛獻官獻帛已帛授接
帛者奠於神位前案上執爵者轉身西向跪進
爵於獻官右獻官接爵贊引唱獻爵獻官獻爵
已爵授接爵者奠於神位前贊引唱出笏獻官
出笏贊引唱俯伏興平身詣讀祝位讀祝位設
於廟中香案前贊引引獻官至祝位麾生偃麾
樂暫止讀祝者跪取祝文退立於獻官之左贊
引唱跪獻官並讀祝者皆跪通贊隨唱衆官皆

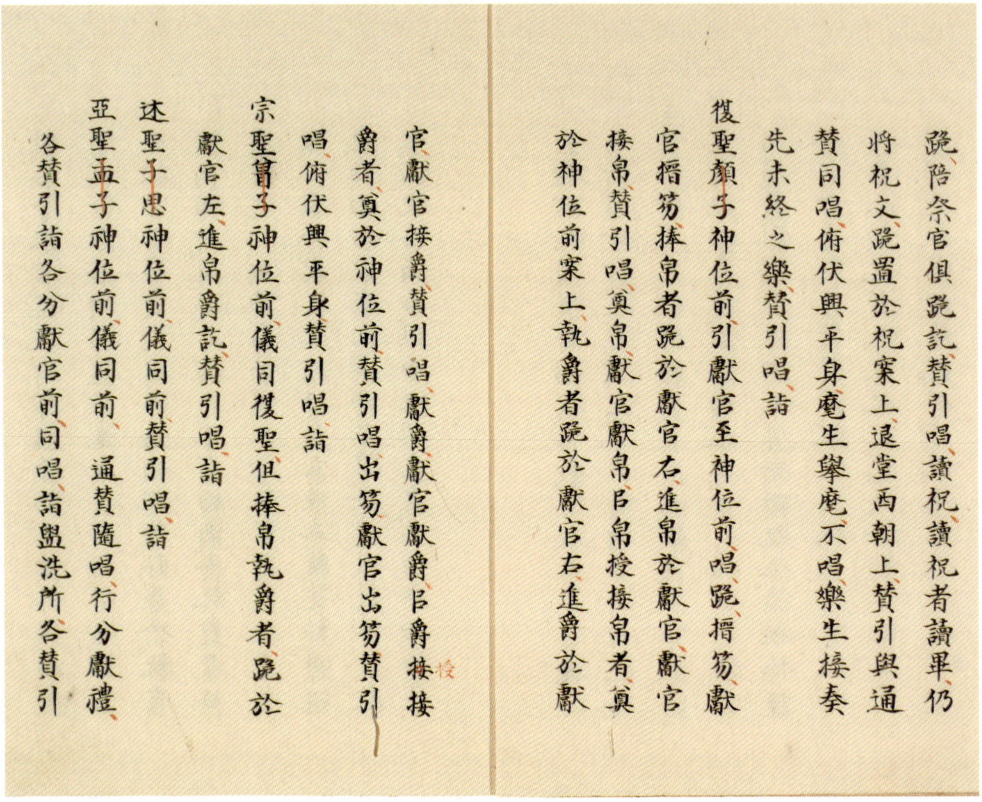

跪陪祭官俱跪訖贊引唱讀祝讀祝者讀畢仍
將祝文跪置於祝案上退堂西朝上贊引與通
贊同唱俯伏興平身麾生舉麾不唱樂生接奏
先未終之樂贊引唱詣
復聖顏子神位前引獻官至神位前唱跪搢笏獻
官搢笏捧帛者跪於獻官右進帛於獻官獻官
接帛贊引唱奠帛獻官獻帛已帛授接帛者奠
於神位前案上執爵者跪於獻官右進爵於獻
官獻官接爵贊引唱獻爵獻官獻爵已爵授接
爵者奠於神位前贊引唱出笏獻官出笏贊引
唱俯伏興平身贊引唱詣
宗聖曾子神位前儀同復聖但捧帛執爵者跪於
獻官左進帛爵訖贊引唱詣
述聖子思神位前儀同前贊引唱詣
亞聖孟子神位前儀同前　通贊隨唱行分獻禮
各贊引詣各分獻官前同唱詣盥洗所各贊引

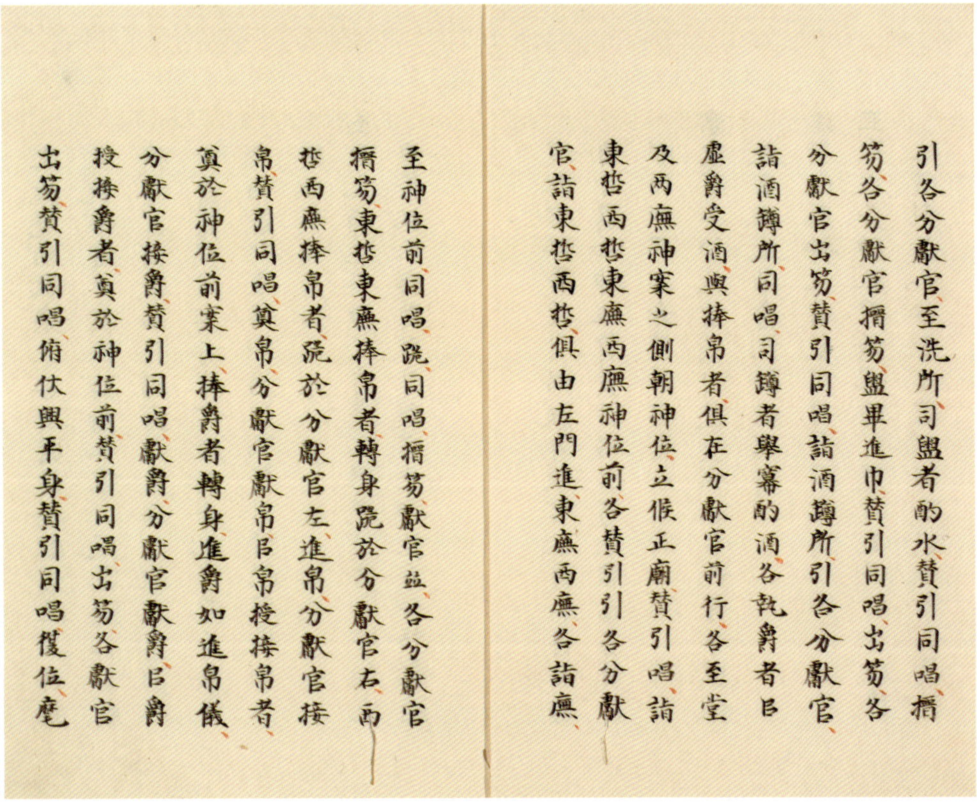

引各分獻官至洗所司盥者酌水贊引同唱搢
笏各分獻官搢笏盥畢進巾贊引同唱出笏各
分獻官出笏贊引同唱詣酒罇所引各分獻官
詣酒罇所同唱司罇者舉冪酌酒各執爵者已
虛爵受酒與捧帛者俱在分獻官前行各至堂
及兩廡神案之側朝神位立候正廟贊引唱詣
東哲西哲東廡西廡神位前各贊引引各分獻
官詣東哲西哲俱由左門進東廡西廡各詣廡
至神位前同唱跪同唱搢笏獻官並各分獻官
搢笏東哲東廡捧帛者轉身跪於分獻官右西
哲西廡捧帛者跪於分獻官左進帛分獻官接
帛贊引同唱奠帛分獻官獻帛已帛授接帛者
奠於神位前案上捧爵者轉身進爵如進帛儀
分獻官接爵贊引同唱獻爵分獻官獻爵已爵
授接爵者奠於神位前贊引同唱出笏各獻官
出笏贊引同唱俯伏興平身贊引同唱復位麾

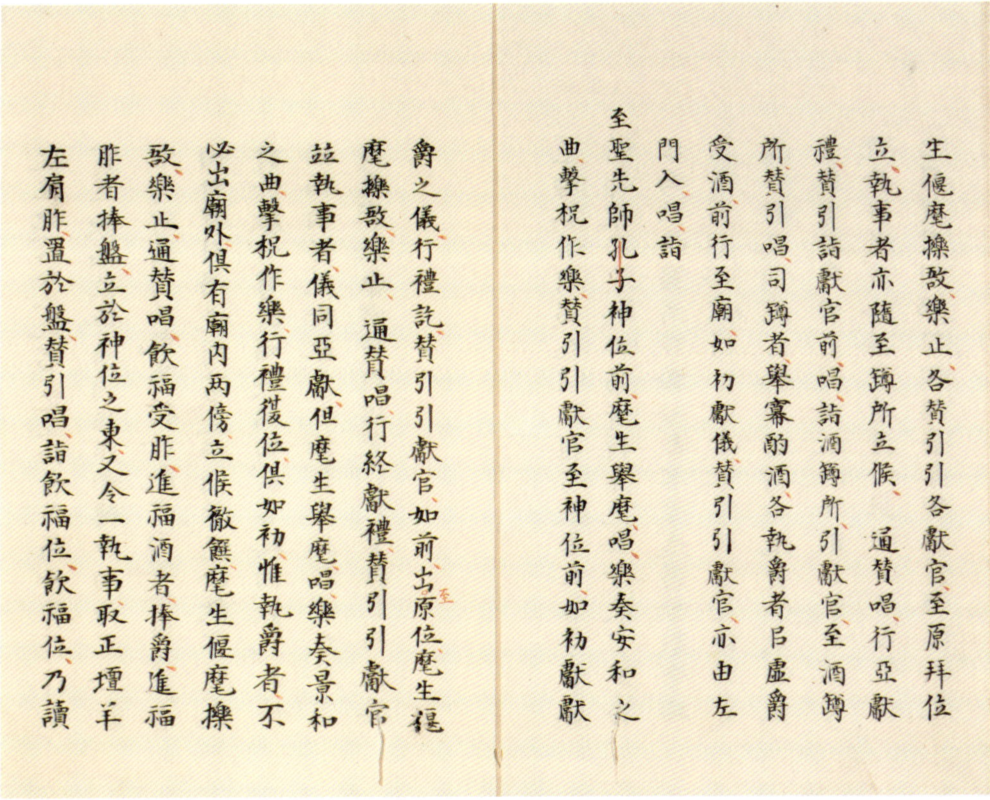
生偃麾擽敔樂止各贊引引各獻官至原拜位
立執事者亦隨至罇所立候　通贊唱行亞獻
禮贊引詣獻官前唱詣酒罇所引獻官至酒罇
所贊引唱司罇者舉冪酌酒各執爵者呂虛爵
受酒前行至廟如　初獻儀贊引引獻官亦由左
門入唱詣
至聖先師孔子神位前麾生舉麾唱樂奏安和之
曲擊柷作樂贊引引獻官至神位前如初獻獻
爵之儀行禮訖贊引引獻官如前出原位麾生偃
麾擽敔樂止　通贊唱行終獻禮贊引引獻官
並執事者儀同亞獻但麾生舉麾唱樂奏景和
之曲擊柷作樂行禮復位俱如初惟執爵者不
必出廟外俱有廟內兩傍立候徹饌麾生偃麾擽
敔樂止通贊唱飲福受胙進福酒者捧爵進福
胙者捧盤立於神位之東又令一執事取正壇羊
左肩胙置於盤贊引唱詣飲福位飲福位乃讀

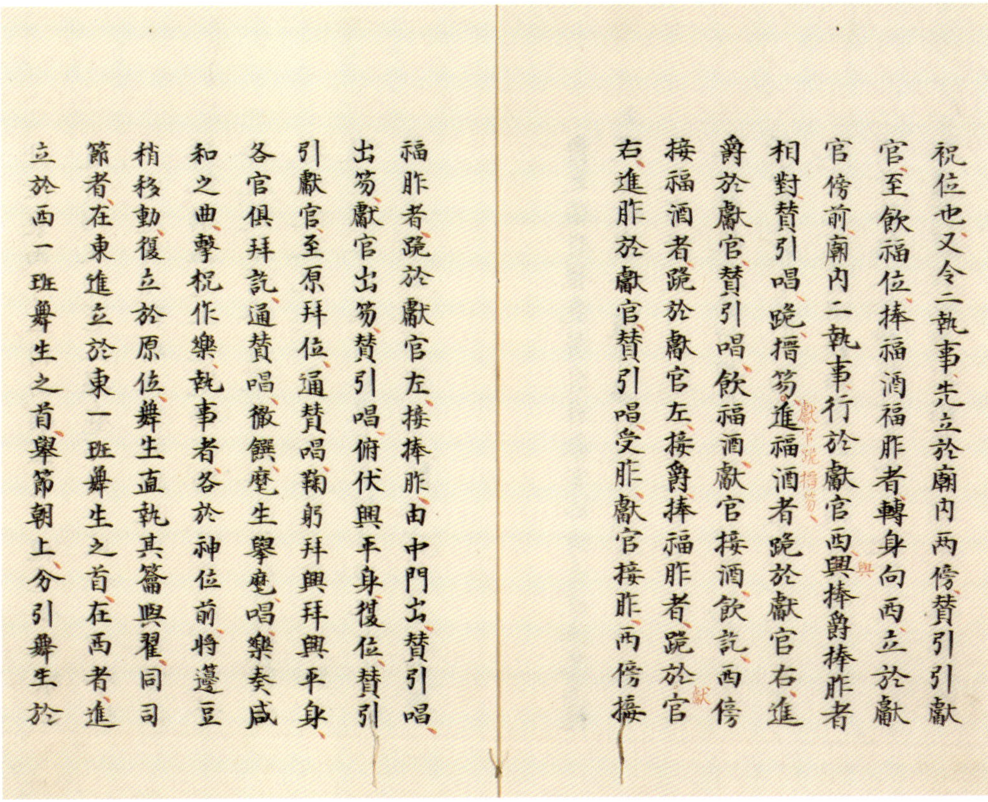
祝位也又令二執事先立於廟內兩傍贊引引獻
官至飲福位捧福酒福胙者轉身向西立於獻
官傍前廟內二執事行於獻官西興捧爵捧胙者
相對贊引唱跪搢笏進福酒者跪於獻官右進
爵於獻官贊引唱飲福酒獻官接酒飲訖西傍
接福酒者跪於獻官左接爵捧福胙者跪於官
右進胙於獻官贊引唱受胙獻官接胙西傍接
福胙者跪於獻官左接捧胙由中門出贊引唱
出笏獻官出笏贊引唱俯伏興平身復位贊引
引獻官至原拜位通贊唱鞠躬拜興拜興平身
各官俱拜訖通贊唱徹饌麾生舉麾唱樂奏咸
和之曲擊柷作樂執事者各於神位前將籩豆
稍移動復立於原位舞生直執其籥與翟同司
節者在東進立於東一班舞生之首在西者進
立於西一班舞生之首舉節朝上分引舞生於

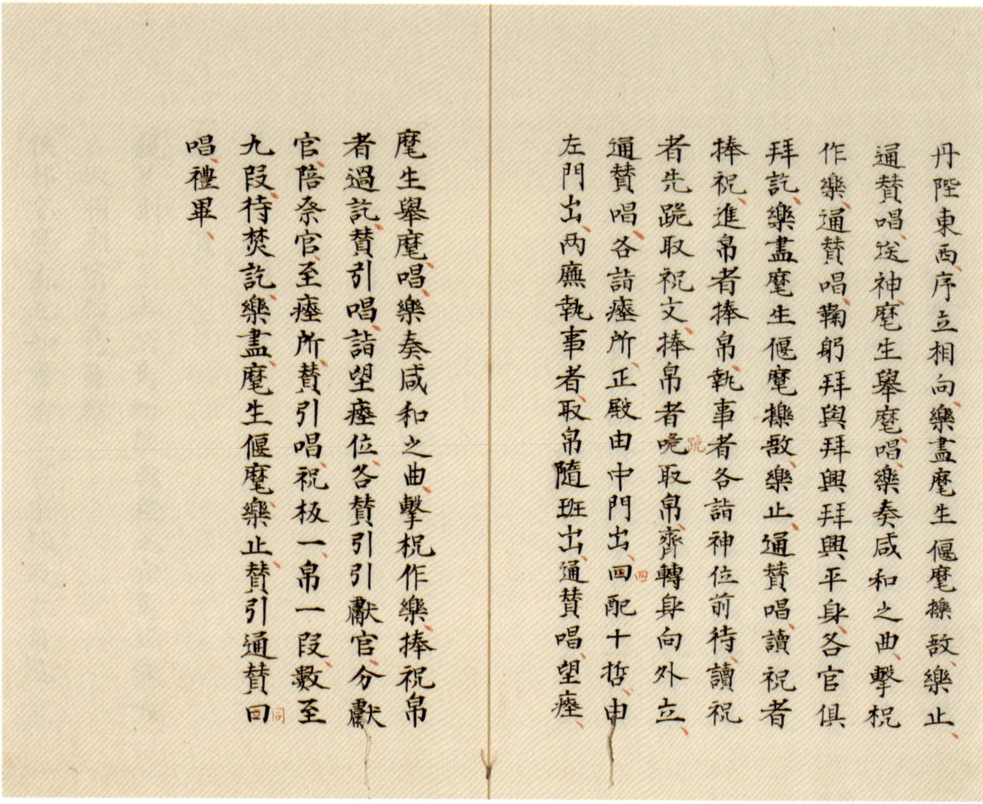
丹陛東西序立相向樂盡麾生偃麾櫟敔樂止
通贊唱迎神麾生舉麾唱樂奏咸和之曲擊柷
作樂通贊唱鞠躬拜興拜興平身各官俱
拜訖樂盡麾生偃麾櫟敔樂止通贊唱讀祝者
捧祝進帛者捧帛執事者各詣神位前待讀祝
者先跪取祝文捧帛者跪取帛齊轉身向外立
通贊唱各詣瘞所正殿由中門出四配十哲由
左門出兩廡執事者取帛隨班出通贊唱望瘞
麾生舉麾唱樂奏咸和之曲擊柷作樂捧祝帛
者過訖贊引唱詣望瘞位各贊引引獻官分獻
官陪祭官至瘞所贊引唱祝板一帛一段數至
九段待焚訖樂盡麾生偃麾樂止贊引通贊曰
唱禮畢

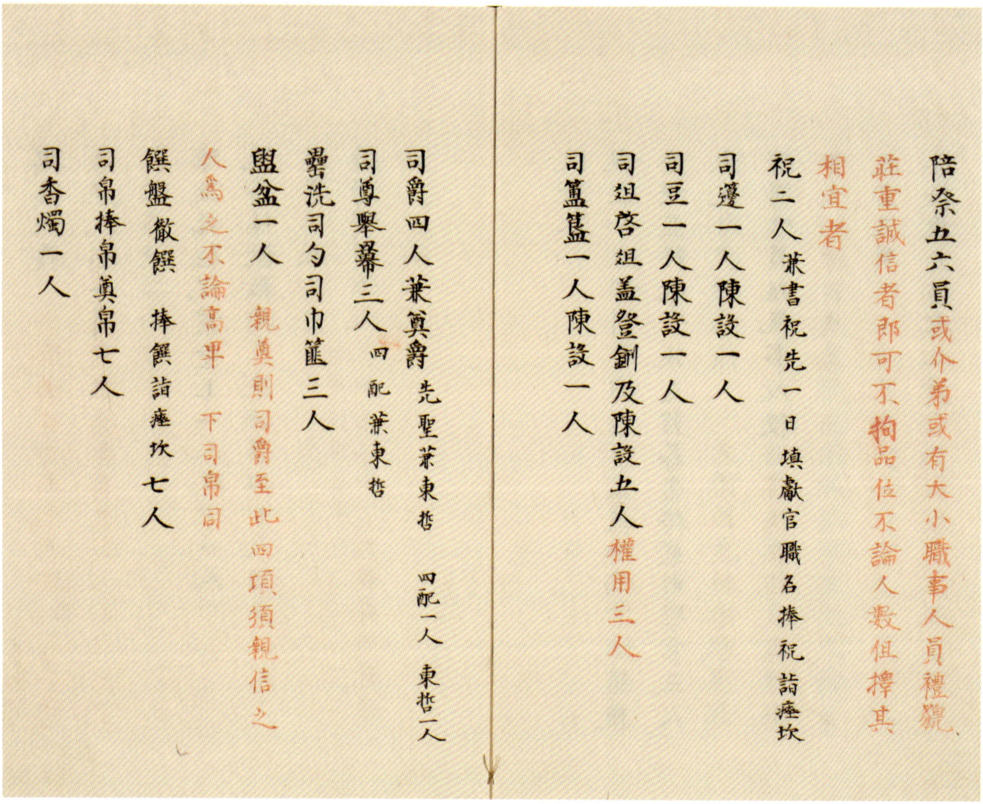
陪祭五六員或介弟或有大小職事人員禮貌
莊重誠信者郎可不拘品位不論人數但擇其
相宜者
祝二人　兼書祝先一日填獻官職名捧祝詣瘞坎
司籩一人陳設一人
司豆一人陳設一人
司俎啓俎蓋登鉶及陳設五人　權用三人
司簠簋一人陳設一人
司爵四人兼奠爵　先聖兼東哲　四配一人　東哲一人
司尊舉冪三人　四配兼東哲
盥洗司勺司巾篚三人
盥盆一人　親奠則司爵至此四項須親信之
人爲之不論高卑　下司帛同
饌盤徹饌　捧饌詣瘞坎七人
司帛捧帛奠帛七人
司香燭一人

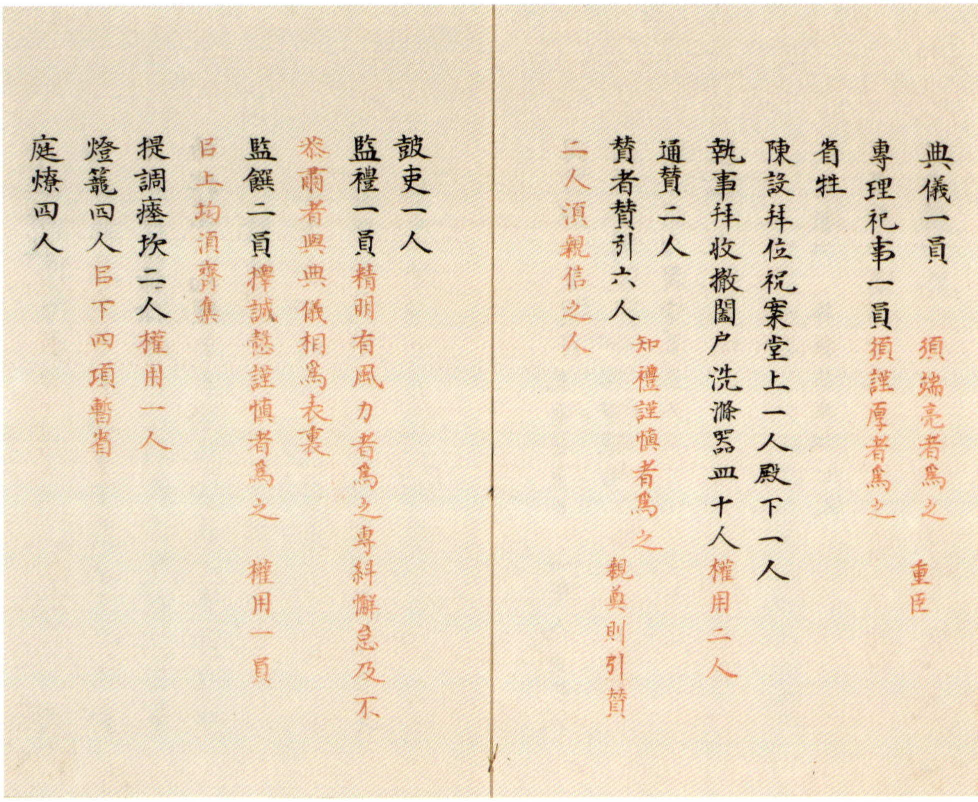

典儀一員 須端亮者爲之 重臣
專理祀事一員 須謹厚者爲之
省牲
陳設拜位祝案堂上一人殿下一人
執事拜收撤闔户洗滌器皿十人 權用二人
通贊二人
贊者贊引六人 知禮謹愼者爲之 親奠則引贊
二人須親信之人
鼓吏一人
監禮一員 精明有風力者爲之專糾懈怠及不
恭肅者與典儀相爲表裏
監饌二員 樸誠慤謹愼者爲之 權用一員
已上均須齊集
提調瘞坎二人 權用一人
燈籠四人 已下四項暫省
庭燎四人

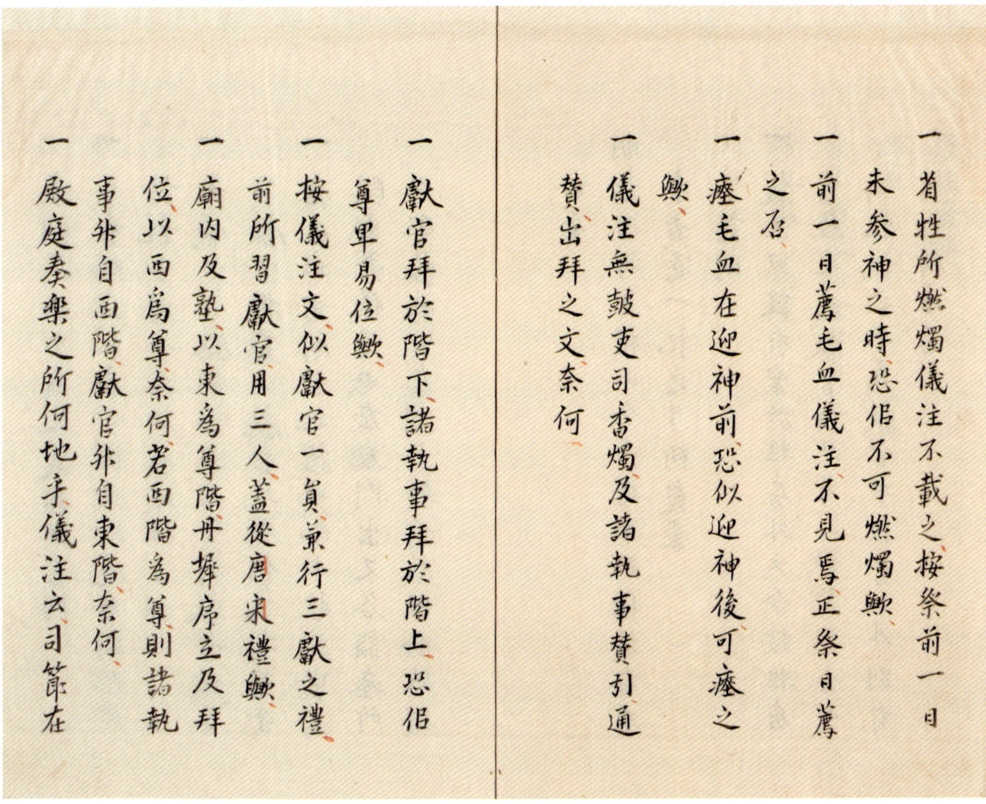

一 省牲所燃燭儀注不載之按祭前一日
未參神之時恐佀不可燃燭歟
一 前一日薦毛血儀注不見焉正祭日薦
之否
一 瘞毛血在迎神前恐似迎神後可瘞之
歟
一 儀注無鼓吏司香燭及諸執事贊引通
贊出拜之文柰何
一 獻官拜於階下諸執事拜於階上恐佀
尊卑易位歟
一 按儀注文似獻官一員兼行三獻之禮
前所習獻官用三人蓋從唐宋禮歟
一 廟内及塾以東爲尊階冊揖序立及拜
位以西爲尊柰何若西階爲尊則諸執
事升自西階獻官升自東階柰何
一 殿庭奏樂之所何地乎儀注云司節在

一徹饌移動籩豆其義奈何蓋擬徹去之
義乎
一考儀注亞獻禮畢贊引引獻官如前詣
原拜位云按如前謂初獻禮然則初獻
官亦獻訖不留廟内而復位歟
右十六件　仲冬下浣
附以別問一幅　史館諸生頓首再拜
舜水朱老先生

別問
一几拜位各設席歟
一階高幾尺露臺與捲篷與廟内地高下相
違幾尺
一脫履於何處乎

一祝文直書板面歟　[illegible]用白紙寫祝文貼板上[illegible]
一門塾等榜字常有之乎臨時揭之乎
一專理祀事典儀職名出何書乎監饌職何
故貴乎
一考儀注捧帛爵者先贊引而前行詣神棠
側朝上立前日禮捧帛爵者在贊引之後
而前疑以捲篷内隘陝之故歟
一儀注終獻官復位時執爵者不必出廟外
俱在廟内兩傍立候徹饌前日之禮執爵
者復本位奈何
一考儀注獻官飲福受胙廟内二執事與捧
爵捧胙者對前所習之禮二執事在獻官
左後不對捧爵胙者以廟内隘故從便歟
一考儀注捧帛爵者先行詣獻官右後而北
面立候獻官搢笏後轉身向西跪進前所
習之禮異此亦從便宜歟

（三）《喪禮略私注》

26.5cm×17.5cm　一册　文库4959

解說一：鍋島亞朱華

《喪禮略私注》一書，加藤宗博所撰之序文記載："西山大君（即第二代德川光圀〔1628–1700〕）好禮之餘，嘗命儒臣據文公《家禮》（即朱子《家禮》）等籍，譯之俗語，令眾庶以便採用。"由此可知此書是奉德川光圀之命所編撰，以朱子《家禮·喪禮》為主，參考其他書籍，加上注解。

書末記載關於在中國凶事用奇數、吉事用偶數一事，按曰："本邦貴陽數，故吉事必用奇數，不用偶數。雖然，葬禮宗儒，則從異邦禮式可也。"此處可看出，當中國與日本的習慣不同時的捨取。指出"葬禮宗儒"，可得知關於喪葬的禮節是以儒家為宗，亦可理解光圀特地採朱熹之《喪禮》之源由。

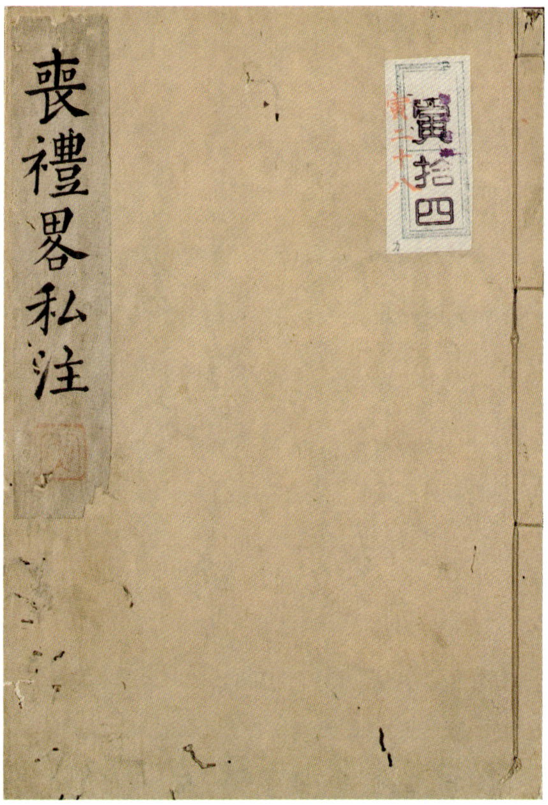

解說二: 錢明

寫本，有彰考館朱印。卷首是加藤宗博撰於享保乙巳年(1725)之序文。序曰："冠婚喪祭者，乃天理實用。聖賢制禮，尊卑殊等，風化合宜。我朝廷禮典，古昔遺美，今於其進退步趨、拜揖舞踏之際，頗可概見焉。降至民間，亦有肄禮節授品目之家。如冠婚儀，世悉從其所指揮，不敢議之。至喪祭之禮，多為浮屠氏所有，遂毀棺斂(同殮字)之實理而火其屍，人皆慣看，恬而不怪。西山大君(即德川光圀)好禮之餘，嘗命儒臣據文公《家禮》等籍，譯之俗語，令眾庶以便採用。……" 故此書疑為彰考館儒臣秉承光圀之命而撰。

頁4至頁19為作者對朱子《家禮》所作的注釋，包括"厥明大斂"、"朝奠夕奠食時上食"、"三月而葬"、"前期擇地之可葬者"、"擇日開塋域祠后土"、"遂穿壙"、"作灰隔"、"刻誌石"、"發引"、"柩至乃窆"、"題主"、"祝奉神主升車"等朱子《家禮》中禮儀制度以及"喪禮圖式"等內容。頁20以後為引用朱舜水《朱氏談綺》對《朱子家禮》所作的解釋以及作者之按語。

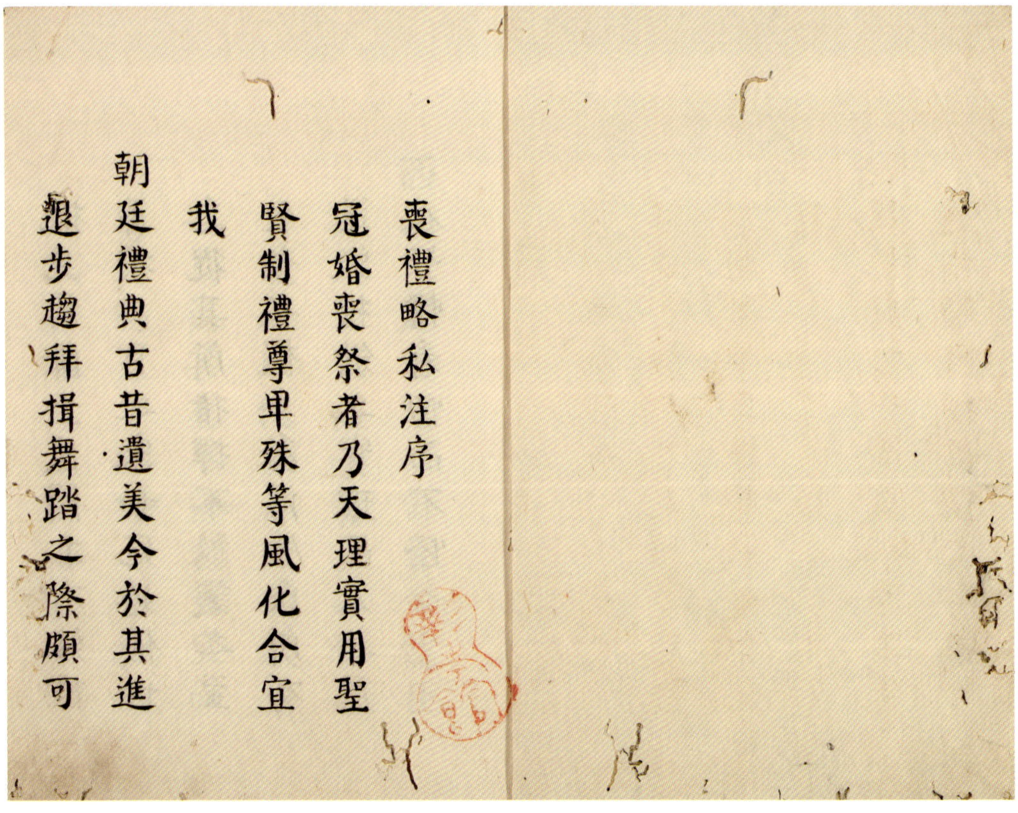
喪禮略私注序
冠婚喪祭者乃天理實用聖
賢制禮尊卑殊等風化合宜
我
朝廷禮典古昔遺美今於其進
退步趨拜揖舞踏之際頗可

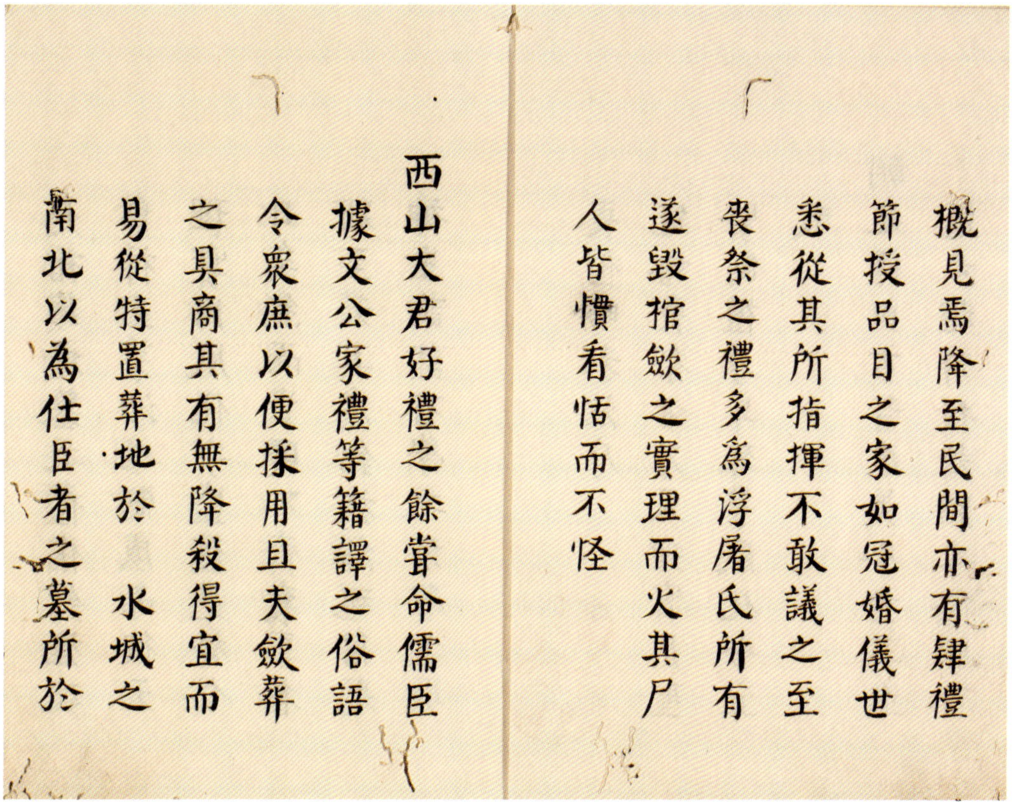
概見焉降至民間亦有肆禮
節按品目之家如冠婚儀世
悉從其所指揮不敢議之至
喪祭之禮多爲浮屠氏所有
遂毀棺斂之實理而火其尸
人皆慣看恬而不怪

西山大君好禮之餘嘗命儒臣
據文公家禮等籍譯之俗語
令衆庶以便採用且夫斂葬
之具商其有無降殺得宜而
易從特置葬地於　水城之
南北以爲仕臣者之墓所於

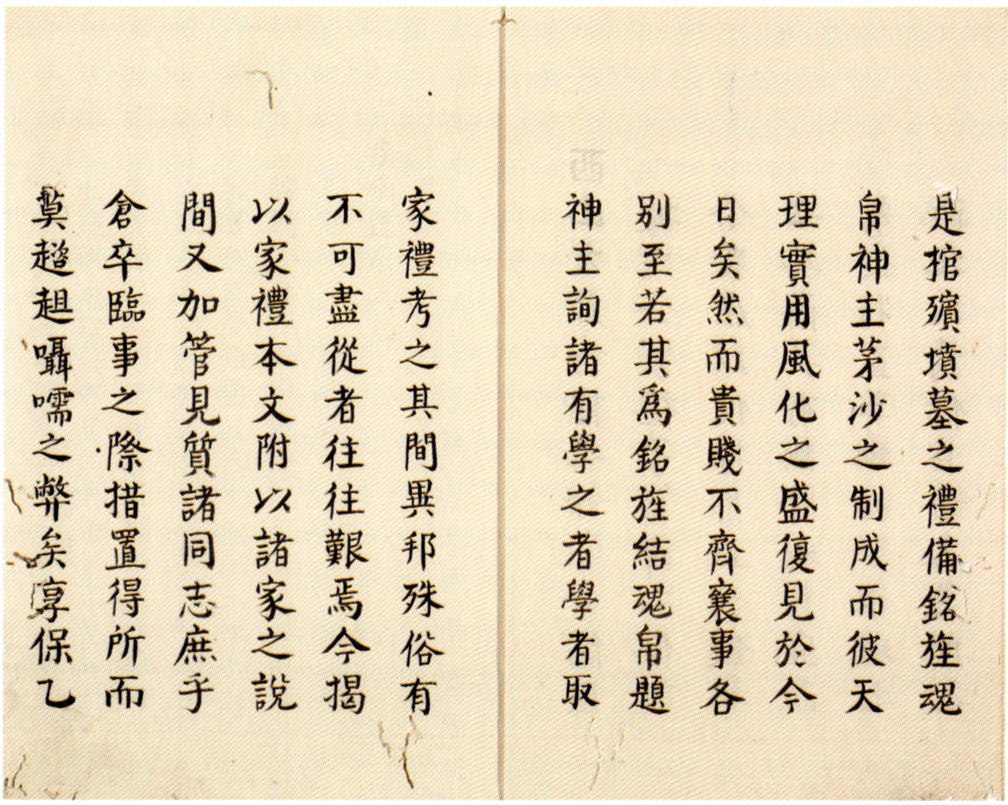
是棺殯墳墓之禮備銘旌魂
帛神主茅沙之制成而彼天
理實用風化之盛復見於今
日矣然而貴賤不齊襄事各
別至若其爲銘旌結魂帛題
神主詢諸有學之者學者取

家禮考之其間異邦殊俗有
不可盡從者往往艱焉今揭
以家禮本文附以諸家之說
間又加管見質諸同志庶乎
倉卒臨事之際措置得所而
莫趦趄囁嚅之弊矣享保乙

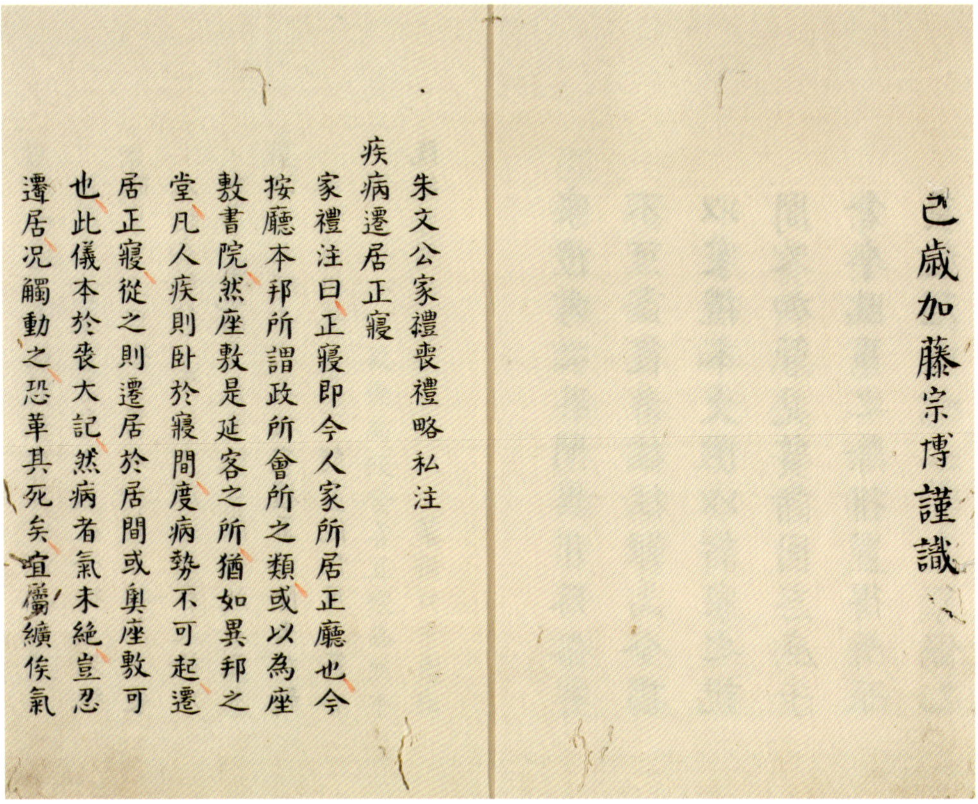

己歲加藤宗博謹識

朱文公家禮喪禮略私注
疾病遷居正寢
家禮注曰正寢即今人家所居正廳也今
按廳本邦所謂政所會所之類或以為座
敷書院然座敷是延客之所猶如異邦之
堂凡人疾則卧於寢間度病勢不可起遷
居正寢從之則遷居於居間或奥座敷可
也此儀本於喪大記然病者氣未絶豈忍
遷居況觸動之恐革其死矣宜屬纊俟氣

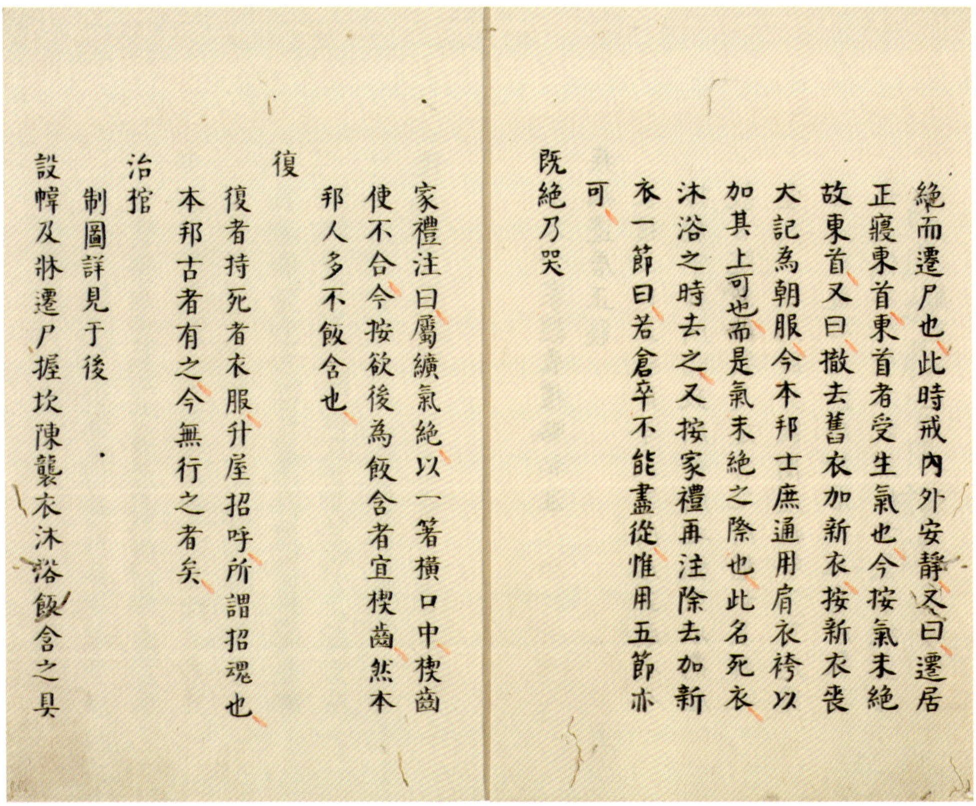

絶而遷尸也此時戒内外安靜又曰遷居
正寢東首東首者受生氣也今按氣未絶
故東首又曰撤去舊衣加新衣按新衣喪
大記為朝服今本邦士庶通用肩衣袴以
加其上可也而是氣未絶之際也此名死衣
沐浴之時去之又按家禮再注除去加新
衣一節曰若倉卒不能盡從惟用五節亦
可
既絶乃哭
家禮注曰屬纊氣絶以一箸横口中楔齒
使不合今按欲後為飯含者宜楔齒然本
邦人多不飯含也
復
復者持死者衣服升屋招呼所謂招魂也
本邦古者有之今無行之者矣
治棺
制圖詳見于後
設幃及牀遷尸握坎陳襲衣沐浴飯含之具

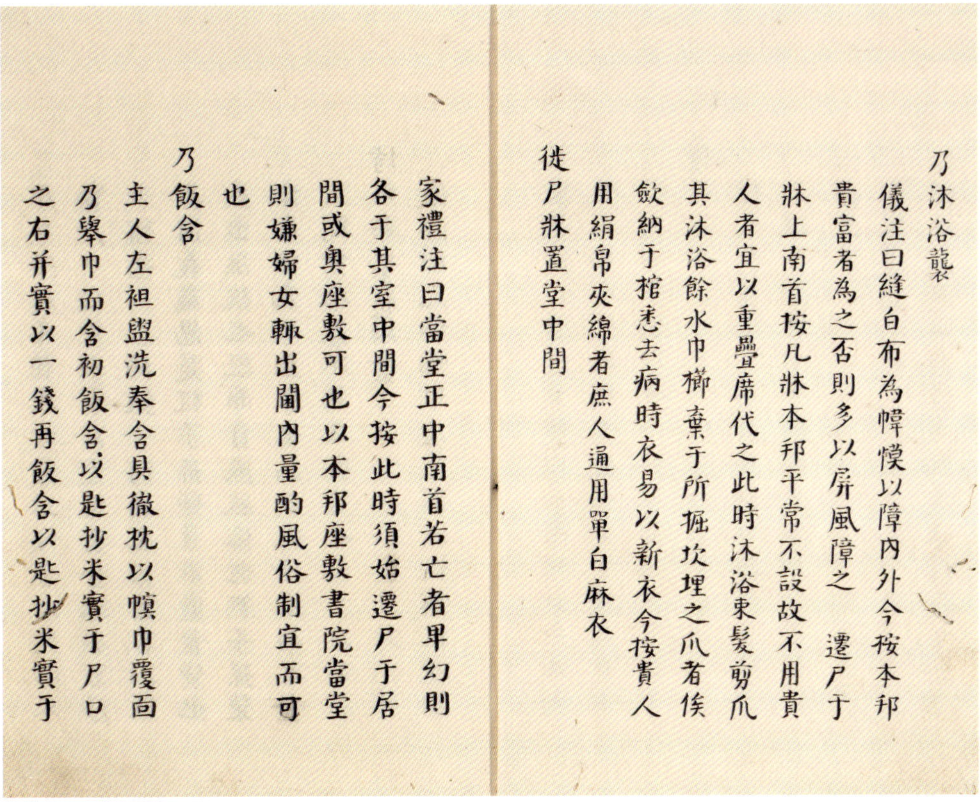

乃沐浴襲
儀注曰縫白布為幃幔以障內外今按本邦貴富者為之否則多以屏風障之　遷尸于牀上南首按凡牀本邦平常不設故不用貴人者宜以重疊席代之此時沐浴束髮剪爪其沐浴餘水巾櫛棄于所掘坎埋之爪者俟斂納于棺悉去病時衣易以新衣今按貴人用絹帛夾綿者庶人通用單白麻衣
徙尸牀置堂中間
家禮注曰當堂正中南首若亡者卑幼則各于其室中間今按此時須始遷尸于居間或奧座敷可也以本邦座敷書院當堂則嫌婦女輙出閫內量酌風俗制宜而可也
乃飯含
主人左袒盥洗奉含具徹枕以幎巾覆面乃舉巾而含初飯含以匙抄米實于尸口之右并實以一錢再飯含以匙抄米實于

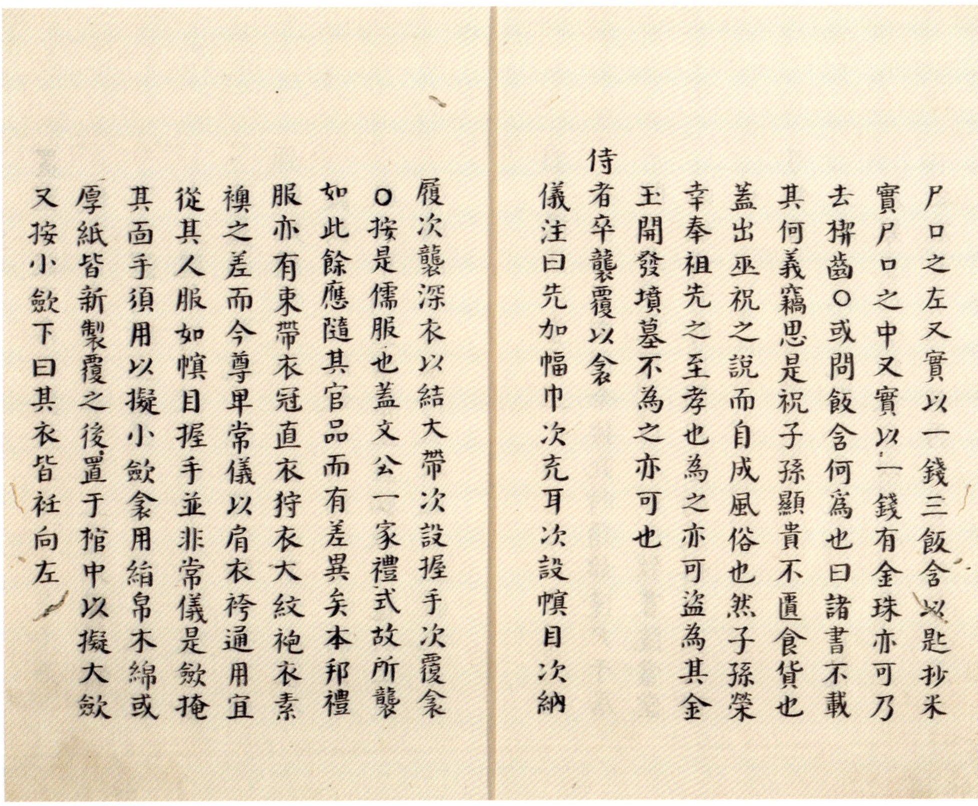

尸口之左又實以一錢三飯含以匙抄米實尸口之中又實以一錢有金珠亦可乃去揳齒○或問飯含何爲也曰諸書不載其何義竊思是祝子孫顯貴不匱食貨也蓋出巫祝之說而自成風俗也然子孫榮幸奉祖先之至孝也爲之亦可盜爲其金玉開發墳墓不爲之亦可也
侍者卒襲覆以衾
儀注曰先加幅巾次充耳次設幎目次納履次襲深衣以結大帶次設握手次覆衾○按是儒服也蓋文公一家禮式故所襲如此餘應隨其官品而有差異矣本邦禮服亦有束帶衣冠直衣狩衣大紋袍衣素襖之差而今尊卑常儀以肩衣袴通用宜從其人服如幎目握手並非常儀是斂掩其面手須用以擬小斂衾用絹帛木綿或厚紙皆新製覆之後置于棺中以擬大斂又按小斂下曰其衣皆衽向左

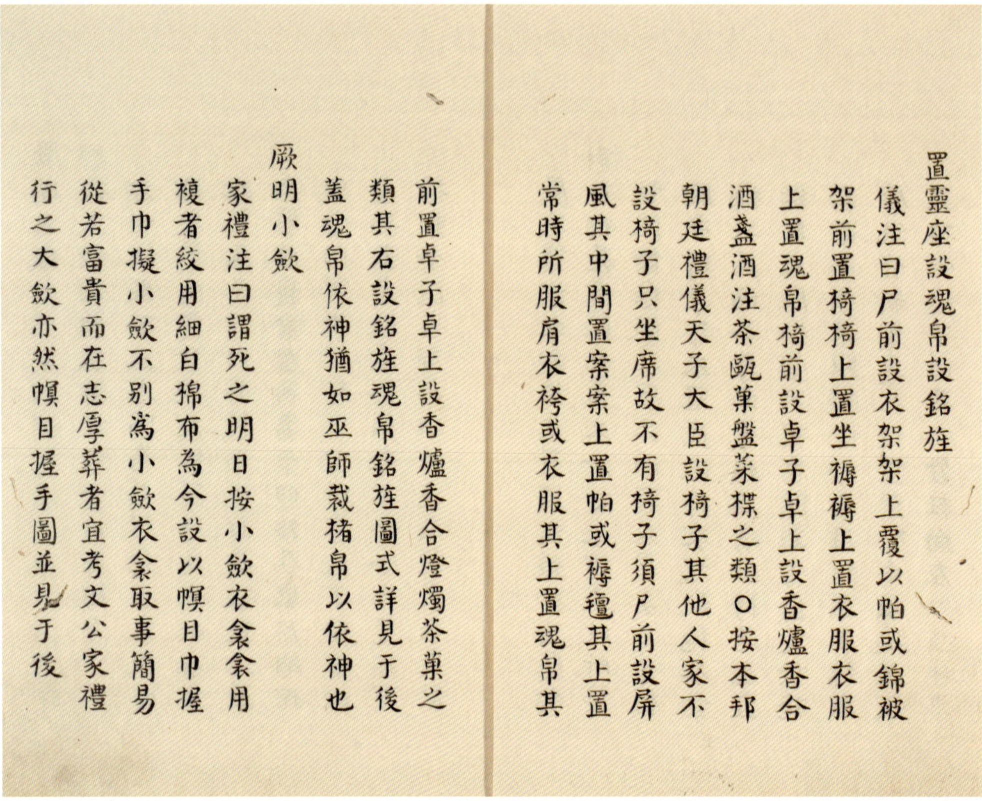
置靈座設魂帛設銘旌
儀注曰尸前設衣架架上覆以帕或錦被
架前置椅椅上置坐褥褥上置衣服衣服
上置魂帛椅前設卓子卓上設香爐香合
酒盞酒注茶甌菓盤菜楪之類○按本邦
朝廷禮儀天子大臣設椅子其他人家不
設椅子只坐席故不有椅子須尸前設屏
風其中間置案案上置帕或褥氊其上置
常時所服肩衣袴或衣服其上置魂帛其
前置卓子卓上設香爐香合燈燭茶菓之
類其右設銘旌魂帛銘旌圖式詳見于後
蓋魂帛依神猶如巫師裁楮帛以依神也
厥明小斂
家禮注曰謂死之明日按小斂衣衾衾用
複者絞用細白棉布為今設以幎目巾握
手巾擬小斂不別爲小斂衣衾取事簡易
從若富貴而在志厚葬者宜考文公家禮
行之大斂亦然幎目握手圖並見于後

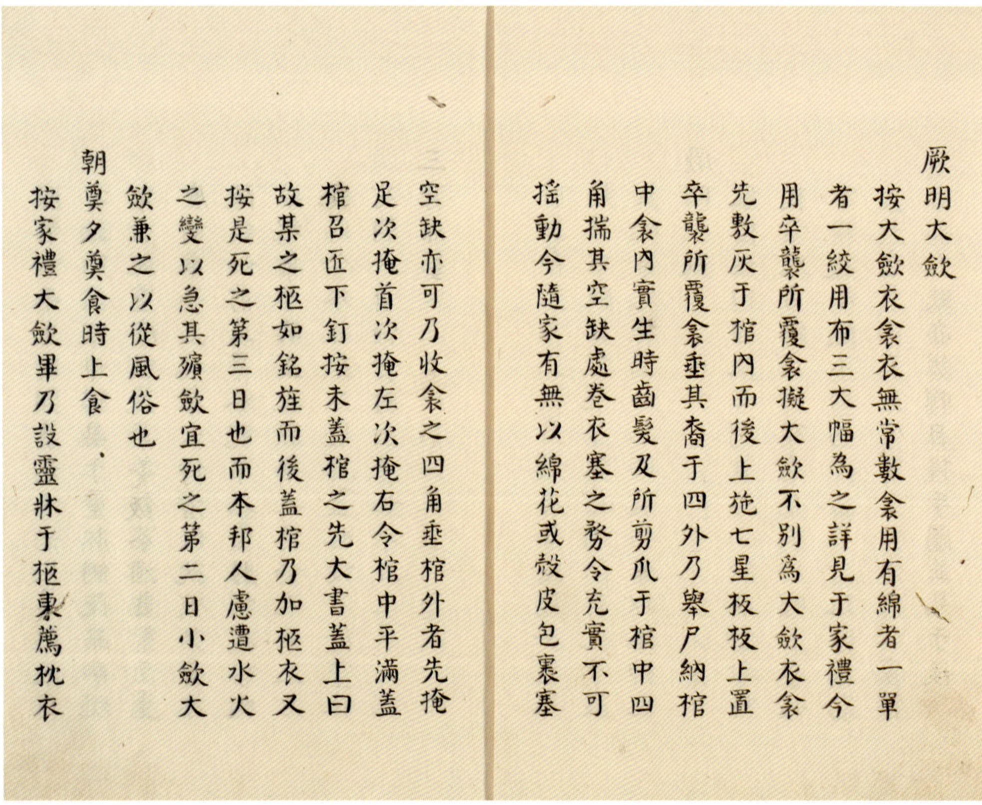
厥明大斂
按大斂衣衾衣無常數衾用有綿者一單
者一絞用布三大幅為之詳見于家禮今
用卒襲所覆衾擬大斂不別爲大斂衣衾
先數灰于棺內而後上施七星板板上置
卒襲所覆衾垂其裔于四外乃舉尸納棺
中衾內實生時齒髮及所剪爪于棺中四
角揣其空缺處卷衣塞之務令充實不可
搖動今隨家有無以綿花或穀皮包裹塞
空缺亦可乃收衾之四角垂棺外者先掩
足次掩首次掩左次掩右令棺中平滿蓋
棺召匠下釘按未蓋棺之先大書蓋上曰
故某之柩如銘旌而後蓋棺乃加柩衣又
按是死之第三日也而本邦人慮遭水火
之變以急其殯斂宜死之第二日小斂大
斂兼之以從風俗也
朝奠夕奠食時上食
按家禮大斂畢乃設靈牀于柩東薦枕衣

服皆如平生時朝奠如人平生晨起故侍
者設頮盆帨巾櫛具于靈牀側既而奉魂
帛出就靈座設蔬菓羹飯茶酒匙箸于靈
座前卓子上魂帛出侍者斂枕被夕奠亦
陳設如前奠畢奉魂帛入靈牀鋪被安枕
安魂帛于其上收頮櫛之具如人平生夕
寢時今本邦平生寢不置牀故不設靈牀
及朝夕奠惟食時上食如平日

三月而葬

禮大夫士三日而殯故三月而葬温公曰
古者天子七月諸侯五月大夫三月士踰
月而葬今五服年月敕王公以下皆三月
而葬按本邦俗自死之日至葬不出三日
五日如大家貴顯亦不過十數日其都府
下士庶處或遭水火之變朝死夕斂葬且
以寸土寸金無葬地之可擇概從釋氏說
荼毗收骨于小器瘞之寺院內累累相轢
既無棺斂之固故其法會誦經之頃僧徒

竊卸褫死者衣帶裸裎之而人不及視焉
亦可惡之甚也

前期擇地之可葬者

喪禮餘注下有温公之議余嘗聞受葬地
風水形勢於異邦人者之言其要就高燥
之地避卑濕擇前南有山水之美後北陸
野壙遠而無塹隍坎缺而已

擇日開塋域祠后土遂穿壙

按家禮送葬有日其間前期掘葬地開兆
域祠后土後臨既窆復祠后土祝文有少
異今本邦葬不出三五日故穿壙畢即日
祠后土○家禮曰擇遠親或賓客一人吉
冠素服告后土氏祝帥執事者設位於中
標之左南向今按是神位也故南向中標
之左則壙之東也設盞注酒果脯醢於其
前又設盥盆浴巾二於其東西其東告者
所盥其西執事者所盥也今按盞用土器
注用瓶子或德利儀節詳見家禮祝文曰

維

年号幾歲次干支幾月干支朔越幾日

干支姓名（按是告者姓名所謂遠親或賓客吉冠而告神非喪主姓名蓋告非不瀆也）敢昭告于

土地之神今為某官姓名（本注曰母則云某封某氏○按是亡者姓名今不稱其君者對神也）營建宅兆

神其保佑俾無後艱謹以清酌脯醢（按若不用脯醢而須菓糕之類則祝文改脯醢為庶品）祇薦于

神尚

饗

作灰隔

穿壙既畢先布細炭末壙底築實厚二三寸然後布石灰細砂黃土拌勻者於其上別用薄板為灰隔詳見家禮又按餘注曰既不用椁無以容瀝青故為此制然則以代槨也今本邦送葬不日無以能辨故穿壙深五六尺許容棺寬四旁三寸許布炭末於壙底三寸築實之下棺又實炭末於四旁築實之棺上穿壙比底四旁廣各一尺以為緣道深三尺許便于下棺及實炭末棺上又布炭末二三寸而漸下土築之如此則雖不用灰隔亦以耐久所謂穿地直下為壙而懸棺以窆者也居家必用亦除灰隔蓋非高貴人不用椁今擬為灰隔恐幾僭矣

刻誌石

據家禮用石二片其一為蓋刻云某人之墓其一為底刻云某人諱某字某某州某縣人父某母某某某年月日終葬某地以二石字面相向而以鐵束束之埋之壙前近地面三四尺今按是亦高貴人所設也

發引

按家禮曰葬之日日中而虞是旦而葬也然本邦士庶之葬必以昏夜故張燈而發且無食案明器靈車之具風俗不同今從時宜為行列之次

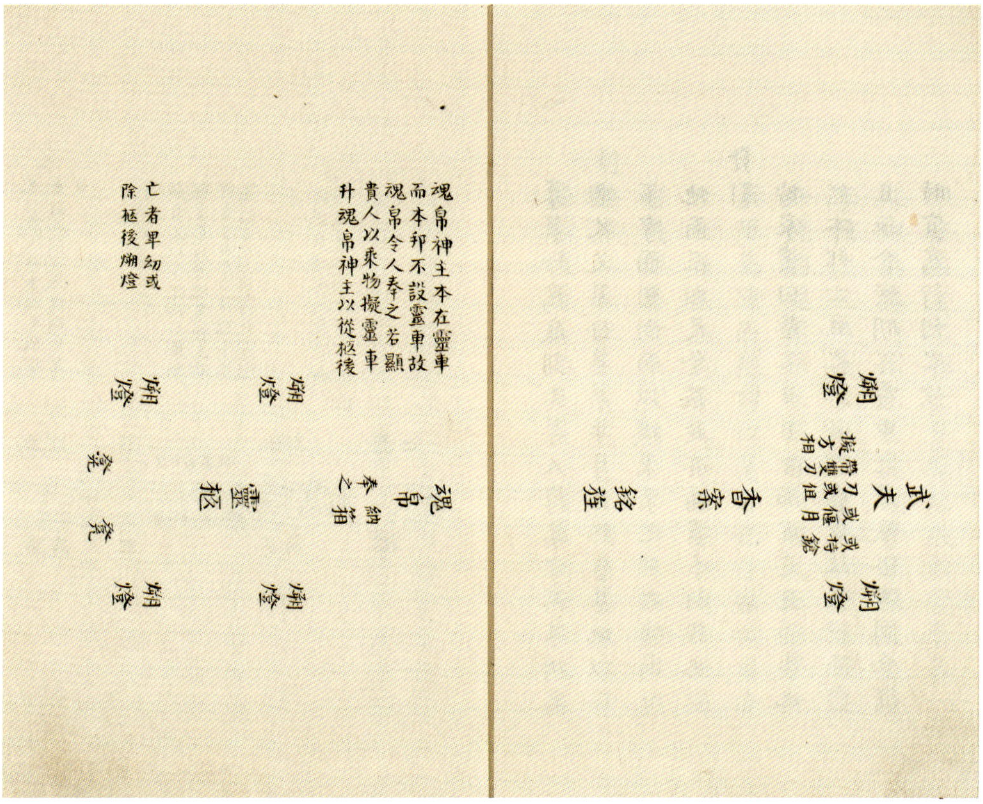
焩燈
武夫 或持鎗或偃月刀或帶雙刀但㨾方相
焩燈
焩燈
香案
銘旌
魂帛 納箱奉之
魂帛神主本在靈車而本邦不設靈車故魂帛令人奉之若顯貴人以乘物擬靈車升魂帛神主以從柩後
焩燈
焩燈
靈柩
焩燈
焩燈
亡者卑幼或除柩後焩燈
凳
凳

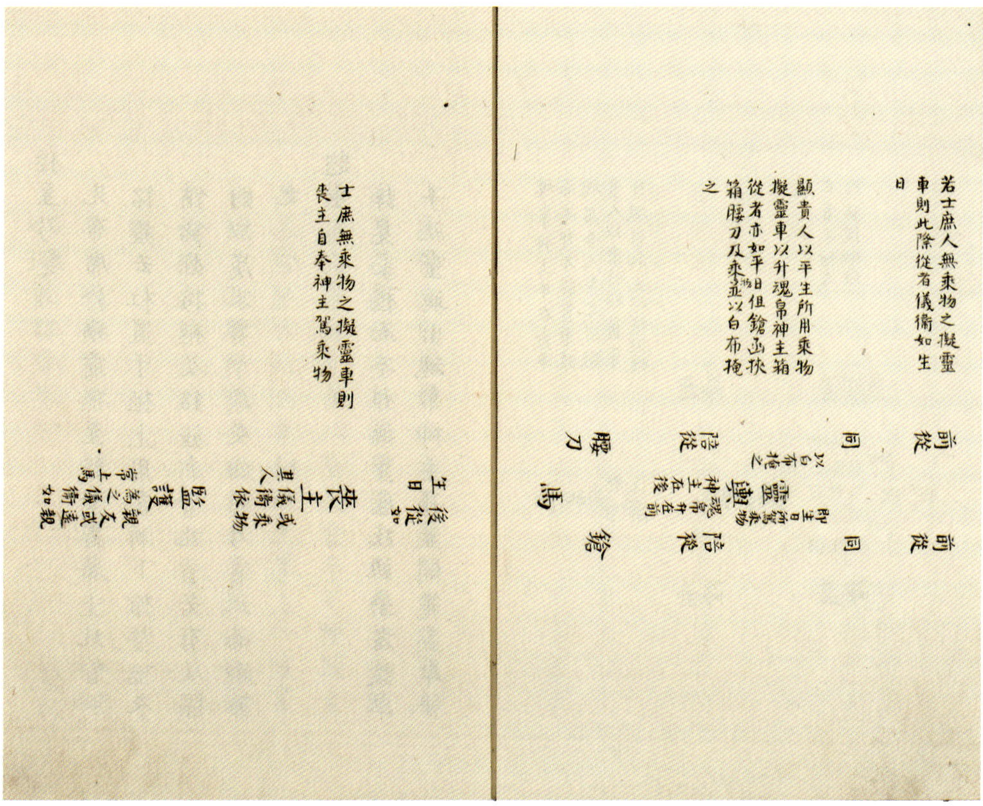
若士庶人無乘物之擬靈車則此除從者儀衛如生日
前從 同
前從 同
顯貴人以平生所用乘物擬靈車以升魂帛神主箱從者亦如平日但鎗函挾箱腰刀及乘物並以白布掩之
靈輿 即生日所駕乘物 魂帛升在前 神主在後 以白布掩之
陪從
陪從
鎗
腰刀
馬
後從如生日
喪主 或乘物具儀衛人依
監護 親友或為之儀衛達亭上馬如觀
士庶無乘物之擬靈車則喪主自奉神主駕乘物

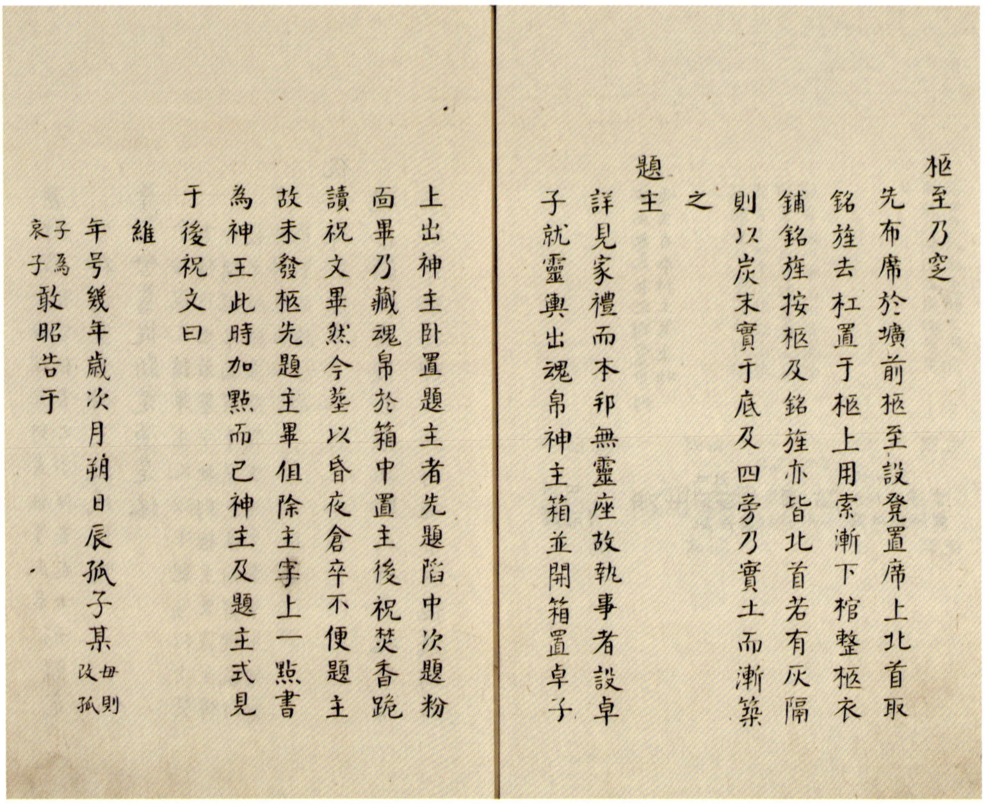
柩至乃窆
先布席於壙前柩至設凳置席上北首取
銘旌去杠置于柩上用索漸下棺整柩衣
鋪銘旌按柩及銘旌亦皆北首若有灰隔
則以炭末實于底及四旁乃實土而漸築
之
題主
詳見家禮而本邦無靈座故執事者設卓
子就靈輿出魂帛神主箱並開箱置卓子
上出神主卧置題主者先題陷中次題粉
面畢乃藏魂帛於箱中置主後祝焚香跪
讀祝文畢然今塟以昏夜倉卒不便題主
故未發柩先題主畢但除主字上一點書
為神王此時加點而已神主及題主式見
于後祝文曰
維
年号幾年歲次月朔日辰孤子某（母則改孤
子為哀子）敢昭告于

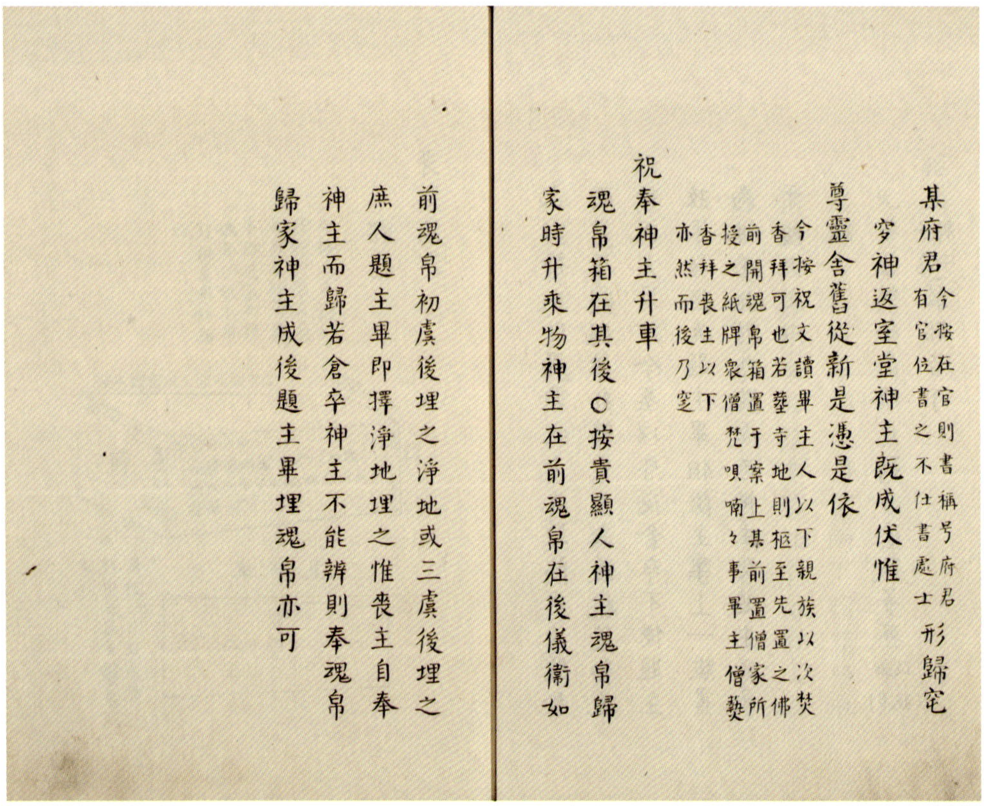
某府君（今按在官則書稱号府君有官位書之不仕書處士）形歸窀
穸神返室堂神主既成伏惟
尊靈舍舊從新是憑是依
（今按祝文讀畢主人以下親族以次焚
香拜可也若塟寺地則柩至先置之佛
前開魂帛箱置于案上其前置僧家所
授之紙牌衆僧梵唄喃々事畢主僧爇
香拜喪主以下
亦然而後乃窆）
祝奉神主升車
魂帛箱在其後○按貴顯人神主魂帛歸
家時升乘物神主在前魂帛在後儀衛如
前魂帛初虞後埋之淨地或三虞後埋之
庶人題主畢即擇淨地埋之惟喪主自奉
神主而歸若倉卒神主不能辨則奉魂帛
歸家神主成後題主畢埋魂帛亦可

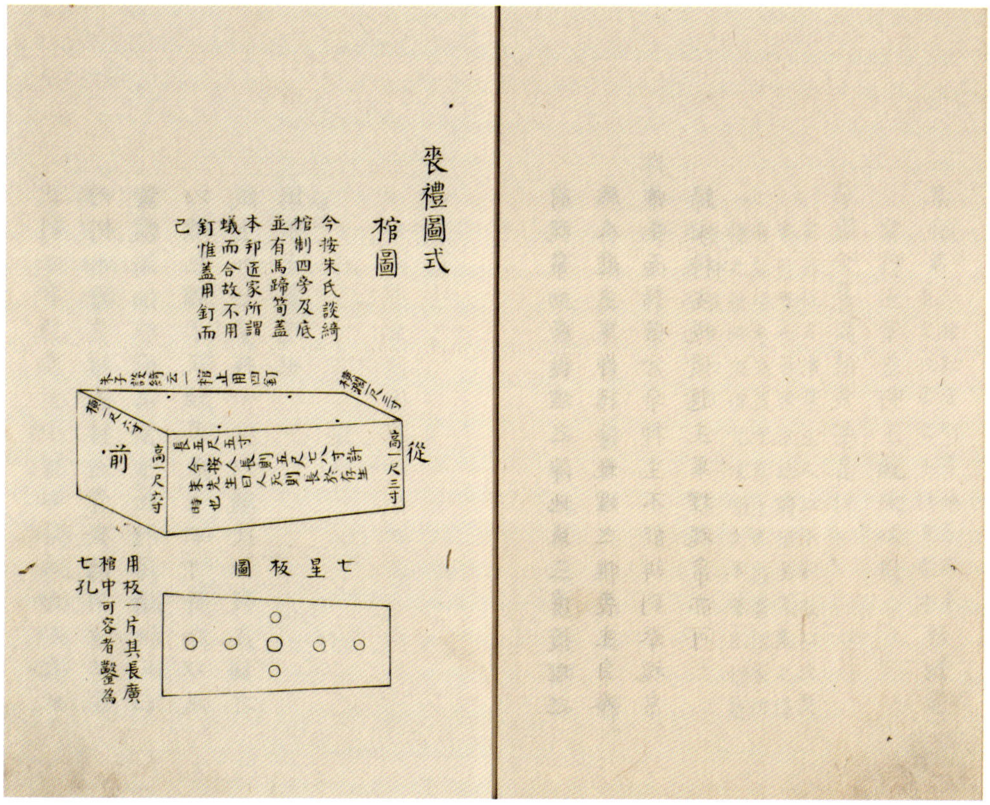
喪禮圖式

棺圖

今按朱氏談綺棺制四旁及底並有馬蹄筍蓋本邦匠家所謂蟻而合故不用釘惟蓋用釘而已

七星板圖

用板一片其長廣棺中可容者鑿為七孔

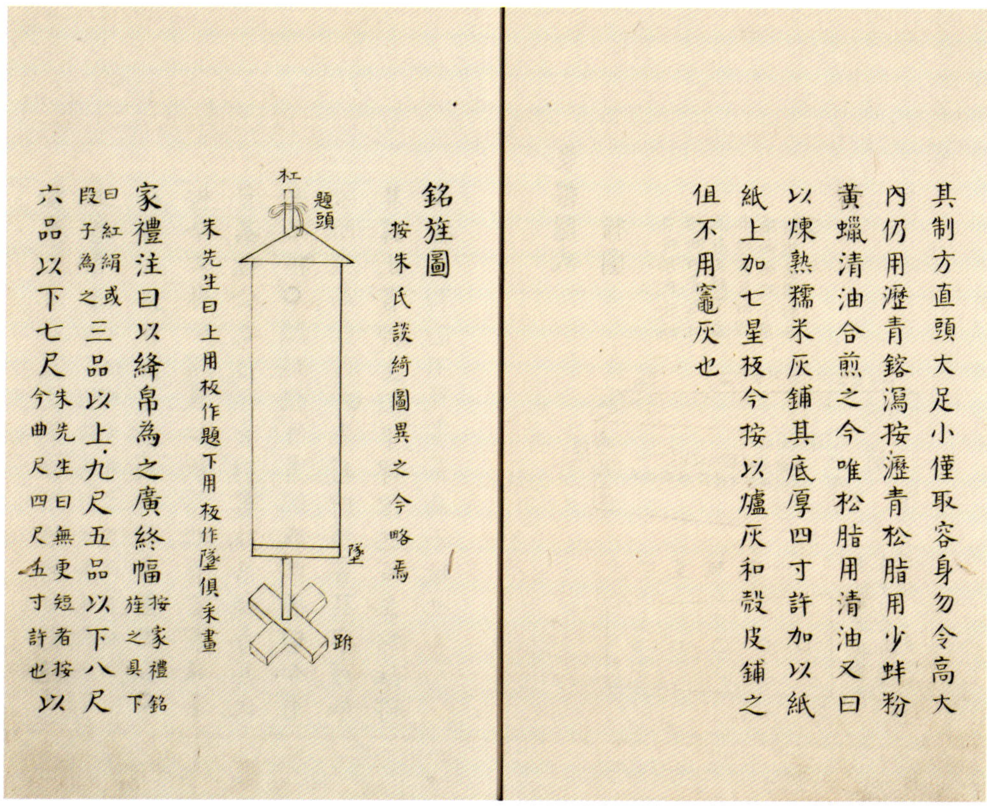
其制方直頭大足小僅取容身勿令高大內仍用瀝青鎔瀉按瀝青松脂用少蚌粉黃蠟清油合煎之今唯松脂用清油又曰以煉熟糯米灰鋪其底厚四寸許加以紙紙上加七星板今按以爐灰和殼皮鋪之但不用竈灰也

銘旌圖

按朱氏談綺圖異之今略焉

朱先生曰上用板作題下用板作趺俱采畫

家禮注曰以絳帛為之廣終幅按家禮銘旌之具下曰紅絹或段子為之三品以上九尺五品以下八尺六品以下七尺今朱先生曰無更短者按以今曲尺四尺五寸許也以

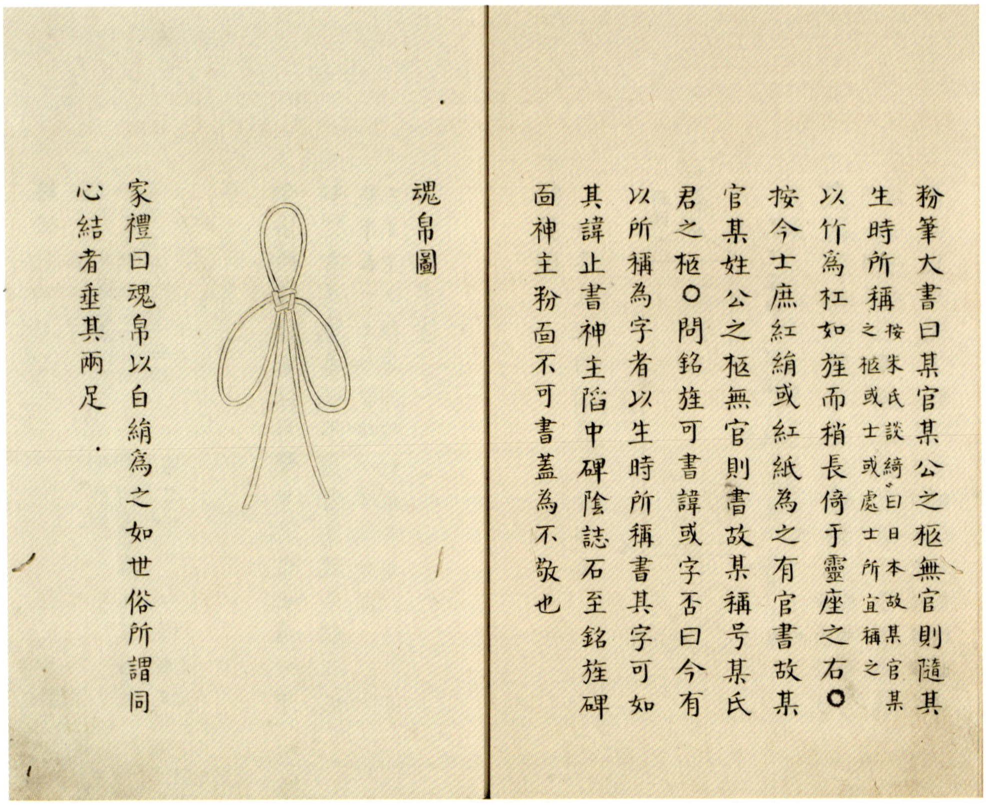

粉筆大書曰某官某公之柩無官則隨其
生時所稱按朱氏說綺曰日本故某官某之柩或士或處士所宜稱之
以竹爲杠如旌而稍長倚于靈座之右○
按今士庶紅絹或紅紙爲之有官書故某
官某姓公之柩無官則書故某稱号某氏
君之柩○問銘旌可書諱或字否曰今有
以所稱爲字者以生時所稱書其字可如
其諱止書神主陷中碑陰誌石至銘旌碑
面神主粉面不可書蓋爲不敬也

魂帛圖

家禮曰魂帛以白絹爲之如世俗所謂同
心結者垂其兩足

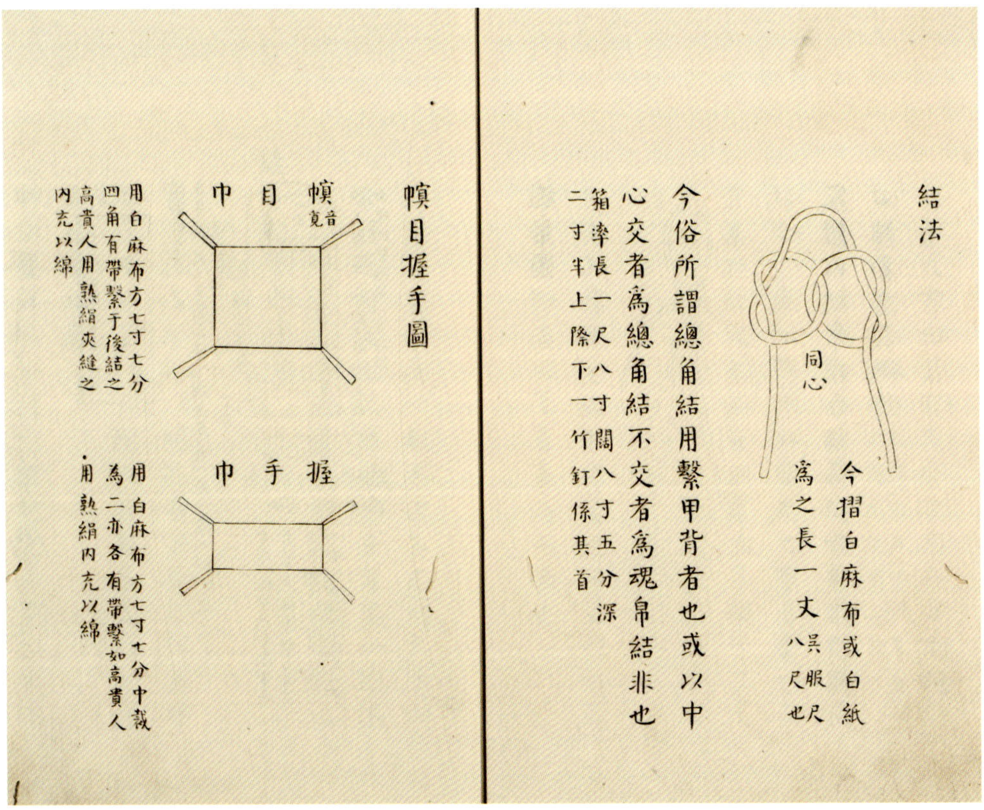

結法

今揩白麻布或白紙
爲之長一丈吳服尺八尺也

今俗所謂總角結用繫甲背者也或以中
心交者爲總角結不交者爲魂帛結非也
箱率長一尺八寸闊八寸五分深
二寸半上除下一寸竹釘係其首

幞目握手圖

幞音覓目巾

用白麻布方七寸七分
四角有帶繫于後結之
高貴人用熟絹夾縫之
內充以綿

握手巾

用白麻布方七寸七分中截
爲二亦各有帶繫如高貴人
用熟絹內充以綿

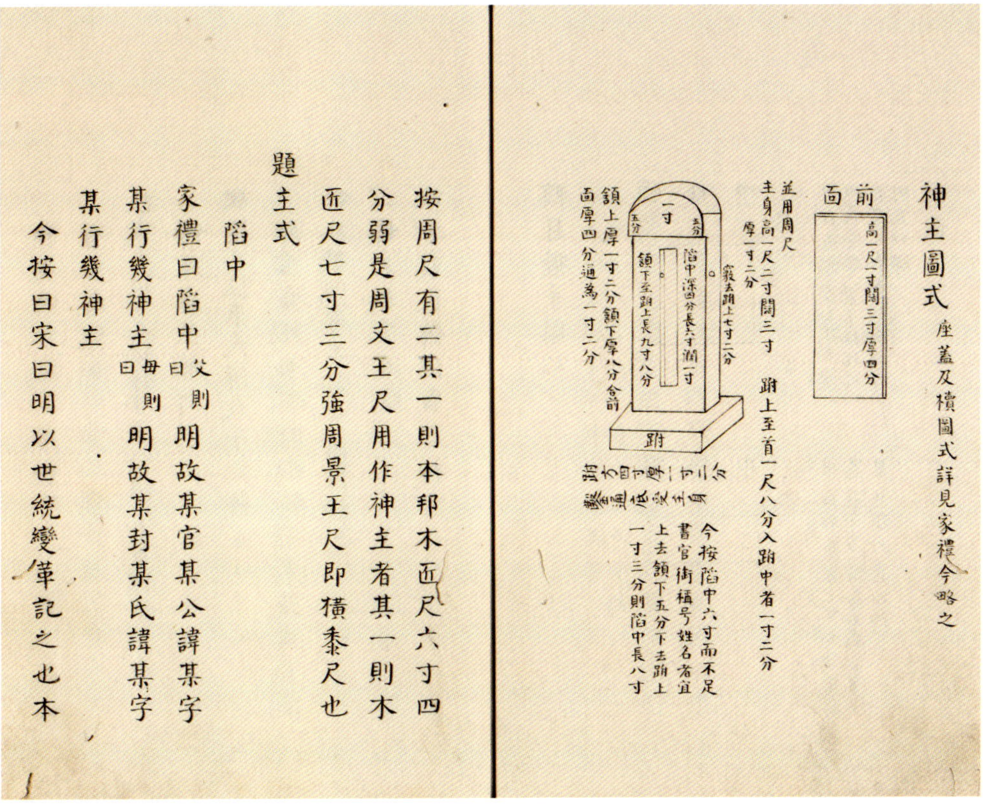
神主圖式座蓋及櫝圖式詳見家禮今略之
前面
高一尺一寸闊三寸厚四分
並用周尺
主身高一尺二寸闊三寸
厚一寸二分
趺上至首一尺八分入趺中者一寸二分
竅去趺上七寸二分
一寸
五分
五分
陷中深四分長六寸濶一寸
頷下至趺上長九寸八分
頷上厚一寸二分頷下厚八分合前
面厚四分通為一寸二分
趺
趺方四寸厚一寸二分
鑿通底受主身
今按陷中六寸而不足
書官銜稱号姓名者宜
上去頷下五分下去趺上
一寸三分則陷中長八寸

按周尺有二其一則本邦木匠尺六寸四
分弱是周文王尺用作神主者其一則木
匠尺七寸三分強周景王尺即横黍尺也
題主式
陷中
家禮曰陷中父則曰明故某官某公諱某字
某行幾神主母則曰明故某封某氏諱某字
某行幾神主
今按曰宋曰明以世統變革記之也本

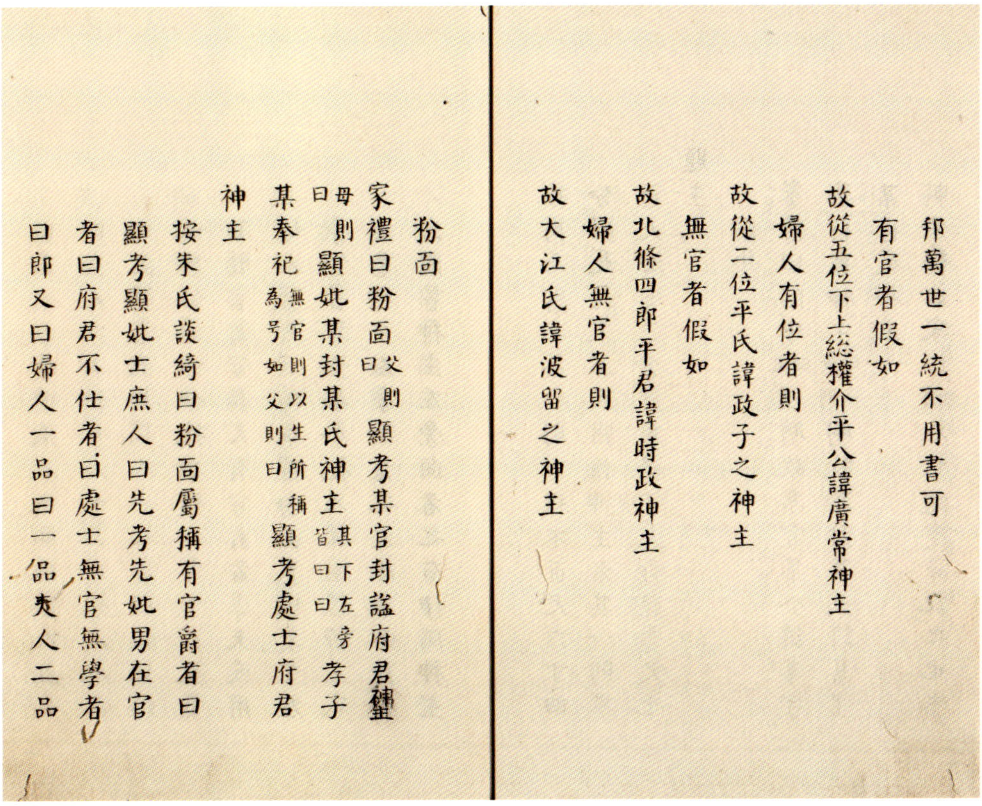
邦萬世一統不用書可
有官者假如
故從五位下上総權介平公諱廣常神主
婦人有位者則
故從二位平氏諱政子之神主
無官者假如
故北條四郎平君諱時政神主
婦人無官者則
故大江氏諱波留之神主

粉面
家禮曰粉面父則曰顯考某官封謚府君神主
母則曰顯妣某封某氏神主其下左旁皆曰曰孝子
某奉祀無官則以生所稱為号如父則曰顯考處士府君
神主
按朱氏談綺曰粉面屬稱有官爵者曰
顯考顯妣士庶人曰先考先妣男在官
者曰府君不仕者曰處士無官無學者
曰郎又曰婦人一品曰一品夫人二品

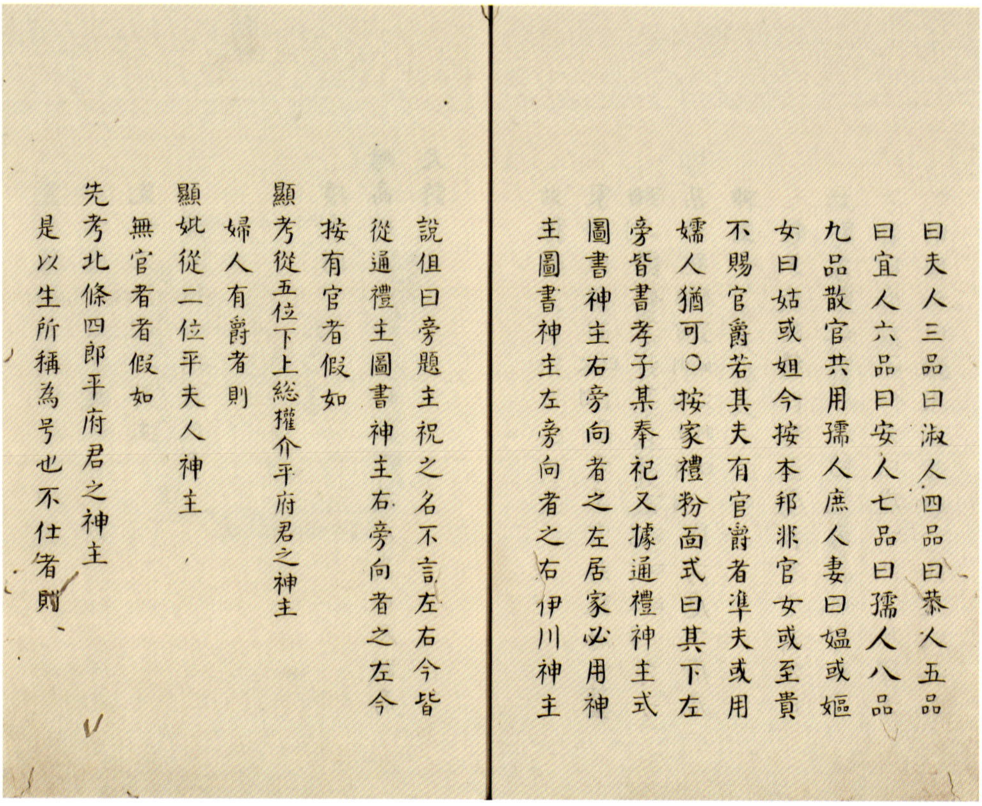

曰夫人三品曰淑人四品曰恭人五品
曰宜人六品曰安人七品曰孺人八品
九品散官共用孺人庶人妻曰媼或嫗
女曰姑或姐今按本邦非官女或至貴
不賜官爵若其夫有官爵者準夫或用
孀人猶可○按家禮粉面式曰其下左
旁皆書孝子某奉祀又據通禮神主式
圖書神主右旁向者之左居家必用神
主圖書神主左旁向者之右伊川神主

説但曰旁題主祀之名不言左右今皆
從通禮主圖書神主右旁向者之左今
按有官者假如
顯考從五位下上総權介平府君之神主
婦人有爵者則
顯妣從二位平夫人神主
無官者者假如
先考北條四郎平府君之神主
是以生所稱為号也不仕者則

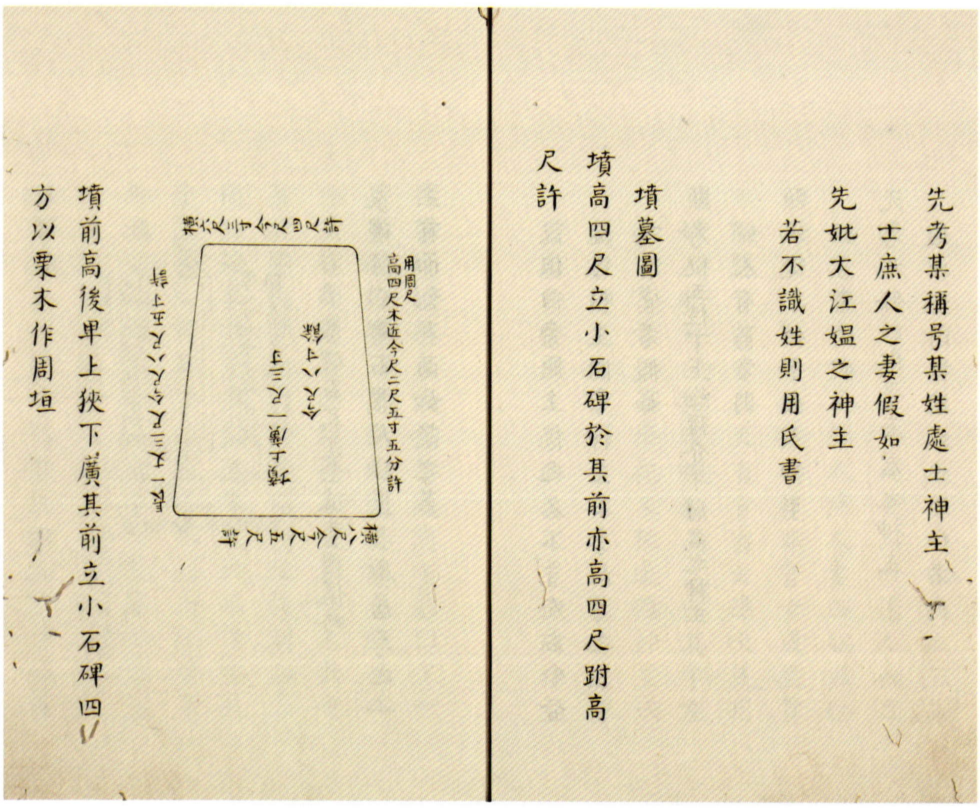

先考某稱号某姓處士神主
士庶人之妻假如
先妣大江媼之神主
若不識姓則用氏書

墳墓圖
墳高四尺立小石碑於其前亦高四尺趺高
尺許

用周尺
高四尺木匠今尺二尺五寸五分許
横六尺三寸今尺四尺許
墳上横一尺三寸
今尺八寸許
長一丈三尺今尺八尺四寸許
横八尺今尺五尺許

墳前高後卑上狹下廣其前立小石碑四
方以栗木作周垣

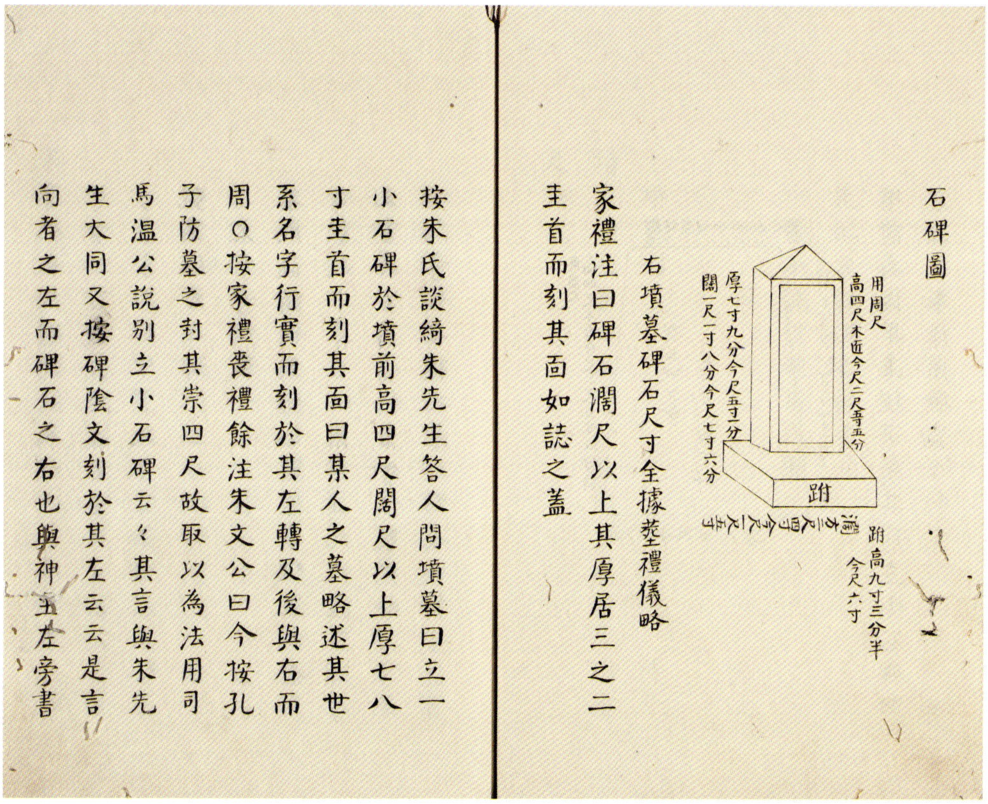

石碑圖

右墳墓碑石尺寸全據塋禮儀略

家禮注曰碑石濶尺以上其厚居三之二圭首而刻其面如誌之蓋

按朱氏談綺朱先生答人問墳墓曰立一小石碑於墳前高四尺闊尺以上厚七八寸圭首而刻其面曰某人之墓略述其世系名字行實而刻於其左轉及後與右而周○按家禮喪禮餘注朱文公曰今按孔子防墓之封其崇四尺故取以為法用司馬温公說別立小石碑云々其言與朱先生大同又按碑陰文刻於其左云云是言向者之左而碑石之右也與神主左旁書

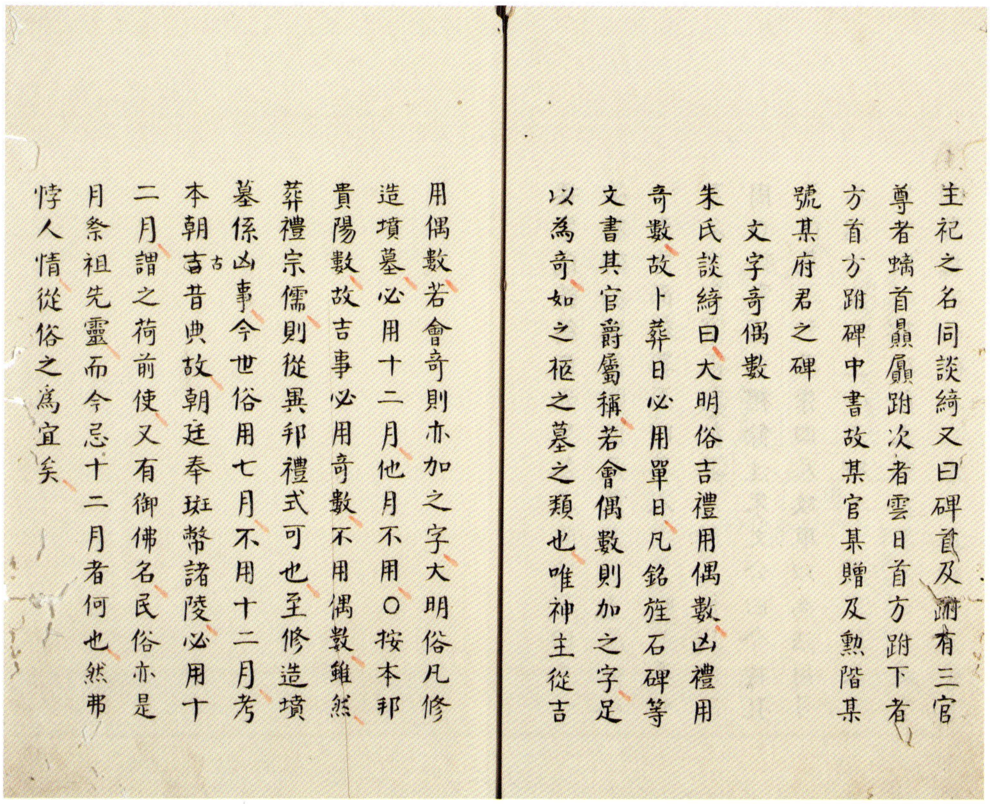

主祀之名同談綺又曰碑首及趺有三官尊者螭首贔屭趺次者雲日首方趺下者方首方趺碑中書故某官某贈及勲階某號某府君之碑

文字奇偶數

朱氏談綺曰大明俗吉禮用偶數凶禮用奇數故卜葬日必用單日凡銘旌石碑等文書其官爵屬稱若會偶數則加之字足以為奇如之柩之墓之類也唯神主從吉用偶數若會奇則亦加之字大明俗凡修造墳墓必用十二月他月不用○按本邦貴陽數故吉事必用奇數不用偶數雖然葬禮宗儒則從異邦禮式可也至修造墳墓係凶事今世俗用七月不用十二月考本朝吉(古)昔典故朝廷奉班幣諸陵必用十二月謂之荷前使又有御佛名民俗亦是月祭祖先靈而今忌十二月者何也然弗悖人情從俗之爲宜矣

（四）《喪祭式》

25.7×17.8×1.0cm　一册　文庫12721

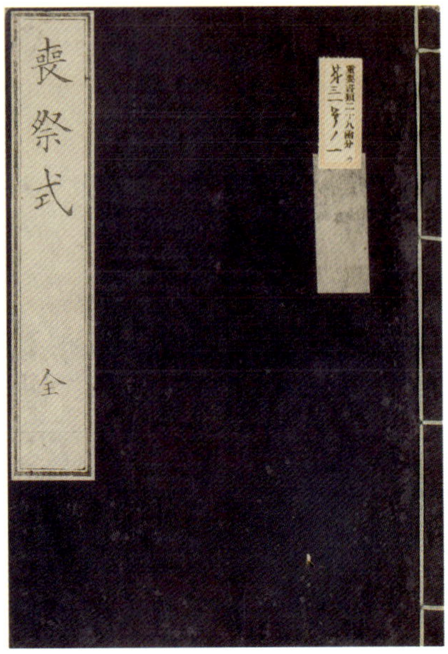

《喪祭式》一書，記載一般的喪禮與祭禮儀節，封面裏有“官許 喪祭式 弘道館藏版”字樣，為水戶德川家藩校弘道館所藏之版本。內文分為：《喪禮略節》、《祭禮略節》、《喪祭儀節》（附圖）、《喪祭大意》、《喪祭式附錄》等。

《喪禮略節》、《祭禮略節》先大致說明喪禮與祭禮須知，並於各篇首段注明，可依各家狀況斟酌損益。《喪祭儀節》詳細說明喪禮與祭禮儀節，並附圖例，淺顯易懂。《喪祭大意》說明喪祭時應有的心理準備，強調“孝心”、“誠敬”的重要性。《喪祭式附錄》中收錄《鄉中喪祭大概》、《天保年中鄉中達之畧》兩篇。

封底裏有“天保年間烈公（水戶德川家第九代德川齊昭〔1800–1860〕）命史臣刪定，將上梓未果……明治己巳春三月”字樣，由此可知此書為天保年間（1830–1843）寫成，於1869年出版。

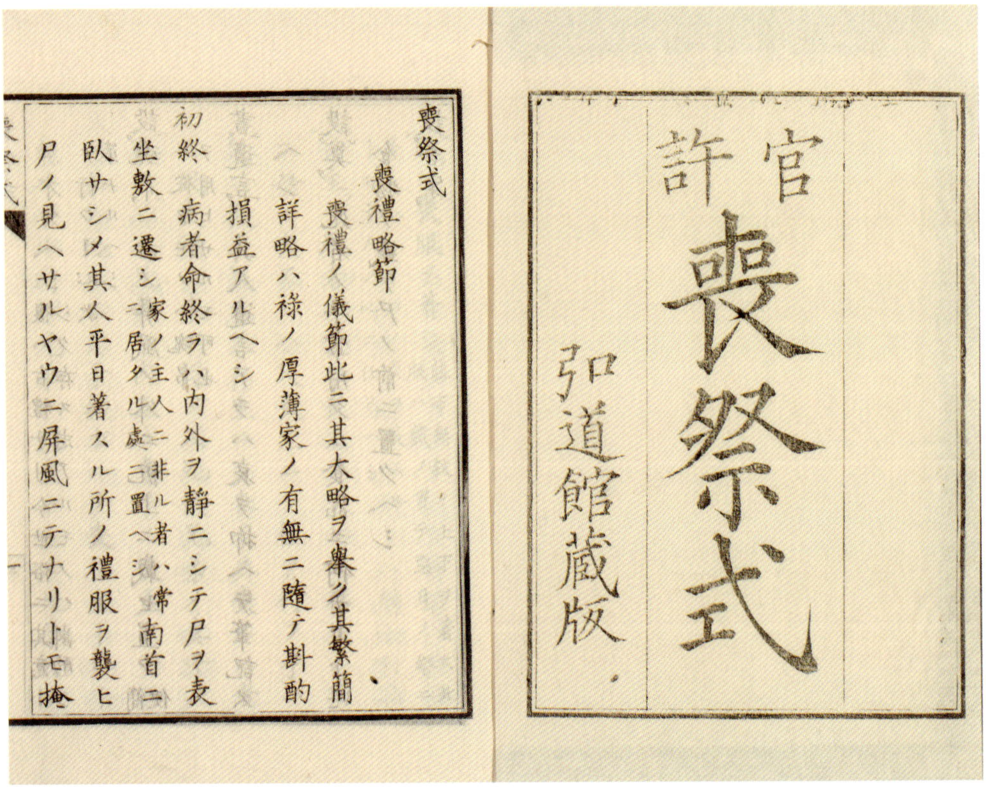

官許

喪祭式

弘道館藏版

喪祭式

喪禮略節

喪禮ノ儀節此ニ其大略ヲ擧ク其繁簡、詳略ハ祿ノ厚薄家ノ有無ニ随テ斟酌損益アルヘシ

初終　病者命終ラハ内外ヲ静ニシテ尸ヲ表坐敷ニ遷シ家ノ主人ニ非ル者ハ常ニ居タル處ニ置ヘシ南首ニ臥サシメ其人平日著スル所ノ禮服ヲ襲ヒ尸ノ見ヘサルヤウニ屏風ニテナリトモ掩

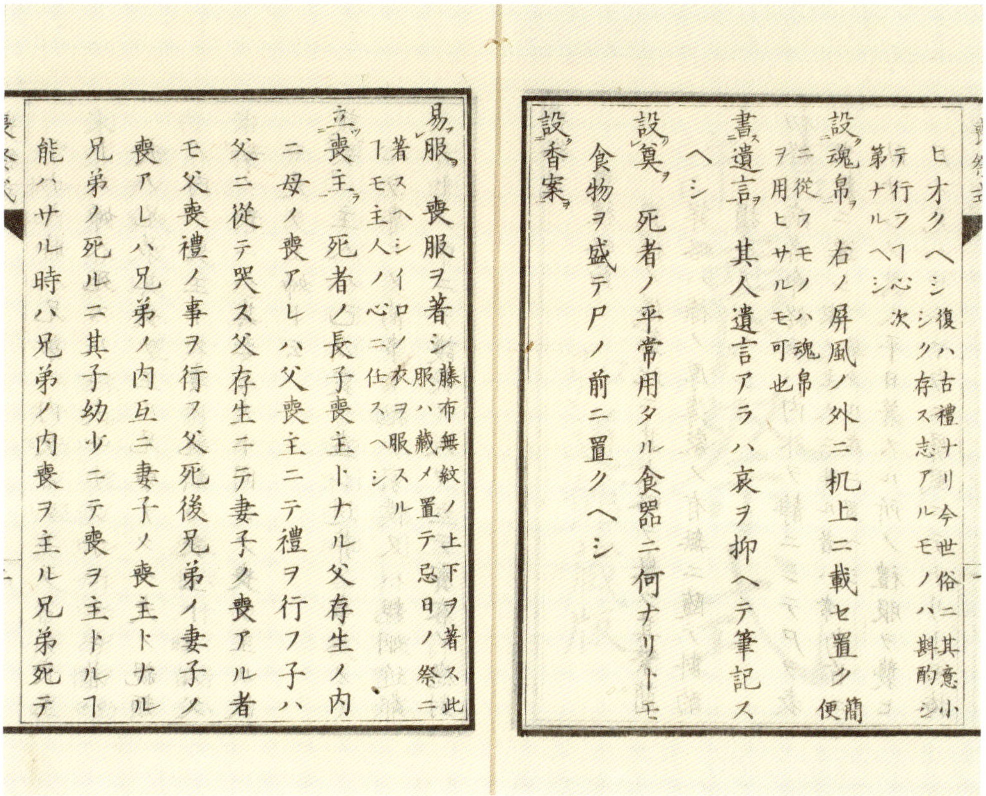

喪祭式

ヒオクヘシ 復ハ古禮ナリ今世俗ニ其意小シク存ス志アルモノハ斟酌シテ行フヿ心次第ナルヘシ

設魂帛 右ノ屏風ノ外ニ机上ニ載セ置ク 簡便ニ従フモノハ魂帛ヲ用ヒサルモ可也

書遺言 其人遺言アラハ哀ヲ抑ヘテ筆記スヘシ

設奠 死者ノ平常用タル食器ニ何ナリトモ食物ヲ盛テ尸ノ前ニ置クヘシ

設香案

易服 喪服ヲ着シ 藤布無紋ノ上下ヲ着ス此服ハ藏メ置テ忌日ノ祭ニ着スヘシイロノ衣ヲ服スルヿモ主人ノ心ニ任スヘシ

立喪主 死者ノ長子喪主トナル父存生ノ内ニ母ノ喪アレハ父喪主ニテ禮ヲ行フ子ハ父ニ従テ哭ス父存生ニテ妻子ノ喪アル者モ父喪禮ノ事ヲ行フ父死後兄弟ノ妻子ノ喪アレハ兄弟ノ内各ニ妻子ノ喪主トナルヿ兄弟ノ死ルニ其子幼少ニテ喪ヲ主トルヿ能ハサル時ハ兄弟ノ内喪ヲ主ル兄弟死テ

喪祭式

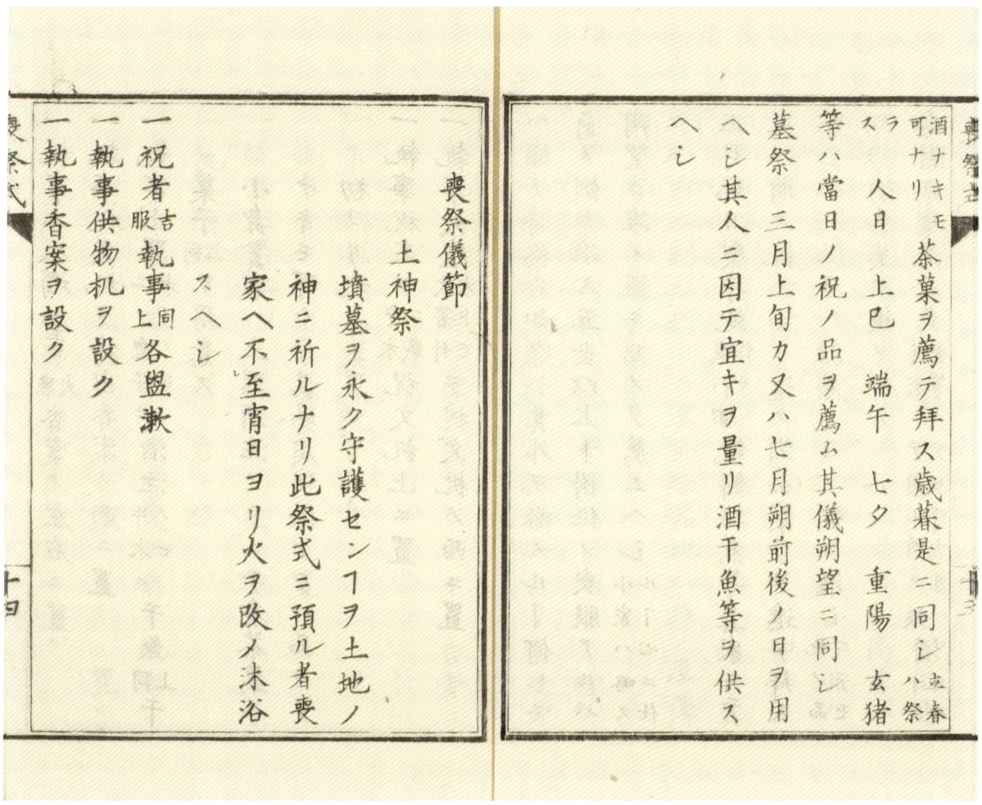

喪祭式 十三

酒ナキモ可ナリ 茶菓ヲ薦テ拜ス歲暮是ニ同シ 立春ハ祭ラス

人日 上巳 端午 七夕 重陽 玄猪等ハ當日ノ祝ノ品ヲ薦ム其儀朔望ニ同シ

墓祭 三月上旬カ又ハ七月朔前後ノ日ヲ用ヘシ其人ニ因テ宜キヲ量リ酒干魚等ヲ供スヘシ

喪祭儀節

土神祭

墳墓ヲ永ク守護センヿヲ土地ノ神ニ祈ルナリ此祭式ニ預ル者喪家ヘ不至宵日ヨリ火ヲ改メ沐浴スヘシ

一祝者 吉服 執事 同上 各盥漱

一執事供物机ヲ設ク

一執事香案ヲ設ク

喪祭式 十四

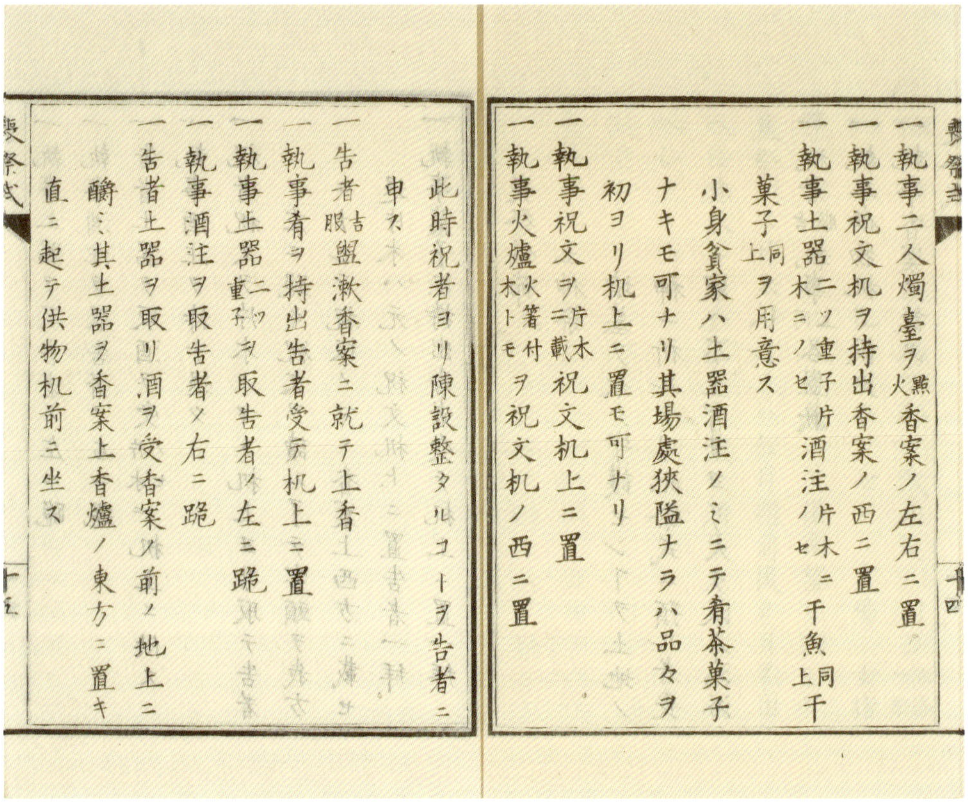
喪祭式　十四

一執事二人燭臺ヲ（點火）香案ノ左右ニ置
一執事祝文机ヲ持出香案ノ西ニ置
一執事土器二（ツ重子片木ニノセ）酒注（片木ニノセ）干魚（同上）干菓子（同上）ヲ用意ス
小身貧家ハ土器酒注ノミニテ肴茶菓子ナキモ可ナリ其場處狭隘ナラハ品々ヲ初ヨリ机上ニ置モ可ナリ
一執事祝文ヲ（片木ニ載）祝文机上ニ置
一執事火爐（火箸付木トモ）ヲ祝文机ノ西ニ置

喪祭式　十五

此時祝者ヨリ陳設整タルコトヲ告者ニ申ス
一告者（吉服）盥漱香案ニ就テ上香
一執事肴ヲ持出告者受テ机上ニ置
一執事土器二ツ（重子）ヲ取告者ノ左ニ跪
一執事酒注ヲ取告者ノ右ニ跪
一告者土器ヲ取リ酒ヲ受香案ノ前ノ地上ニ酹ミ其土器ヲ香案上香爐ノ東方ニ置キ直ニ起テ供物机前ニ坐ス

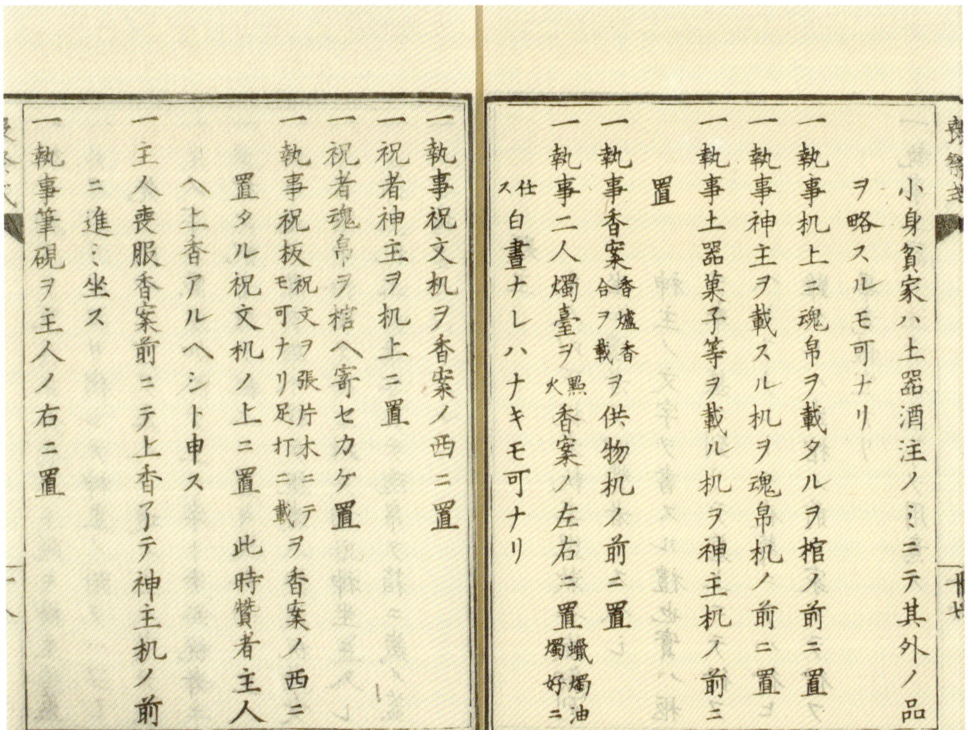
喪祭式　十七

小身貧家ハ土器酒注ノミニテ其外ノ品ヲ略スルモ可ナリ
一執事机上ニ魂帛ヲ載タルヲ棺ノ前ニ置
一執事神主ヲ載スル机ヲ魂帛机ノ前ニ置
一執事土器菓子等ヲ載ル机ヲ神主机ノ前ニ置
一執事香案（香爐香合ヲ載）ヲ供物机ノ前ニ置
一執事二人燭臺ヲ（點火）香案ノ左右ニ置（蠟燭油燭好ニ仕ス）白晝ナレハナキモ可ナリ

喪祭式　十八

一執事祝文机ヲ香案ノ西ニ置
一祝者神主ヲ机上ニ置
一祝者魂帛ヲ棺ヘ寄セカケ置
一執事祝板（祝文ヲ張片木ニテモ可ナリ足打ニ載）ヲ香案ノ西ニ置タル祝文机ノ上ニ置　此時贊者主人ヘ上香アルヘシト申ス
一主人喪服香案前ニテ上香了テ神主机ノ前ニ進ミ坐ス
一執事筆硯ヲ主人ノ右ニ置

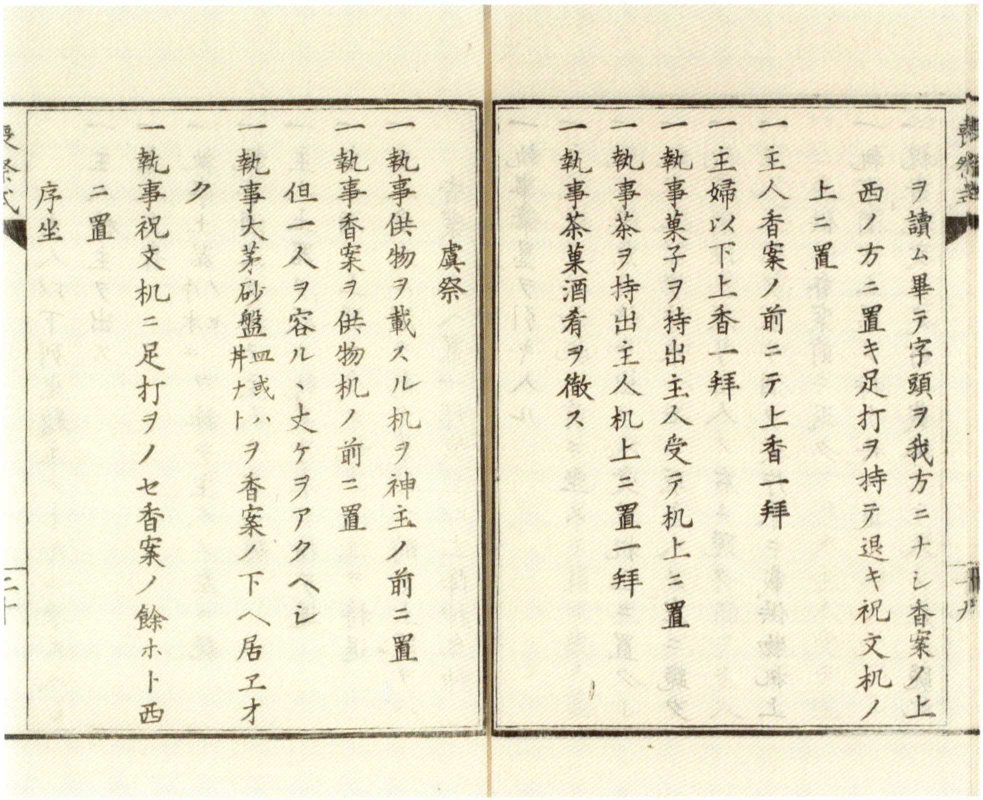

ヲ讀ム畢テ字頭ヲ我方ニナシ香案ノ上西ノ方ニ置キ足打ヲ持テ退キ祝文机ノ上ニ置

一主人香案ノ前ニテ上香一拜

一主婦以下上香一拜

一執事菓子ヲ持出主人受テ机上ニ置

一執事茶ヲ持出主人机上ニ置一拜

一執事茶菓酒肴ヲ徹ス

虞祭

一執事供物ヲ載スル机ヲ神主ノ前ニ置

一執事香案ヲ供物机ノ前ニ置

但一人ヲ容ル、丈ケヲアクヘシ

一執事大茅砂盤四弐ハ井ナトヲ香案ノ下ヘ居ヱオク

一執事祝文机ニ足打ヲノセ香案ノ餘ホト西ニ置

序坐

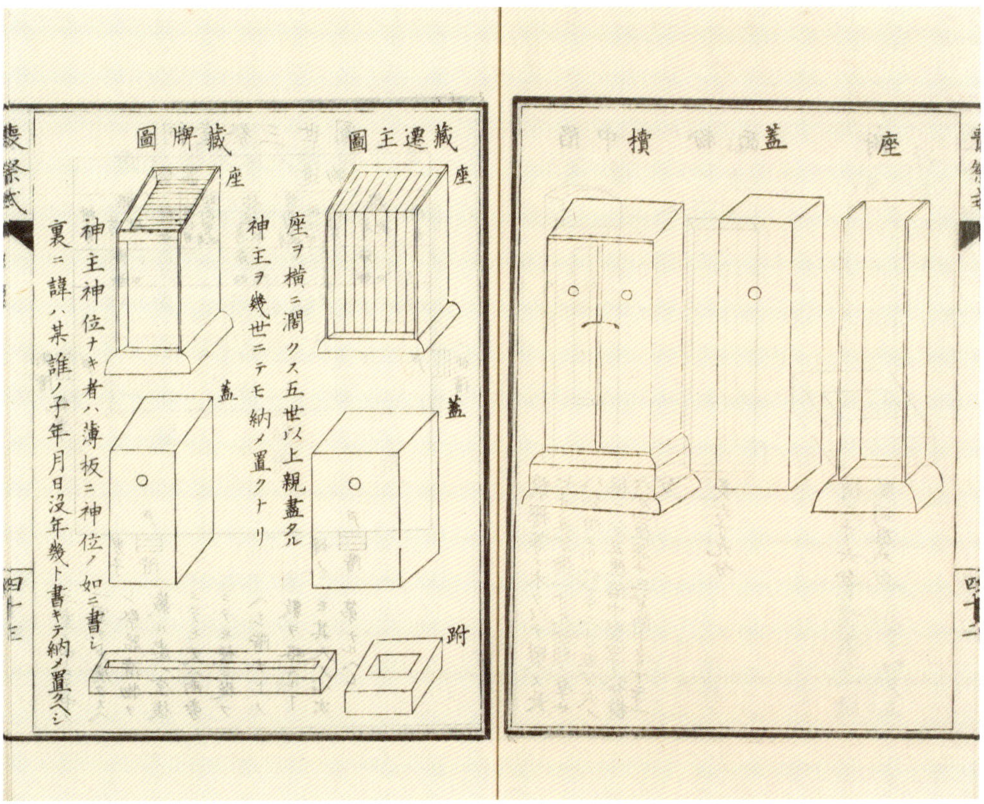

座ヲ横ニ濶クス五世以上親盡タル神主ヲ幾世ニテモ納メ置クナリ

神主神位ナキ者ハ薄板ニ神位ノ如ニ書シ裏ニ諱ハ某諱ノ子年月日没年幾ト書キテ納メ置クヘシ

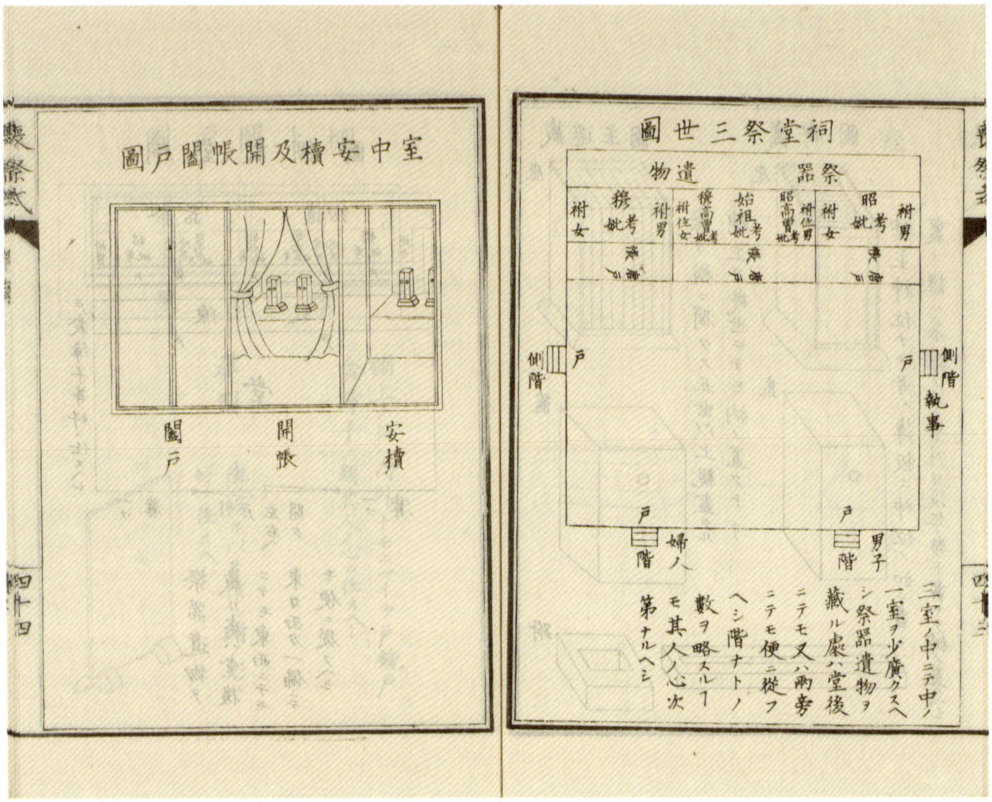
室中安櫝及開帳闔戸圖
安櫝
開帳
闔戸
祠堂祭三世圖
祭器
遺物
側階
戸
執事
婦人
男子
階
三室ノ中ニテ中ノ一室ヲ少廣クスヘシ祭器遺物ヲ藏ル處ハ堂後ニテモ又ハ兩旁ニテモ便ニ從フヘシ階ナトノ數ヲ略スルコトモ其人ノ心次第ナルヘシ

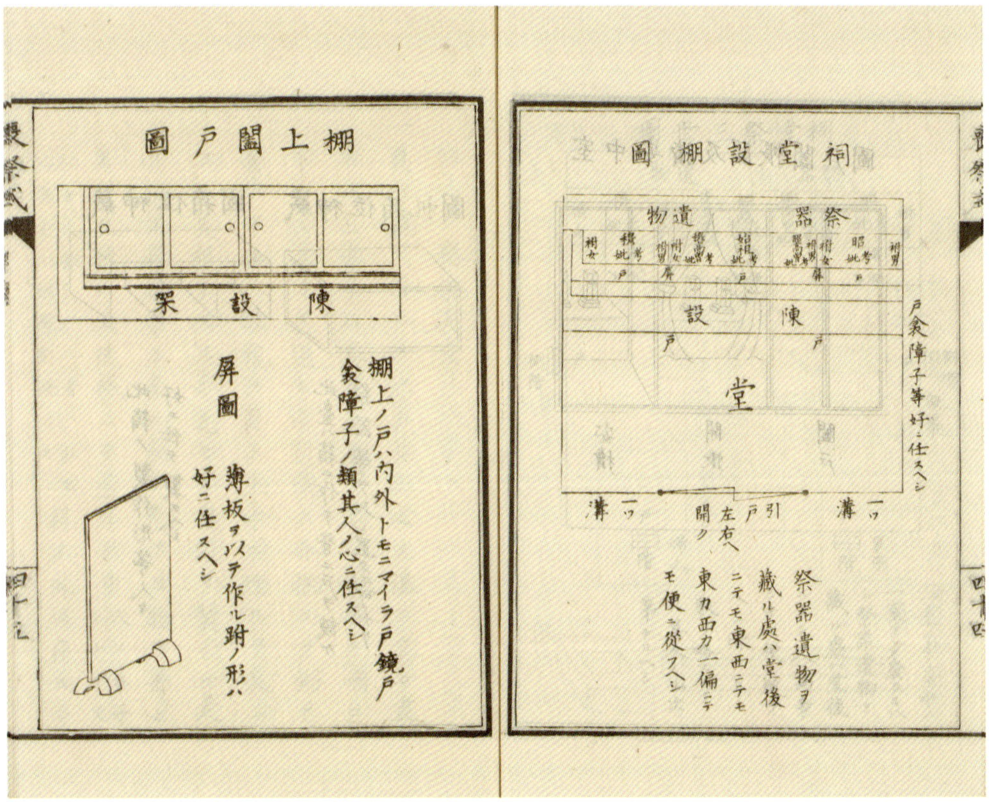
棚上闔戸圖
陳設架
棚上ノ戸ハ内外トモニマイラ戸鏡戸衾障子ノ類其人ノ心ニ任スヘシ
屏圖
薄板ヲ以テ作ル蹄ノ形ハ好ニ任スヘシ
祠堂設棚圖
祭器
遺物
陳設
堂
戸衾障子等好ニ任スヘシ
引戸左右ヘ開ク
溝
祭器遺物ヲ藏ル處ハ堂後ニテモ東西ニテモ東カ西カ一偏ニテモ便ニ從フヘシ

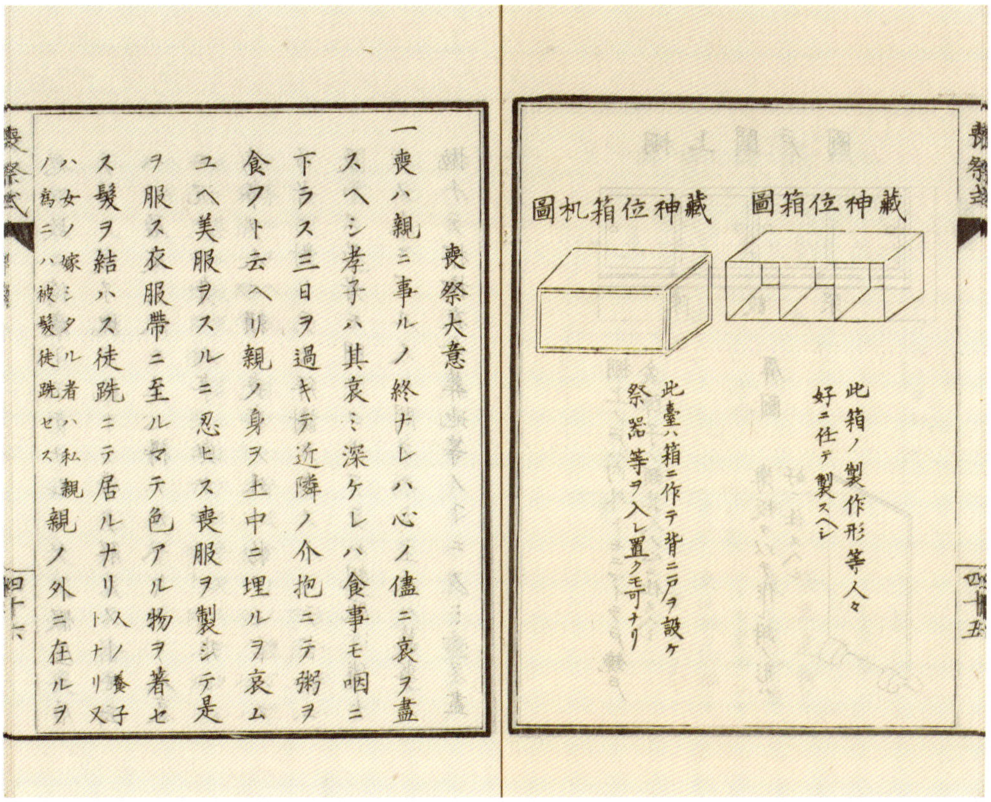
藏神位箱圖
此箱ノ製作形等人々好ニ任テ製スヘシ
藏神位箱机圖
此臺ハ箱ニ作テ背ニ戸ヲ設ケ祭器等ヲ入レ置クモ可ナリ
喪祭大意
一喪ハ親ニ事ルノ終ナレハ心ノ儘ニ哀ヲ盡スヘシ孝子ハ其哀ミ深ケレハ食事モ咽ニ下ラス三日ヲ過キテ近隣ノ介抱ニテ粥ヲ食フト云ヘリ親ノ身ヲ土中ニ埋ルヲ哀ムユヘ美服ヲスルニ忍ヒス喪服ヲ製シテ是ヲ服ス衣服帶ニ至ルマテ色アル物ヲ著セス髮ヲ結ハス徒跣ニテ居ルナリ人ノ養子トナリ又ハ女ノ嫁シタル者ハ私親ノ為ニハ被髮徒跣セス 親ノ外ニ在ルヲ

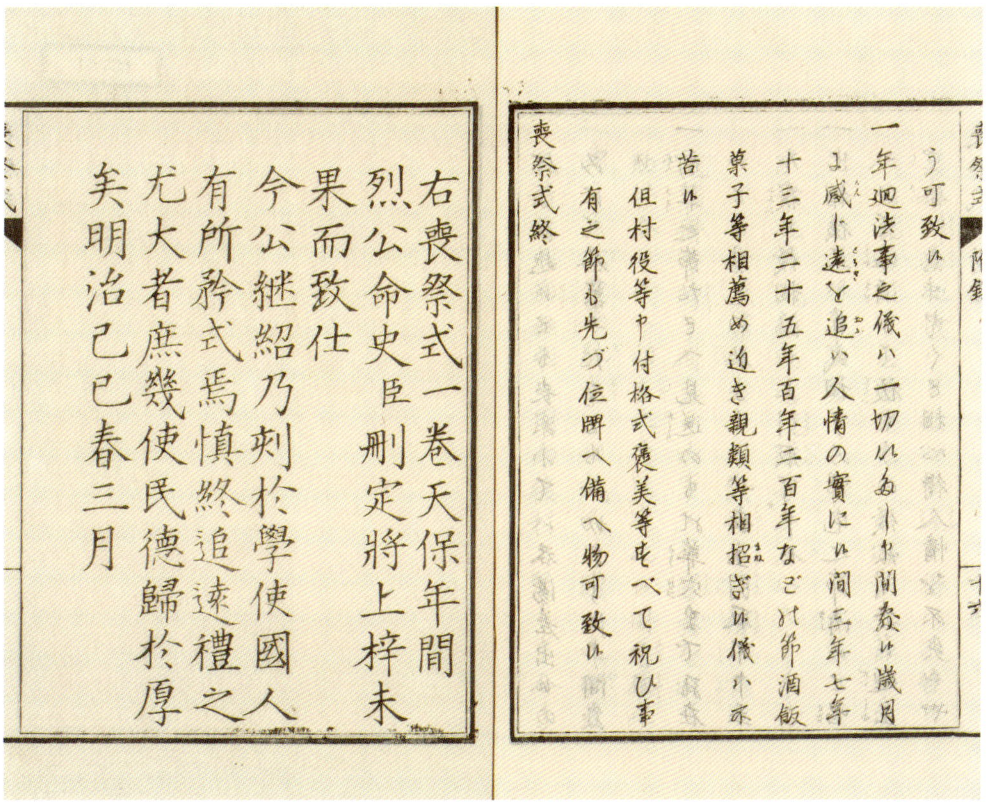
う可致候
一年廻法事之儀ハ一切致し申間敷候歳月ニ感し遠きを追ふハ人情の實にハ候間三年七年十三年二十五年百年二百年などの節酒飯菓子等相薦め近き親類等相招ぎ候儀ハ不苦候
但村役等被付格式褒美等を以て祝ひ事有之節も先づ位牌へ備へ物可致候
喪祭式終
右喪祭式一巻天保年間烈公命史臣刪定將上梓未果而致仕今公繼紹乃刻於學使國人有所矜式焉慎終追遠禮之尤大者庶幾使民德歸於厚矣明治己巳春三月

附一：趙孟頫書《大學》對屏

115.5×104.40cm　二幅　書畫5①②

解說一：計文淵

德川博物館珍藏趙孟頫《大學》對屏書軸，絹本。原為四條幅，近代裝裱合成為大幅對屏。

趙孟頫（1254–1322），字子昂，號松雪、水晶宮道人等。吴興（今浙江湖州）人。元代著名書畫家，人譽"超宋邁唐，直接右軍"。書法分隸、真、行、草，無不冠絕古今。趙孟頫自四十六歲之後，終於形成了以二王為風範而又具自己鮮明個性的"趙體"。這件《大學》書屏正是"趙體"書風代表之一。

趙孟頫書錄《大學》1752字，全文皆以南宋朱熹注《四書·大學》為底本，依朱改"親民"為"新民"。日本東京國立博物館所藏的趙孟頫《三門記》墨跡，下筆有神，體勢雄健，大字楷書，可謂神品。明李日華評《三門記》云："文敏此碑，有泰和之朗而無其佻，有季海之重而無其鈍，不用平原面目而含其精神，天下趙碑第一也。"而此《大學》書屏墨跡，雖未署年月，字裏行間，卻機杼自出，較《三門記》姿態意韻，稍近秀潤，點畫顧盼呼應，轉折靈動。結體也端莊嚴謹，筆法遒勁而飄逸，整篇渾然一體，雖歷經近七百年歲月，神采依然，保存完善，堪稱稀世之珍。

解說二：鍋島亞朱華

此幅書法作品傳為趙孟頫之作，在此先不論作為藝術品的價值，其文本內容亦引人注目。

一般提到《大學》，意指朱熹之《大學章句》，然而《大學》原本為《禮記》中的一篇，並非獨立的一本書籍。朱熹重視《大學》的內容、思想，將其列為《四書》之一，成為儒家必讀經典。而朱熹在編輯《四書》時，修改了《大學》文本內容及段落順序，並加上註解後以《大學章句》的形式問世。《四書》由朱熹提倡，至元代採用於科舉後成為學子必讀之書。反過來說，在朱熹提倡之前《大學》並未被重視，而其形式內容也與後來盛行之《大學章句》不同。

此幅趙子昂筆《大學》就是依據朱熹的《大學章句》所書寫。看似當然的選擇，卻顯示當時學界的潮流與《大學章句》普及的狀況。

值得注目之處在於首句"大學之道，在明明德，在新民，在止於至善"。在《禮記》中"新民"原作"親民"，朱熹在修訂《大學》時依據程頤之說，在註解中說明"親"應為"新"，但並未改原文。而在此作品中直接寫作"新民"，可見朱熹所提倡的新說已被接受。

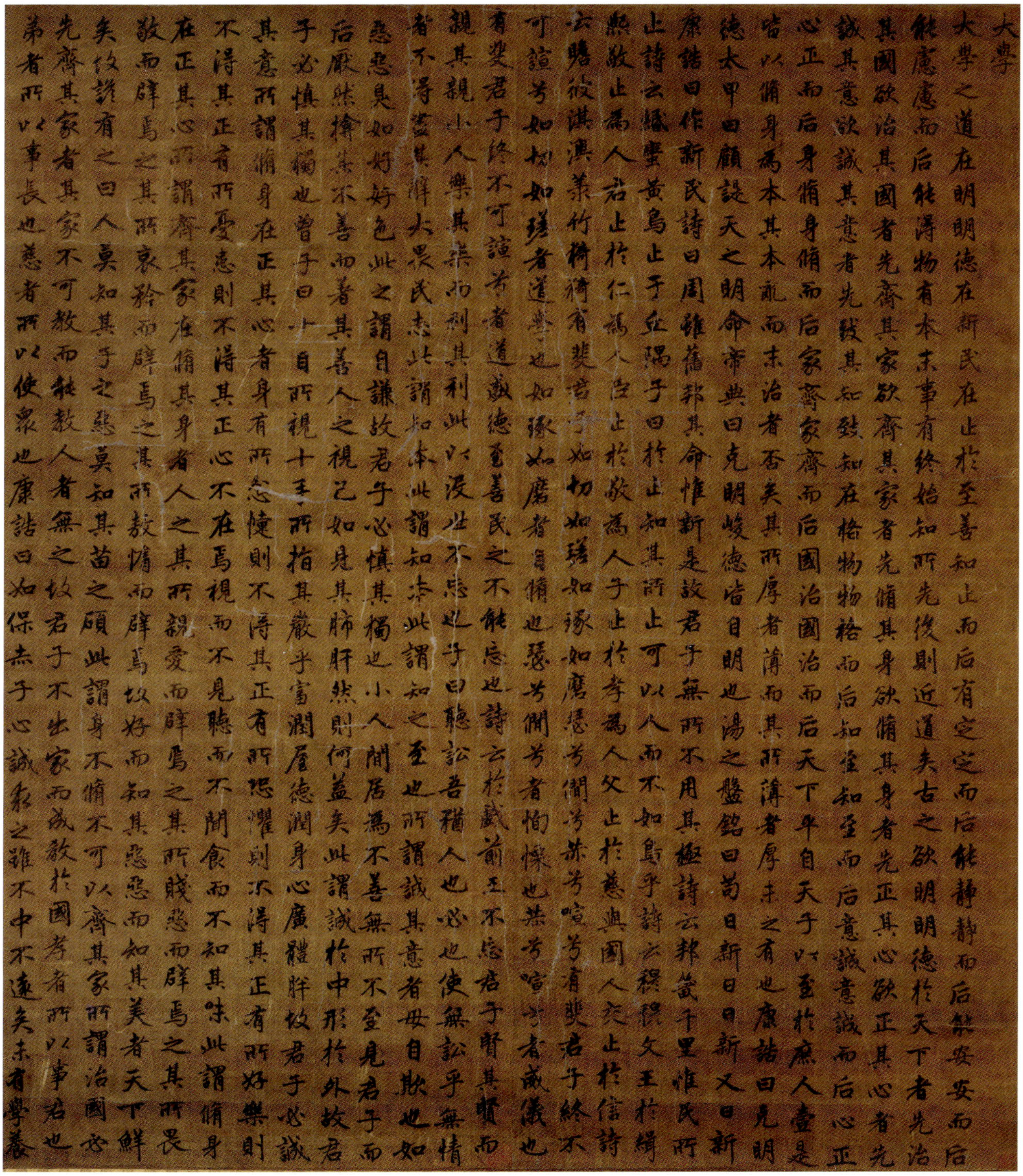
大學
大學之道在明明德在新民在止於至善知止而后有定定而后能靜靜而后能安安而后
能慮慮而后能得物有本末事有終始知所先後則近道矣古之欲明明德於天下者先治
其國欲治其國者先齊其家欲齊其家者先脩其身欲脩其身者先正其心欲正其心者先
誠其意欲誠其意者先致其知致知在格物物格而后知至知至而后意誠意誠而后心正
心正而后身脩身脩而后家齊家齊而后國治國治而后天下平自天子以至於庶人壹是
皆以脩身為本其本亂而末治者否矣其所厚者薄而其所薄者厚未之有也康誥曰克明
德太甲曰顧諟天之明命帝典曰克明峻德皆自明也湯之盤銘曰苟日新日日新又日新
康誥曰作新民詩曰周雖舊邦其命惟新是故君子無所不用其極詩云邦畿千里惟民所
止詩云緡蠻黃鳥止于丘隅子曰於止知其所止可以人而不如鳥乎詩云穆穆文王於緝
熙敬止為人君止於仁為人臣止於敬為人子止於孝為人父止於慈與國人交止於信詩
云瞻彼淇澳菉竹猗猗有斐君子如切如磋如琢如磨瑟兮僩兮赫兮喧兮有斐君子終不
可諠兮如切如磋者道學也如琢如磨者自脩也瑟兮僩兮者恂慄也赫兮喧兮者威儀也
有斐君子終不可諠兮者道盛德至善民之不能忘也詩云於戲前王不忘君子賢其賢而
親其親小人樂其樂而利其利此以沒世不忘也子曰聽訟吾猶人也必也使無訟乎無情
者不得盡其辭大畏民志此謂知本此謂知之至也所謂誠其意者毋自欺也如
惡惡臭如好好色此之謂自謙故君子必慎其獨也小人閒居為不善無所不至見君子而
后厭然揜其不善而著其善人之視己如見其肺肝然則何益矣此謂誠於中形於外故君
子必慎其獨也曾子曰十目所視十手所指其嚴乎富潤屋德潤身心廣體胖故君子必誠
其意所謂脩身在正其心者身有所忿懥則不得其正有所恐懼則不得其正有所好樂則
不得其正有所憂患則不得其正心不在焉視而不見聽而不聞食而不知其味此謂脩身
在正其心所謂齊其家在脩其身者人之其所親愛而辟焉之其所賤惡而辟焉之其所畏
敬而辟焉之其所哀矜而辟焉之其所敖惰而辟焉故好而知其惡惡而知其美者天下鮮
矣故諺有之曰人莫知其子之惡莫知其苗之碩此謂身不脩不可以齊其家所謂治國必
先齊其家者其家不可教而能教人者無之故君子不出家而成教於國孝者所以事君也
弟者所以事長也慈者所以使衆也康誥曰如保赤子心誠求之雖不中不遠矣未有學養

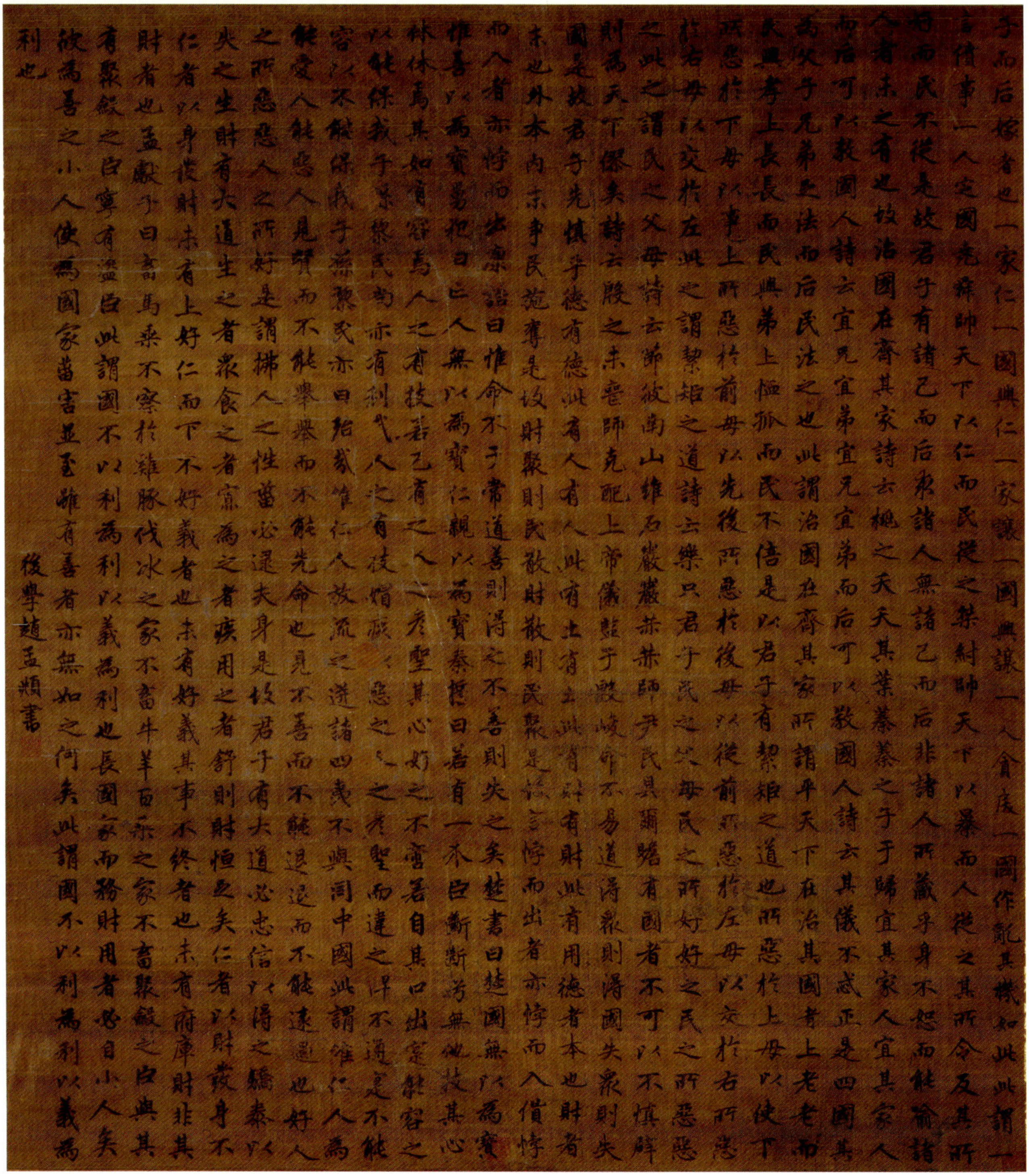
乎而后嫁者也一家仁一國興仁一家讓一國興讓一人貪戾一國作亂其機如此此謂一
言僨事一人定國堯舜帥天下以仁而民從之桀紂帥天下以暴而人從之其所令反其所
好而民不從是故君子有諸己而后求諸人無諸己而后非諸人所藏乎身不恕而能喻諸
人者未之有也故治國在齊其家詩云桃之夭夭其葉蓁蓁之子于歸宜其家人宜其家人
而后可以教國人詩云宜兄宜弟宜兄宜弟而后可以教國人詩云其儀不忒正是四國其
為父子兄弟足法而后民法之也此謂治國在齊其家所謂平天下在治其國者上老老而
民興孝上長長而民興弟上恤孤而民不倍是以君子有絜矩之道也所惡於上毋以使下
所惡於下毋以事上所惡於前毋以先後所惡於後毋以從前所惡於左毋以交於右所惡
於右毋以交於左此之謂絜矩之道詩云樂只君子民之父母民之所好好之民之所惡惡
之此之謂民之父母詩云節彼南山維石巖巖赫赫師尹民具爾瞻有國者不可以不慎辟
則為天下僇矣詩云殷之未喪師克配上帝儀監于殷峻命不易道得眾則得國失眾則失
國是故君子先慎乎德有德此有人有人此有土有土此有財有財此有用德者本也財者
末也外本內末爭民施奪是故財聚則民散財散則民聚是故言悖而出者亦悖而入貨悖
而入者亦悖而出康誥曰惟命不于常道善則得之不善則失之矣楚書曰楚國無以為寶
惟善以為寶舅犯曰亡人無以為寶仁親以為寶秦誓曰若有一个臣斷斷兮無他技其心
休休焉其如有容焉人之有技若己有之人之彥聖其心好之不啻若自其口出寔能容之
以能保我子孫黎民尚亦有利哉人之有技媢疾以惡之人之彥聖而違之俾不通寔不能
容以不能保我子孫黎民亦曰殆哉唯仁人放流之迸諸四夷不與同中國此謂唯仁人為
能愛人能惡人見賢而不能舉舉而不能先命也見不善而不能退退而不能遠過也好人
之所惡惡人之所好是謂拂人之性菑必逮夫身是故君子有大道必忠信以得之驕泰以
失之生財有大道生之者眾食之者寡為之者疾用之者舒則財恒足矣仁者以財發身不
仁者以身發財未有上好仁而下不好義者也未有好義其事不終者也未有府庫財非其
財者也孟獻子曰畜馬乘不察於雞豚伐冰之家不畜牛羊百乘之家不畜聚斂之臣與其
有聚斂之臣寧有盜臣此謂國不以利為利以義為利也長國家而務財用者必自小人矣
彼為善之小人使為國家菑害並至雖有善者亦無如之何矣此謂國不以利為利以義為
利也
後學趙孟頫書

附二：新板改正《大學》

26.5×17.9×0.5cm　一冊　文庫17406

彰考館收藏數種《大學》，均是朱熹的《大學章句》，反應出水戶德川家以朱子學為宗的為學態度。值得注目的是，其中有藩主親筆書寫的版本。如文庫NO.17406《大學》，在封面裏即有德川治保二十親筆書寫："予受句讀之初 先大人之所賜也" 字樣，可知此書是由父親賜與。

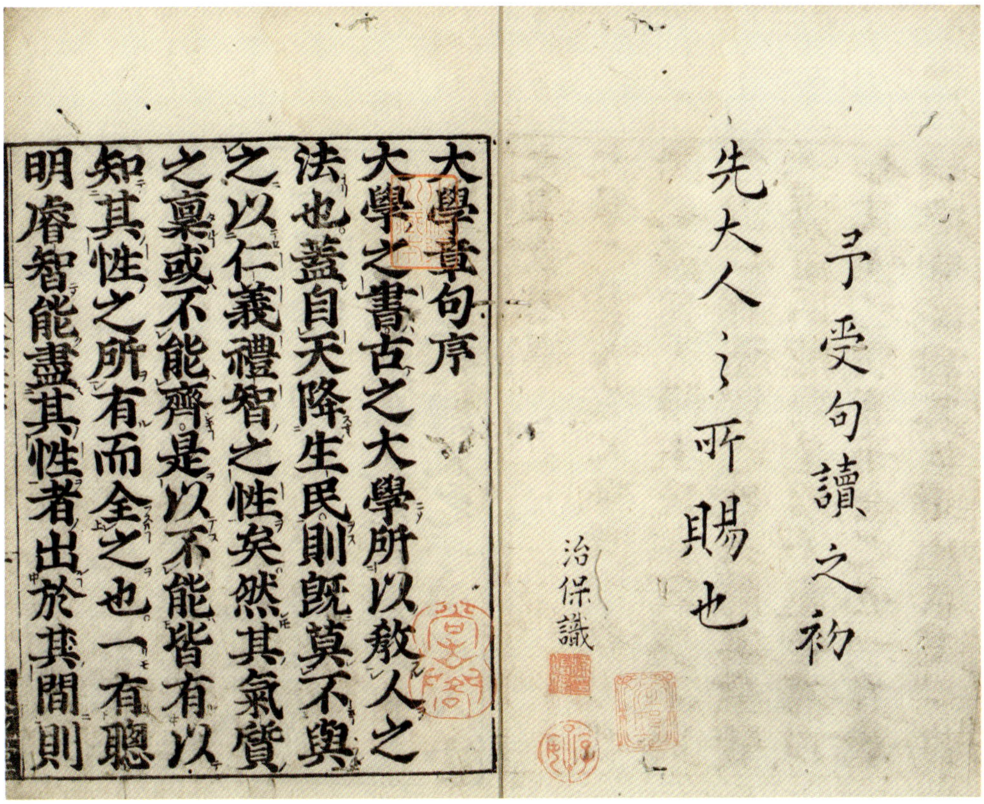
大學章句序
大學之書古之大學所以敎人之法也蓋自天降生民則既莫不與之以仁義禮智之性矣然其氣質之稟或不能齊是以不能皆有以知其性之所有而全之也一有聰明睿智能盡其性者出於其間則

予受句讀之初
先大人之所賜也
治保識

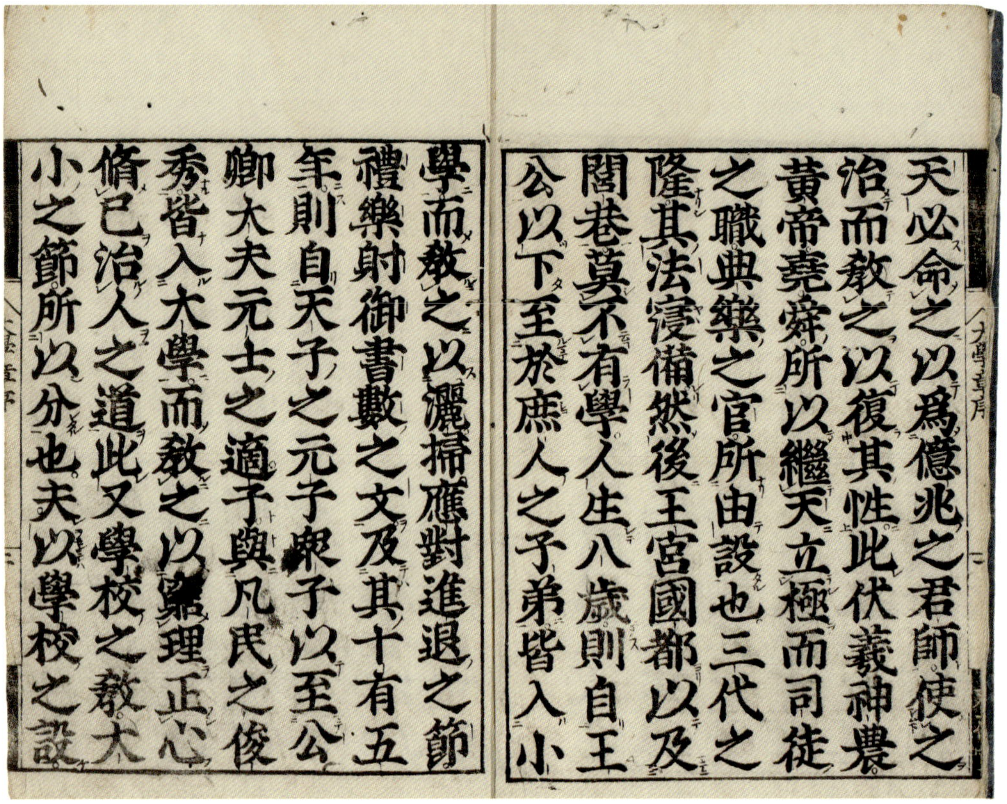
天必命之以爲億兆之君師使之
治而教之以復其性此伏羲神農
黄帝堯舜所以繼天立極而司徒
之職典樂之官所由設也三代之
隆其法寖備然後王宮國都以及
閭巷莫不有學人生八歲則自王
公以下至於庶人之子弟皆入小
學而教之以灑掃應對進退之節
禮樂射御書數之文及其十有五
年則自天子之元子衆子以至公
卿大夫元士之適子與凡民之俊
秀皆入大學而教之以窮理正心
脩己治人之道此又學校之教大
小之節所以分也夫以學校之設

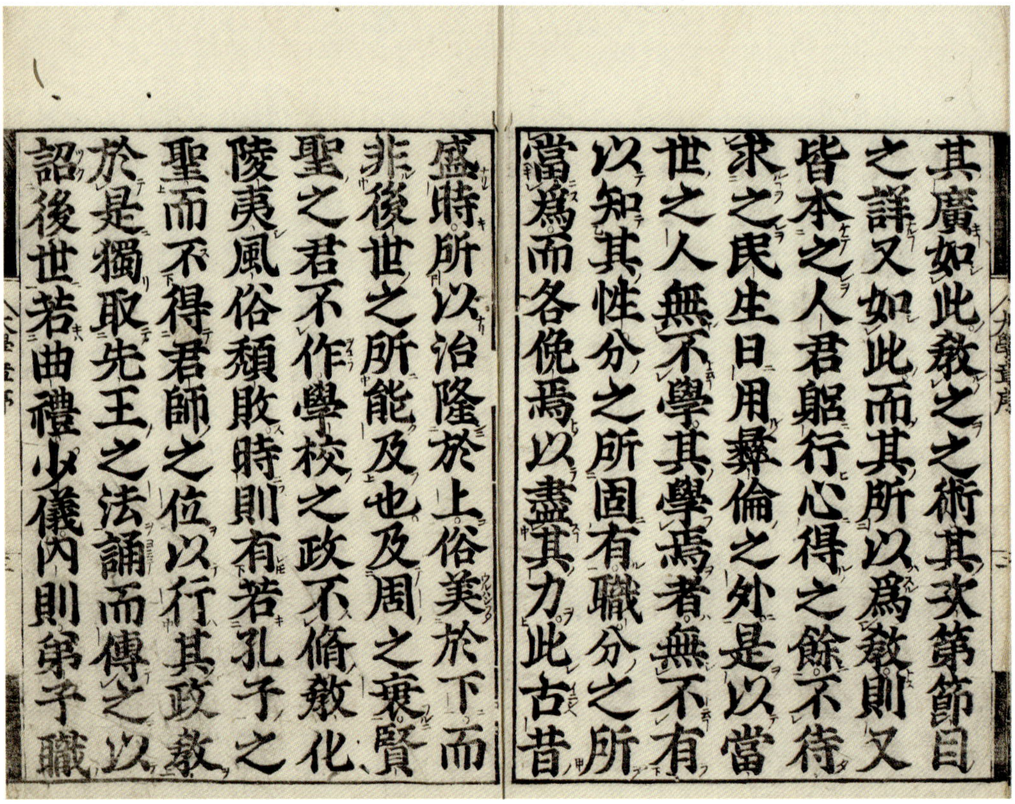
其廣如此教之之術其次第節目
之詳又如此而其所以爲教則又
皆本之人君躬行心得之餘不待
求之民生日用彝倫之外是以當
世之人無不學其學焉者無不有
以知其性分之所固有職分之所
當爲而各俛焉以盡其力此古昔
盛時所以治隆於上俗美於下而
非後世之所能及也及周之衰賢
聖之君不作學校之政不脩教化
陵夷風俗頹敗時則有若孔子之
聖而不得君師之位以行其政教
於是獨取先王之法誦而傳之以
詔後世若曲禮少儀內則弟子職

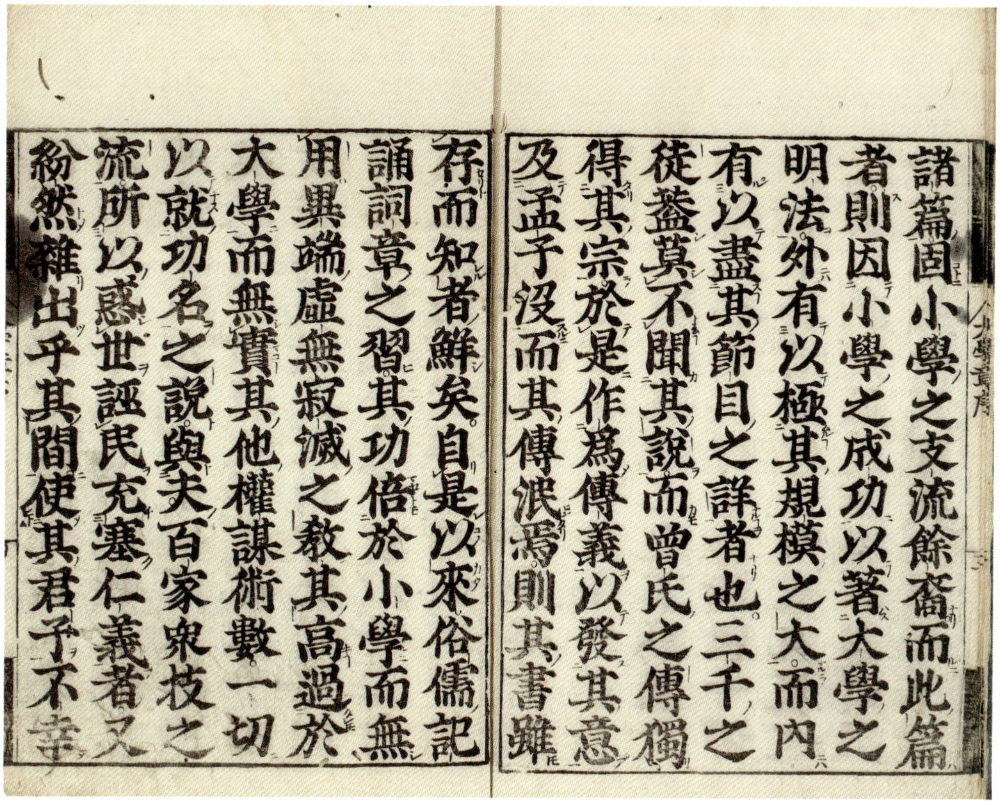

諸篇固小學之支流餘裔而此篇
者則因小學之成功以著大學之
明法外有以極其規模之大而內
有以盡其節目之詳者也三千之
徒蓋莫不聞其說而曾氏之傳獨
得其宗於是作爲傳義以發其意
及孟子沒而其傳泯焉則其書雖
存而知者鮮矣自是以來俗儒記
誦詞章之習其功倍於小學而無
用異端虛無寂滅之教其高過於
大學而無實其他權謀術數一切
以就功名之說與夫百家衆技之
流所以惑世誣民充塞仁義者又
紛然雜出乎其間使其君子不幸

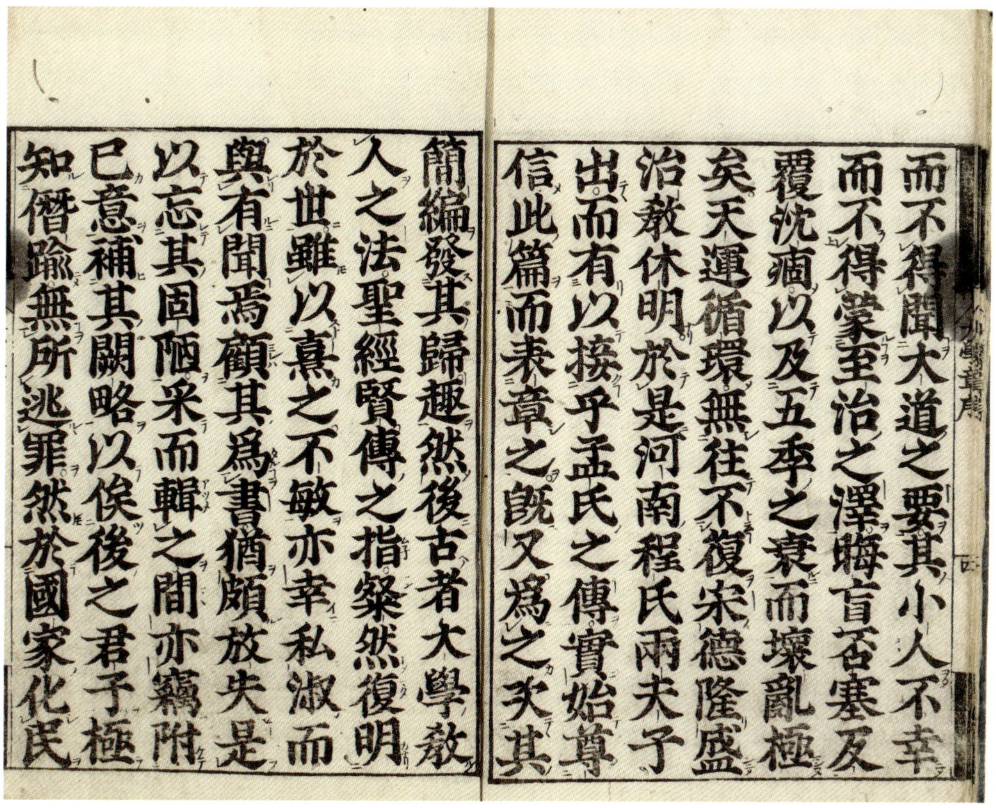

而不得聞大道之要其小人不幸
而不得蒙至治之澤晦盲否塞反
覆沈痼以及五季之衰而壞亂極
矣天運循環無往不復宋德隆盛
治教休明於是河南程氏兩夫子
出而有以接乎孟氏之傳實始尊
信此篇而表章之既又爲之次其
簡編發其歸趣然後古者大學教
人之法聖經賢傳之指粲然復明
於世雖以熹之不敏亦幸私淑而
與有聞焉顧其爲書猶頗放失是
以忘其固陋采而輯之間亦竊附
己意補其闕略以俟後之君子極
知僭踰無所逃罪然於國家化民

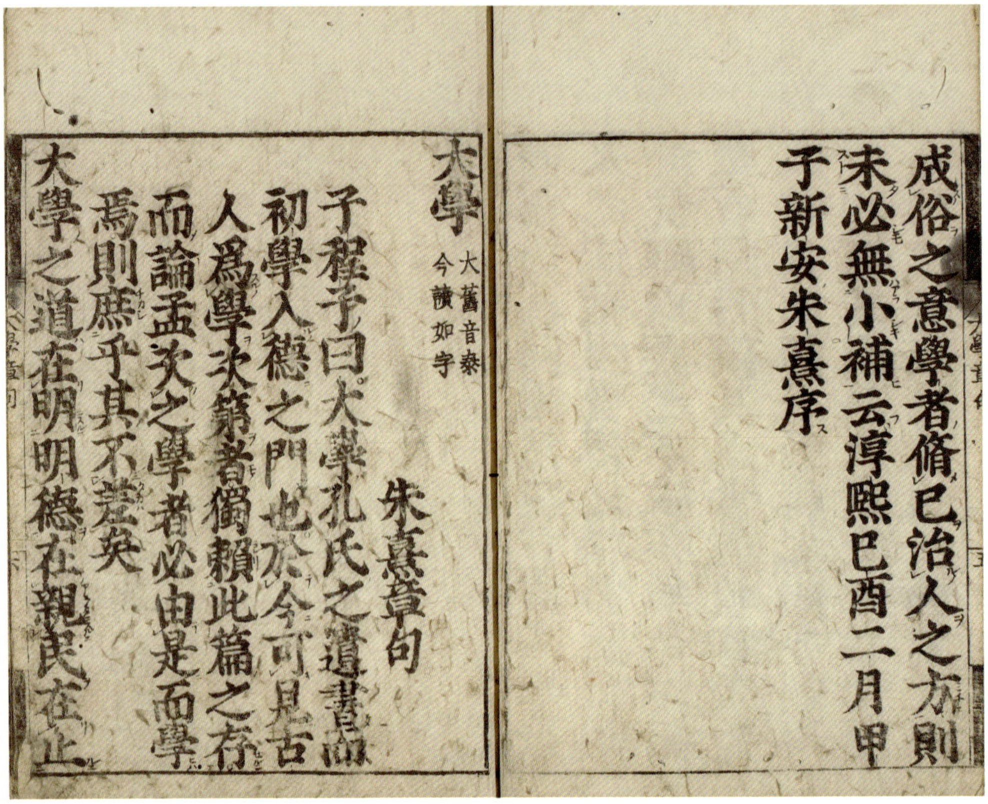

成俗之意學者脩己治人之方則未必無小補云淳熙己酉二月甲子新安朱熹序

大學 大舊音泰今讀如字

朱熹章句

子程子曰大學孔氏之遺書而初學入德之門也於今可見古人為學次第者獨賴此篇之存而論孟次之學者必由是而學焉則庶乎其不差矣

大學之道在明明德在親民在止

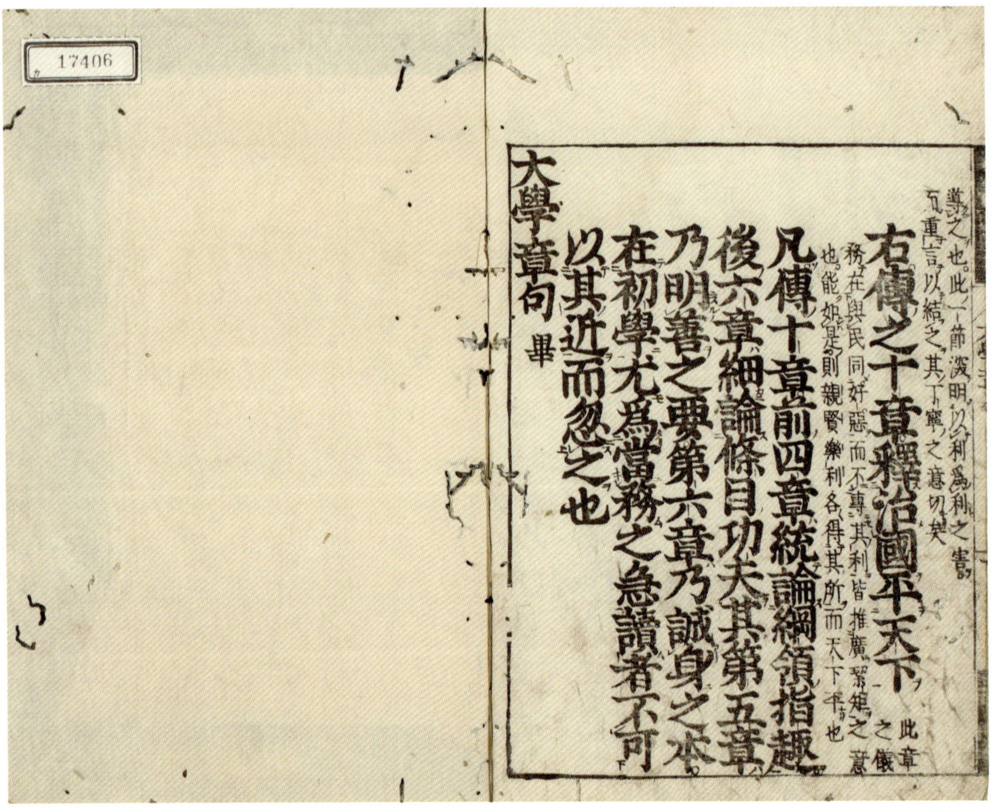

導之也此一節深明以利為利之害而重言以結之其丁寧之意切矣

右傳之十章釋治國平天下 此章之義務在與民同好惡而不專其利皆推廣絜矩之意也能如是則親賢樂利各得其所而天下平矣

凡傳十章前四章統論綱領指趣後六章細論條目功夫其第五章乃明善之要第六章乃誠身之本在初學尤為當務之急讀者不可以其近而忽之也

大學章句 畢

附三:《大學》(道春點)

25.8×18.2×0.8cm　一冊　文庫13693

文庫NO.13693的《大學》，此書裝於書套中，書套上說明此《大學》是文公（治保）所賜，而封面裏有文公親筆書寫之“政”字。

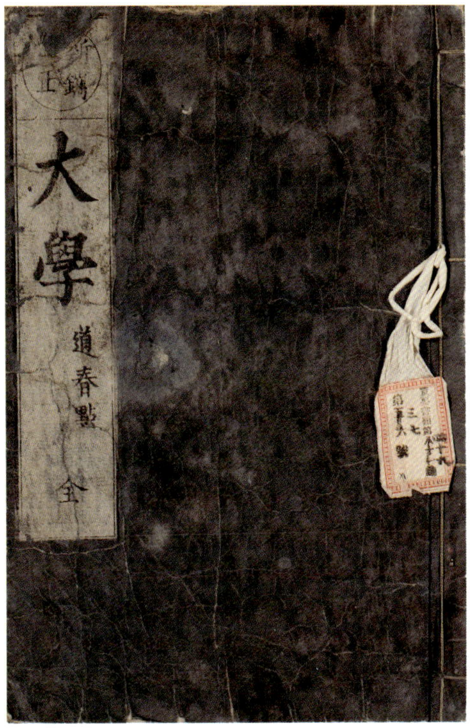

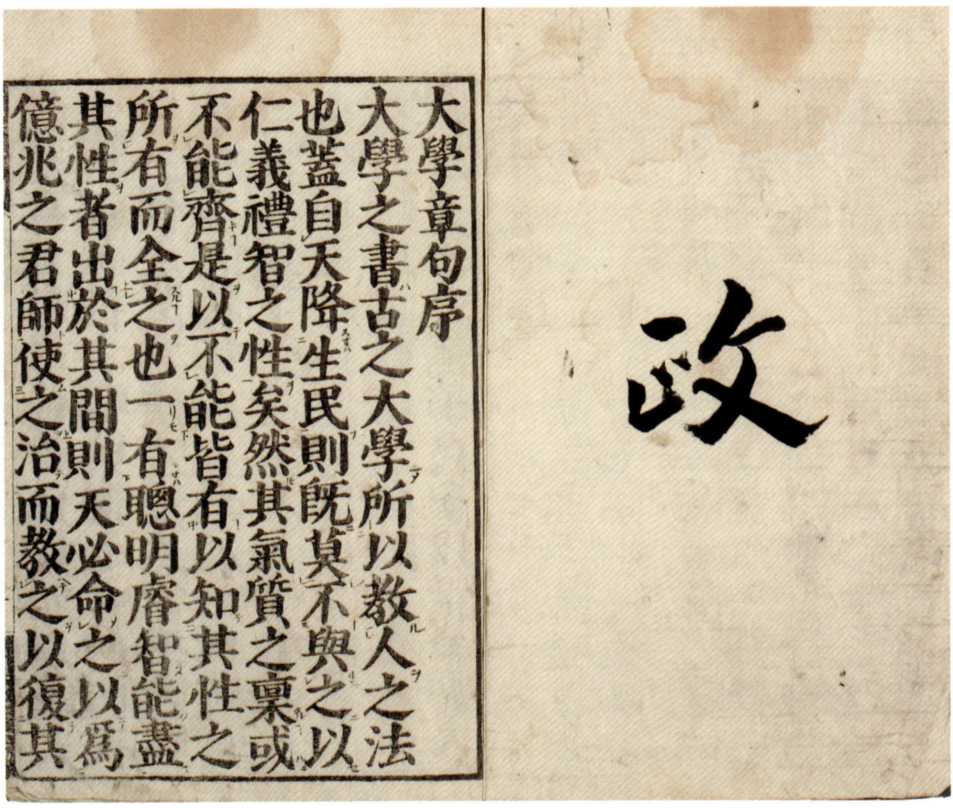
大學章句序
大學之書古之大學所以教人之法
也蓋自天降生民則既莫不與之以
仁義禮智之性矣然其氣質之稟或
不能齊是以不能皆有以知其性之
所有而全之也一有聰明睿智能盡
其性者出於其閒則天必命之以爲
億兆之君師使之治而教之以復其

性此伏羲神農黃帝堯舜所以繼天立極而司徒之職典樂之官所由設也三代之隆其法寖備然後王宮國都以及閭巷莫不有學人生八歲則自王公以下至於庶人之子弟皆入小學而教之以灑掃應對進退之節禮樂射御書數之文及其十有五年則自天子之元子衆子以至公卿大

夫元士之適子與凡民之俊秀皆入大學而教之以窮理正心脩己治人之道此又學校之教大小之節所以分也夫以學校之設其廣如此教之之術其次第節目之詳又如此而其所以爲教則又皆本之人君躬行心得之餘不待求之民生日用彝倫之外是以當世之人無不學其學焉者

無不有以知其性分之所固有職分之所當爲而各俛焉以盡其力此古昔盛時所以治隆於上俗美於下而非後世之所能及也及周之衰賢聖之君不作學校之政不脩教化陵夷風俗頽敗時則有若孔子之聖而不得君師之位以行其政教於是獨取先王之法誦而傳之以詔後世若曲

禮少儀內則弟子職諸篇固小學之支流餘裔而此篇者則因小學之成功以著大學之明法外有以極其規模之大而內有以盡其節目之詳者也三千之徒蓋莫不聞其說而曾氏之傳獨得其宗於是作爲傳義以發其意及孟子沒而其傳泯焉則其書雖存而知者鮮矣自是以來俗儒記

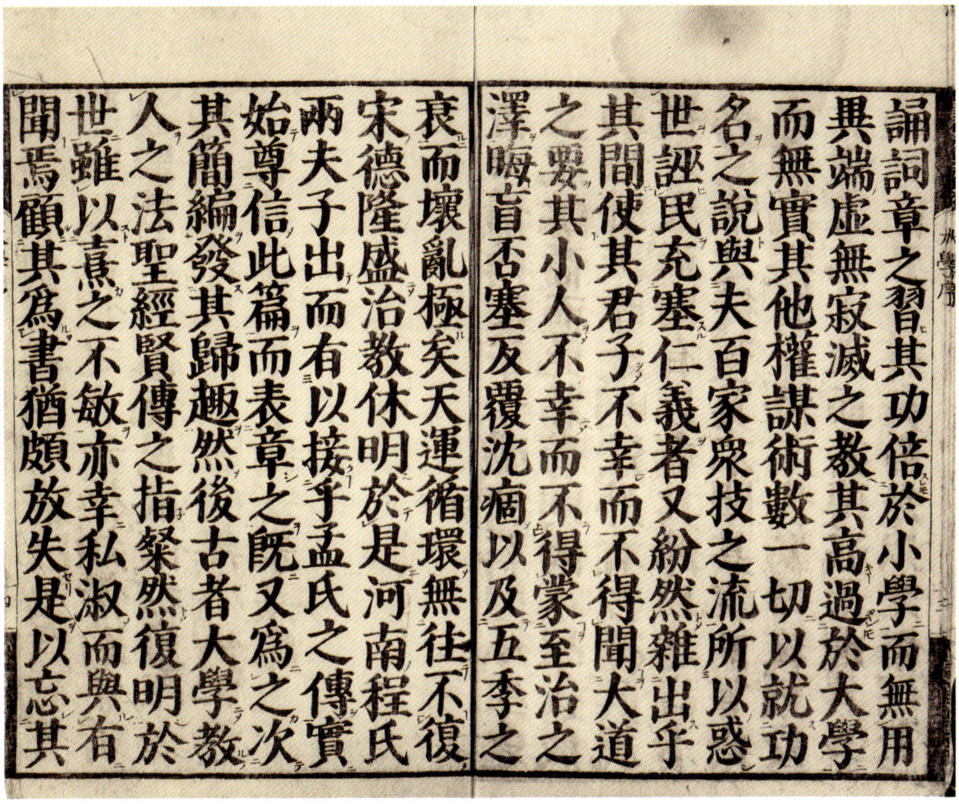
大學序

誦詞章之習其功倍於小學而無用
異端虛無寂滅之教其高過於大學
而無實其他權謀術數一切以就功
名之說與夫百家衆技之流所以惑
世誣民充塞仁義者又紛然雜出乎
其間使其君子不幸而不得聞大道
之要其小人不幸而不得蒙至治之
澤晦盲否塞反覆沈痼以及五季之
衰而壞亂極矣天運循環無往不復
宋德隆盛治教休明於是河南程氏
兩夫子出而有以接乎孟氏之傳實
始尊信此篇而表章之既又爲之次
其簡編發其歸趣然後古者大學教
人之法聖經賢傳之指粲然復明於
世雖以熹之不敏亦幸私淑而與有
聞焉顧其爲書猶頗放失是以忘其

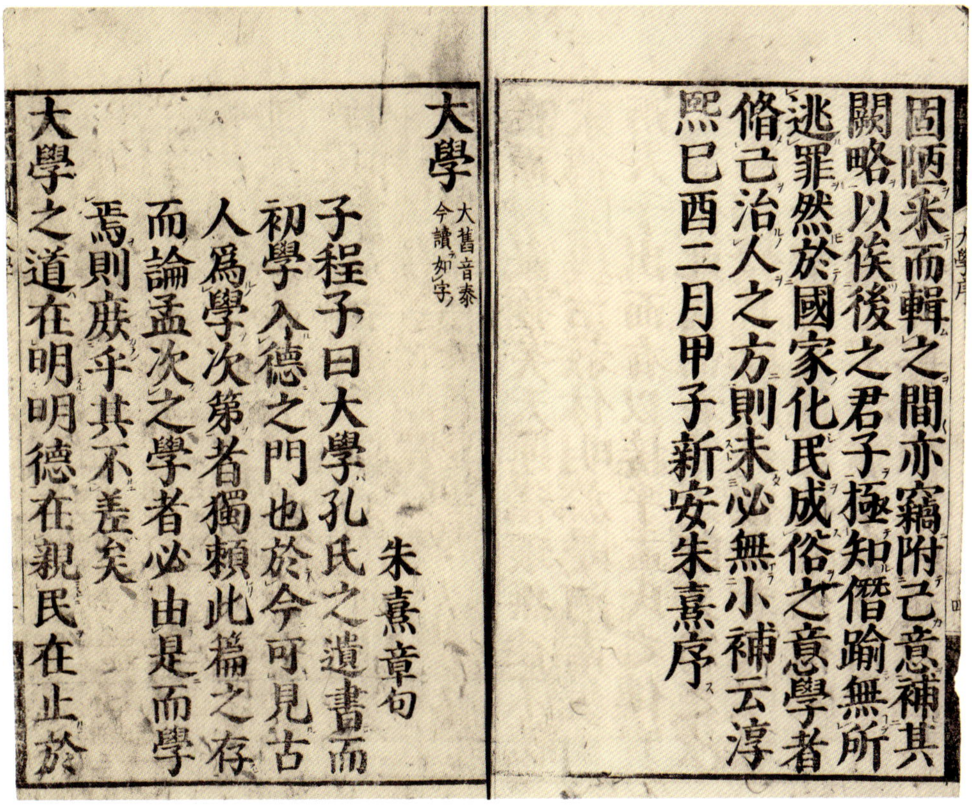
大學序

固陋采而輯之間亦竊附己意補其
闕略以俟後之君子極知僭踰無所
逃罪然於國家化民成俗之意學者
脩己治人之方則未必無小補云淳
熙己酉二月甲子新安朱熹序

大學 大舊音泰今讀如字

朱熹章句

子程子曰大學孔氏之遺書而
初學入德之門也於今可見古
人爲學次第者獨賴此篇之存
而論孟次之學者必由是而學
焉則庶乎其不差矣

大學之道在明明德在親民在止於

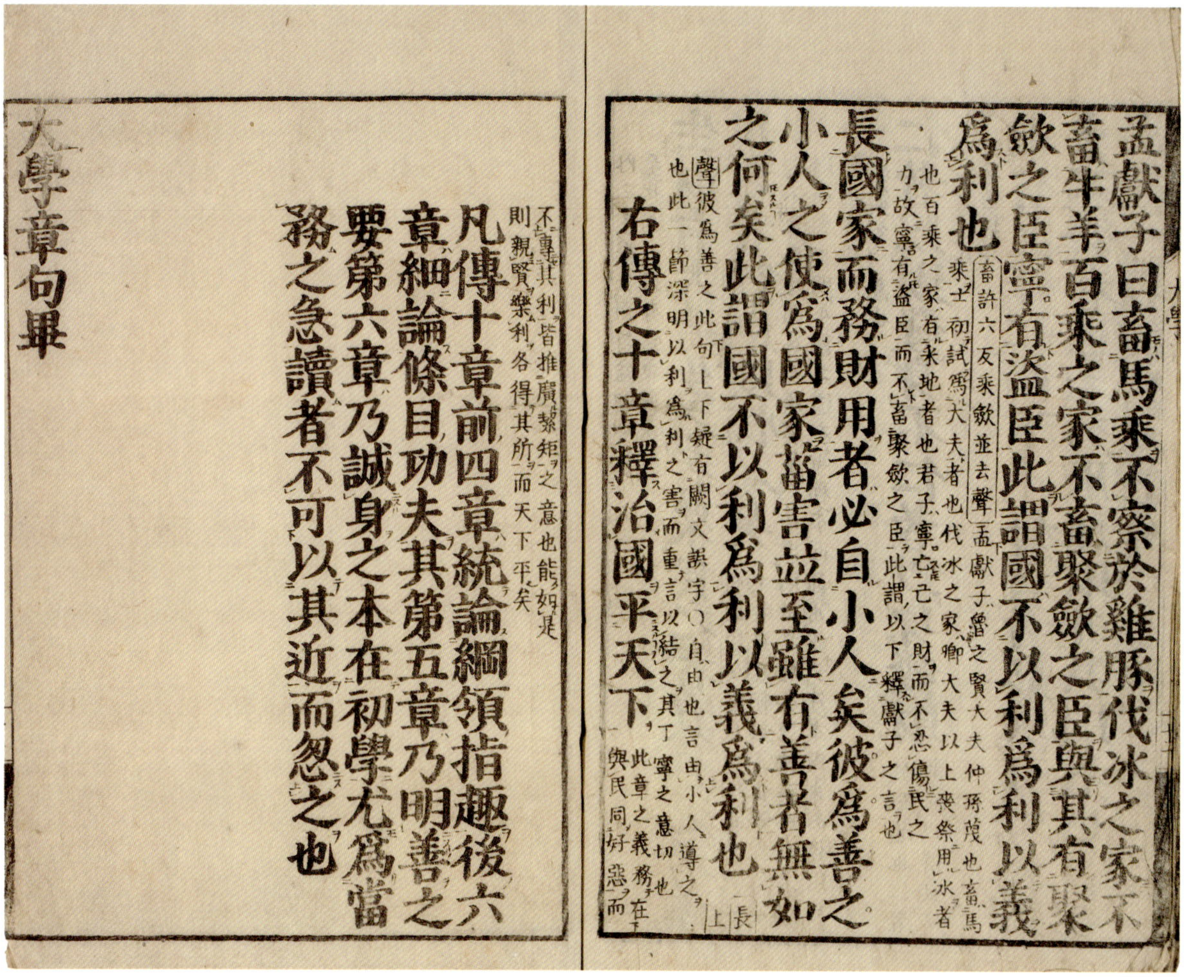

孟獻子曰畜馬乘不察於雞豚伐冰之家不畜牛羊百乘之家不畜聚斂之臣與其有聚斂之臣寧有盜臣此謂國不以利爲利以義爲利也

畜許六反乘斂並去聲　孟獻子魯之賢大夫仲孫蔑也畜馬乘士初試爲大夫者也伐冰之家卿大夫以上喪祭用冰者也百乘之家有采地者也君子寧亡己之財而不忍傷民之力故寧有盜臣而不畜聚斂之臣此謂以下釋獻子之言也

長國家而務財用者必自小人矣彼爲善之小人之使爲國家菑害竝至雖有善者無如之何矣此謂國不以利爲利以義爲利也

長上聲　彼爲善之此句上下疑有闕文誤字　自由也言由小人導之也此一節深明以利爲利之害而重言以結之其丁寧之意切矣

右傳之十章釋治國平天下

此章之義務在與民同好惡而不專其利皆推廣絜矩之意也能如是則親賢樂利各得其所而天下平矣

凡傳十章前四章統論綱領指趣後六章細論條目功夫其第五章乃明善之要第六章乃誠身之本在初學尤爲當務之急讀者不可以其近而忽之也

大學章句畢

作 者 簡 歷

（依撰寫章節為序）

德川眞木

1960年9月生，日本慶應義塾大學經濟學院畢業。現任日本公益財團法人德川博物館館長。歷任彰考館德川博物館副館長、大能林業有限公司取締役、社團法人昭和經濟會理事、一般社團法人行政刷新研究機構理事等。著有《水戸黄門の残した“水戸学”》，《大德川展》（2007）、《水戸藩開藩四百年記念・茶室“得月亭”公開記念特別展・水戸德川家伝来茶道具展》，《茶道雑誌》第73卷2號（2009）、《近世以来の家伝資料から——水戸德川家の記憶》，《建築雜紙》第126集第1624號（2011）。

徐興慶

男，1956年12月生，臺灣南投埔里人，日本九州大學文學博士（1992）、日本關西大學文化交涉學（論文）博士（2012）。現任臺灣大學日本語文學系教授，曾任臺灣中國文化大學日本語文學系副教授兼系主任與日本研究所所長、日本天理大學國際文化學部客座教授、日本九州大學訪問研究員、臺灣大學日本語文學系系主任與所長、臺灣大學人文社會高等研究院特約研究員、國際日本文化研究中心客座研究員、日本關西大學亞洲文化交流研究中心客座研究員。主要著作有《近世中日文化交流史の研究》（1992）、《近代中日思想交流史の研究》（2004）、《台湾における日本漢文学研究の現状と課題》（2005）、《朱舜水與東亞文化傳播的世界》（2008）。編著有：《朱舜水集補遺》（1992）、《新訂朱舜水集補遺》（2004）、《德川時代日本儒學史論集》（2004）、《東亞文化交流：空間・疆界・遷移》（2008）、《東亞文化交流與經典詮釋》（2008）、《現代日本政治事典》（2008）、《東亞知識人對近代性的思考》（2009）、《江戶時代日本漢學研究諸面向：思想文化篇》（2009）、《朱舜水與近世日本儒學的發展》（2012）等書。

錢　明

男，1956年11月生，浙江杭州人，日本九州大學文學博士；浙江國際陽明學研究中心主任，浙江省社會科學院研究員；浙江省儒學會副會長，國際儒聯理事，《儒學天地》副主編；韓國嶺南大學、寧波大學、貴州大學中國文化書院特聘研究員；臺灣中研院、臺灣大學、臺灣清華大學、日本九州大學、東洋大學、福岡女學院大學訪問研究員。主治明清思想史、東亞陽明學。主要著作有《陽明學的形成與發展》(江蘇古籍出版社, 2002年)、《儒學正脈——王守仁傳》(浙江人民出版社, 2006年)、《勝國賓師——朱舜水傳》(浙江人民出版社, 2008年)、《王陽明及其學派論考》(人民出版社, 2009年)、《浙中王學研究》(中國人民大學出版社, 2009年)及論文百餘篇。

韓東育

男, 1962年12月生, 東北師範大學學士、碩士, 日本東京大學文學博士、博士後, 東北師範大學歷史文化學院教授。主治日本史、東亞思想史和東亞國際關係史。歷任東京大學客座研究員、日本學術振興會外國人特別研究員、日本九州大學人文科學府講義教授、國際日本文化研究中心外國人研究員、臺灣大學人文社會高等研究院訪問學者等。現為教育部"長江學者獎勵計畫"特聘教授、國務院學位委員會學科評議組成員、國家社會科學基金項目評審委員會委員、教育部高等學校教學指導委員會委員、吉林省歷史學會會長。出版《日本近世新法家研究》(中華書局, 2003年)、《道學的病理》(商務印書館, 2007年)、《從"脫儒"到"脫亞": 日本近世以來"去中心化"之思想過程》(臺大出版中心, 2009年)等專著數部, 論文數十篇, 獲獎多項。

計文淵

計文淵, 1968年生, 浙江餘姚人。畢業於中國美術學院, 現任餘姚書畫院副院長。嘗訪求先賢遺墨, 足遍大江南北。近來潛心書論考據, 書畫鑒賞。論文散見於全國性專業刊物, 書畫曾先後赴海內外展覽。編著《王陽明法書集》(西泠印社出版社, 1996年)、《餘姚歷代書畫選》(西泠印社出版社, 2000年)、《姚江書畫》(浙江古籍出版社, 2008年)、《舜水流風·中日古代書畫遺珍》(中國美術出版社, 2011年)等。

鍋島亞朱華

鍋島亜朱華, 1973年11月生, 日本佐賀縣人, 日本二松學舍大學文學博士。研究領域: 明代思想史、中國經學研究、日本漢學。歷任: 臺灣中研院博士候選人、國科會人文學研究中心博士後研究。現職: 臺灣清華大學中國文學系助理教授。主要論著:《明代における大学解釈——李見羅と許敬菴を中心に》(博士論文, 2009年),《日本伝存〈敬和堂集〉四種篇目對照表附: 許孚遠略年譜》(《漢文學——解釋與研究》第9輯, 2006年),《大学聴塵·清原宣賢漢籍抄翻印叢刊·第一卷》(合編, 汲古書院, 2011年)。

2012年7月11日–15日“水戸德川家舊載朱舜水關係史料調查”成員合影